Meyers
Atlas China

Meyers Atlas China

Auf dem Weg zur Weltmacht

Bibliografische Information der Deutschen Nationalbibliothek
Die Deutsche Nationalbibliothek verzeichnet diese Publikation in der Deutschen Nationalbibliografie; detaillierte bibliografische Daten sind im Internet über http://dnb.ddb.de abrufbar.

Das Wort Meyers ist für den Verlag Bibliographisches Institut AG als Marke geschützt.

Das Werk einschließlich aller seiner Teile ist urheberrechtlich geschützt. Jede Verwertung außerhalb der engen Grenzen des Urheberrechtsgesetzes ist ohne Zustimmung des Verlags unzulässig und strafbar. Das gilt insbesondere für Vervielfältigungen, Übersetzungen, Mikroverfilmungen und die Einspeicherung und Verarbeitung in elektronischen Systemen.

Alle Rechte vorbehalten. Nachdruck, auch auszugsweise, verboten.

Die genannten Internetangebote wurden von der Redaktion sorgfältig zusammengestellt und geprüft. Für die Inhalte der Internetangebote Dritter, deren Verknüpfung zu anderen Internetangeboten und Änderungen der unter der jeweiligen Internetadresse angebotenen Inhalte übernimmt der Verlag keinerlei Haftung.

© Bibliographisches Institut AG, Mannheim 2010   E D C B A

Printed in Germany

ISBN 978-3-411-08281-0

Redaktionelle Leitung Ulrike Emrich M. A.
Redaktion Dr. Rainer Aschemeier, Christoph Grill M. A. (Bildredaktion), Heinrich Kordecki M. A.
Autoren
Prof. Dr. Markus Taube Inhaber des Lehrstuhls für Ostasienwirtschaft/China an der Wirtschaftswissenschaftlichen Fakultät der Universität Duisburg-Essen und Gründungspartner von THINK!DESK China Research & Consulting, München – Shanghai – Hongkong. Nach dem Studium der Sinologie und Volkswirtschaftslehre in Trier, Wuhan (VR China) und Bochum zunächst am ifo Institut für Wirtschaftsforschung, München, tätig. Walter-Eucken-Preisträger des Jahres 1998, Gastprofessor der Universität Wuhan, Mitglied des »OECD-China Investment Network« u. a. Vereinigungen.
Dr. Christian Schmidkonz Studium der Volkswirtschaftslehre an der Ludwig-Maximilians-Universität in München, Stipendiat des DAAD an der Fu jen University in Taiwan, Doktorand am ifo Institut für Wirtschaftsforschung, München, Senior Consultant bei Capgemini, Gründungspartner von THINK!DESK China Research & Consulting, München – Shanghai – Hongkong. Honorardozent für Wirtschaft in Asien an der Munich Business School.
Beratung Pan Jiancheng (Staatliches Amt für Statistik der VR China), Liu Yong (Development Research Center des Staatsrates der VR China), Prof. Ma Ying (Universität Wuhan), Prof. Zhang Junhua (Zhejiang Universität), Prof. Dr. Andreas Oberheitmann (Tsinghua Universität), Prof. Dr. Thomas Heberer (Universität Duisburg-Essen)
Recherche Jan Fischer, Gört Hülsermann, Marius Meyer, Stefanie Meyer
Kartografische Leitung Dipl.-Ing. (FH) Jörg Radtke
Kartografische Bearbeitung KartoGraphie, Christiane Peh & Gerd Schefcik, Eppelheim; Ingenieurbüro Frank Brandl, Lütjensee
Herstellung Jutta Herboth
Satz und Layoutgestaltung Sigrid Hecker, Mannheim
Infografiken Sigrid Hecker, Mannheim
Umschlaggestaltung glas ag, Seeheim-Jugenheim
Umschlagabbildungen © CORBIS/Royalty-Free, Düsseldorf: Kalligrafie; Dr. H. Eichler, Heidelberg: Menschenmenge Schanghai; MEV Verlag, Augsburg: Berglandschaft China; picture-alliance/Bildagentur Huber, Frankfurt am Main: Shanghai Skyline; picture-alliance/dpa, Frankfurt am Main: Börse Hongkong, drei Chinesen, Fabrikarbeiterinnen; picture-alliance/NHPA/Photoshot, Frankfurt am Main: Große Mauer China; The Orient Impressions Photo Stock, Peking: Flagge China, Shanghai Skyline
Druck und Bindung Firmengruppe APPL, Wemding

Vorwort

China – das ist der Aufsteiger des 20. und die neue Weltmacht des 21. Jahrhunderts. Es ist noch nicht lange her, da war es für Deutschland und die Welt insgesamt von nur geringer Bedeutung, zu wissen, was in China geschieht. Mittlerweile aber ist aus dem weltwirtschaftlichen »Nobody« ein wichtiger Akteur in der globalen Arena geworden, der aktiv an der Ausgestaltung der politischen, gesellschaftlichen und ökonomischen Strukturen beteiligt ist. Produkte *made in China* – Kleidung, Elektroartikel, Computer, Spielzeug, Weihnachtsschmuck usw. – sind ein fester Bestandteil unseres Alltags geworden. Das konjunkturelle Auf und Ab in China beeinflusst ebenso die Sicherheit unserer Arbeitsplätze, wie Energie- und Rohstoffbedarf des Riesenreichs die globale Umweltsituation und den Klimawandel mitverantworten. Diplomatische Interessen Chinas in Ostasien, Afrika und im Nahen Osten bringen das politische Gerüst der Staatengemeinschaft in Bewegung.

Das Verständnis dessen, was in China passiert und welches die zentralen »Stellschrauben« der gesellschaftlichen, politischen und ökonomischen Entwicklung des modernen Chinas sind, ist heute bedeutsam geworden – für jeden Einzelnen von uns. China ist nicht mehr allein ein interessantes Reiseziel, dessen kulturellen Höhepunkten und exotischen Reizen man mit Staunen begegnet.

Fern ab von mystifizierender Verklärung präsentiert Meyers Atlas China das moderne China – sachlich und objektiv. 60 thematische Karten, angereichert mit Grafiken und Tabellen, visualisieren die entscheidenden Informationen über das Land und seine Menschen, über politisches Leben, Wirtschaft und Kultur. Bebilderte Texte vertiefen die Themen und eröffnen außergewöhnliche Einblicke in die Realität der neuen Weltmacht.

Mannheim   Autoren und Verlag

Bemerkenswertes

1 höchster Berg der Erde
Mount Everest (8850 m)

2 größte Schlucht der Erde
Yarlung-Zangbo-Canyon
(ca. 500 km lang, über 5000 m tief)

3 bevölkerungsreichste Stadt Chinas
Shanghai
(13,3 Mio. Einwohner; ohne Agglomeration)

4 längster Fluss Chinas
Chang Jiang
(Jangtsekiang, 6300 km)

5 größter (Salzwasser-)See Chinas
Qinghai Hu (4635 km²)

6 tiefster Punkt Chinas
Turfan-Senke (−155 m u. M.)

7 kältester Ort Chinas
Kreis Mohe
(tiefste gemessene Temperatur −52,3 °C,
Jahresdurchschnitt −4 °C)

8 Ort mit den meisten Gewittern Chinas
Chengguan Cun (131 Gewittertage pro Jahr)

9 weltweit größte Talsperre
Drei-Schluchten-Damm
(gemäß Leistung des Wasserkraftwerks)

10 weltweit größter Fund von Dinosaurierknochen
Zhucheng (über 7600 Fossilien)

11 größter Mensch in China (2009)
Zhao Liang aus der Provinz Henan (Größe 2,46 m)

12 weltweit größter Golfclub
»Mission Hills« in Shenzhen und Dongguan
(216 Löcher)

13 weltweit größtes (China-)Restaurant
»West Lake« in Changsha (5000 Sitzplätze)

14 80 % der weltweiten Armbanduhrproduktion
Perlflußdelta

15 33 % der weltweiten Sockenproduktion
Datang

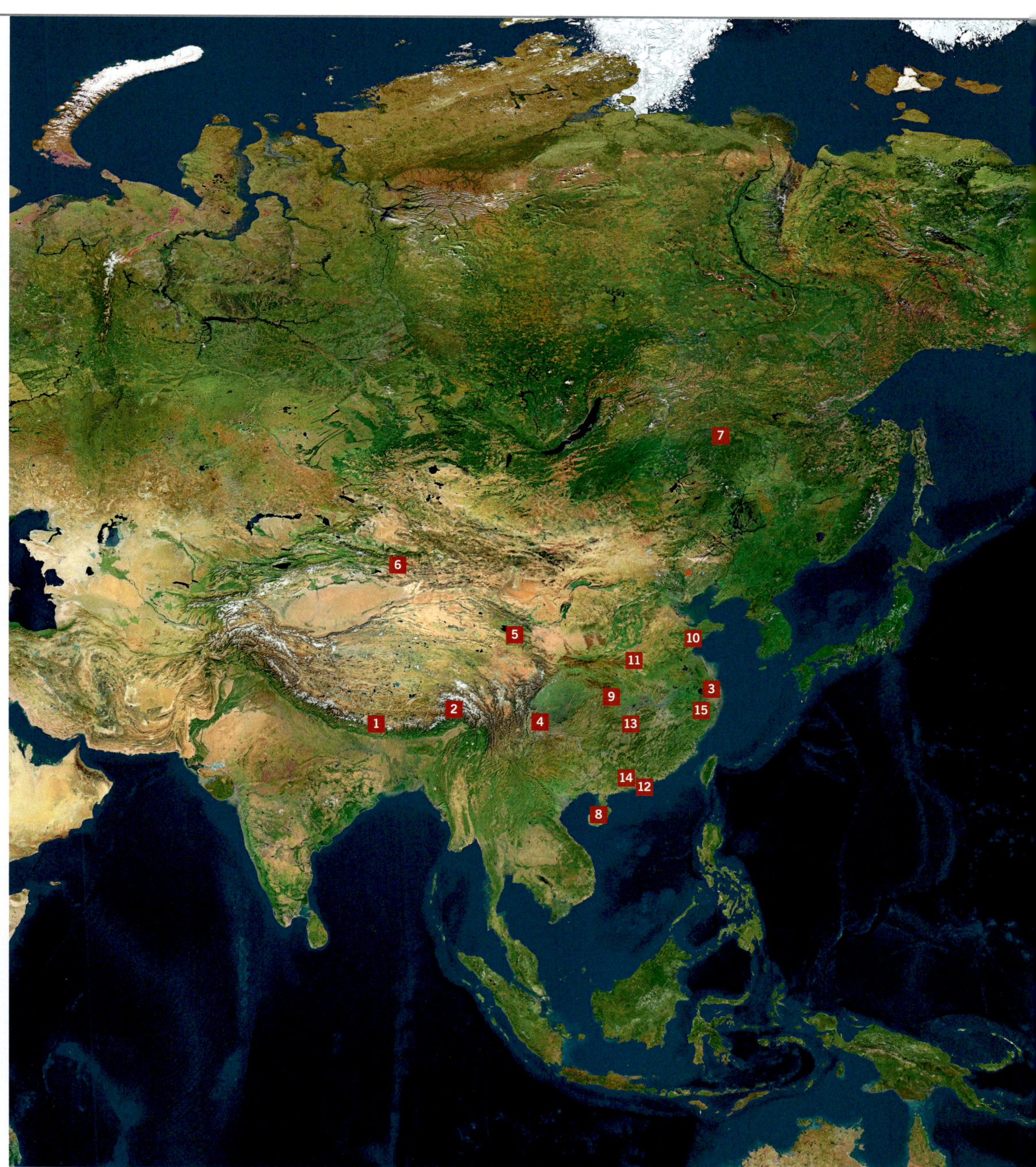

Inhalt

13 Landesnatur

14 Naturraum
16 Topografie I – Berge und Gebirge, Ebenen und Beckenlandschaften
18 Topografie II – Gewässereinzugsgebiete, Flusssysteme und Seen
20 Topografie III – Oberflächenbeschaffenheit und Landnutzung
22 Klima
22 Flüsse und Seen
24 Bodenschätze – metallische und nicht metallische Rohstoffe
26 Klima – Temperaturen und Niederschläge
28 Flora und Fauna
30 Bodenschätze
31 Flora
32 Umweltbelastung I – Luftverschmutzung, Abfall und Umweltunfälle
34 Umweltbelastung II – Wasserverschmutzung und Wasserknappheit
36 Fauna
Die Pandabären 36
37 Ökologisches Gleichgewicht
38 Naturkatastrophen – Erdbeben, Überschwemmungen und Hungersnöte
40 Landnutzung
40 Mächtige Lösslandschaften
41 Naturkatastrophen
Naturkatastrophen und »Himmlisches Mandat« 42

Infoboxen

Höhenvergleich 14 ■ endorheisch und exorheisch 18 ■ Chinas drei »Glutöfen« 22 ■ Die Wüste Takla-Makan 22 ■ Das Bewässerungssystem von Dujiangyan 23 ■ förderungswürdig 24 ■ Der Drei-Schluchten-Stausee 30 ■ Arbeitsbedingungen in chinesischen Kohleminen 31 ■ Der Pandabär in der Falle der Evolution 36 ■ Chinas »Grüne Große Mauer« 37 ■ Löss 40 ■ Das »Große Erdbeben von Wenchuan«, Sichuan 2008 41

■ Die farbigen Seitenzahlen verweisen auf Kartenseiten.

43 Lebensbedingungen und Demografie

44 Bevölkerungsentwicklung
Überseechinesen 44

46 Bevölkerung – dicht gedrängt und weit verstreut

48 Nationale Minderheiten – China ein Vielvölkerstaat

50 Ethnische Zusammensetzung – nationale Minderheiten
*Die Zhuang 50 ■ Die Mandschu 51 ■ Die Hui 51 ■ Die Miao 51 ■
Die Uiguren 52 ■ Die Tujia 52 ■ Die Yi 52 ■ Die Mongolen 53 ■
Die Tibeter 53*

54 Wirtschaftswachstum und Bevölkerungskonzentration in den Städten
Chinas Wanderarbeiter 54 ■ Chinas Millionäre 55

56 Urbanisierung – Chinas Millionenstädte

58 Kommunikation – Telefon, Mobilfunk und Briefverkehr

60 Öffentliche Sicherheit und Kriminalität
Kommunikation 62 ■ Chinas Internetpolizei 62

63 Guanxi-Netzwerke
Korruption 64

64 Öffentliche Sicherheit und Kriminalität
Die chinesischen Triaden 65

66 Demografie und Gender – Geschlechterverhältnisse

68 HDI – Human Development Index

70 Haushalte – Anzahl der Personen, Einkommen und Wohnfläche

72 Ernährung – Lebensmittelausgaben und Einkaufsverhalten

74 Die Ein-Kind-Kampagne
Chinas fehlende Frauen 75

75 Leben zwischen Beruf und Familie

76 Bildung – Investitionen in die Jugend

77 Lebenserwartung und Chinas Alte

78 Bildung – Schulen, Schüler und Lehrer
Rentenversicherung – ländliche Gebiete ausgeschlossen 80

80 Sozialversicherung – noch in der Aufbauphase
Arbeitslosenversicherung – noch in den Kinderschuhen 81

81 Medizinische Versorgung – ein »Zwei-Klassen-System«?

82 Sozialversicherungssystem und Arbeitslosigkeit

84 Medizinische Versorgung – Ärzte und Krankenhausbetten
*Reiche Stadt – armes Land 86 ■ Vorsicht, gefälscht! 87 ■
Vorsicht, zu fett! 87 ■ HIV-Infektion – Drogen und Schlamperei im
Gesundheitswesen 87 ■ Traditionelle chinesische Medizin 88*

Infoboxen

Taipingaufstand 45 ■ Der chinesische Zopf 50 ■ Die Frauen der Mosuo 53 ■
Hukou 55 ■ Todesstrafe in China 64 ■ Die Triaden 65 ■ Gewalt in der Ehe 75 ■
Die verschwundenen Renten on Shanghai 80 ■ Qigong 86 ■ Barfußärzte 86 ■
Taijiquan 88 ■ Akupunktur 88

■ Die farbigen Seitenzahlen verweisen auf Kartenseiten.

Inhalt

89 Politisches Leben

- 90 Hoheitsgebiet und territoriale Ansprüche der VR China
- 91 Administrative Gliederung
- 92 Administrative Einheiten und Verwaltungsgliederung
- 94 Sonderverwaltungsregionen – Hongkong und Macau
  Die Sonderverwaltungsregionen 96
- 96 Historische Wurzeln: Kolonialerfahrung
  Kiautschou – deutsches Pachtgebiet 97
- 98 Historie I – Vertragshäfen, Konzessionen und Kolonien
- 100 Historische Wurzeln: Bürgerkrieg und japanische Invasion
  Der Lange Marsch 101
- 102 Historie II – Chinesisch-Japanischer Krieg 1937 bis 1945
- 104 Historie III – Der Bürgerkrieg 1947–1949
- 107 China unter Mao – Eckpunkte der Entwicklung 1949–1976
  Der Große Sprung nach vorn 107 ■ Die Kulturrevolution 108
- 109 Pingpong-Diplomatie und erste Annäherung an den Westen: die 1970er-Jahre
  Annäherung an den Westen 110
- 110 China in der Reform-Ära – Grundprinzipien und Meilensteine
  Liberalisierung im wirtschaftlichen Sektor, Wahrung des Status quo im polititschen System 111 ■ Tian'anmen-Platz – »Platz des Himmlischen Friedens« 1989 111 ■ Sozialistische Marktwirtschaft 112
- 113 Das Thema Taiwan
  Republik China versus VR China 113
- 114 Taiwan – »Green Silicon Island« im Schatten Chinas
- 116 Die Kommunistische Partei Chinas – Zhongguo Gongchandang
  Ein China, zwei Interpretationen 118 ■ Öffentliche Meinung 118
- 118 Die Kommunistische Partei Chinas (KPCh) und die »demokratischen Parteien«
- 119 Politisches System und Staatsapparat im 21. Jahrhundert
  Die Verfassung 120 ■ Das Rechtssystem 121
- 122 Militärregionen und Streitkräfte
- 124 Internationale politische Beziehungen
- 126 Die Volksbefreiungsarmee
- 126 Außenbeziehungen und Außenpolitik im 21. Jahrhundert

Infoboxen

Wappen und Nationalflagge 90 ■ Die Nationalhymne 91 ■ Vertragshäfen und Konzessionen 96 ■ Boxeraufstand 100 ■ Die Guomindang 100 ■ Gedicht über den Langen Marsch 101 ■ Der Xi'an-Zwischenfall 106 ■ Der Rote Soldat 106 ■ Volkskommunen 108 ■ Die Mao-Bibel 109 ■ Politisch-ideologische Periodisierung der VR China seit 1949 110 ■ Reaktionen des Auslands auf das Tian'anmen-Massaker 112 ■ Falun Gong 113 ■ Ba yi 126

■ Die farbigen Seitenzahlen verweisen auf Kartenseiten.

127 Wirtschaftsleben

128 »Vom Plan zum Markt«
Reformverlauf 129

130 Wirtschaftsleistung (BIP) – Wirtschaftskraft in regionaler Perspektive

132 Staatshaushalt und Steuerwesen

134 Transformationsprozess – Sonderwirtschaftszonen und Industrieparks
Privatisierung 136

136 »Rote Unternehmer« – Eine Fallstudie

137 Die neue Elite ist die alte Elite
Lenovo – Die Entstehung eines chinesischen Weltkonzerns 137

138 Die Öffnung zum Weltmarkt, Triebkräfte des Wachstums und der Glücksfall »Hongkong«

139 Chinas »passive« Einbindung in die Weltwirtschaft

140 Infrastruktur – Straßennetz und Schiffbarkeit der Flüsse und Kanäle

142 Energie – Produktion und Verbrauch

144 Internetverbreitung und Internetnutzung

146 Landwirtschaft I – Ackerbau und Viehzucht

148 Landwirtschaft II – ökologische Lebensmittel

151 China als »aktiver« Gestalter der Weltwirtschaft

152 Industrien – produzierendes Gewerbe

154 Industriefokus I – die Automobilindustrie

156 Industriefokus II – die Stahlindustrie

158 Industriefokus III – die Bauwirtschaft
China als Entwicklungshelfer in Afrika 160

161 Chinas Volkswirtschaft im 21. Jahrhundert

162 Innovationsleistungen – Technologieimport, Patente, Forschung und Entwicklung

164 Beschäftigung und Löhne

166 Konsum und Marken
China in der globale Finanz- und Wirtschaftskrise 168

168 Regionale Disparitäten
Dritte-Front-Strategie 169 ■ *Boomender Osten versus armer Westen 169*

170 Ausländische Unternehmen in China
Formen ausländischen Engagements 170 ■ *Freiwilliger und unfreiwilliger Technologietransfer 171*

172 Kapitalmärkte – Aktiengesellschaften und ihre Aktionäre

174 Welthandel – Außenhandel der Provinzen

176 Direktinvestitionen in China

178 Deutsche Unternehmen und Entsandtkräfte

180 Chinas neue multinationale Konzerne
Der Fall Li-Ning – Konkurrenz, Kopie oder Markenpiraterie? 182

Infoboxen

Größer als die deutsche Wirtschaft 128 ■ Schwarze Katze – weiße Katze 129 ■ Deng bricht mit dem Ideal der »Gleichheit« 129 ■ China als Empfänger von Entwicklungshilfe 151 ■ Innovation an der Grenze zur Kopie 161 ■ Das 4-Billionen-Yuan-RMB-Konjunkturprogramm 168 ■ Marktzugang im Tausch für Technologie 171 ■ Gleiches Bett – unterschiedliche Träume 171

■ Die farbigen Seitenzahlen verweisen auf Kartenseiten.

Inhalt

183 Kulturelles Leben

184 **Tradition und Moderne**
Elegie vom Gelben Fluss 184 ■ *Die Konfuzius-Institute 184*

185 **Sprache und Schrift**

186 **Kulturelle Stätten, UNESCO-Welterbe und Tourismus**

188 **Nationale Naturparks, Weltbiosphärenreservate und Geologische Parks**

190 **Museen und historische Stadtanlagen**

192 **Sprache, Dialekte und Schriftzeichen**
Gwoyeu, Romtzyh und Latinxua Sin Wenz – Versuch einer Sprachreform 194 ■ *Chinesisch im PC 195* ■ *Kalligrafie 195*

195 **Religiöses Leben**

196 **Religionen und Philosophie**
Die Kosmologie des Daoismus 198 ■ *Buddhismus 198*

199 **Konfuzianismus**

200 **Fest- und Feiertage**
Mondkalender und Jahreszählung 200

201 **Essenskultur und Regionalküchen**
Die Kultur des Teetrinkens 201

202 **Regionale Küchen – Essen und Trinken**

204 **Die moderne Literatur**
Gao Xingjiang – Literaturnobelpreisträger 2000 204

205 **Die junge Kunstszene**

206 **Chinas neue Filmszene**

206 **Buchmarkt und Bibliotheken**

208 **Die aktuelle Musikszene**

209 **Die moderne Prestigearchitektur**

210 **Theater und Film**

212 **Medien – Rundfunk und Fernsehen**

214 **Sport und Olympische Spiele 2008**

216 **Sportarten**
Die Superliga 216

Infoboxen

Chinas »andere Weltkultur« 184 ■ Die chinesischen Schriftzeichen 194 ■ Worte des Meisters Konfuzius 199 ■ Chinesische Zahlenmystik 200 ■ Die chinesischen Tierkreiszeichen 201 ■ Yum Cha und Dim-Sum 204 ■ Was man alles »isst« 204 ■ Ai Weiwei 205 ■ Red Cliff 208

217 Register
223 Bildquellenverzeichnis

■ Die farbigen Seitenzahlen verweisen auf Kartenseiten.

Landesnatur

Landesnatur

Die Volksrepublik China, in Pinyin-Umschrift offiziell *Zhonghua Renmin Gongheguo*, ist nach Russland und Kanada das von seiner räumlichen Ausdehnung her drittgrößte Land der Erde. Mit einer Gesamtfläche von 9,6 Mio. km² ist das Land mehr als 27-mal so groß wie Deutschland und bedeckt 6,4 % der festen Erdoberfläche. Inklusive der von China beanspruchten, aber völkerrechtlich umstrittenen Inseln im Südchinesischen Meer erstreckt sich China in der Nord-Süd-Ausdehnung über 5 500 km; von Ost nach West misst das Land 4 500 km. Mit seiner enormen Ausdehnung weist das Land eine vielfältige natürliche Raumstruktur und starke jahreszeitliche Gegensätze auf, die Menschen ebenso wie Fauna und Flora höchst unterschiedliche Lebensbedingungen bieten.

Naturraum

Die zentrale naturräumliche Strukturierung Chinas resultiert aus Verschiebungen der Erdkrusten während des Tertiärs (70 bis zwei Millionen Jahre vor unserer Zeit), die zur Ausbildung von vier Großlandschaften geführt haben. Die Landfläche fällt in vier gegeneinander abgesetzten Stufen von den Hochplateaus, Gebirgszügen und abflusslosen Hochbecken im Westen zu den Ebenen in Zentralchina und der Küstenregion im Osten und Süden ab.

Das Qinghai-Tibet-Plateau bezeichnet die höchste Stufe. Mit einer Durchschnittshöhe von 5 000 m über dem Meeresspiegel stellt es die größte zusammenhängende Hochfläche der Erde dar. Es wird eingerahmt von mächtigen Hochgebirgsketten. Im Norden begrenzen die Gebirge Kunlun Shan (höchster Gipfel: Ulug Muztag, 6 973 m), Altun Shan und Qilian Shan das Plateau, welches hier mit dem bis auf Höhen um 2 600 m über dem Meeresspiegel abfallenden Qaidam-Becken auch seine tiefste Senke aufweist. Der etwas weiter östlich gelegene Qinghai Hu, ein abflussloser Salzsee, ist gleichzeitig einer der größten Seen Chinas mit einer Oberflächenausdehnung von 4 635 km². Im Westen wird das Plateau durch den Pamir und den Karakorum (höchster Gipfel: K-2, 8 614 m) begrenzt, während im Süden der Gangdise Shan (Transhimalaja) und der Hohe Himalaja mit dem höchsten Berg der Erde, dem Mount Everest (8 850 m) als Grenzgebirge fungieren. Zwischen beiden Gebirgszügen sucht sich der Yarlung Zangbo, der Oberlauf des Brahmaputra, seine erste Wegstrecke in Richtung Meer. Nach Südosten fällt das Hochland schließlich mit dem Hengduan Shan zum Yunnan-Guizhou-Plateau ab. In dieser Region drehen auch die Stromfurchen des Lancang Jiang (Mekong) und des Nu Jiang (Salween) nach Süden ab.

Nördlich des Qinghai-Tibet-Plateaus fällt die Landschaft im Tarimbecken auf eine Durchschnittserhebung von 1 000 m ab, um dann aber wieder mit dem Tian Shan (Shengli Feng 7 439 m), Bogda Shan und Altay Shan auf beachtliche Höhen anzusteigen. Das Tarimbecken, an dessen Nord- und Südrand in der Vergangenheit die Seidenstraße entlangführte, umfasst mit der Takla-Makan eine der größten Sandwüsten der Erde ebenso wie den durch Sven Hedins Reisebeschreibungen in Europa um 1900 bekannt gewordenen ausgetrockneten Salzsee Lop Nur. Mit der Turfan-Senke befindet sich hier auch eine der tiefsten Depressionen der Erde (155 m unter dem Meeresspiegel). Das Junggar-Becken (Dschungarei) erstreckt sich nördlich des Tian Shan (Tien Shan) bis hin zum Altai. Diese nordwestchinesischen Gebiete werden geologisch bereits zu Innerasien gerechnet.

Nach Osten hin wird die zweite große Landstufe des chinesischen Naturraums im Norden des Landes zunächst durch die Mongolische Hochebene mit ihren Steppen- und Wüstengebieten (Gobi) bis hin zum Da Hinggan Ling (Großer Chingan) im äußersten Nordosten Chinas gebildet. Dem schließen

Links: Der Namucuo-See im Süden des Qinghai-Tibet-Plateaus am Fuße des Nyaimqentanglha-Gebirges. Auf einer Höhe von 4 718 m gelegen, ist er nach dem Qinghai Hu der zweitgrößte Salzsee Chinas.
Rechts: Die Sanjiang-Ebene in der Provinz Heilongjiang. Durch Ablagerungen der drei Flüsse Amur, Songhua Jiang und Ussuri entstand hier fruchtbares Ackerland für den Getreideanbau.

Höhenvergleich

Im Himalaja sind einige der höchsten Berge der Erde anzutreffen. Trotzdem zeigt eine vergleichende Betrachtung der durchschnittlichen, mittleren Höhe des (Hohen) **Himalaja** und des Qinghai-Tibet-Plateaus, dass Letzteres gut 400 m höher liegt. Während das **Qinghai-Tibet-Plateau** eine mittlere Höhe von 5 000 m aufweist, liegt die mittlere Höhe des (Hohen) Himalaja lediglich bei ca. 4 570 m. Dieses Phänomen beruht einerseits darauf, dass das Qinghai-Tibet-Plateau trotz des ariden Klimas zwar sehr wohl Erosionsprozesse aufweist, aber keine Flüsse besitzt, die seine Ränder durchbrechen würden. Das Abtragungsmaterial bleibt somit auf dem Hochland liegen und trägt dort zur Ausbildung einer vergleichsweise flachen, schüsselförmigen Senke bei. Hingegen wird der Himalaja von großen Flusssystemen durchzogen, die das durch Monsun-Niederschläge entstandene Abtragungsmaterial auch tatsächlich aus der Region abtransportieren. Dieser »Materialverlust« gepaart mit der plattentektonisch bedingten Anhebung der Gebirgskämme führt zur Ausbildung eines sehr dynamischen Landschaftsbildes bei dem deutlich über 8 000 m ü. NN aufragende Gebirgsgipfel von ganz in der Nähe verlaufenden Tälern, die z.T. unter 2 000 Höhenmetern liegen, eingerahmt werden.

Landesnatur

Im Gebiet um Guilin im Süden des Landes hat die Natur über jahrmillionen eine bizarre Kegel- und Turmkarstlandschaft hervorgebracht. Durchzogen von Flüssen bilden die hoch aufragenden Gesteinsformationen ein beeindruckendes Naturschauspiel.

sich nach Süden hin die Huangtu-Hochebene mit ihren gewaltigen Lössschichten, das Sichuan Pendi (Becken von Sichuan) sowie die Yungui-Hochebene (Yunnan-Guizhou-Plateau) mit ihren pittoresken Turm- und Kegelkarstlandschaften an. Mit einer Höhe von 1000 bis 2000 m über dem Meeresspiegel, umfasst diese zweite Landstufe einige der wichtigsten Kulturlandschaften Chinas.

Die dritte Landstufe bildet schließlich den heute am dichtesten besiedelten und wirtschaftlich am intensivsten genutzten Teil Chinas. Sie erstreckt sich bis an die pazifische Küste und reicht von dem Nordostchinesischen Tiefland (Mandschurei) über das vom Unterlauf des Huang He (Gelber Fluss) durchströmte Nordchinesische Tiefland (»Große Ebene«) und das Tiefland am Mittel- und Unterlauf des Chang Jiang (Jangtsekiang, Langer Fluss) bis hin zum südostchinesischen Bergland. Dieses stark gekammerte Mittelgebirge mit Höhen zwischen meist 500 und 1000 m Höhe (Nanling und Wuyi Shan aber bis rd. 2000 m über dem Meeresspiegel) gilt im Rahmen dieser Gliederung als Sonderform, insbesondere wegen der zahlreichen Küstenebenen, vornehmlich im Unterlauf der Flüsse.

Die Küsten Südchinas und der im Norden gelegenen Halbinseln Liaodong und Shandong sind durch zahlreiche Buchten stark zergliedert und weisen Steilküsten und vorgelagerte Inselfluren auf. Die Küste nördlich der Chang-Jiang-Mündung ist dagegen meist flach.

Die vierte Stufe bilden schließlich die Inseln, welche die Randmeere (Japanisches Meer bzw. Ostmeer, Gelbes Meer und Ostchinesisches Meer) von den Tiefseeregionen des Pazifischen Ozeans trennen.

Geotektonisch gesehen, ist China ein Teil der Eurasiatischen Platte. Gegen diese drückt von Süd nach Nord die Indisch-Australische Platte, während in Ost-West-Richtung sowohl die Philippinen-Platte als auch die Pazifische Platte Druck ausüben. Bedingt durch diese Zangenbewegung erhöht sich der an der Subduktionszone der Indisch-Australischen Platte liegende Himalaja jährlich um ca. 1 cm. Gleichzeitig ist aber auch zu beobachten, wie ausgelöst durch die extreme Krustenverdickung und damit einhergehende gravitative Destabilisierung am Himalaja und dem Tibetanischen Hochplateau riesige Krustenblöcke nach Osten hin ausweichen.

Aus dem Blickwinkel der Geologie betrachtet, liegen in den Bergketten um das Hochland von Tibet junge Faltung und Bruchbildung vor, während es sich in den übrigen Bergländern um abgetragene Großrumpfschollen älterer Faltung und jüngerer Verstellung oder Verbiegung handelt. Die Gebirgsbewegungen sind, wie oben dargestellt, noch nicht abgeschlossen, sodass immer wieder heftige Erdbeben, besonders an den Schollenrändern in den Provinzen Gansu, Sichuan, Shandong und Hebei zu verzeichnen sind. Junge vulkanische Erscheinungen fehlen demgegenüber fast ganz, außer auf der Insel Hainan und im Norden von Nordostchina.

Am Aufbau der Gebirge sind vor allem Sediment- und metamorphe Gesteine des Erd-

Blick auf den Oberlauf des längsten Flusses Chinas, den Chang Jiang (Jangtsekiang)

Landesnatur

Topografie I – Berge und Gebirge, Ebenen und Beckenlandschaften

China weist eine große Vielfalt von Landschaften und Oberflächenformen auf. Mit dem Qinghai-Tibet-Plateau liegt in China das größte Hochplateau der Erde, an dessen Rändern zudem die höchsten Berge stehen. Nicht weit entfernt liegt mit dem Turfan-Becken die zweittiefste Depression der Erde (155 m unter dem Meeresspiegel). Ausgedehnte Wüstengebiete (Takla-Makan, Gobi) sind ebenso zu finden wie üppige Wasserlandschaften. Die vollständig in China liegenden Flusssysteme des Chang Jiang und des Huang He gehören zu den größten und längsten der Erde.

In seiner Gesamtheit ist China als gebirgig einzustufen. Gebirge und Hochplateaus nehmen 60 % der Fläche ein. Ein Drittel des Landes befindet sich auf einem Niveau von über 2000 m über dem Meeresspiegel, 16 % des Gesamtterritoriums sogar über 5000 m. Diese Konstellation und die zunehmende Desertifikation des Landes (jährlich wachsen die chinesischen Wüsten allein infolge menschlicher Aktivitäten um 2000 km² an) bedingen eine sehr unterschiedliche Bewohnbarkeit und Besiedlung des chinesischen Territoriums. Die für menschliche Besiedlung günstigsten Regionen liegen mit Ausnahme von Beckenlandschaften, wie z. B. in Sichuan, fast ausnahmslos in den ost- und südostchinesischen Hügelländern und (Küsten-)Ebenen.

Chinas höchste Berge

Berg	Gebirgszug	Höhe (m ü. M.)
Mount Everest (Zhumulangma Feng)	Himalaja	8850 m
K-2 (Mt. Godwin Austen, Qogir)	Karakorum	8614 m
Lhotse (Luozi Feng)	Himalaja	8514 m
Makalu	Himalaja	8463 m
Cho Oyu (Zhuo'aoyou Shan)[1]	Himalaja	8201 m
Gasherbrum I (Jiashu'erbulumu I)	Karakorum	8068 m
Broad Peak	Karakorum	8047 m
Gasherbrum II (Jiashu'erbulumu II)	Karakorum	8035 m
Xixabangma Feng (Gosainthan)	Himalaja	8012 m
Gyachung Kang	Himalaja	7952 m
Chomo Lonzo[1]	Himalaja	7790 m
Namjagbarwa Feng[1]	Himalaja	7756 m
Gurla Mandhata (Naimunani Feng)[1]	Gangdise Shan	7728 m
Kongur[1]	Pamir	7649 m
Gongga Shan (Minja Konka)[1]	Daxue Shan	7556 m
Muztagata Shan (Muztagh Ata)[1]	Pamir	7549 m
Shengli Feng (Pik Pobedy)	Tien Shan	7439 m

[1] vollständig in China

Grafik 1

Chinas wichtigste Tiefebenen

Name	Fläche	Meereshöhe
Nordostchinesisches Tiefland	350 000 km²	< 200 m ü. NN
Nordchinesisches Tiefland (Große Ebene)	300 000 km²	< 100 m ü. NN
Chang-Jiang-Tiefebene	200 000 km²	< 50 m ü. NN
Perflussdelta-Tiefebene	11 000 km²	< 20 m ü. NN

Grafik 2

Chinas wichtigste Hochebenen

Name	Fläche	Meereshöhe
Qinghai-Tibet-Plateau	2 500 000 km²	3 000 – 5 000 m ü. NN
Mongolische Hochebene	700 000 km²	1 000 – 1 500 m ü. NN
Yungui-Hochebene	500 000 km²	1 000 – 2 000 m ü. NN
Huangtu-Hochebene	500 000 km²	800 – 2 000 m ü. NN

Grafik 3

Chinas wichtigste Becken

Name	Fläche	Meereshöhe
Tarim-Becken	560 000 km²	780 – 1 300 m ü. NN
Junggar-Becken	380 000 km²	500 – 1 000 m ü. NN
Qaidam-Becken	255 000 km²	2 600 – 3 000 m ü. NN
Becken von Sichuan	200 000 km²	300 – 700 m ü. NN

Grafik 4

Landesnatur

Topografie II – Gewässereinzugsgebiete, Flusssysteme und Seen

Weitgehend unabhängig von der Laufrichtung der Gebirge ist das Gewässernetz der von Westen nach Osten fließenden Ströme Amur, Huang He (Gelber Fluss), Chang Jiang (Jangtsekiang) und Xi Jiang angelegt; mit großen Bogen und vielen Änderungen der Laufrichtung haben diese Flüsse zum Teil gewaltige Durchbruchstäler geschaffen (z. B. die Jangtseschluchten). Der rd. 6 300 km lange Chang Jiang (Jangtsekiang) ist nach Amazonas und Nil der drittlängste Strom der Erde. Der Huang He (Gelber Fluss) mit einer Länge von 5 464 km strömt in tief eingeschnittenen Tälern durch die Lössgebiete des Nordens und führt bei seinem Eintritt in die »Große Ebene« eine Schlammfracht von jährlich fast einer Milliarde Kubikmeter mit sich, was eine natürliche Erhöhung des Flussbettes und immer wieder Deichbrüche und plötzliche Verlegungen des Flusslaufes zur Folge hat. Der Xi Jiang ist der Hauptfluss Südchinas; er mündet gemeinsam mit verschiedenen anderen Flüssen in einem Delta, dessen Hauptarm der Perlfluss bei Guangzhou (Kanton) ist. Die nach Süd- und Südostasien fließenden Ströme Indus, Yarlung Zangbo (Brahmaputra), Nu Jiang (Salween) und Lancang Jiang (Mekong) folgen der jungen Gebirgsfaltung des Himalaja und seiner Ausläufer. Die Verteilung des Oberflächenwassers ist regional und jahreszeitlich extrem unterschiedlich. Die Entwicklung der Wasserbautechniken wurde daher zu einer zentralen Aufgabe in der Geschichte der chinesischen Zivilisation.

endorheisch und exorheisch

Endorheisch ist ein Fluss, der in einem humiden Klimabereich entspringt, dann in einem ariden Klimabereich aufgrund der hohen Verdunstung seinen Lauf verliert oder in einem abflusslosen See (Endsee) mündet. Endorheische Gebiete bilden eigenständige Gewässersysteme wie z. B. das Tarimbecken.

Exorheisch ist ein Fluss, der am Ende seines Laufs oder als Teil eines anderen Flusssystems ins Meer mündet. Abflussziele der Flüsse in China sind der Pazifische Ozean, der Indische Ozean und das Nordpolarmeer.

Chinas längste Flüsse[1]

Fluss	Länge	Einzugsgebiet (insgesamt)	Mündung
Chang Jiang (Jangtsekiang, Langer Fluss)	6 300 km	1 800 000 km²	Ostchinesisches Meer
Huang He (Gelber Fluss)	5 464 km	745 000 km²	Bo-Hai-See
Ob-Irtysh	5 410 km	2 990 000 km²	Golf des Ob
Heilong Jiang (Amur)	4 444 km	1 855 000 km²	Ochotskisches Meer
Lancang Jiang (Mekong)	4 350 km	810 000 km²	Südchinesisches Meer
Indus[2]	3 180 km	960 000 km²	Arabisches Meer
Nu Jiang (Salween)	3 060 km	324 000 km²	Andamanensee
Yarlung Zangbo (Brahmaputra)	2 948 km	1 730 000 km²	Golf von Bengalen
Xi Jiang (Westlicher Perlfluss)	2 200 km	437 000 km²	Südchinesisches Meer
Tarim He	2 100 km	557 000 km²	Lop Nur
Songhua Jiang	1 927 km	–	Amur
Han Jiang	1 532 km	–	Chang Jiang (Jangtsekiang)
Liao He	1 345 km	–	Bo-Hai-See
Yalong Jiang	1 323 km	–	Chang Jiang (Jangtsekiang)
Nen Jiang (Nonni)	1 190 km	–	Songhua Jiang
Jialing He	1 119 km	–	Chang Jiang (Jangtsekiang)

[1] Einzugsgebiet des Flusses ganz oder teilweise auf chinesischem Territorium;
[2] Chinesischer Gebietsanspruch in Kaschmir umstritten

Grafik 1

Chinas größte Seen

See	Provinz	Oberfläche	Wasseraufnahmekapazität	Tiefe	Wasserqualität
Qinghai Hu	Qinghai	4 635 km²	854 400 m³	28,7 m	Salzwasser
Xingkai Hu	Heilongjiang[1]	4 380 km²	183 000 m³	6,5 m	Süßwasser
Poyang Hu	Jiangxi	3 583 km²	248 900 m³	16,0 m	Süßwasser
Dongting Hu	Hunan	2 740 km²	178 000 m³	30,8 m	Süßwasser
Tai Hu	Jiangsu	2 420 km²	48 700 m³	4,8 m	Süßwasser
Hulun Nur	Innere Mongolei	2 315 km²	131 300 m³	8,0 m	Süßwasser
Hongze Hu	Jiangsu	2 069 km²	33 300 m³	5,5 m	Süßwasser
Nam Co	Tibet	1 940 km²	768 000 m³	35,0 m	Süßwasser
Siling Co	Tibet	1 640 km²	541 000 m³	33,0 m	Süßwasser

[1] im Grenzgebiet zu Russland und mit russischem Anteil

Grafik 2

Landesnatur

Topografie III – Oberflächenbeschaffenheit und Landnutzung

Die Bodennutzung folgt in China den naturräumlichen Vorgaben, was zu einer starken Ausdifferenzierung einzelner Regionen führt. In einer groben Unterteilung kann unterschieden werden zwischen einer intensiv landwirtschaftlich genutzten Region östlich einer von Yunnan nach Heilongjiang verlaufenden Diagonale und einer für menschliche Besiedlung und landwirtschaftlich-industrielle Nutzung nur wenig geeigneten Region westlich dieser Linie. In der Summe ergibt sich so die paradoxe Situation, dass China als einer der größten Flächenstaaten der Erde in Hinblick auf landwirtschaftlich nutzbare Flächen einen erheblichen Mangel aufweist.
Auch innerhalb dieser Ost-West-Strukturen sind markante Nord-Süd-Unterschiede zu verzeichnen. So können im östlichen China um den bzw. südlich des nördlichen Wendekreises drei Ernten pro Jahr erzielt werden, während im Norden nur wenige Wochen für die landwirtschaftliche Nutzung zur Verfügung stehen und von daher Forst- und Viehwirtschaft dominieren.

Ein hervorstechendes Merkmal der chinesischen Bodenbeschaffenheit bzw. Landnutzung besteht in dem hohen und weiter anwachsenden Anteil lebensfeindlicher Wüsten an dem Gesamtterritorium. Dieses Phänomen ist zum Teil das Ergebnis der besonderen klimatischen Bedingungen in Nordwestchina, zu einem anderen Teil aber auch das Ergebnis zivilisatorisch bedingter Entwaldung und Auslaugung von Bodenressourcen. Mit dem Riesenprojekt der »Grünen Großen Mauer« soll nun ein neuer 4500 km langer Waldgürtel geschaffen werden, der den Vormarsch der Wüsten zum Halten bringen soll.

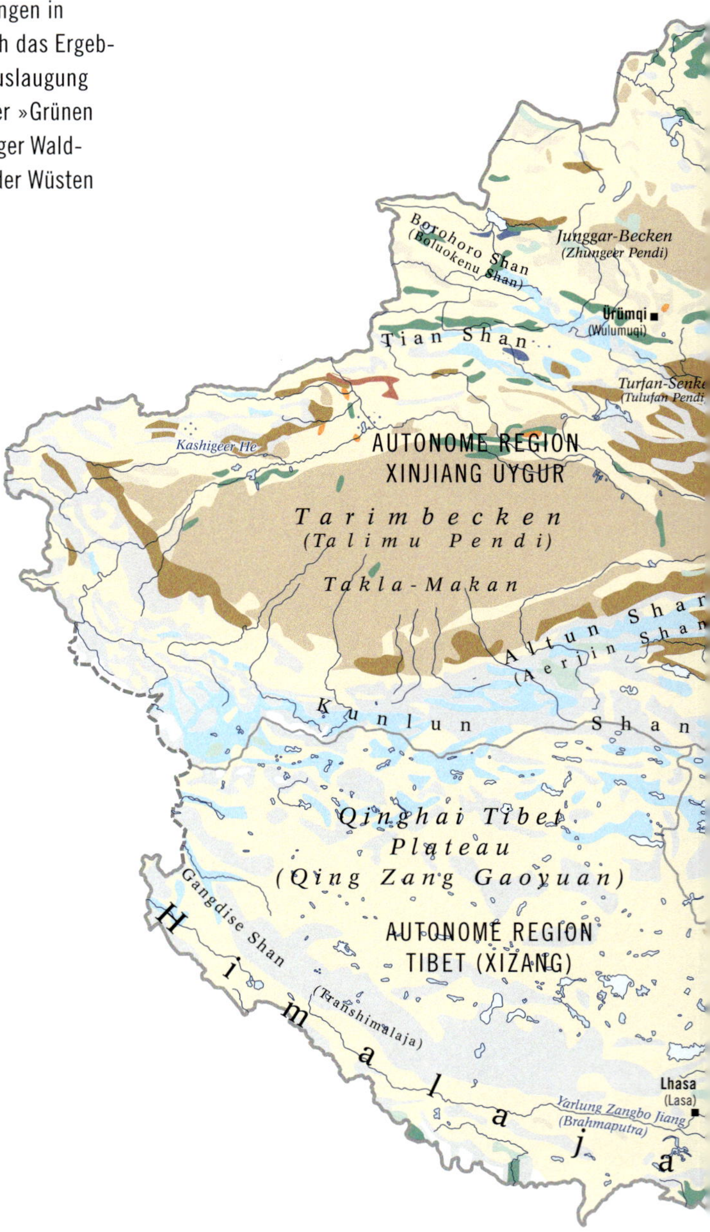

Borohoro Shan
(Boluokenu Shan)
Junggar-Becken
(Zhungeer Pendi)
Ürümqi
(Wulumuqi)
Tian Shan
Turfan-Senke
(Tulufan Pendi)
Kashigeer He
AUTONOME REGION
XINJIANG UYGUR
Tarimbecken
(Talimu Pendi)
Takla-Makan
Altun Shan
(Aerjin Shan)
Kunlun Shan
Qinghai Tibet Plateau
(Qing Zang Gaoyuan)
Gangdise Shan
(Transhimalaja)
AUTONOME REGION
TIBET (XIZANG)
Himalaja
Lhasa
(Lasa)
Yarlung Zangbo Jiang
(Brahmaputra)

Schneegrenze[1] in m ü. M.

Gebirgszug	Schneegrenze
Altaigebirge	3000–3200
Tian Shan	3600–4400
Qilian Shan	4300–5240
Karakorum	5100–5400
Hengduan Shan	4600–5500
Himalaja	4300–6200
Gangdise Shan	5800–6000

[1] Grenze zwischen schneebedecktem und schneefreiem Gelände; unterliegt jahreszeitlichen Änderungen (temporäre Schneegrenze). Im Spätsommer erreicht sie ihre höchste Lage.

Grafik 1

Vergletscherte Gebiete in km²

Gebirge	Fläche
Altaigebirge	287
Tian Shan	9548
Qilian Shan	2063
Karakorum	3265
Hengduan Shan	1456
Himalaja	11055
Gangdise Shan	2188

Grafik 2

Aufforstung nach Nutzung[1] in Hektar

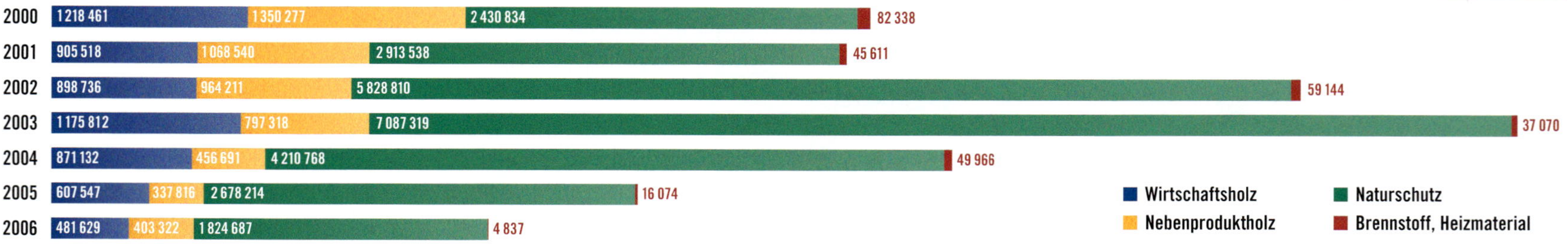

2000 1 218 461 1 350 277 2 430 834 82 338
2001 905 518 1 068 540 2 913 538 45 611
2002 898 736 964 211 5 828 810 59 144
2003 1 175 812 797 318 7 087 319 37 070
2004 871 132 456 691 4 210 768 49 966
2005 607 547 337 816 2 678 214 16 074
2006 481 629 403 322 1 824 687 4 837
Wirtschaftsholz
Nebenproduktholz
Naturschutz
Brennstoff, Heizmaterial

[1] Die Schwankungen ergeben sich aus Planungszyklen sowie Auszahlungsperioden von Entwicklungshilfeprojekten, insbesondere der Weltbank; Zusätzliche 0,1–0,5 % des Forstbestands werden jährlich für »sonstige Zwecke« eingesetzt – mit fallender Tendenz.

Grafik 3

Landesnatur

Das Wüstengebiet der Dschungarei im Norden der Autonomen Region Xinjiang Uygur im Nordwesten Chinas. Kein Gebiet der Erde liegt weiter vom Meer entfernt.

Die Wüste Takla-Makan

Die Wüste Takla-Makan ist mit einer Ausdehnung von ca. 330 000 km² eine der größten Wüsten der Erde und bedeckt ca. ein Fünftel der Autonomen Region Xinjiang Uygur. Sie hat ihren Ursprung in einer einschneidenden Klimaveränderung, die vor 800 000 Jahren zum Austrocknen des dort zuvor bestehenden großen Glazialsees führte. Bedingt durch ihre Lage im Regenschatten ausgedehnter Gebirgszüge weist die Takla-Makan heute hyperaride, also trockenste, Bedingungen auf. Die Niederschlagsmengen belaufen sich auf lediglich 30 mm im Jahresmittel. Innerhalb der Wüste herrschen extremste klimatische Bedingungen. Innerhalb von 24 Stunden können die Temperaturen um bis zu 70 °C schwanken; im Jahresverlauf bewegen sich die Temperaturen in einer Bandbreite von −30 °C bis 60 °C.

altertums beteiligt, in Südchina sind diese von großen Granitstöcken durchsetzt. Während der Norden Chinas durch die Sinische Scholle gebildet wird, die erdgeschichtlich zumeist Festland war, war der Süden Chinas lange Zeit vom Meer überflutet und ist erst im Tertiär zu Festland geworden. Die pittoresken Karstkegel der Landschaft von Guilin stellen sich von daher als das Ergebnis des Verwitterungsprozesses gewaltiger Kalkablagerungen dar, die vor der Festlandsbildung aufgebaut wurden.

Klima

China muss auch in klimatischer Hinsicht als ein Land großer Vielfalt und Gegensätze verstanden werden. Das Land erstreckt sich über mehrere Klimazonen, die vom winterkalten Nordosten (Mandschurei) und dem wüstenhaft trockenen Zentralasien bis in die heißfeuchten Randtropen im Südosten reichen. Die von China beanspruchten Spratlyinseln weisen sogar ein äquatorial-tropisches Klima auf.

Die östlichen Landesteile Chinas – und damit jene mit den mit Abstand größten Bevölkerungsanteilen und der größten ökonomischen Bedeutung – unterliegen dem Ostasiatischen Monsun. Dieser geht einher mit einem markanten Jahreszeitenwechsel, wobei die kühlen Winter mit geringen Niederschlagsmengen verbunden sind, während die Sommer schwülheiß sind. Die westlichen und nordwestlichen Landesteile mit dem Qinghai-Tibet-Plateau, dem Tarimbecken und dem Mongolischen Hochland unterliegen demgegenüber nicht dem Monsunklima. Hier sind vielmehr die globalen Westwindströmungen ganzjährig determinierend. Hiermit einher gehen über das ganze Jahr hinweg geringe Niederschläge und starke jahreszeitliche Temperaturschwankungen.

Charakteristisch sind somit auch die räumlich und zeitlich erheblich schwankenden Klimaverhältnisse. Während der Wintermonate klaffen die Temperaturgegensätze zwischen den einzelnen Regionen sehr weit auseinander. So lag z. B. die monatliche Durchschnittstemperatur in Guangzhou im Januar 2006 bei 15,8 °C, in Harbin demgegenüber überschritt sie nicht −17,7 °C. Diese Differenz von über 30 °C schrumpfte im Sommer auf gerade einmal 6 °C. Die durchschnittlichen Temperaturen lagen im Juli 2006 in Guangzhou bei 29,8 °C; in Harbin bei 23,4 °C. Grundsätzlich ist der Jahresgang der Temperatur im Süden des Landes viel weniger ausgeprägt als im Norden, wo unter dem Einfluss des Gebirgs- und Kontinentalklimas auch ein starker Tag-Nacht-Gegensatz der Temperaturen besteht.

In seiner Gesamtheit betrachtet ist China mit einem landesweiten Mittel von 630 mm/Jahr ein eher niederschlagsarmes Land. Die Niederschlagsmengen variieren jedoch stark

Chinas drei »Glutöfen«

Die am Lauf des Chang Jiang gelegenen Millionenstädte Chongqing, Wuhan und Nanjing werden im chinesischen Volksmund als die drei »Glutöfen« bezeichnet. Temperaturen von z. T. deutlich über 40 °C während der Sommermonate machen das Leben in diesen Städten zur Tortur. Bis noch vor wenigen Jahren stellten während der Sommermonate große Teile der Bevölkerung ihre Betten auf die Straße und schliefen im Freien. Mit der seit einigen Jahren zu verzeichnenden Verbreitung von Klimaanlagen (und der Motorisierung in den Städten) ist dieses Straßenbild heute allerdings nur noch selten anzutreffen.

zwischen den südostchinesischen Küstenregionen und den nordwestchinesischen Hoch- und Beckenregionen. Die lokal gemessenen jährlichen Niederschlagsmengen schwanken zwischen <25 mm und >2 000 mm. Grundsätzlich können zwei Großregionen differenziert werden, die durch einen Korridor von 500 mm Jahresniederschlag getrennt sind, welcher von den östlichen Teilen des Tibetplateaus über Lanzhou und Beijing nach Harbin verläuft. Typisch für (Ost-)China sind Starkregenereignisse, d. h. lokal begrenzte, massive Niederschläge. Die maximalen Messwerte liegen in China bei 1 672 mm Niederschlag pro Quadratmeter innerhalb eines Tages und bei 2 749 mm innerhalb einer Drei-Tage-Periode. Ein Millimeter Niederschlagshöhe entspricht einem Liter Wasser pro Quadratmeter. Die extremen Witterungsbedingungen werden besonders deutlich durch den stärksten jemals in China gemessenen Fünf-Minuten-Niederschlag: Innerhalb von 300 Sekunden prasselten hier 53,1 mm auf den Quadratmeter nieder. Derartige Starkregen haben den Charakter von Naturkatastrophen und haben in der Vergangenheit wiederholt zu zahlreichen Todesopfern, schweren Sachschäden, Missernten und dem Verlust von fruchtbarem Ackerland geführt.

Flüsse und Seen

Im Kontext der naturräumlichen Strukturierung des Landes und der klimatisch bedingt gravierenden Ungleichverteilung von Niederschlägen über das chinesische Territorium ist das Land in einzelnen Regionen mit üppigen Wasserressourcen ausgestattet, während in anderen schwerwiegende Wasserknappheit

Landesnatur

Blick auf die schneebedeckten Berggipfel des Qilian-Gebirges in der Provinz Gansu.

Leicht zu erkennen, warum man ihn den Gelben Fluss nennt. In flachem Gewässer führt der Huang He große Mengen an Löss mit sich.

herrscht. Verschärft wird dieses Ungleichgewicht durch jahreszeitliche Schwankungen, die auch in den gut mit Wasser versorgten Küstenregionen zu starken saisonalen Schwankungen führen.

Die besonderen klimatischen Bedingungen Chinas tragen dazu bei, dass von den 29 großen Flusssystemen, die das chinesische Gewässernetz prägen, zwölf keinen Abfluss in das Meer finden, sondern sich entweder auf dem Weg verlieren oder in abflusslose Endseen münden (endorheischer Abfluss). Mit dem Qinghai Hu stellt denn auch ein Salzsee einen der größten Seen Chinas dar.

Mit dem Chang Jiang (Jangtsekiang, Langer Fluss) und dem Huang He (Gelber Fluss) prägen zwei gewaltige Flusssysteme das chinesische Landschaftsbild. Der Chang Jiang ist Chinas längster Fluss. Er entspringt in 5 500 m Höhe in der tibetischen Hochebene, um sich dann am Ende seines 6 300 km langen Weges durch China bei Shanghai in das Ostchinesische Meer zu ergießen. In dem 1,8 Mio. km² großen Einzugsgebiet des Chang Jiang leben über 350 Mio. Menschen und erwirtschaften 50% der gesamten chinesischen Agrarproduktion und 40% der Industrieproduktion.

Der Huang He (Gelber Fluss) ist mit einer Länge von 5 464 km zwar nur der zweitlängste Fluss Chinas, sein Einzugsgebiet von gut 750 000 km² bezeichnet aber das Kernland der chinesischen Kultur. Der Huang He ist deswegen von alters her Gegenstand umfassender wasserwirtschaftlicher Ingenieursanstrengungen, einerseits zum Schutz gegen Hochwasser und Überschwemmungen, andererseits zum Ziel der regulierten Bewässerung landwirtschaftlicher Nutzflächen.

Der Name »Gelber Fluss« rührt von der ockergelben Färbung des Flusses her, die durch den mitgeführten Löss verursacht wird. Mit einer Sedimentfracht von durchschnittlich 35 kg je Kubikmeter Wasser weist der Huang He die höchste Schwebführung unter den großen Flüssen der Erde auf. Bedingt durch diese Sedimentfracht fließt der Huang He auf seinem letzten Wegstück durch die Nordchinesische Tiefebene heute zwischen hohen Deichen dahin. Sein Flussbett liegt hier ca. 5 m über dem Umland, sodass Nebenflüsse nicht mehr einfließen können.

Im Zuge des rapide ansteigenden Wasserbedarfs von Industrie, Landwirtschaft und Bevölkerung (Trinkwasser) ist die Wasserentnahme aus dem Huang He in den letzten Jahrzehnten extrem ausgeweitet worden. Während in den 1950er-Jahren noch knapp 80% des natürlichen Abflusses die Mündung in die Bo-Hai-See erreichten, sind dies heute nur noch weniger als 30%. In der jüngeren Vergangenheit ist der Unterlauf des Flusses sogar bis zu sechs Monate im Jahr vollständig ausgetrocknet. In der Folge sinken die Grundwasserspiegel im Umland rasch ab und verschärfen so die Dürreproblematik. Um den Wassermangel im Norden zu lindern, soll nun über drei Kanalsysteme Wasser aus dem Einzugsgebiet des Chang Jiang nach Norden umgeleitet werden. Im Osten entlang dem den Chang Jiang bei Yangzhou kreuzenden Großen Kanal, in Zentralchina über einen am Han

Der Chang Jiang (Jangtsekiang) vor seiner Aufstauung. Im Hintergrund sind die neu errichteten Häuser zu sehen, die für die Bevölkerung gebaut wurden.

Das Bewässerungssystem von Dujiangyan

Die Bewässerungsanlage von Dujiangyan bezeichnet eine der frühesten wasserbaulichen Großleistungen Chinas. Zwischen 251 und 256 v. Chr. errichtet, lenkt das Bauwerk Wassermassen des Min Jiang um und hat so einen wichtigen Beitrag zur Entwicklung des Beckens von Sichuan zur »Kornkammer Chinas« geleistet. Die Anlage ist so konzipiert, dass, einmal errichtet, faktisch keine menschliche Steuerung mehr notwendig ist. Die saisonalen Schwankungen in der Wasserführung des Flusses führen automatisch zur gewünschten Verteilung der Wassermassen. Kern der Anlage ist ein flacher Damm, der den Min Jiang in zwei Ströme aufteilt. Im wasserarmen Frühjahr nimmt der innere Flusslauf knapp zwei Drittel des Wassers auf und führt sie dem Kanalsystem und somit den südwestlich gelegenen Anbauflächen zu. In Hochwasserzeiten wird der Deich demgegenüber überschwemmt, was dazu führt, dass der Großteil des Wassers inklusive des überwiegenden Teiles der Sand- und Schwebteilchen in dem ursprünglichen Bett des Min Jiang verbleibt.

Die Bewässerungsanlage von Dujiangyan liegt ca. 60 km nordöstlich von Chengdu. Sie ist seit 2000 in die UNESCO-Liste der Weltkulturerbestätten aufgenommen.

Landesnatur

Bodenschätze – metallische und nicht metallische Rohstoffe

China gehört zu den Staaten der Erde, die in reichem Maße mit Bodenschätzen ausgestattet sind. Von den 163 Typen an Mineralien sind bereits 149 aufgefunden worden. Bisher wurden mehr als 200 000 lokale Vorkommen entdeckt. Alle Mineralien sind aufgrund der geologischen Struktur des Landes weit verstreut. Bei bedeutenden Bodenschätzen wie z. B. Kohle, Eisenerz, Erdöl, Titan, Zink, Molybdän, Wolfram (Tungsten), Zinn und Grafit ist China zum Teil auch im Abbau weltweit führend. Ungünstige Rahmenbedingungen erschweren jedoch die Nutzung der reichen Nichteisen- (NE)-Metallvorkommen. So befinden sich die meisten Lagerstätten in abgelegenen Gebieten mit unzureichender Verkehrsanbindung, die Minen arbeiten wenig effizient, haben vielfach eine veraltete Ausstattung und zu viele Arbeitskräfte; Umweltaspekte werden kaum beachtet.

förderungswürdig

Die Förderungswürdigkeit einer Naturressource an einem gegebenen Standort ist immer nur zeitpunktbezogen definiert und ergibt sich aus dem technischen und finanziellen Aufwand der Förderung. Wenn diese Aufwände in einem ungünstigen Verhältnis zu den Weltmarktpreisen und damit den erwarteten Erlösen stehen, gilt eine Lagerstätte als nicht förderungswürdig.

Chinas Bodenschätze[1] 2006, in Mio. t

Ressource	Vorkommen	Provinzen mit dem größtem Anteil an den nationalen Vorkommen	Ressource	Vorkommen	Provinzen mit dem größtem Anteil an den nationalen Vorkommen
Eisenerz	22 090	Liaoning (31,8 %) Hebei (19,2 %) Sichuan (14,2 %)	Titanerz	213,795	Sichuan (97,3 %) Hebei (2,5 %)
Phosphorerze	3 700	Hubei (22,6 %) Yunnan (21,8 %) Guizhou (19,7 %)	Kupfer	30,699	Jiangxi (26,2 %) Shanxi (8,9 %) Yunnan (8,5 %)
			Vanadium	14,044	Sichuan (54,2 %) Hunan (15,9 %) Guangxi (10,9 %)
Magnesiterze	1 897,141	Liaoning (85,6 %) Shandong (13,8 %)			
Pyriterze	1 849,005	Sichuan (21,8 %) Guangdong (17,7 %) Anhui (17,5 %)	Blei	13,514	Yunnan (24,2 %) Innere Mongolei (16,9 %) Guangdong (9,7 %)
Bauxit	741,670	Guizhou (28,1 %) Henan (27,0 %) Guangxi (18,2 %)	Zink	42,271	Yunnan (34,9 %) Innere Mongolei (15,9 %) Gansu (10,7 %)
Kaolinerze	635,677	Guangdong (44,0 %) Guangxi (24,6 %) Fujian (9,1 %)	Chromerz	5,214	Tibet (36,8 %) Innere Mongolei (25,0 %) Gansu (24,5 %)
Mangan	228,558	Guangxi (34,8 %) Hunan (26,1 %) Guizhou (11,1 %)			

[1] ausgewiesen sind gesicherte, förderungswürdige Vorkommen

Grafik 1

Regionale Vorkommen von ausgewählten Bodenschätzen 2006

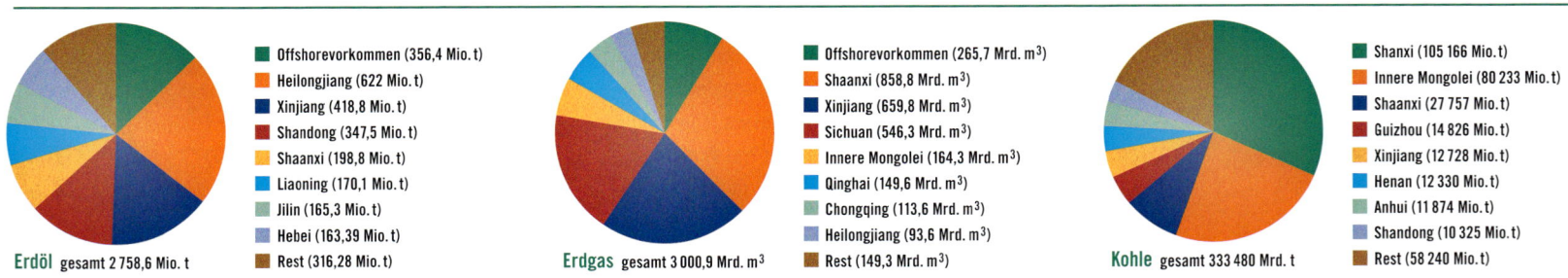

Erdöl gesamt 2 758,6 Mio. t
- Offshorevorkommen (356,4 Mio. t)
- Heilongjiang (622 Mio. t)
- Xinjiang (418,8 Mio. t)
- Shandong (347,5 Mio. t)
- Shaanxi (198,8 Mio. t)
- Liaoning (170,1 Mio. t)
- Jilin (165,3 Mio. t)
- Hebei (163,39 Mio. t)
- Rest (316,28 Mio. t)

Erdgas gesamt 3 000,9 Mrd. m³
- Offshorevorkommen (265,7 Mrd. m³)
- Shaanxi (858,8 Mrd. m³)
- Xinjiang (659,8 Mrd. m³)
- Sichuan (546,3 Mrd. m³)
- Innere Mongolei (164,3 Mrd. m³)
- Qinghai (149,6 Mrd. m³)
- Chongqing (113,6 Mrd. m³)
- Heilongjiang (93,6 Mrd. m³)
- Rest (149,3 Mrd. m³)

Kohle gesamt 333 480 Mrd. t
- Shanxi (105 166 Mio. t)
- Innere Mongolei (80 233 Mio. t)
- Shaanxi (27 757 Mio. t)
- Guizhou (14 826 Mio. t)
- Xinjiang (12 728 Mio. t)
- Henan (12 330 Mio. t)
- Anhui (11 874 Mio. t)
- Shandong (10 325 Mio. t)
- Rest (58 240 Mio. t)

Grafik 2

Landesnatur
Klima – Temperaturen und Niederschläge

Die gewaltigen Ausmaße Chinas mit seinen vier Großlandschaften bestimmen auch das Landesklima, welches regional äußerst unterschiedliche Ausprägungen aufweist. Das zeigt vor allem ein Vergleich der Temperatur-Extremwerte im Januar: Während es im äußersten Nordosten Chinas Januarmittelwerte von –30 °C geben kann, sind im gleichen Monat auf der Insel Hainan Mittelwerte von über 18 °C keine Seltenheit. Somit liegt eine räumliche Temperaturamplitude von annähernd 50 °C zwischen Norden und Süden vor.

Im Vergleich zum Rest Eurasiens weist China besondere Klimacharakteristika auf, so erscheint der westliche Landesteil im Vergleich als »zu warm«, während der Osten unter normalen Maßstäben als »zu kalt« eingeordnet werden müsste. Der Grund für diese ungewöhnliche Situation sind das Tarimbecken und das Tibet-Hochplateau auf der einen und die kontinentale Randlage zum Pazifik auf der anderen Seite. Das Tarimbecken und das Tibet-Hochplateau wirken als Wärmespeicher und führen auf diese Weise zu auffallend hohen Temperaturmitteln von etwa 0 °C auf ca. 4500 m ü. NN. Die maritime Lage des Ostens hingegen bewirkt alles in allem ein gemäßigtes Klima in der Region.

Als zusätzlich klimabestimmendes Element wirkt zudem der Ostasiatische Monsun, der den für den Osten Chinas typischen jahreszeitlichen Wechsel zwischen trockenen, kalten Wintern und feuchtwarmen bis heißen Sommern bedingt.

Der Westen des Landes ist hingegen während des gesamten Jahres von der globalen Westwindströmung beeinflusst. Im Verlauf der Jahreszeiten kommt es dadurch zu großen Niederschlagsunterschieden. Während der Winter fast im ganzen Land eine eher trockene Jahreszeit darstellt, kommt es im Sommer zu Dauer- und Starkregen, vor allem in den subtropischen und tropischen Klimabereichen.

Alles in allem kann China in zwölf Klimazonen aufgeteilt werden, die wiederum vier Gruppen bilden. Der Norden bildet demnach eine Zone gemäßigten Klimas, der Westen ist von Hochgebirgsplateauklimaten geprägt und der Osten steht unter subtropischem Einfluss. Der südliche Küstenstreifen und insbesondere die in ihrem Hoheitsanspruch umstrittenen Inselgruppen im Südchinesischen Meer weisen schließlich voll ausgeprägtes tropisches Klima auf.

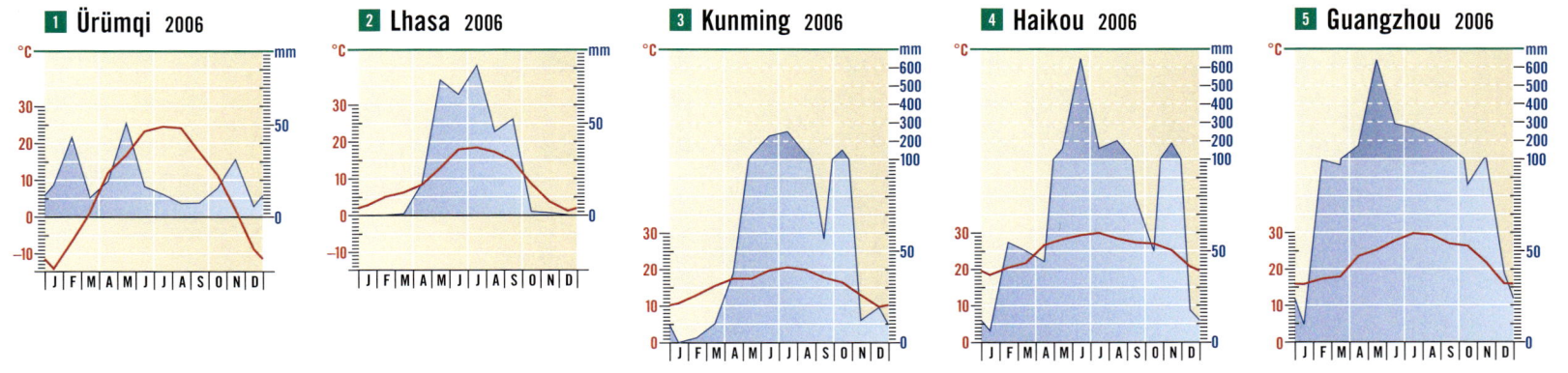

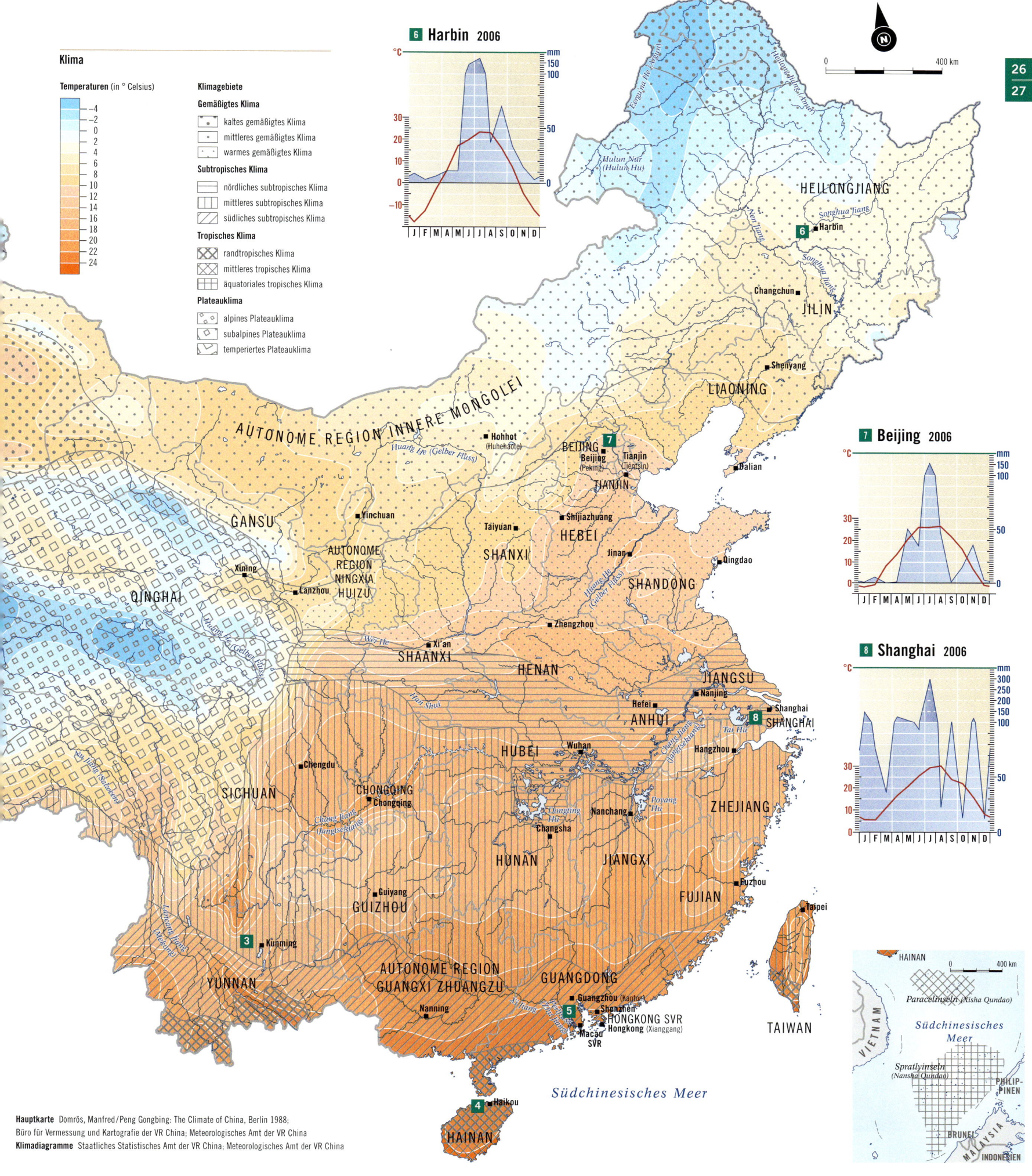

Landesnatur
Flora und Fauna

Dank seiner vielfältigen naturräumlichen und klimatischen Gegebenheiten verfügt China über ein breites Spektrum an Pflanzen- und Tierarten. Spezies, die sich an feuchtheiße klimatische Bedingungen angepasst haben, sind ebenso anzutreffen wie solche, die kalte, aride Lebensbedingungen benötigen. Zahlreiche Arten sind endemisch, d. h. allein in China anzutreffen. Als Beispiele seien der Große Panda, die Graukatze, der Goldene Takin, der China-Alligator und der Yangzi-Stör genannt.

Traditionellerweise werden in der chinesischen Kultur zur Herstellung von Heilmitteln Pflanzen und Tiere bzw. Teile davon genutzt. Damit verbunden ist allerdings auch die rücksichtslose Jagd auf Tiere, denen besondere Heilwirkungen oder potenzsteigernde Wirkungen unterstellt werden. So wurde die einst zahlenmäßig große Population an Tigern durch derartig motivierte Jagden fast ausgerottet.

Ähnlich wie in anderen Staaten haben auch in China die Bevölkerungsexplosion und die immer intensivere Nutzung des Bodens für landwirtschaftliche und industrielle Belange zu schwerwiegenden Eingriffen in die natürlichen Lebensräume zahlreicher Tier- und Pflanzenarten geführt. Das maoistische Entwicklungsmodell, welches durch eine bemerkenswerte Missachtung ökologischer Nachhaltigkeit gekennzeichnet ist, hat diesen Prozess zwischen 1950 und 1980 in besonderem Maße forciert.

Moschustier

Chinesisches Schuppentier

Orientalische Zibetkatze

Der Lebensraum der Pandabären ist mittlerweile so stark fragmentiert, dass die isoliert lebenden Restpopulationen nicht mehr über eine hinreichende genetische Vielfalt verfügen, um den gesunden Fortbestand der Art zu sichern. Neben speziellen Züchtungsprogrammen werden inzwischen auch sogenannte »grüne Korridore« eingerichtet, um einen »Blutaustausch« zwischen den Restpopulationen zu ermöglichen.

Anzahl der bedrohten Tierarten 2006

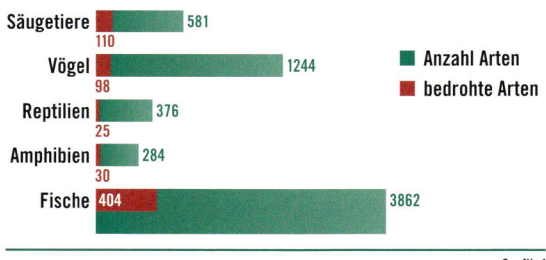

Säugetiere: 110 / 581
Vögel: 98 / 1244
Reptilien: 25 / 376
Amphibien: 30 / 284
Fische: 404 / 3862

■ Anzahl Arten
■ bedrohte Arten

Grafik 1

Ein grüner Korridor für den Panda

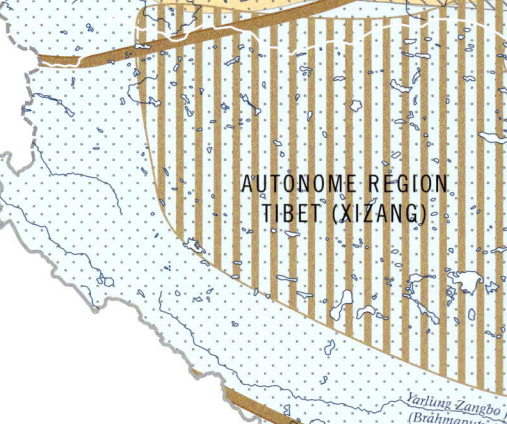

Rhesusaffe

Großer Panda

Marderhund

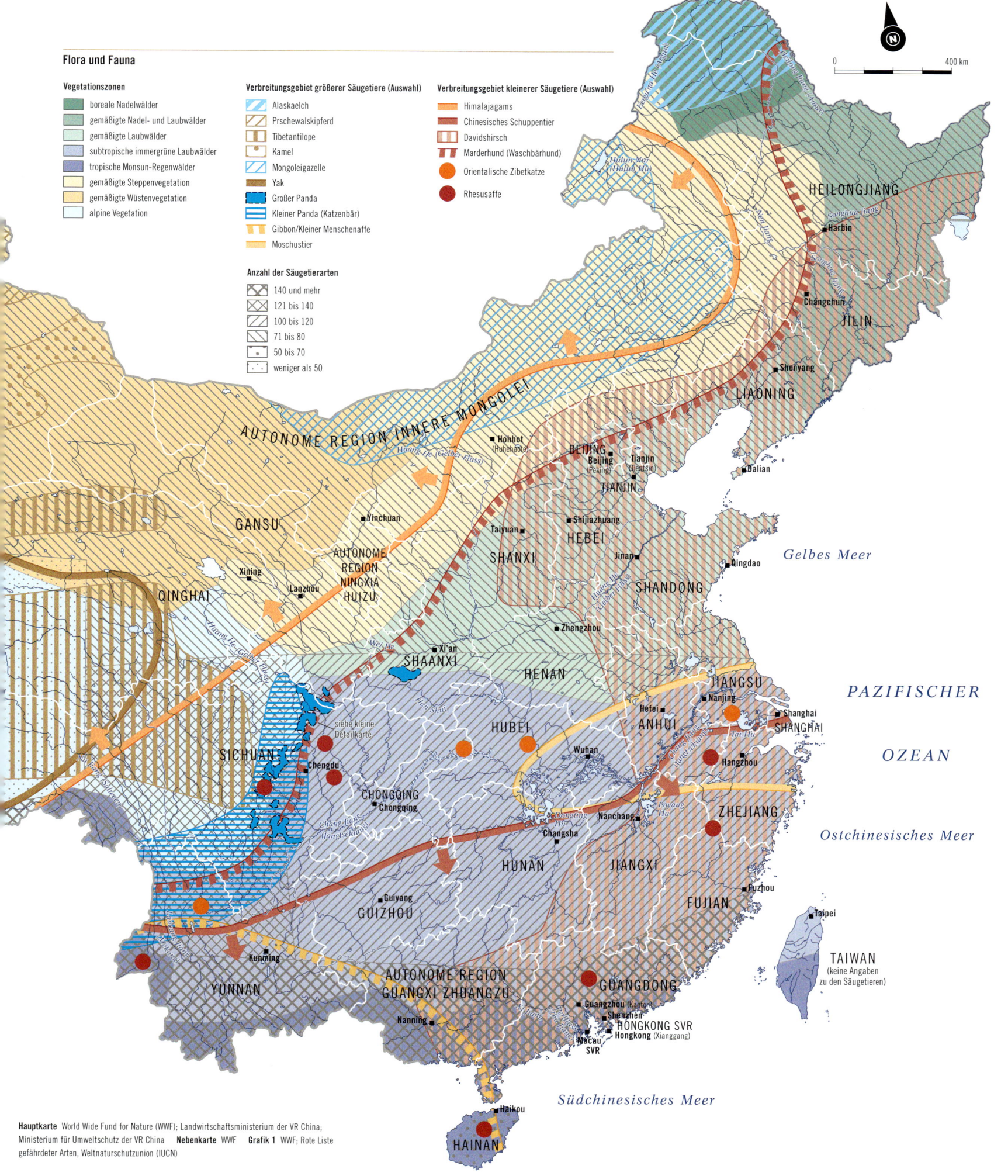

Landesnatur

Der Drei-Schluchten-Staudamm: der größte Staudamm der Welt

Der Drei-Schluchten-Stausee

Der moderne chinesische Wasserbau wird durch den Drei-Schluchten-Stausee symbolisiert. Die 185 m hohe und 2 309 m lange Staumauer soll den Chang Jiang im Endstadium auf 660 km aufstauen. Das Wehr selber beherbergt das derzeit größte Wasserkraftwerk der Erde. Bei voller Last können 26 Turbinen eine Leistung von 85 Milliarden Kilowattstunden im Jahr generieren.

Die gegen massive in- und ausländische Proteste errichtete Talsperre soll offiziell einen besseren Hochwasserschutz im Mittel- und Unterlauf des Chang Jiang gewähren, eine umweltfreundliche Energieerzeugung ermöglichen und die kommerzielle Schifffahrt auf dem Fluss fördern. Das Projekt gilt allerdings auch als Lieblingsobjekt und Vermächtnis des früheren Ministerpräsidenten Li Peng, der selber einst in Moskau den Bau von Wasserkraftwerken studiert hatte und das Projekt gegen alle Widerstände durchgesetzt hat. Die Kosten für den Bau des Staudamms lagen offiziell bei knapp 20 Milliarden Yuan RMB. Die nicht monetären Kosten dürften allerdings deutlich höher liegen. Insgesamt werden nach Regierungsangaben ca. fünf Millionen Menschen umgesiedelt werden müssen, vier Millionen mehr als ursprünglich vorgesehen. Die ökologischen Folgen der Aufstauung des Chang Jiang sind noch vollkommen unsicher. Bereits heute weist der Stausee jedoch eine sehr schlechte Wasserqualität auf, die z.T. durch das Austreten von Giftstoffen und Verschmutzungen aus den überfluteten Ortschaften herrührt, z.T. aber auch durch die reduzierte Fließgeschwindigkeit und Verschlickung bedingt wird.

Shui, dem größten nördlichen Nebenfluss, ansetzenden Aquädukt und im Westen über die Umlenkung von Quellflüssen des Chang Jiang in das Einzugsgebiet des Huang He. Die ökologischen Folgen dieser Projekte sind bislang wenig erforscht und höchst strittig.

Bodenschätze

China verfügt über sehr umfangreiche Bodenschätze. Insgesamt machen die bislang in China erkundeten Ressourcen rund 12 % der weltweiten Bodenschätze aus. Absolut gesehen machen diese China zu einem der an Bodenschätzen reichsten Länder der Erde. Wird jedoch die Bevölkerungszahl in den globalen Vergleich miteinbezogen, so zeigt sich, dass China ein Pro-Kopf-Aufkommen von weniger als zwei Dritteln des Weltdurchschnitts aufweist. Aus dieser Perspektive rangiert China weltweit nur auf einem mittleren Niveau.

Gegenwärtig sind insgesamt 171 verschiedene Bodenschätze in China gefunden worden, 158 davon in förderungswürdigen Mengen. Es handelt sich dabei um zehn Energieträger, fünf Schwarzmetalle, 41 Buntmetalle, acht Edelmetalle, 91 Nichtmetalle und drei flüssige und gasförmige Bodenschätze.

Nach Maßgabe der ermittelten Mengen der Bodenerze rangiert China bei 25 der 45 wichtigsten Rohstoffe international auf den ersten drei Rängen. Bei zwölf Bodenschätzen besitzt China die weltweit größten Vorkommen, so z. B. bei Antimon, Baryt, Bor, Gips, Glaubersalz, Grafit, Magnesit, Tantal, Titan und Vanadium. Die chinesischen Vorkommen an Seltenerdmetallen machen 80 % der Weltreserven aus und auch die chinesischen Wolframreserven entsprechen dem Vierfachen der Vorräte aller anderen Länder zusammen. Dank intensiver Explorationsbemühungen (mithilfe von geologischen und geophysikalischen Erkundungsmethoden) werden Jahr für Jahr neue Vorkommen fast aller dieser Bodenschätze entdeckt. Insbesondere neue Kohlelagerstätten tauchen vielerorts auf.

Eine konsequente Erschließung dieser Bodenschätze hat in China allerdings erst mit Mao Zedongs auf die Schwerindustrie fokussierender Entwicklungsstrategie in der zweiten Hälfte des 20. Jahrhunderts eingesetzt. Erst seit Einsetzen der Reform- und Öffnungsperiode um 1980 wird auch Rückgriff auf fortschrittliche Technologien und Fachwissen genommen, das in den westlichen Industriestaaten aufgebaut worden ist. Hierdurch konnte die Erfolgsrate bei der Prospektion und Erschließung neuer Lagerstätten erheblich verbessert werden. Ausländische Erschließungsgesellschaften

Pingshuo in der Provinz Shanxi ist eines der größten chinesischen Tagebaugebiete.

dürfen sich dessen ungeachtet bislang i. d. R. nur in Form von Minderheitsbeteiligungen an Joint Ventures in China engagieren.

Die absolut gesehen reichhaltigsten Lagerstätten weist China bei Kohle auf. Kohle ist in allen Provinzen des Landes mit Ausnahme Shanghais anzutreffen. Die mit Abstand größten Vorkommen finden sich allerdings in Shanxi und der Inneren Mongolei. In diesen beiden Provinzen konzentriert sich gut die Hälfte der bekannten Kohlevorkommen des Landes.

Die chinesische Volkswirtschaft ist in hohem Maße von Kohle als Primärenergieträger abhängig. Die überwiegende Mehrzahl der Kraftwerke nutzt Kohle zur Elektrizitätserzeugung. Die Förderung immer größerer Mengen von Kohle zur Befeuerung des chinesischen Wirtschaftswachstums und deren Transport von den Hauptfördergebieten in die ökonomischen Ballungszentren im ost- und südchinesischen Küstenstreifen stellt von daher eine der größten Herausforderungen an die chinesische Volkswirtschaft dar.

Die chinesische Kohle ist allerdings stark schwefelhaltig, was im Zuge der Kokserzeugung bzw. ihrer Verwendung als Brennstoff zu schwerwiegender Luftverschmutzung beiträgt. »Saurer Regen« *made in China* geht mittlerweile nicht nur regelmäßig über gut einem Drittel des Landes nieder, sondern ist auch für die Anrainerstaaten, insbesondere Korea und Japan, zu einem ernsthaften Umweltproblem geworden.

Flora

In Anbetracht der vielseitigen naturräumlichen und klimatischen Gegebenheiten Chinas kann es nicht verwundern, dass China auch eine äußerst vielseitige Pflanzenwelt aufweist. Von tropischen Regenwäldern bis hin zu boreomontanen Nadelwäldern beherbergt China

Ausgedehnte Nadelwälder in der Inneren Mongolei am Großen Hinggan, einem Gebirgszug im Nordosten Chinas

fast alle Vegetationsformen der Erde. Allein die Vegetation der Tundra ist in China nicht anzutreffen.

Die räumliche Verteilung der Vegetation Chinas wird zwangsläufig durch klimatische sowie relief- und bodenbestimmte Faktoren determiniert. Dabei sind in Hinblick auf die klimatischen Einflüsse insbesondere zwei Parameter hervorzuheben: zum einen die von Süd nach Nord zu beobachtende Abnahme der Temperaturen und zum anderen die von Ost nach West verlaufende Zunahme der Kontinentalität, das heißt abnehmende Niederschlagsmengen bei gleichzeitig ansteigender Spannbreite der Höchst- und Tiefsttemperaturen (auf Tages- und Jahresbasis). Aus dieser Konstellation resultiert das grundlegendste Merkmal der chinesischen Vegetation: eine von Südosten nach Nordwesten verlaufende Staffelung von Wäldern und Steppen, die letztlich von Wüsten abgelöst werden. Die reliefbedingte Zonierung der Vegetation basiert auf

der mit der Höhe abnehmenden Temperatur. Dabei wird aufgrund der weiten Ausdehnung des Landes nach Süden auch im Tibetischen Hochland die Obergrenze der Vegetation erst bei ca. 5 500 m erreicht. Dank der südlichen Ausdehnung des Landes (Temperatur!) und großer (monsunaler) Niederschlagsmengen sind in Südwestchina auch in großen Höhen noch (boreomontane) Wälder anzutreffen.

Bodenbedingte spezifische Vegetationsausprägungen können insbesondere in den salzhaltigen Böden der chinesischen Wüstengebiete, in den Moorlandschaften Nordwestchinas sowie der stark kalkhaltigen Böden in den Karstlandschaften Südwestchinas beobachtet werden.

Der Morigan-Fluss mäandert durch die scheinbar endlose Hulunbuir-Grassteppe im Nordosten Chinas.

Arbeitsbedingungen in chinesischen Kohleminen

Die Arbeitsbedingungen in den chinesischen Kohleminen sind insbesondere in den kleinen privat bzw. semiprivat geführten Unternehmen außerordentlich schlecht. Nach Regierungsverlautbarungen wurden in China 2006 zwei Todesfälle pro einer Million Tonnen geförderter Kohle registriert. Dies entspricht dem Verlust von 4 746 Menschenleben. Dies stellt zwar eine deutliche Verbesserung zu den 5,3 Todesfällen dar, die noch 2001 registriert wurden, unterscheidet sich jedoch dramatisch von den Vergleichswerten der führenden internationalen Minenbetreiber, die den Wert von null Todesfällen pro Million Tonnen geförderter Kohle nur hauchdünn verfehlen. Die wahre Todesrate in chinesischen Kohlenbergwerken dürfte tatsächlich allerdings noch deutlich höher liegen, da von den kleinsten und von ihren Lokalregierungen gedeckten Betrieben kaum Daten an die Öffentlichkeit gelangen. Unabhängige Organisationen gehen daher von bis zu 20 000 Todesfällen in chinesischen Kohleminen pro Jahr aus.

Landesnatur

Umweltbelastung I – Luftverschmutzung, Abfall und Umweltunfälle

Verschiedene Studien haben inzwischen darauf hingewiesen, dass China heute der weltgrößte Klimasünder ist und die USA beim CO_2-Ausstoß bereits überholt hat. Damit hat die vor allem mit dem rasanten Wirtschaftswachstum des Landes zusammenhängende zunehmende Umweltverschmutzung eine umso größere globale Dimension erreicht. Die stetige Steigerung des Bruttosozialproduktes um fast zehn Prozent pro Jahr führte in China in vielen Regionen zur Vernichtung von Lebensraum und Lebensqualität: Nahezu jede größere chinesische Stadt leidet unter massiver Luftverschmutzung, Umweltunfälle und die damit verbundene Verseuchung von Luft, Wasser und Ackerland sind an der Tagesordnung, ein Großteil der vielen Hundert offiziell registrierten Proteste jeden Tag irgendwo im Land gehen auf die Verseuchung der Umwelt durch Betriebe zurück, an verseuchten Flussläufen sind »Krebsdörfer« entstanden, über die ausländische Reporter berichten, und eine Besserung der Situation ist fast nirgendwo spürbar.

Nach Angaben der Weltbank liegen 16 der 20 am meisten verschmutzen Städte in China. Hierfür gibt es eine Reihe von Indikatoren, wie zum Beispiel den sauren Regen: Nach offiziellen chinesischen Angaben betrug die Häufigkeit von saurem Regen zum Beispiel in der Stadt Shangrao (Provinz Jiangxi) 96,7 Prozent. In Hangzhou, Yingtan, Yiyang, Taizhou und der wirtschaftlich besonders bedeutenden Stadt Guangzhou sind es noch über 80 Prozent. Zwar hat sich die Zusammensetzung der Luftverschmutzung in vielen Städten Chinas geändert, an der Luftqualität selbst haben die Abnahme von durch Kohle verursachter Luftverschmutzung und die gleichzeitige Zunahme von durch Automobilverkehr entstandener Luftverschmutzung kaum etwas geändert. So kann es durchaus passieren, dass chinesische Gastgeber selbst spontan ihre Freude über ein Stück blauen Himmel in der Stadt mit dem Gast teilen – ein derartiger Anblick ist selten.

Wie zu erwarten war, konnte während der Olympischen Spiele 2008 in Beijing und Qingdao eine Ausnahmesituation geschaffen werden: Grafik 1, die die Luftqualität in Beijing an 18 ausgewählten Tagen im August über die Jahre 2000 bis 2008 vergleicht, zeigt deutlich, welche Auswirkungen das temporäre Abschalten von Fabriken und die Einführung von Fahrverboten auf die Luftqualität der Stadt hatten. Während in den vorangegangenen Jahren die Tage mit »hervorragender Luftqualität« mühelos an einer Hand abgezählt werden konnten, konnte im Monat der Olympischen Spiele ein neuer Rekord an »sauberen Tagen« erreicht werden. Einen derartigen ökonomischen Stillstand zugunsten der Ökologie wird man sich jedoch so schnell nicht wieder leisten.

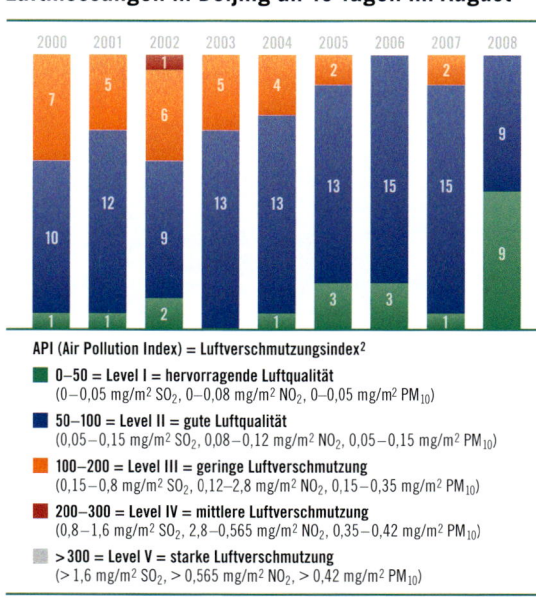

Grafik 1

[1] Ausgewiesen ist die Anzahl der Tage nach der jeweiligen Luftqualität.
[2] Bis zu Level II werden tägliche Aktivitäten nicht beeinträchtigt, darüber wird – je nach Luftverschmutzungsgrad – die Leistungsfähigkeit Kranker oder auch Gesunder beeinträchtigt.

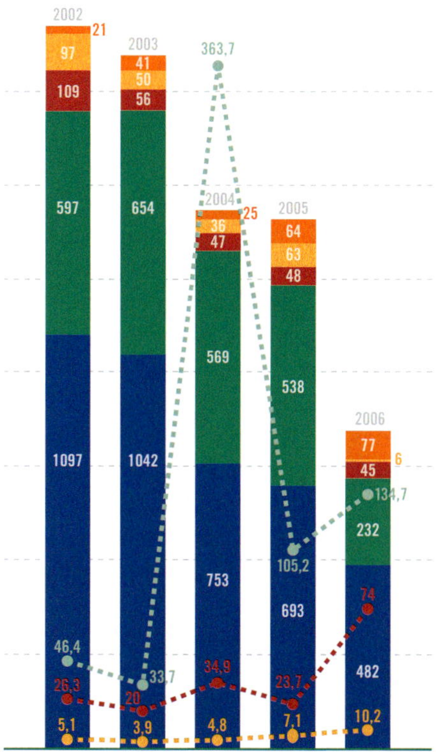

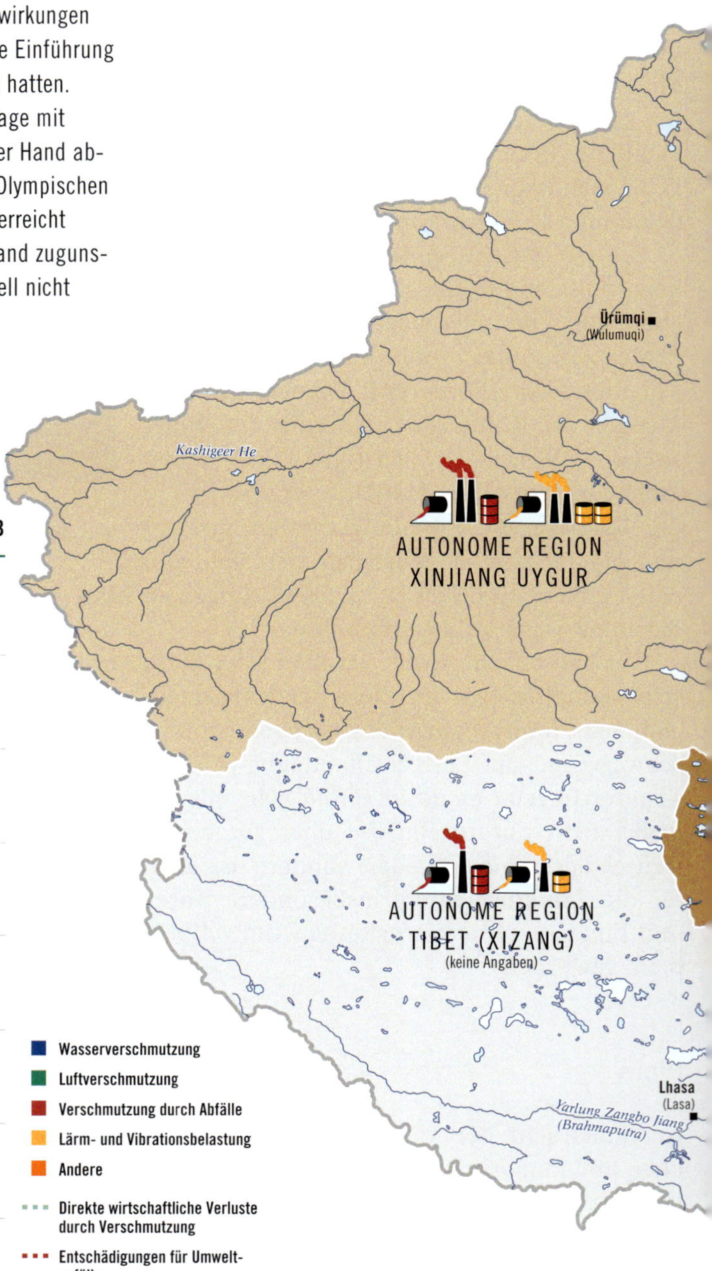

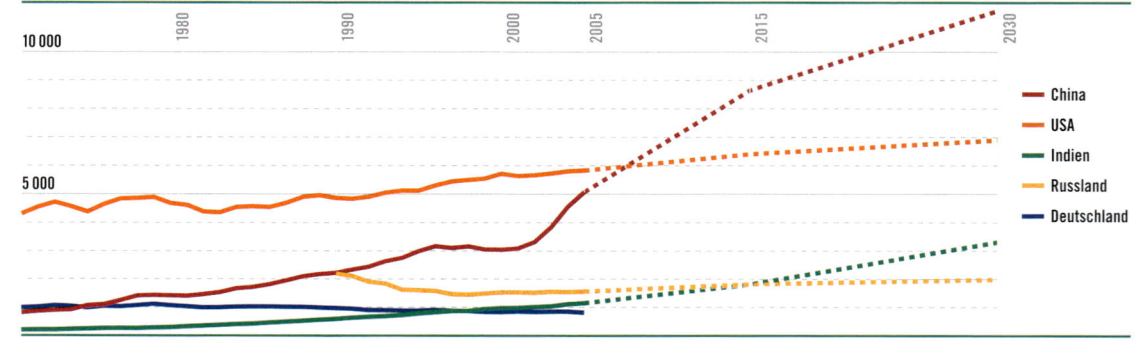

Grafik 3

Landesnatur

Umweltbelastung II – Wasserverschmutzung und Wasserknappheit

Eins der großen Probleme ist die starke Ungleichverteilung der Wasserressourcen innerhalb des Landes. Während in weiten Teilen des Südens verhältnismäßig viel Wasser zur Verfügung steht, besteht im Norden eine chronische Knappheit. Jedem Chinesen stehen im Durchschnitt pro Jahr rund 2 200 Kubikmeter Wasser zur Verfügung – jedem Chinesen, der im Norden des Landes lebt, aber nur einige Hundert Kubikmeter. Umso kritischer ist in diesem Zusammenhang die fortschreitende Wüstenbildung in nördlichen Regionen zu sehen.

Doch selbst dort, wo ausreichend Wasser zur Verfügung steht, bedeutet dies noch lange nicht, dass es auch für den menschlichen Verbrauch geeignet ist. Im Zuge des wirtschaftlichen Aufschwungs des Landes haben sich an den meisten Flüssen und Gewässern zahlreiche Fabriken angesiedelt, die ihre Abwässer auch heute noch in vielen Fällen ungefiltert ablassen. Diese Art der Umweltverschmutzung ist ein entscheidender Faktor für die von Menschen verursachte Verknappung der Wasserressourcen. Die zentrale staatliche chinesische Umweltbehörde reagiert zwar mit der Aufstellung immer strengerer Standards, aber diese werden sehr häufig lokal in den Regionen missachtet beziehungsweise unterliegen der weitverbreiteten Korruption. Bei der von der Weltbank in sechs Stufen eingeteilten Wasserqualität sind lediglich die Stufen I–III als Trinkwasser ausgewiesen. Über spektakuläre Fälle von Wasserverschmutzung wie diejenige des Songhuaflusses im Norden Chinas im Jahr 2005 wurde auch in der westlichen Presse ausführlich berichtet. In diesem Fall war die Stadt Harbin mit rund zehn Millionen Einwohnern tagelang von der Wasserversorgung abgeschnitten worden. 2008 haben die Ableitungen großer Mengen Wasser zu den olympischen Wettkampfstätten in Beijing und Qingdao zu Protesten unter der Bevölkerung in den Regionen geführt, aus denen das Wasser abgezogen wurde.

Wasser und Hygiene

	China	Indien	Deutschland	USA
Süßwasservorräte (m³ pro Kopf)	2156	1152	1297	9446
Gesamtverbrauch von Süßwasser (% der Gesamtsüßwasservorräte)	22,4	51,2	44,0	17,1
Verbauch an Süßwasser durch die Landwirtschaft (% des Gesamtverbrauchs)	68	86	20	41
Zugang zu sauberem Wasser (% der Gesamtbevölkerung)	77	86	100	100
Zugang zu sauberem Wasser (Landbevölkerung in %)	67	83	100	100
Zugang zu sauberem Wasser (Stadtbevölkerung in %)	93	95	100	100
Zugang zu Sanitäranlagen (% der Gesamtbevölkerung)	44	33	100	100
Zugang zu Sanitäranlagen (Landbevölkerung in %)	28	22	100	100
Zugang zu Sanitäranlagen (Stadtbevölkerung in %)	69	59	100	100

Grafik 1

Die Industriesektoren mit den größten Abwasservolumina 2005

Unternehmen nach Industriezweigen	Anzahl	Industrielle Abwässer in Mio. t
Papier- und Papier verarbeitende Industrie	3911	3674
Rohchemikalien und chemische Produkte	6791	3391
Strom und Wärmekraft	2356	2511
Textilindustrie	6001	1722
Verhüttung und Walzen von Eisenmetallen	2213	1699
Lebensmittelverarbeitung aus landwirtschaftlichen Produkten	3594	1190
Öl, Koks und Kernbrennstoff verarbeitende Industrie	1011	681
Chemiefaserindustrie	233	485
Nicht metallische Mineralprodukte	11891	482
Zementproduktion	4576	243
Gesamt	**70514**	**21598**

Grafik 2

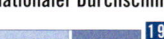

nationaler Durchschnitt 1932

Wasserqualität der wichtigsten Flüsse 2003, in %

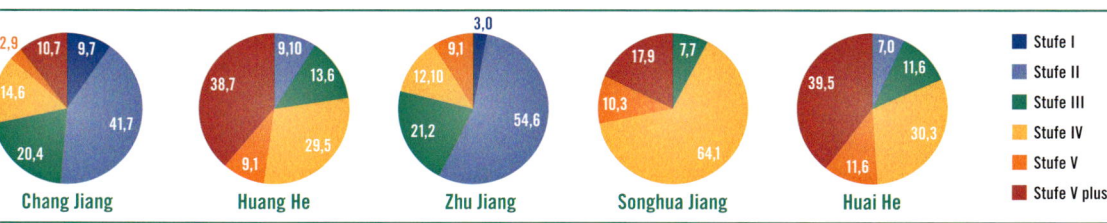

Chang Jiang: 2,9 / 10,7 / 9,7 / 14,6 / 20,4 / 41,7
Huang He: 38,7 / 9,10 / 13,6 / 9,1 / 29,5
Zhu Jiang: 3,0 / 9,1 / 12,10 / 21,2 / 54,6
Songhua Jiang: 17,9 / 7,7 / 10,3 / 64,1
Huai He: 39,5 / 7,0 / 11,6 / 11,6 / 30,3

Stufe I · Stufe II · Stufe III · Stufe IV · Stufe V · Stufe V plus

Grafik 3

Landesnatur

Die räumliche Verbreitung der natürlichen Artenvielfalt Chinas ist allerdings aufgrund von intensiver Landwirtschaft und Holzeinschlag in den letzten Jahrzehnten deutlich reduziert worden, sodass oft nur noch kleine Enklaven die ursprüngliche natürliche Vegetation aufweisen. Urwälder sind so z. B. nur noch im Da-Hinggan-Ling-Gebirge, im Changbai-Shan-Gebirge sowie in Teilen Yunnans, Sichuans und Tibets anzutreffen.

Fauna

Ebenso vielfältig wie Landschaft, Klima und Vegetation ist auch die Fauna Chinas. Sie umfasst Wüstenbewohner im kontinentalen Nordwesten ebenso wie Regenwaldarten im Südosten oder Hochgebirgsarten im Himalaja. Mit etwa 4 400 Wirbeltieren umfasst die Fauna Chinas mehr als 10 % aller bekannten Wirbeltierarten. Ein sehr großer Teil der Arten ist gefährdet. Unter den Säugetieren betrifft dies besonders den in noch vorhandenen Resten einst ausgedehnter Bambuswälder lebenden schwarz-weißen Großen Panda. Kaum weniger gefährdet sind aber auch Raubtiere wie Südchinesischer Tiger, der Schneeleopard, der Nebelparder und der Malayenbär. Der Chinesische Flussdelfin ist vor wenigen Jahren ausgestorben.

Neben den noch relativ weit verbreiteten Makaken sind von den Primaten vor allem mehrere Gibbonarten zu erwähnen, die in kleinen Populationen im Süden Chinas vorkommen. Charakteristisch ist, wie für weite Teile Asiens, eine große Vielfalt an Huftieren, die teilweise auch Stammformen von wichtigen Haustieren sind, so beispielsweise die Chinas

Vor allem im Tibetischen Hochland bis zu einer Höhe von 6 100 Metern über N.N. trifft man Yaks an, für die ansässige Bevölkerung eines der wichtigsten Nutztiere in der Region.

In freier Wildbahn ist der Große Panda nur noch selten anzutreffen. Im Reservat in Wolong in der Provinz Sichuan kümmert man sich daher um die Aufzucht junger Pandas.

Halbwüsten und Wüsten bewohnenden Asiatischen Wildesel, Kamele oder im tibetischen Hochgebirge der Yak. Hirsche sind unter anderem mit den ursprünglichen Moschustieren und Muntjaks vertreten, aber auch mit Sika- und Damhirsch, dem Reh sowie eigenständigen Unterarten des Rothirsches.

Auch die Vogelwelt ist mit rd. 1 200 Arten sehr artenreich. Besonders charakteristisch sind die vielfältigen Hühnervögel, vor allem die Fasane mit 19 verschiedenen Arten (z. B. Königs-, Blau- und Hornfasan), sowie Entenvögel (z. B. Mandarinente), Kraniche (z. B. Mandschurenkranich) und Störche.

Für die Reptilienfauna bemerkenswert ist der endemische, vom Aussterben bedrohte China-Alligator *(Alligator siniensis)* als Tertiärrelikt. Die 2 Meter langen Tiere leben im Chang Jiang (Jangtsekiang). Sein nächster heute noch lebende Verwandter ist der bekannte Mississippi-Alligator. Die mit bis zu 1,5 m Länge weltweit größte Amphibie ist der Bäche bewohnende Chinesische Riesensalamander *(Andrias davidianus)*. Nahezu unüberschaubar ist die Zahl der Wirbellosen, insbesondere der Insekten.

Die Pandabären

Der Pandabär, eigentlich Großer Pandabär *(Ailuropoda melanoleuca)* ist wohl das bekannteste Tier Chinas. Als Symbolfigur des WWF, Werbeträger zahlloser chinesischer Unternehmen und in Form von Schenkungen an Zoos sogar als Instrument der chinesischen Diplomatie genutzt, erfreuen sich die Tiere weltweiter Bekanntheit und Sympathie.

Mit einem Bestand von nur noch ca. 1 600 Tieren sind die Pandabären akut vom Aussterben bedroht. Die bis zu 1,50 m großen und 160 kg schweren Tiere sind in freier Wildbahn nur noch in einem nicht zusammenhängenden Gebiet von insgesamt lediglich 5 900 km² in Sichuan, Gansu und Shanxi anzutreffen. Dort leben die Tiere in einer Höhe von 800 bis 4 000 m in subtropischen Bergwäldern. Die Pandas können zwar gut klettern, bevor-

Der Pandabär in der Falle der Evolution

Der Pandabär ist die Bärenart, die sich am stärksten auf eine pflanzliche Ernährung spezialisiert hat. Aus evolutionärer Sicht kann diese Anpassung jedoch noch nicht als ideal oder »abgeschlossen« gelten. Seitdem sich die Entwicklung der Pandabären vor 15 Millionen Jahren von der anderer Bären *(Ursidae)* abgekoppelt hat, haben die Tiere zwar Anpassungen des Verdauungstraktes vollzogen, dessen ungeachtet können sie ihre Lieblingsspeise, die gleichermaßen nährstoffarmen wie hochgiftigen Bambusschösslinge, nicht optimal verwerten. Inwiefern angesichts eines raschen Vordringens der menschlichen Zivilisation und einer schwindenden Nahrungsbasis noch genügend Zeit für eine evolutionäre Weiterentwicklung bleiben wird, ist fraglich.

zugen jedoch das Leben auf dem Waldboden und in den Bambusdickichten, in denen sie auch ihre bevorzugte Nahrung, Bambusschösslinge, finden. Die Verbreitungsgebiete der Pandas sind seit 1998 staatlich geschützt. Die Tiere selbst stehen nicht nur unter strengem Schutz, sondern werden auch von Wissenschaftlern und Aktivisten rund um die Uhr per GPS beobachtet. In speziellen Panda-Forschungszentren werden aufwendige Zuchtprogramme betrieben und medizinische Betreuung gewährleistet. Derzeit werden u.a. Verbindungskorridore zwischen den insular voneinander abgetrennten Verbreitungsgebieten geschaffen, um so den Kontakt zwischen den einzelnen Populationen wiederherzustellen und eine hinreichende genetische Vielfalt im Fortpflanzungsprozess zu erreichen.

Ökologisches Gleichgewicht

Der seit den 1980er-Jahren zu beobachtende rapide wirtschaftliche Aufstieg Chinas hat zu erheblichen Verwerfungen im ökologischen Gleichgewicht geführt und eine schwerwiegende Verschlechterung der Umweltsituation des Landes hervorgerufen. Nach Kalkulationen der Weltbank könnten die – monetär und wirtschaftsstatistisch nicht erfassten – Kosten der Verschlechterung der Umweltqualität und des Verbrauchs von Naturressourcen zu Beginn des 21. Jahrhunderts eine Dimension erreicht haben, die die ökonomischen Wachstumserfolge vollständig aufzehren. Der chinesische Umweltminister Pan Yue hat sogar verlautbaren lassen, dass die wirtschaftliche Entwicklung des Landes dieses an den Rand eines Zusammenbruchs seiner natürlichen Umwelt insgesamt geführt habe.

Chinas »Grüne Große Mauer«

Um der voranschreitenden Desertifikation entgegenzuwirken, hat die chinesische Regierung bereits in den 1970er-Jahren das Riesenprojekt der »Grünen Großen Mauer« ins Leben gerufen. Bis 2050 soll ein sich durch 13 Provinzen ziehender 4500 km langer Waldgürtel entstehen. Dabei sollen insgesamt 35 Millionen Hektar Wald neu angelegt werden. Bislang ist offiziellen Angaben zufolge etwa ein Drittel dieser Fläche bereits aufgeforstet worden. Nachdem zunächst herbe Rückschläge hingenommen werden mussten, da die angepflanzten Monokulturen sich als höchst anfällig für Schädlinge und Krankheiten erwiesen, setzt man nun auf Mischwälder, wobei allerdings die genügsame und schnell wachsende Pappel eine zentrale Rolle spielt. Das chinesische Aufforstungsprogramm wurde und wird von globalen Umwelt- und Entwicklungshilfeorganisationen unterstützt – u.a. durch die Weltbank und, vertreten durch die GTZ (Gesellschaft für Technische Zusammenarbeit), auch die deutsche Regierung.

Tatsächlich sind die Fakten dramatisch. 70% aller Flüsse und Seen Chinas sind erheblich verschmutzt; 20% der Trinkwasserressourcen erreichen nicht die nationalen Qualitätsstandards. Dies führt dazu, dass über 300 Millionen Menschen in den ländlichen Gebieten derzeit keinen Zugang zu sauberem Trinkwasser haben. In der unmittelbaren Folge dieser Sachlage steigt die Evidenz von durch Umweltvergiftungen hervorgerufenen Erkrankungen und Todesfällen massiv an. Nach Schätzungen der Weltgesundheitsorganisation erkranken in China Jahr für Jahr zwei Millionen Menschen an Krankheiten, die durch verschmutztes Wasser hervorgerufen werden. Die Weltbank beziffert die durch verdrecktes

Das World Financial Center (Bildmitte) in Shanghai. In keinem Land der Erde wird am Anfang des 21. Jahrhunderts so viel gebaut wie in China.

und verseuchtes Wasser hervorgerufenen Todesfälle auf 66000 pro Jahr.

Die Luftqualität in China stellt sich keineswegs besser dar. Nach Angaben der Weltbank liegen 16 der 20 Städte mit der größten Luftverschmutzung weltweit in China. Die chinesischen Millionenstädte Guiyang, Chongqing, Taiyuan führen zudem die Weltrangliste der Städte mit der höchsten Schwefeldioxidbelastung an. An den Folgen von Luftverschmutzung sterben in China nach Kalkulation der Weltgesundheitsorganisation (WHO) jährlich rund 250000 Menschen. Die Weltbank geht sogar von 400000 Todesopfern aus. Die extrem schlechte Qualität der Luft in China hängt unmittelbar mit der massenhaften Verbrennung von stark schwefel- und aschehaltiger Kohle zusammen. Hinzu kommt in den Großstädten das in den letzten Jahren zu beobachtende massive Ansteigen des (privaten) Automobilverkehrs.

Ein zentraler Parameter, welcher der kontinuierlichen Verschlechterung der chinesischen Umweltsituation zugrunde liegt, besteht in der nur unzureichenden Berücksichtigung der Natur in der Kostenkalkulation von Unternehmen und Konsumenten. Der Verbrauch von Umweltressourcen ist nicht hinreichend in den Wirtschaftsprozess »eingepreist«. Chinas

Chinas Großstädte ersticken im Smog, der nicht zuletzt durch den rasanten Anstieg an Kraftfahrzeugen kaum einzudämmen ist. Während der Olympischen Spiele in Beijing wurde daher der Autoverkehr drastisch eingeschränkt.

Landesnatur
Naturkatastrophen – Erdbeben, Überschwemmungen und Hungersnöte

Naturkatastrophen sind ein fester Bestandteil im Leben der chinesischen Bevölkerung. Von alters her wird das Land immer wieder von desaströsen Erdbeben, Überschwemmungen und Taifunen heimgesucht. Dabei hält China einen traurigen Rekord: Die drei Naturkatastrophen, die weltweit die größten Verluste an Menschenleben gefordert haben, ereigneten sich alle in China. Bei der Überschwemmungskatastrophe am Mittellauf des Chang Jiang kamen im Jahr 1931 bis zu 4 Millionen Menschen ums Leben. Der über die Ufer getretene Huang He forderte 1887 bis zu 2 Millionen Todesopfer. Und bei dem in der Weltgeschichte opferreichsten Erdbeben starben 1556 in der heutigen Provinz Shaanxi und umliegenden Regionen 830 000 Menschen. Wie die überbrachten Aufzeichnungen dokumentieren, starben mancherorts 60 % der Bevölkerung. Der Tod ereilte sie zumeist in ihren in die Lösshänge gegrabenen Wohnhöhlen. Als diese in sich zusammenbrachen, war keine Rettung mehr möglich.

Auch mit den neuesten Errungenschaften der Technologie kann China sich bis heute nicht aus dem Griff der Naturgewalten befreien. Während zwar Deich- und Dammbauten ein unkontrolliertes Über-die-Ufer-Treten der größten chinesischen Flüsse heute weitgehend verhindern können, bleiben gerade auch diese Bauwerke vor der zerstörerischen Kraft von Erdbeben und Taifunen nicht gefeit. Angesichts der enorm angestiegenen Bevölkerungszahlen und Siedlungsdichte besteht die Gefahr, dass extreme Naturphänomene in der Zukunft noch höhere Opferzahlen als in der Vergangenheit fordern werden.

Die schwersten Erdbeben

Jahr	Todesopfer	Ort bzw. Provinz
1290	100 000	Provinz Hebei
1556	830 000	Provinz Shaanxi
1920	240 000	Haiyuan, Provinz Ningxia
1927	40 000	Gulang, Provinz Gansu
1933	9 000	Diexi, Provinz Sichuan
1970	16 000	Tonghai, Provinz Yunnan
1976	bis zu 650 000	Stadt Tangshan, Provinz Hebei
2008	70 000	Provinz Sichuan[1]

[1] Epizentrum Kreis Wenchuan Grafik 1

Die größten Überschwemmungskatastrophen

Jahr	Todesopfer	Fluss bzw. Region
1887	bis zu 2 Mio.	Huang He
1911	100 000	Chang Jiang, Han Shui
1931	bis zu 4 Mio.	Chang Jiang, Huang He, Huai-Fluss
1935	140 000	Chang Jiang
1938	bis zu 700 000	Huang He
1939	20 000	Huang He[1]
1954	30 000	Chang Jiang
1975	230 000	Banqiao-Staudamm-Bruch

[1] Stadtgebiet von Tianjin Grafik 2

Die größten Hungersnöte

Jahr	Todesopfer	Nähere Erläuterungen
1876–1879	13 000 000	Dürrekatastrophe in Nordchina, verschärft durch politisches Missmanagement
1907	24 000 000	durch massive Regenfälle herbeigeführte Ernteschäden
1928–1930	3 000 000	Nordchina, durch anhaltende Dürre ausgelöst
1936	5 000 000	durch Kriegsgeschehen herbeigeführte und verschärfte Katastrophe
1941	3 000 000	durch anhaltende Dürre ausgelöst
1959–1962	bis zu 40 000 000	menschengemachte Katastrophe im Kontext des »Großen Sprungs nach vorne«; höchste Todesraten in ländlichen Regionen, die sich auf die Produktion von Industriepflanzen spezialisiert hatten

Grafik 3

Von Überflutungen und Dürre betroffene Anbauflächen 1978–2006, in 1000 Hektar

Grafik 4

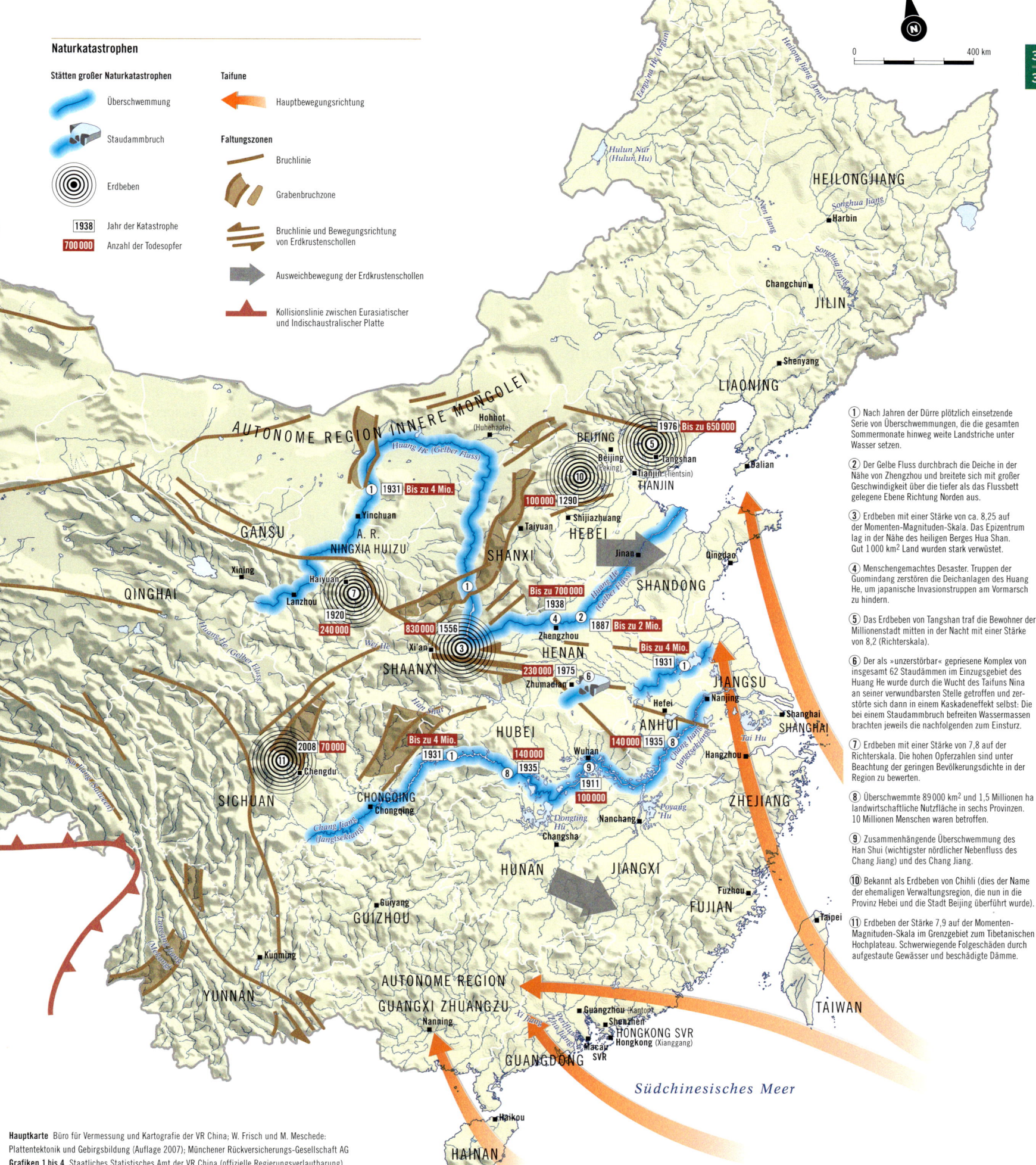

Landesnatur

Auf zahlreichen Terrassen wird im Süden Chinas in der Autonomen Region Guangxi Zhuangzu Reis angebaut.

Unternehmen zahlen so z. B. bis zum heutigen Tage nicht die vollen gesamtgesellschaftlichen Kosten (die ja auch die Wiederherstellung von zerstörter Umwelt und Entschädigungen für umweltbedingte Krankheiten und Todesfälle beinhalten) ihres Land-, Wasser- und Elektrizitätsverbrauchs. Da somit die von diesen Unternehmen verursachte Luftverschmutzung, Verseuchung von Landflächen, Wasserverschmutzung etc. nicht in auch nur annähernd hinreichendem Maße zu ihren Lasten geht, verbraucht die Industrie viel mehr Umweltressourcen, als im Kontext der gesamtgesellschaftlichen Wohlfahrt sinnvoll wäre und sie es tun würde, wenn sie die von ihr verursachten Kosten auch selber voll tragen müsste.

Aus Angst, die Dynamik des wirtschaftlichen Wachstumsprozesses abzuwürgen, hat die chinesische Regierung lange gezögert, hier mit Preissteigerungen einzugreifen, und tut dies

In den Lössboden tief eingegrabene Höhlen dienen heute noch der Bevölkerung in der Provinz Shaanxi, einer der ärmsten Regionen Chinas, als Wohnungen.

auch bis zum heutigen Tag nicht mit voller Konsequenz. Ein großer Fortschritt ist nun jedoch dadurch erzielt worden, dass die Leistungsevaluierung der chinesischen Partei- und Regierungskader seit Anfang des 21. Jahrhunderts nun neben wirtschaftlichen Entwicklungskriterien auch Kennziffern zur Verbesserung der Umweltsituation in den individuellen Verantwortungsbereichen umfasst. D. h., Karriere kann nun nur noch der machen, der nicht nur rein outputorientiertes Wirtschaftswachstum fördert, sondern auch konsequent für Umweltbelange eintritt.

Landnutzung

Obwohl China das drittgrößte Territorium aller Staaten der Erde aufweist, steht der chinesischen Bevölkerung nur eine vergleichsweise kleine landwirtschaftliche Nutzfläche zur Verfügung. Agrarland machen, mit ca. 130 Millionen Hektar nur 13,5 % der gesamten Landfläche aus. Dies führt dazu, dass pro Kopf der Bevölkerung derzeit nur ca. 0,10 Hektar zur Verfügung steht – etwa halb so viel wie der Bevölkerung Indiens und nur ein Viertel der Fläche, die ein US-Amerikaner statistisch gesehen zur Verfügung hat. Diese knappe Ausstattung mit landwirtschaftlicher Nutzfläche hat angesichts der Expansion der Städte und Industriegebiete in den ländlichen Raum zu einer strengen Genehmigungspolitik geführt, nach der eine Umwidmung landwirtschaftlicher in urbane oder industrielle Nutzfläche heute nur noch sehr begrenzt und unter strengen Auflagen gestattet wird.

Die gesamten Waldflächen des Landes machen mittlerweile wieder knapp 175 Millionen Hektar oder 18,2 % des Territoriums aus. Im Zuge des Projekts der »Grünen Großen Mauer« soll diese Fläche mittelfristig auf gut 200

Millionen Hektar ausgeweitet werden. Hiermit haben sich die Waldflächen Chinas von ihren Tiefstwerten zum Ausgang der Kulturrevolution wieder deutlich erholt, trotzdem verbleiben ausdehnte Landflächen, insbesondere in Ostchina mit unzureichender Bewaldung.

Steppen und Graslandschaften insgesamt machen gut 40 % des chinesischen Territoriums aus. Diese Landschaftsform ist insbesondere in Nordchina weit verbreitet (Innere Mongolei). Drei Viertel der Fläche gelten als grundsätzlich erschließbar für die menschliche Nutzung.

Insgesamt gesehen weist das chinesische Territorium große Landstriche auf, die sich einer menschlichen Nutzung weitgehend entziehen. Insbesondere in West- und Nordwest-China befinden sich ausgedehnte Wüstengebiete, die als ausgesprochen lebensfeindlich zu klassifizieren sind. Gut ein Viertel der Landesfläche fällt in diese Kategorie.

Mächtige Lösslandschaften

Die Entwicklung nicht nur der chinesischen Landwirtschaft, sondern auch der chinesischen Kultur insgesamt ist auf das Engste mit dem Löss verbunden. Chinas Löss bedeckt eine Fläche von 500 000 km². In einigen Gebieten erreicht die Lössschicht eine Mächtigkeit von über 330 m (bei Lanzhou, Provinz Gansu). Im Nordwesten sind die Schichten durchschnittlich zwischen 50 und 100 m dick. Zum Vergleich: Die Lössschicht in der Magdeburger Börde ist nur 2 m mächtig.

Die chinesische Bevölkerung hat die Lösslandschaften seit Jahrtausenden nicht nur im Rahmen der Landwirtschaft, sondern auch zur Errichtung von Höhlenwohnungen genutzt. Bis zum heutigen Tag finden sich in Gansu

Löss

Löss ist einer der fruchtbarsten Ackerböden der Erde, insbesondere wenn er, wie in China, einen hohen Kalkanteil aufweist. Löss weist zudem eine gute Durchlüftung auf, die die landwirtschaftliche Bearbeitung erleichtert. Gerade für das chinesische Lössbergland, das nur unregelmäßige und geringe Niederschläge aufweist, ist die gute Wasserhaltung des Lössbodens wichtig, da sie es erlaubt, dass das Wasser bei Trockenheit kapillar wieder aufsteigen kann. Die hohe Standfestigkeit des Lössbodens gestattet zudem die Gestaltung geräumiger Wohnhöhlen und eine Terrassierung steiler Hänge und somit eine Erweiterung der landwirtschaftlichen Nutzfläche.

Landesnatur

Freiwillige Rettungshelfer in den Trümmern der Stadt Yingxiu bei der Suche nach Überlebenden. Kaum ein Gebäude konnte den heftigen Erdstößen standhalten.

Das »Große Erdbeben von Wenchuan«, Sichuan 2008

Das in China als »Großes Erdbeben von Wenchuan« bekannt gewordene Erdbeben war mit einer Stärke von 7,9 auf der Momenten-Magnituden-Skala eines der schwersten in der jüngeren Geschichte Chinas. Das Erdbeben ereignete sich am 12. Mai um 14:28 Uhr Ortszeit etwa 75 km nordwestlich von Chengdu, der Hauptstadt der Provinz Sichuan, in dem vergleichsweise dünn besiedelten Autonomen Bezirk Ngawa (Nationalitäten Tibeter und Qiang). Trotzdem kamen 70 000 Menschen ums Leben. Ganze Ortschaften wurden vollständig zerstört; knapp 6 Millionen Menschen wurden obdachlos. Eines der kritischsten Phänomene waren die Destabilisierung von Staudämmen und die durch Erdrutsche herbeigeführte unkontrollierte Aufstauung von Flüssen, wodurch zeitweise bis zu 750 000 Menschen von Überflutungen bedroht wurden.

noch ganze Dörfer, die in Lösshänge eingegraben sind. Der Lössboden eignet sich hervorragend für eine derartige Nutzung, insofern er eine gute Durchlüftung bietet, die die Räume im Sommer kühl und im Winter warm hält. Diese Wohnungen sind in der Vergangenheit allerdings auch immer wieder zu schrecklichen Todesfällen geworden, wenn Erdbeben die Höhlen zum Einsturz brachten.

Naturkatastrophen

China wird wie kaum ein anderes Land von periodisch wiederkehrenden Naturkatastrophen heimgesucht. Der Süden und Südosten des Landes befinden sich in der natürlichen Zugrichtung von Taifunen und werden Jahr für Jahr von im Mittel zwei bis vier derartigen Wetterkatastrophen heimgesucht.

Weiter im Landesinneren befinden sich weite Landstriche in einem akut erdbebengefährdeten Gebiet. In einem Halbkreis von Yunnan über Sichuan und Gansu bis hin nach Beijing werden immer wieder z. T. äußerst starke Erdbeben registriert. Bei der in der jüngeren Vergangenheit größten Erdbebenkatastrophe, der von Tangshan, kamen 1976 bis zu 650 000 Menschen ums Leben.

Die hinsichtlich der Opferzahlen wohl gravierendsten Naturkatastrophen resultieren demgegenüber in China von alters her aus Überschwemmungen. Insbesondere der große Mengen Löss transportierende Huang He neigt zu periodischen Überschwemmungen. In der Vergangenheit hatten insbesondere die häufigen Verlagerungen des Unterlaufs des Huang He desaströse Folgen. Bei mehr als 20 Verlagerungen in den letzten 2 500 Jahren hat sich die Flussmündung immer wieder innerhalb eines über 500 km breiten Korridors verschoben. Die bewusste Überflutung größerer Landstriche ist seitens chinesischer Heerführer allerdings auch wiederholt als Mittel der militärischen Auseinandersetzung eingesetzt worden – mit riesigen Opferzahlen unter der Zivilbevölkerung. Historisch belegt ist, dass bereits in der Song Dynastie im Jahr 1128 die Deiche des Huang He bewusst zerstört wurden, um die Armeen der Jin aufzuhalten. Diesem Beispiel folgten später u. a. Li Zicheng bei der Belagerung Kaifengs und im letzten Jahrhundert Jiang Jieshi (Chiang Kai-Shek), der 1938 die Deiche bei Zhengzhou zerstörte, um so das japanische Invasionsheer zurückzudrängen. Bei dieser bewusst herbeigeführten Überschwemmungskatastrophe starben bis zu 700 000 Menschen.

Während die Gefahr »natürlicher« Überschwemmungen in den letzten Jahrzehnten durch extensive Deich- und Staubeckensysteme substanziell reduziert werden konnte, bilden insbesondere die von Menschen erbauten Stauseen neue Gefahrenquellen. Zerstörungen dieser Bauwerke durch Erdbeben (so z. B. in Sichuan 2008) oder Taifune (so z. B. geschehen

Links: Neben all der Zerstörung durch Taifune und Hochwasser versuchen die Menschen in der Provinz Zhejiang, mit der ständig wiederkehrenden Naturgewalt zu leben.

Rechts: Im November 2006 litten die Menschen in der Provinz Anhui im Osten Chinas unter einer schweren Dürre. Nach ausbleibenden Regenfällen trockneten weite Teile der Provinz fast gänzlich aus.

Landesnatur

Der Hua Shan in der Provinz Shaanxi ist einer der fünf heiligen Berge Chinas. Daoistische Einsiedler und Mönchsgemeinschaften haben sich schon früh hier niedergelassen.

mit dem Banqiao-Staudamm 1975) haben in der Vergangenheit große Opfer unter der Bevölkerung gefordert.

Die wie Überschwemmungskatastrophen durch eine hohe Variabilität des Witterungsgeschehens hervorgerufenen Dürrekatastrophen bezeichnen eine weitere Realität Chinas und können zeitgleich mit Überschwemmungen in anderen Landesteilen zusätzliche erhebliche Ernteausfälle bewirken. Die Evidenz von Dürreperioden hat in der jüngeren Vergangenheit aufgrund der zunehmenden Desertifikation und Entwaldung weiter Landesteile zugenommen.

Als Begleiterscheinung derartiger Naturkatastrophen ist China in der Vergangenheit immer wieder von Hungersnöten heimgesucht worden, die zu noch weit höheren Verlusten an Menschenleben geführt haben als die Naturkatastrophen im engeren Sinn. Die größte Hungerkatastrophe der chinesischen Geschichte, die in den Jahren 1959 bis 1962 bis zu 40 Millionen Menschenleben kostete, kann allerdings nicht auf ein Naturphänomen zurückgeführt werden, sondern steht in unmittelbarem Zusammenhang mit der fehlgeleiteten Kampagne des »Großen Sprungs nach vorne«, mit der Mao Zedong das Land zu einer industriellen Großmacht machen wollte.

Naturkatastrophen und »Himmlisches Mandat«

Naturkatastrophen haben in China von alters her eine wichtige Bedeutung, insofern sie als ein Zeichen dafür gedeutet werden können, dass die Herrscher das »Mandat des Himmels« *(tianming)*, das sie dazu legitimiert, die Regierung des Landes zu übernehmen, verloren haben. In solchen Fällen weisen die chinesische Philosophie und Geistesgeschichte dem Volk das Recht zu, gegen unfähige Herrscher zu rebellieren und diese aus dem Amt zu entfernen. Bis zum heutigen Tag bezeichnet *geming*, wörtlich »Änderung des Mandats«, den Begriff für »Revolution«.

Der Gedanke, dass das »Mandat des Himmels« abgelaufen sein könnte, verbreitete sich zuletzt im Jahr 1976 unter breiten Bevölkerungsschichten. In diesem Jahr kam es zu einer Kette von Naturkatastrophen, die von politischen Hiobsbotschaften ergänzt wurden: Nachdem bereits im August des Vorjahres in einem Dominoeffekt insgesamt 62 Staudämme um das Banqiao-Reservoir gebrochen waren und dabei an den darauf folgenden Katastrophen 230 000 Menschen ums Leben gekommen waren, folgte im Jahr 1976 ein »Zeichen des Himmels« nach dem anderen. Am 8. März ging ein Meteoritenhagel über der Provinz Jilin nieder. Ende Mai erschütterten Erdbeben die Provinzen Yunnan, Sichuan und Beijing. Die Millionenstadt Tangshan wurde am 28. Juli von einem Erdbeben der Stärke 8,2 (Momenten-Magnituden-Skala) fast vollständig zerstört. Bereits eine Woche zuvor war der Huang He (Gelber Fluss) über die Ufer getreten und überschwemmte bis Ende September weite Gebiete der Provinzen Henan und Shandong.

Auf der politischen Ebene waren die schlechten Nachrichten kaum weniger einschneidend. Ministerpräsident Zhou Enlai verstarb im Januar des Jahres, kurze Zeit darauf Zhu De, die Nr. 2 der offiziellen Parteihierarchie und Gründer der Volksbefreiungsarmee. Im September schließlich verstarb der »Große Vorsitzende« Mao Zedong.

Tatsächlich bezeichnet das Jahr 1976 einen wichtigen Wendepunkt in der Geschichte des modernen China. Mit dem Ableben Mao Zedongs und der Verhaftung der »Viererbande« wurde die radikal-maoistische Ära faktisch beendet und nach dem Hua-Guofeng-Interregnum 1978 in die gegenwärtige Reformära überführt.

生存條件

Lebensbedingungen und Demografie

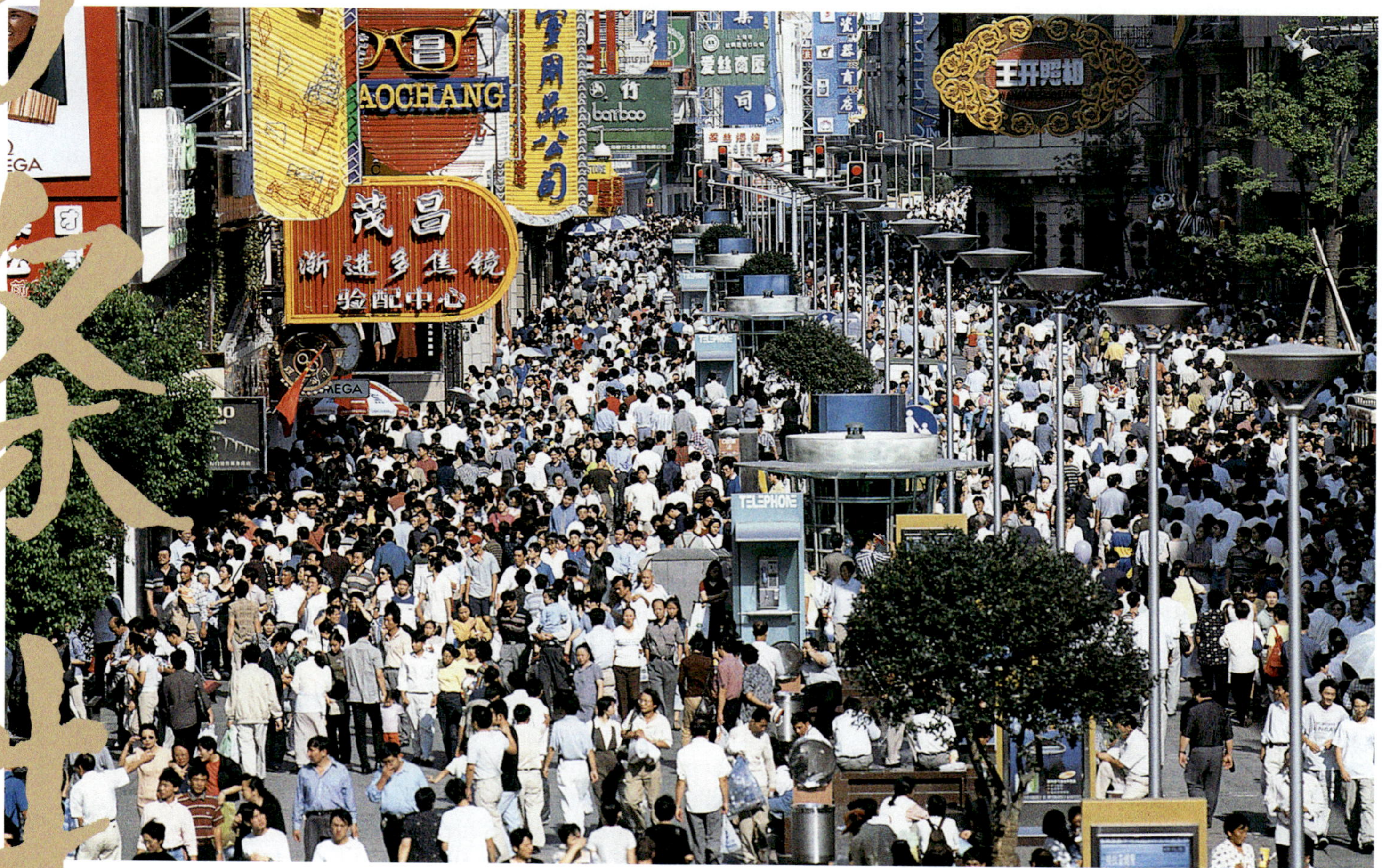

Lebensbedingungen und Demografie

Links: Vor allem in den großen Städten nimmt die Zahl der Einwohner stetig zu.
Rechts: Weite Teile Chinas sind dagegen spärlich besiedelt. Jurten von Nomaden am Kalakuli-See in der Provinz Xinjiang.

China besitzt mit über 1,3 Milliarden Menschen die zahlenreichste Bevölkerung der Erde. Auf der Grundlage der aufgesetzten demografischen Trends ist davon auszugehen, dass diese Zahl bis auf über 1,5 Milliarden weiter anwachsen wird, bevor gegenläufige Effekte im Zusammenhang mit der sogenannten Ein-Kind-Politik zu einem Absinken der Bevölkerungszahlen führen werden.

Bevölkerungsentwicklung

Die historische Perspektive zeigt, dass China im Weltvergleich über die Zeit hinweg durchgängig hohe Bevölkerungszahlen hatte. Um die Zeitenwende zum Beispiel war die Bevölkerung der Westliche Han-Dynastie mit knapp 60 Millionen Menschen (andere Schätzungen gehen von bis zu 70 Millionen aus) gut doppelt so groß wie die Westeuropas.

Die enorme absolute wie relative Ausweitung der chinesischen Bevölkerung ist allerdings ein relativ junges Phänomen. Nach Jahrhunderten kurzfristig schwankungsreicher, aber im Gesamtverlauf doch vergleichsweise stabiler Bevölkerungszahlen explodierte die chinesische Bevölkerung mit der Machtergreifung der Qing-Dynastie, der es gelang, ab Mitte des 17. Jahrhunderts eine hundert Jahre währende Periode inneren Friedens und dynamischer wirtschaftlicher Entwicklung anzustoßen. Hohe Verluste an Menschenleben, hervorgerufen durch Kriege und Naturkatastrophen, dämpften die Bevölkerungsentwicklung seit dem frühen 19. Jahrhundert dann wieder. Bei der ersten Volkszählung der kommunistischen Regierung im Jahr 1952 belief sich die Bevölkerung der VR China auf 575 Millionen Menschen. Seitdem ist die chinesische Bevölkerung mit hohem Tempo weiter angewachsen. Zum Ende der maoistischen Ära stand Chinas Bevölkerung kurz vor der Milliardengrenze und hat seitdem um ein weiteres Drittel zugenommen.

In regionaler Hinsicht konzentriert sich die chinesische Bevölkerung in den fruchtbaren Flussebenen zunächst Zentralchinas (Huang He [Gelber Fluss]) und im Verlauf der Zeit immer stärker auch Ost- und Südchinas. Die weitestgehend unfruchtbaren Territorien Westchinas waren immer nur karg besiedelt, sei es durch lose an das Reich gebundene Tributvölker oder aber aus militärstrategischen Beweggründen zwangsumgesiedelte Han-Chinesen, die an den Reichsgrenzen Garnisonen betrieben. Im modernen China leben heute deutlich über 90 % der Bevölkerung östlich einer imaginären Diagonale, die sich von West-Yunnan bis in den Nordosten der Provinz Heilongjiang hinzieht (»Aihui-Tengchong«-Linie).

Überseechinesen

Ein längerfristiges Verlassen Chinas, Auswandern, war den Chinesen in der Qing-Dynastie grundsätzlich verboten. Auswanderung wurde als Landesverrat gewertet und in der Regel mit dem Tode bestraft. Dessen ungeachtet wurden immer wieder von chinesischen Händlern in Südostasien Handelsstützpunkte eingerichtet, die dann auch ex post kaiserliche Privilegien (Handelsmonopole, Steuerrechte etc.) erhielten. Ein massenhafter Exodus setzte allerdings erst in der zweiten Hälfte des 19. Jahrhunderts ein, als wachsender Bevölkerungsdruck und die Zerstörungen des Taipingaufstandes die Lebensgrundlagen großer Bevölkerungsgruppen zerstört hatten. Diese anhebende Migra-

Bevölkerungsentwicklung[1]

Jahr	Personen	Jahr	Personen	Jahr	Personen
2	59 000 000	1195	76 000 000	1913	437 000 000
140	49 000 000	1300	100 000 000	1952	575 000 000
606	46 000 000	1400	72 000 000	1978	963 000 000
742	49 000 000	1500	103 000 000	2000	1 267 000 000
1086	40 000 000	1820	381 000 000	2006	1 314 000 000

[1] Angaben für die Jahre 2 bis 1195 basieren auf zeitgenössischen Erhebungen zu Fronarbeits- und Steuerzwecken. Daten ab 1300 folgen den Einschätzungen der OECD bzw. ab 1952 dem Staatlichen Amt für Statistik der VR China.

Lebensbedingungen und Demografie

Chinatown heißen die von Chinesen bewohnten Viertel von Städten außerhalb Chinas; das Foto zeigt die Pellstreet in New York.

tionsbewegung wurde seitens der westlichen Kolonialmächte aktiv aufgenommen und für eigene Zwecke, d.h. die Rekrutierung billiger Arbeitskräfte, genutzt. 1860 setzte Großbritannien gegenüber den Qing-Herrschern durch, dass allen Chinesen ein freies Reiserecht eingeräumt wurde. Aber schon zuvor waren Zehntausende von chinesischen Arbeitskräften seitens der Kolonialmächte angeworben worden, um im Berg- und Eisenbahnbau sowie auf Plantagen in Südostasien, Afrika und Amerika zu arbeiten. Chinesische Arbeitskräfte füllten letztlich so die Lücke, die die Abschaffung der Sklaverei bei der Besetzung entbehrungsreicher, dreckiger und gefährlicher Arbeitsplätze gerissen hatte.

Um 1900 lebten allein in Singapur bereits 165 000 Chinesen, an der amerikanischen Westküste 100 000 und in Südafrika 65 000. Heute leben zwischen 35 und 50 Millionen Überseechinesen, d.h. Auswanderer oder deren Nachfahren, außerhalb von »Greater China« (Festlandchina, Hongkong, Macau, Taiwan). Der Großteil von ihnen lebt in Südostasien, wo von Überseechinesen geführte Unternehmen mittlerweile zu einer gewichtigen bis dominierenden Größe der betreffenden Volkswirtschaften aufgestiegen sind.

Taipingaufstand

Der Taipingaufstand bezeichnet die wahrscheinlich blutigste Episode der Geschichte Chinas im 19. Jahrhundert: Etwa 30 Millionen Menschen kamen zwischen den Jahren 1851 und 1864 im Verlauf äußert brutal geführter Kämpfe ums Leben. Zur Mitte des Jahrhunderts von dem christlichen Mystiker Hong Xiuquan (* 1813, † 1864) gegründet, entwickelte sich die Taipingbewegung zu einem Sammelbecken breiter Bevölkerungsschichten in Zentral- und Südchina, die an ihren desolaten Lebensbedingungen, wachsender Kriminalität und einer unfähigen Qing-Regierung verzweifelten. 1851 rief Hong Xiuquan, der sich selber für den zweiten Sohn Gottes hielt, das theokratisch regierte »Himmlische Reich des Großen Friedens« (Taiping Tianguo) aus und versuchte, ein Staatsgebilde zu etablieren, welches die hierarchischen Vorstellungen des Konfuzianismus durch ein egalitäres, sozialutopisches Gesellschaftssystem ersetzen sollte (u. a. Abschaffung des Privateigentums, Gleichstellung von Mann und Frau).

Die militärischen Erfolge der Taipingarmeen, die ohne großes technisches Gerät in den Kampf zogen und zum Teil massenhaft hingeschlachtet wurden (allein in der dritten Schlacht um Nanjing [1864] sollen innerhalb dreier Tage 100 000 Menschen gefallen sein), liegen zu einem gewichtigen Teil in der Überzeugung der Anhänger Hongs begründet, in höchstem göttlichem Auftrag und mit Gottes Schutz zu marschieren. Die derart gewonnene innere Stärke muss später auch die Gegner der Taiping überzeugt haben, deren zahlenmäßig weit überlegene Truppen sich wiederholt weigerten, gegen diese göttlich geschützten Taiping anzutreten. Der Glaube an die göttliche Führung vereitelte aber auch entscheidende Erfolge und verhinderte wahrscheinlich den endgültigen Sieg über die Qing-Herrscher, insofern »fehlende göttliche Anweisungen« Generäle davon abhielten, sich bietende militärische Optionen zu nutzen. Im Ende zerfiel das »Himmlische Reich« mehr an internen Zersetzungserscheinungen und Machtkämpfen als aufgrund militärischer Unterlegenheit. Die Führungskräfte des »Himmlischen Reichs« entfernten sich mit den Jahren immer stärker von ihren eigenen Idealen und Predigten. Hong Xiuquan selbst nahm immer mehr »kaiserliche« Lebensgewohnheiten an. Die von ihm selber vorgetragene Forderung einer Gleichstellung von Mann und Frau hinderte ihn dann auch nicht daran, einen umfangreichen Harem zu unterhalten.

Nach dem Niedergang der Taipingbewegung waren nicht nur Millionen von Menschen umgekommen, sondern auch weite Landesteile verwüstet, das politisch-administrative System der Qing-Dynastie weiter destabilisiert und insbesondere die die Taipingbewegung in besonderem Maße tragenden Völkerschaften (insbesondere Hakka, Miao, Yao, Zhuang) waren nachhaltig gegenüber den Han geschwächt. Die kommunistische Bewegung erklärte die Taiping-Bewegung später zu einem klassenkämpferischen Fanal und zum Vorläufer der eigenen Bewegung.

Fortsetzung Seite 50

Lebensbedingungen und Demografie
Bevölkerung – dicht gedrängt und weit verstreut

Seit Gründung der VR China hat sich die chinesische Bevölkerung mehr als verdoppelt und stellt heute mit über 1,3 Milliarden Menschen ein Fünftel der Weltbevölkerung. Die politische Führung des Landes hat diese Bevölkerungsexpansion über die Jahre hinweg sehr unterschiedlich bewertet. Während Mao Zedong ursprünglich noch hohe Bevölkerungszahlen mit nationaler Stärke gleichsetzte und jegliche Formen der Geburtenkontrolle vehement ablehnte, waren in der Folgezeit immer wieder (kurze) Perioden zu verzeichnen, in denen eine aktive Geburtenpolitik verfolgt wurde. Hintergrund war die Überzeugung, dass exzessives Bevölkerungswachstum die ökonomische Entwicklung des Landes gefährden würde. Letztlich wurden derartige Anstrengungen aber immer wieder durch das ideologische Dogma erschüttert, dass die überlegene sozialistische Produktionsweise die ökonomische Entwicklung auch bei rapide steigenden Bevölkerungszahlen (ja sogar gerade durch diese) vorantreiben könne. Erst mit Beginn der Reformära Ende der 1970er-Jahre setzte sich die Überzeugung durch, dass China eine konsequente Bevölkerungspolitik betreiben müsse, um die in den 1970er-Jahren offenbar gewordenen wirtschaftlichen Entwicklungsdefizite nachhaltig überwinden zu können. Die Ein-Kind-Politik wurde zum Inbegriff chinesischer Bevölkerungspolitik.

Die chinesische Bevölkerung ist keineswegs gleichmäßig über das Land verteilt, sondern konzentriert sich in den ostchinesischen Provinzen. Die westchinesischen Regionen bieten mit ausgedehnten Wüsten und Gebirgszügen nur ungünstige Lebensbedingungen. Chinas nationale Minderheiten sind überwiegend in diesen Regionen angesiedelt. Grundsätzlich besteht in China keine freie Wahl des Wohnortes. Dessen ungeachtet leben ca. 150 Millionen Menschen als »Wanderarbeiter«, die gezwungen sind, jenseits ihrer Heimatregion ein Auskommen zu finden. Chinas »Wanderarbeiter« begeben sich zumeist für mehrere Jahre in die Großstädte und boomenden Küstenregionen, um dort als Bauarbeiter oder in der Leichtindustrie Geld zu verdienen.

Bevölkerungsentwicklung 1952–2006, in Mio. Personen

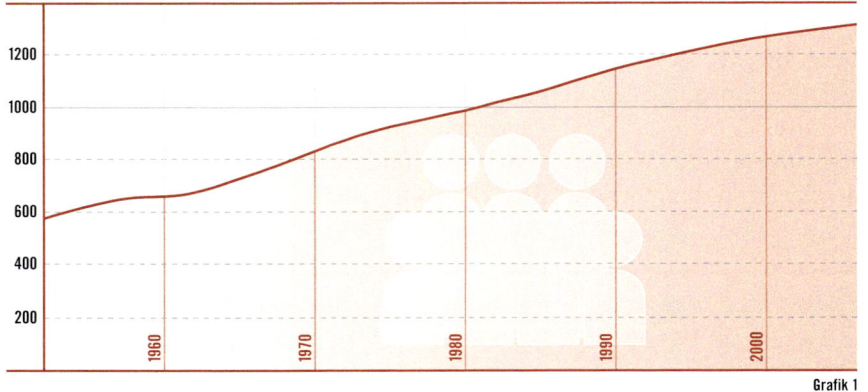

Grafik 1

Anteil an der Weltbevölkerung 2006, in %

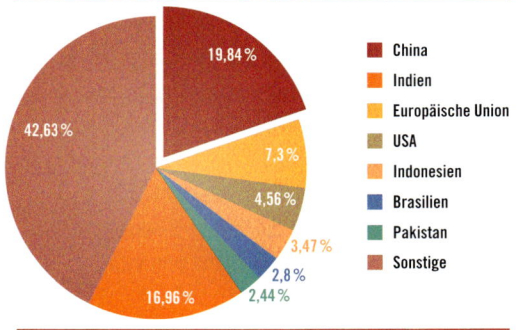

- China 19,84 %
- Indien 16,96 %
- Europäische Union 7,3 %
- USA 4,56 %
- Indonesien 3,47 %
- Brasilien 2,8 %
- Pakistan 2,44 %
- Sonstige 42,63 %

Grafik 2

Bevölkerungsdichte 1950–2006, Einwohner pro km²

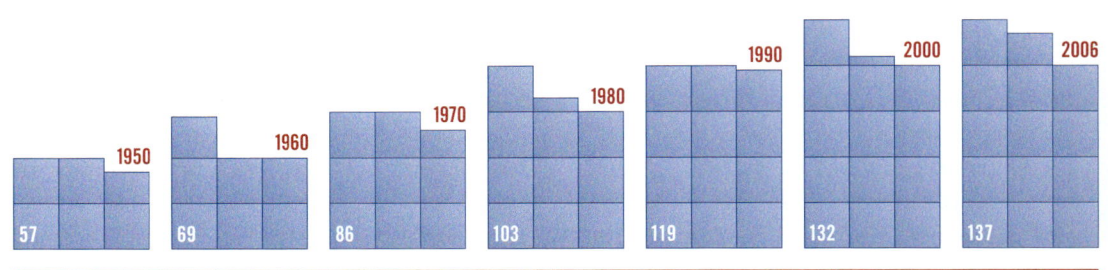

| 1950 | 1960 | 1970 | 1980 | 1990 | 2000 | 2006 |
| 57 | 69 | 86 | 103 | 119 | 132 | 137 |

Grafik 3

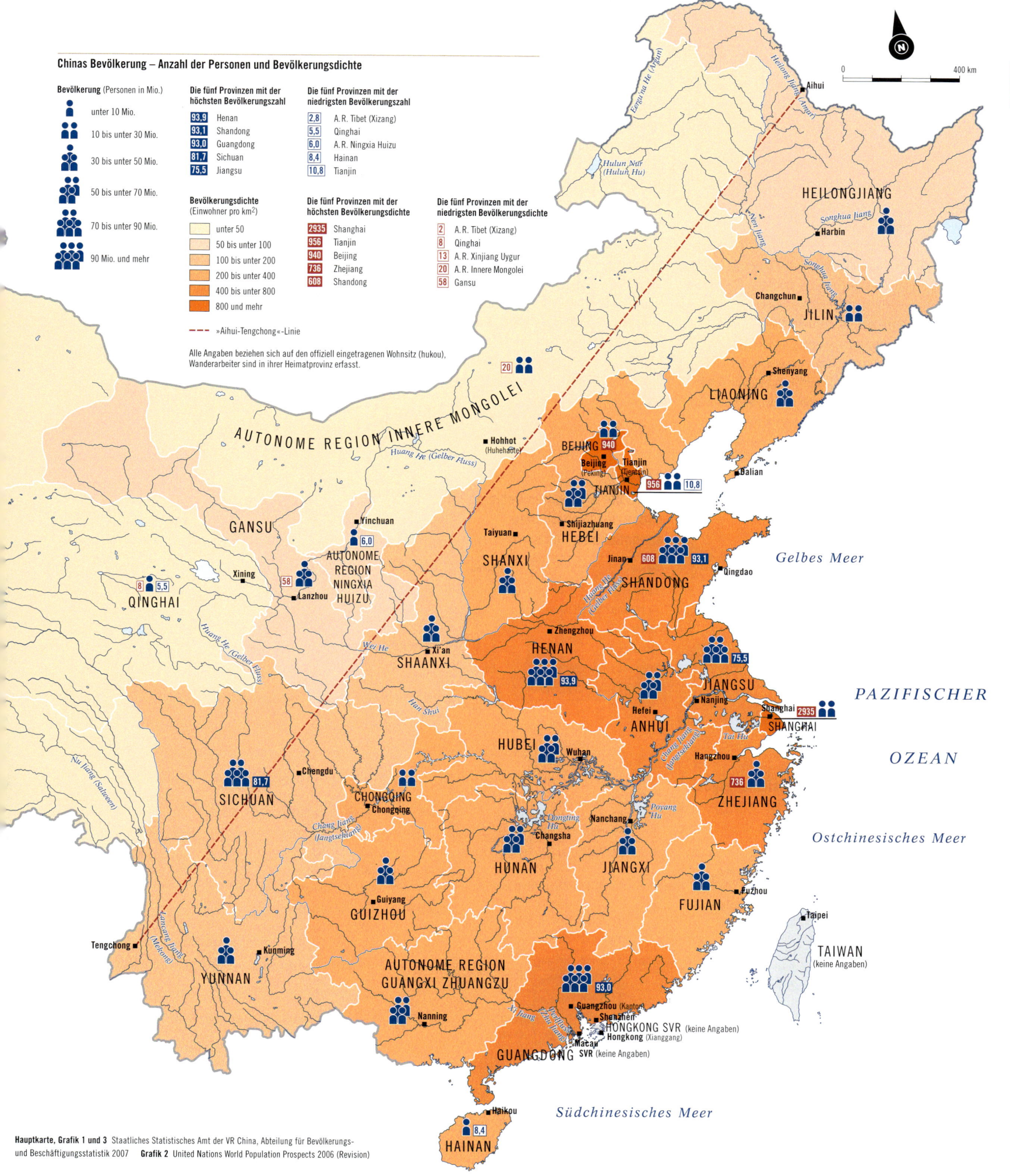

Lebensbedingungen und Demografie

Lebensbedingungen und Demografie
Nationale Minderheiten – China, ein Vielvölkerstaat

In der VR China leben neben den die bei Weitem überwiegende Bevölkerungsmehrheit bildenden Han-Chinesen noch 55 nationale Minderheiten. Weitere Bevölkerungsgruppen, wie z.B. die Hakka, streben den Status einer nationalen Minderheit an. Dieser Status gewährt allerdings lediglich gewisse politische und kulturelle Selbstbestimmungsrechte sowie Sonderkonditionen bei der Ein-Kind-Politik und dem Zugang zum Hochschulwesen. Echte politische Macht oder richtungsweisender Einfluss geht damit aber – auch auf lokaler Ebene – nicht einher.

Der Anteil nationaler Minderheiten an der chinesischen Bevölkerung beläuft sich gegenwärtig auf ca. 8,6 %, ist aber seit Jahrzehnten stetig ansteigend, was einerseits in Ausnahmeregelungen von der Ein-Kind-Politik begründet liegt und andererseits in Umklassifizierungen. Die in Form »Autonomer Verwaltungsregionen« ausgewiesenen Siedlungsgebiete der nationalen Minderheiten nehmen rund 64 % des Gesamtterritoriums Chinas ein, wobei sich allerdings auch in den meisten dieser »Autonomen« Regionen Han-Chinesen in der Mehrheit befinden. Der Großteil dieser Siedlungsgebiete befindet sich in den rohstoffreichen, aber kaum erschlossenen Grenzgebieten des Landes und weist oft sehr harte Lebensbedingungen auf. Armut und mangelhafte Bildung sind unter den nationalen Minderheiten deutlich stärker verbreitet als unter Han-Chinesen.

Das Zusammenleben zwischen nationalen Minderheiten und der Han-Bevölkerung kann nur bedingt als harmonisch bezeichnet werden. Vor dem Hintergrund jahrhundertealter Missachtung und Verdrängung derselben durch die Han-Chinesen, der Exzesse einer versuchten Zwangsassimilierung während der Kulturrevolution und der andauernden Verweigerung substanzieller Selbstbestimmung und Autonomie sind scharfe Konfliktlinien entstanden, die insbesondere in Tibet und Xinjiang, wo Bevölkerungsgruppen mit einer starken eigenständigen kulturellen Identität in relativ geschlossenen Siedlungsgebieten leben, immer wieder aufbrechen.

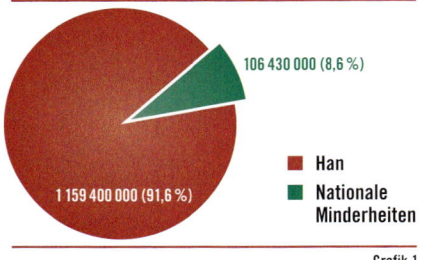

Anteil an der Gesamtbevölkerung 2006
- 106 430 000 (8,6 %) Nationale Minderheiten
- 1 159 400 000 (91,6 %) Han

Grafik 1

Anteil der autonomen Gebiete nationaler Minderheiten am nationalen Gesamtwert in %

Bezug	Anteil
Landfläche	63,7
Gras- und Weideflächen	75,0
Waldfläche	42,2
Schlagholz	51,8
Wasserkraftressourcen	66,0
Wirtschaftsleistung (BIP)	8,8

Grafik 2

Nationale Minderheiten und Hauptsiedlungsgebiete[1]

Ethnie	Bevölkerung	Hauptsiedlungsgebiete
Zhuang	16 178 811	Guangxi, Yunnan, Guangdong
Mandschu (Man)	10 682 262	Liaoning, Hebei, Heilongjiang, Jilin, Innere Mongolei, Beijing
Hui	9 816 805	Ningxia, Gansu, Henan, Xinjiang, Qinghai, Yunnan, Hebei, Shandong, Anhui, Liaoning, Beijing, Innere Mongolei, Tianjin, Heilongjiang, Shaanxi, Guizhou, Jilin, Jiangsu, Sichuan
Miao	8 940 116	Guizhou, Hunan, Yunnan, Guangxi, Chongqing, Hubei, Sichuan
Uiguren	8 399 393	Xinjiang
Tujia	8 028 133	Hunan, Hubei, Chongqing, Guizhou
Yi	7 762 272	Yunnan, Sichuan, Guizhou
Mongolen	5 813 947	Innere Mongolei, Liaoning, Jilin, Hebei, Heilongjiang, Xinjiang
Tibeter (Zang)	5 416 021	Tibet, Sichuan, Qinghai, Gansu, Yunnan
Bonyei (Buji)	2 971 460	Guizhou
Dong	2 960 293	Guizhou, Hunan, Guangxi
Yao	2 637 421	Guangxi, Hunan, Yunnan, Guangdong
Koreaner	1 923 842	Jilin, Heilongjiang, Liaoning
Bai	1 858 063	Yunnan, Guizhou, Hunan
Hani	1 439 673	Yunnan
Kasachen	1 250 458	Xinjiang
Li	1 247 814	Hainan
Dai	1 158 989	Yunnan
She	709 592	Fujian, Zhejiang, Jiangxi, Guangdong
Lisu	634 912	Yunnan, Sichuan
Gelao (Gelo)	579 357	Guizhou
Dongxiang	513 805	Gansu, Xinjiang
Lahu	453 705	Yunnan
Shui (Sui)	406 902	Guizhou, Guangxi
Va	396 610	Yunnan
Naxi	308 839	Yunnan
Qiang	306 072	Sichuan
Tu	241 198	Qinghai, Gansu
Mulam (Mulao)	207 352	Guangxi
Xibe (Xibo, Sibo)	188 824	Liaoning, Xinjiang
Kirgisen	160 823	Xinjiang
Daur (Dahuren)	132 394	Innere Mongolei, Heilongjiang
Jingpo	132 143	Yunnan
Maonan	107 166	Guangxi
Salar	104 503	Qinghai
Blang (Bulang)	91 882	Yunnan
Tadschiken (Tajik)	41 028	Xinjiang
Achang	33 936	Yunnan
Pumi (Primi)	33 600	Yunnan
Ewenken (Ewenki)	30 505	Innere Mongolei
Nu	28 759	Yunnan
Vietnamesen (Gin, Jing)	22 517	Guangxi
Jino	20 899	Yunnan
De'ang	17 935	Yunnan
Bonan (Baoan)	16 505	Gansu
Russen	15 609	Xinjiang, Heilongjiang
Yugur	13 719	Gansu
Usbeken	12 370	Xinjiang
Monba (Menba)	8 923	Tibet
Orotschen (Orogen, Olunchun)	8 196	Heilongjiang, Innere Mongolei
Derung (Dulong)	7 426	Yunnan
Tataren	4 890	Xinjiang
Hezhen	4 640	Heilongjiang
Gaoshan	4 461	Taiwan, Fujian
Lhoba	2 965	Tibet

[1] Einteilung basierend auf Sprachgruppen

Grafik 3

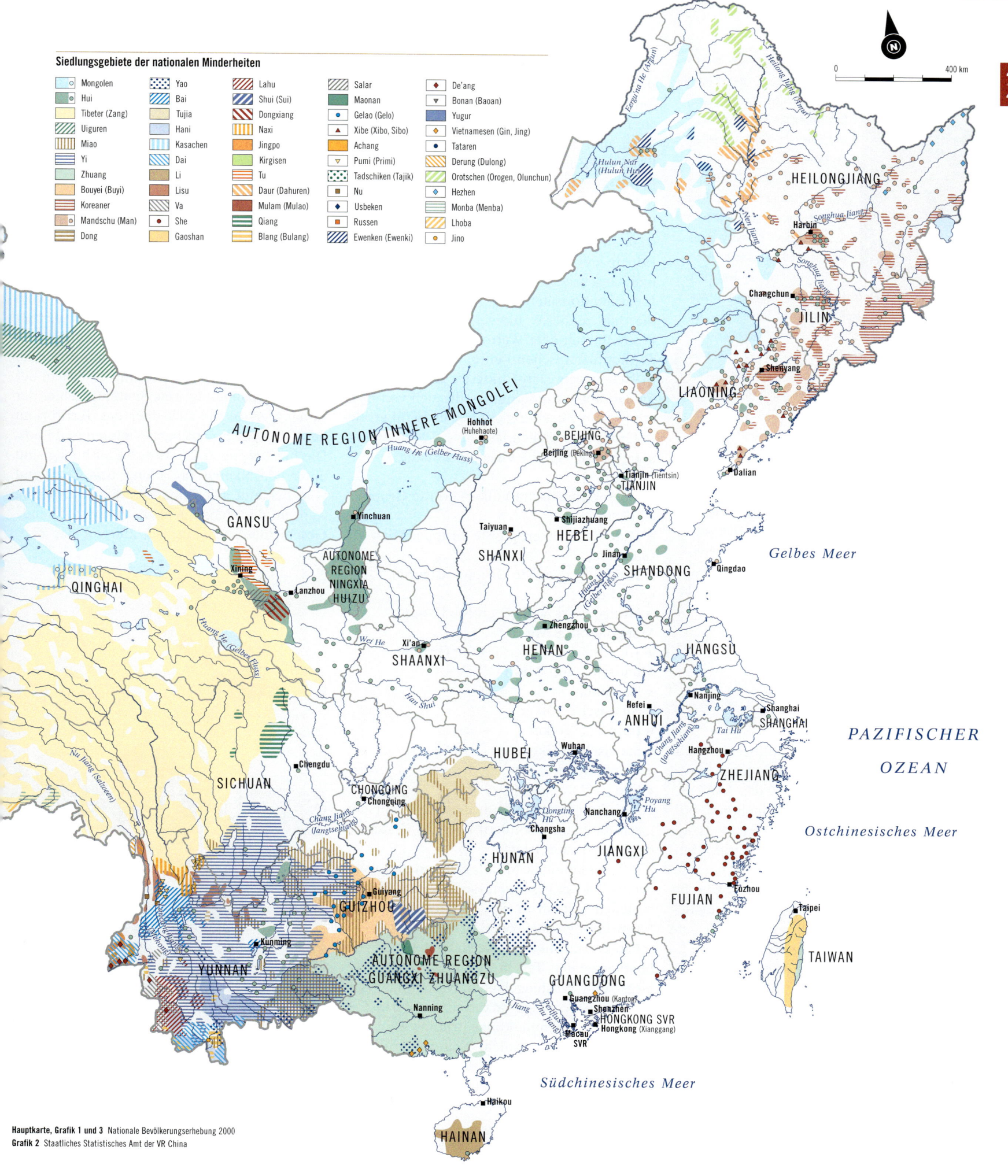

Lebensbedingungen und Demografie

Der chinesische Zopf

Der »chinesische Zopf« ist eigentlich ein mandschurischer Zopf. Das Tragen dieser Haartracht wurde den Han-Chinesen seitens der Mandschu-Herrscher – die traditionell derartige Zöpfe trugen – unter Androhung der Todesstrafe aufgezwungen. Er prägte das Straßenbild Chinas von spätestens 1660 an bis zum Ende der Qing-Dynastie im Jahr 1911. Mit dem Gebot, einen Zopf zu tragen – in einigen Landesteilen verbunden mit einer ausrasierten Stirnpartie –, wollten die Mandschu-Herrscher zum einen ein allgegenwärtiges Signal ihrer Macht über die Han-Chinesen setzen und zum anderen verhindern, dass die Han-Chinesen über die Haartracht ein Identifikationsmerkmal und Widerstandssymbol gegen ihre Herrscher aufbauten. Im Zeitenverlauf der gegenseitigen Assimilierung verlor der Zopf den Charakter eines Unterdrückungsinstruments und wurde auch bei den Han-Chinesen zu einem mit Stolz getragenen Symbol nationaler Identität. Erst ausgangs des 19. Jahrhunderts kam es zu einer neuerlichen Umdeutung und der Zopf wurde seitens revolutionärer nationalistischer Kräfte als Symbol der Unterdrückung durch eine Fremddynastie abgelehnt. Nach dem Erfolg der Revolution gehörte es zu einer der ersten Amtshandlungen der neuen Herrscherriege um Yuan Shikai, das Gebot des Zopftragens wieder aufzuheben (Foto 1868).

Ethnische Zusammensetzung – nationale Minderheiten

Entsprechend der von der politischen Führung in Beijing beanspruchten territorialen Ausbreitung der VR China ist das Land ein Vielvölkerstaat, in dem 56 Nationalitäten offiziell anerkannt sind. Die dominierende Gruppe bilden die Han-Chinesen. Der Begriff »Han-Chinesen« geht zurück auf die Han-Dynastie, die in China während der Jahre 206 v. Chr. bis 220 n. Chr. herrschte. Ursprünglich lediglich seitens benachbarter Völker verwendet, um die unter der Herrschaft der Han-Dynastie lebenden Menschen zu bezeichnen, entwickelte sich der Name »Han« im Laufe der Jahrhunderte zu dem Begriff, mit dem sich die im »Reich der Mitte« lebenden Menschen selbst bezeichneten. Bedingt durch ihre Verbreitung über ein riesiges und von seinen Rahmenbedingungen her sehr unterschiedliches Gebiet, weisen die Han regional erhebliche Unterschiede auf, die sich in unterschiedlichen Dialekten, Überlieferungen und Mythen, religiösen Überzeugungen, Siedlungsformen, Kleidungsstilen, Ernährungspräferenzen etc. manifestieren. Auch physisch (Statur, Größe, Hautfarbe etc.) sind eindeutige Unterschiede zwischen Nord- und (z. B.) Südchinesen zu verzeichnen. Ein über Zeit und Raum hinweg einigendes Band, im Sinne einer Han-chinesischen »Identität« besteht in erster Linie über gemeinsame kulturelle Traditionen, die gemeinsam verwendete, hochkomplexe Schriftsprache, das Prinzip der patrilinearen Abstammungslehre und Gesellschaftsorganisation. Ein zentrales Identifikationsmerkmal bildete zudem über die Jahrhunderte hinweg das gemeinsame Festhalten an dem Werte- und Normenkodex der konfuzianischen Lehre.

Neben den Han-Chinesen gibt es weitere 55 nationale Minderheiten, die sich von ihrer ethnischen Zugehörigkeit her in zwölf größere Gruppen aufteilen lassen:

- Tai-Völker; größte Gruppe: Zhuang (16,2 Mio.)
- Tibetobirmanische Völker; größte Gruppe: Yi (7,8 Mio.)
- Miao-Yao-Völker; größte Gruppe: Miao (8,9 Mio.)
- Turkvölker; größte Gruppe: Uiguren (8,4 Mio.)
- Mongolische Völker; größte Gruppe: Mongolen (5,8 Mio.)
- Tungusische Völker; größte Gruppe: Mandschu (10,7 Mio.)
- Koreaner
- Austrische Völker
- Iranische Völker
- Slawische Völker
- Vietnamesen
- She

Hinzu kommen die Hui, die sich nicht ethnisch definieren, sondern über ihr Glaubensbekenntnis zum Islam.

Chinas nationale Minderheiten stellen weniger als 9 % der gesamten Bevölkerung Chinas, besiedeln jedoch in den autonomen Verwaltungsregionen fast zwei Drittel des chinesischen Territoriums. Diese Gebiete liegen zum überwiegenden Teil in den unwirtlichen Gebirgs- und Wüstengebieten Westchinas. Eine natürliche Siedlungskonkurrenz zu den in Zentral- und Westchina konzentrierten Han-Chinesen besteht somit nicht. Seit der Gründung der VR China ist ein Prozess zu beobachten, dem gemäß die nationalen Minderheiten aufgrund des Zuzugs Han-chinesischer Siedler auch in den autonomen Gebieten zu Minderheiten werden. Ziel der Siedlungspolitik war und ist oftmals die Sicherstellung der (militärischen) Kontrolle über die Territorien durch Marginalisierung der indigenen Bevölkerung. Insbesondere in Tibet und an den Außengrenzen Xinjiangs ist eine dezidierte Präsenz Han-chinesischer Siedler und Militärs zu verzeichnen, die diesen Zielen dient.

Die Zhuang

Die Zhuang stellen mit rund 16,2 Millionen Angehörigen die größte nationale Minderheit in China. Sie leben zu gut 90 % im Autonomen Gebiet Guangxi Zhuangzu. Weitere 6,5 % leben in der Provinz Yunnan und ca. 1 % in der Provinz Guangdong. Das Siedlungsgebiet der Zhuang erstreckte sich über das Territorium der VR China hinaus nach Vietnam und Laos. Die hier lebenden 2,5 Millionen Zhuang sind unter den Namen Tay, Nung, San Chay und Giay bekannt. Die Zhuang verfügen über eine weit in die Vergangenheit zurückreichende Geschichtsschreibung. Um 200 vor der Zeit-

Eine Frau der Hui in traditioneller Tracht beim Ordnen eines Fischernetzes in Chongwu in der Provinz Fujian.

rechnung gründeten sie das Reich Nam Viet im heutigen Vietnam. In der jüngeren Vergangenheit sind die Zhuang durch ihre Verwicklung in die Taiping-Bewegung sowie ihre aktive Rolle bei der Beförderung und Unterstützung der kommunistischen Bewegung in deren frühen Jahren bekannt.

Die Zhuang besitzen eine eigene Sprache, die in der Vergangenheit mit chinesischen Schriftzeichen verschriftlicht wurde; heute allerdings mit lateinischen Buchstaben geschrieben wird. In der traditionellen, vom Daoismus beeinflussten Religion der Zhuang ist die Ahnenverehrung von großer Bedeutung. Einige Zhuang sind in den letzten Jahrhunderten aufgrund der Aktivitäten von Missionaren zum Christentum konvertiert.

Die Mandschu

Die Mandschu haben die letzte Dynastie Chinas, die Qing (1644 bis 1911), gestellt. Sie stammen von den Jurchen ab, die sich im 12. Jahrhundert in Nordostchina niederließen und um 1600 begannen, sich selbst als Mandschu zu bezeichnen. Name und Herkunft des Begriffs liegen bis zum heutigen Tage im Dunkeln. Die Mandschu leben weiterhin in erster Linie in ihrem nordostchinesischen Kernland. Gut die Hälfte der rd. 10,7 Mio. Mandschu lebt in der Provinz Liaoning, weitere vierzig Prozent in den benachbarten Provinzen Hebei, Heilongjiang und Jilin.

Die mandschurische Kultur ist im Verlauf der Mandschu-Herrschaft über das chinesische Reich in hohem Maße sinisiert worden. Es wird berichtet, dass bereits im 18. Jahrhundert am Hof die mandschurische Sprache nur noch in feststehenden Idiomen verwendet wurde, ansonsten aber die Regierungsgeschäfte und privaten Konversationen in Chinesisch erfolgten. Heute wird die mandschurische Sprache landesweit nur noch von wenigen Menschen gesprochen und steht kurz vor dem Aussterben. Ihre Schrift ist jedoch in zahlreichen Dokumenten der Qing-Dynastie und – für jeden Besucher gut ersichtlich – den Inschriften der Palast- und Tempelanlagen Beijings und Chengdes gut erhalten.

Die Hui

Die Hui oder richtig »Huihui« bilden zwar eine der 55 nationalen Minderheiten der VR China, sind aber weniger über ethnische Gemeinsamkeiten als vielmehr das gemeinsame Glaubensbekenntnis zum Islam gekennzeichnet. Die Hui umfassen nicht alle in der VR China lebenden Muslime, sondern nur jene, die nicht als Uiguren, Kasachen, Kirgisen etc. bereits einer nationalen Minderheit angehören. Hui sind grundsätzlich im gesamten Land anzutreffen, konzentrieren sich dort allerdings in kleineren Gemeinden von Gläubigen, die Moscheen und andere islamische Einrichtungen unterhalten.

Der Großteil der heute in Yunnan und Nordwestchina lebenden Hui geht zurück auf Siedler mit mongolischen, türkischen und anderen zentralasiatischen Wurzeln, die nach China einwanderten. Die in den südostchinesischen Küstengebieten anzutreffenden Hui-Gruppen gehen zumeist auf arabische und persische Händler zurück, die sich hier niederließen. Andere stammen von Muslimen ab, die als Händler und Gesandte aus Südostasien nach China kamen. Eine bedeutende Gruppe unter den heutigen Hui hat zudem ihre Wurzeln bei nestorianischen Christen oder Juden, die im Verlauf der Jahrhunderte auf staatlichen Druck hin ihren Glauben aufgeben mussten.

Die Miao

Die Miao leben als Volk zwar überwiegend in China (ca. neun Millionen) Menschen, siedeln aber auch in Vietnam, Laos, Thailand und aufgrund von Emigrationsbewegungen auch in Nordamerika und Europa. Die Miao außer-

Frauen der Miao in traditioneller Tracht beim Neujahrsfest 2004 in Leishan in der Provinz Guizhou. Die aufwendige Kopfbedeckung und der Schmuck sind aus Silber gefertigt.

halb Chinas bezeichnen sich selbst zumeist als »Hmong«. Innerhalb Chinas lebt ca. die Hälfte aller Miao in der Provinz Guizhou, weitere 40 % leben in den Provinzen Hunan, Yunnan und in der A. R. Guangxi Zhuangzu. Die Dörfer der Miao sind von alters her nach bestimmten geomantischen Prinzipien an höher gelegenen Berghängen gegründet worden sind. Im Zentrum der Dorfgemeinschaft stehen Holzhäuser, die von patrilinearen Kern- oder erweiterten Familien (Klans) bewohnt werden. Ihre soziale, politische wie auch religiöse Identität verbinden die Miao mit unterschiedlichen patrilinearen Ursprüngen und Ahnen sowie mit von den frauengebenden Familien vermittelten Geistern.

In den chinesischen Chroniken wird seit gut 2000 Jahren über die Miao berichtet. Die eigene Überlieferung der Miao basiert in erster Linie auf mündlich tradierten Sagen und Mythen. Die ersten bekannten schriftlichen Aufzeichnungen reichen nur ca. 400 Jahre zurück. In der jüngeren Vergangenheit waren die Miao aufseiten der französischen und US-amerikanischen Truppen intensiv in die indochinesischen Kriege eingebunden. Traditionell sind die Miao mit dem Anbau von Mohn und der Herstellung von Opium befasst. Diese

Lebensbedingungen und Demografie

Langde in der Provinz Guizhou ist ein typisches Dorf der Miao. Die komplett aus Holz erbauten zwei- bis vierstöckigen Häuser stehen dicht am Hang und sind durch Stützpfeiler abgesichert.

Aktivitäten sind seitens der chinesischen Regierung mittlerweile unter Strafe gestellt. Als Alternative wird versucht, andere Kulturpflanzen, insbesondere Gemüse, einzuführen und deren Anbau als neues Betätigungsfeld in den Gemeinden zu verankern.

Die Uiguren

Die über 8,4 Millionen Uiguren Chinas leben zu fast 100 % in dem Autonomen Gebiet Xinjiang Uygur, wo sie knapp vor den Han-Chinesen die größte Bevölkerungsgruppe stellen. Außerhalb Chinas siedeln Uiguren insbesondere in Kasachstan (ca. 300 000). Die Uiguren gehören zu den (älteren) Turkvölkern und besitzen ihre eigene Sprache Uigurisch. In der Mehrheit bekennen sie sich heute zum sunnitischen Glauben (Islam).

Die Geschichte der Uiguren kann bis um das Jahr 500 zurückverfolgt werden, als es zur ersten Reichsgründung »Uiguristan« kam. Zwischen 745 und 840 liegt die Blütezeit dieses Reiches, während deren die Uiguren mit der heutigen Mongolei als Kernland über ein Gebiet herrschten, das bis weit nach Zentralasien hineinstrahlte und auch regen Kontakt mit China unterhielt. Nach dem Niedergang des Reiches traten die Uiguren noch mehrmals als Staatengründer in Erscheinung, doch erreichten diese nie mehr früheren Glanz und gingen schnell wieder zugrunde.

Das Verhältnis zwischen Uiguren und Han-Chinesen ist gespannt und von gegenseitigem Misstrauen geprägt. Die kommunistische Regierung hat seit der Machtübernahme eine aktive Kolonisierung betrieben, in deren Rahmen die Han-chinesische Bevölkerung in Xinjiang um mehr als das 30-Fache ausgeweitet wurde. In Anlehnung an kaiserzeitliche Traditionen wurden in Xinjiang »Wehrsiedlungen« gegründet. Eine besondere Rolle spielte dabei das »Xinjianger Produktions- und Aufbaukorps«, das sich aus demobilisierten Soldaten rekrutierte. Heute agiert das »Korps« mit Umsätzen in Milliardenhöhe (Yuan RMB) und einer Million Beschäftigten als eine multinationale Unternehmung.

Unter der Führung von Exilorganisationen wie der Ostturkestanischen Vereinigung in Istanbul wehren sich zahlreiche Uiguren gegen die Vorherrschaft der Han-Chinesen, zum Teil auch mit gewaltsamen Mitteln. Seit den Terroranschlägen vom 11. September 2001 hat die chinesische Regierung die Repressalien gegen die Uiguren verstärkt und als Kampf gegen den internationalen Terrorismus deklariert. Menschenrechtsorganisationen wie die Gesellschaft für bedrohte Völker beklagen die Unterdrückung der uigurischen Sprache und Kultur sowie die hohe Zahl der Hinrichtungen in Xinjiang (rd. 500 im Zeitraum von 10 Jahren ab 1997). Im Vorfeld der Olympischen Spiele 2008 kam es zu neuerlichen Protesten von Uiguren, die massiv unterdrückt wurden.

Die Tujia

Die etwa 8 Millionen Tujia sind ein tibetobirmanisches Volk ungeklärter Herkunft in Nordwesthunan und in benachbarten Gebieten von Sichuan, Hubei und Guizhou. Durch die Lage ihrer Siedlungsgebiete in Kernregionen des Han-chinesischen Kulturlandes stehen sie seit Jahrhunderten in engem Kontakt zu dieser und unterliegen einer zunehmenden Assimilierung und »Sinisierung«. Im 20. Jahrhundert sind ein fast vollständiges Aufgehen in der Han-chinesischen Kultur und der Verlust eigener kultureller Traditionen (Gesang, Gesten-Tanz) zu verzeichnen. Die eigenständige Sprache der Tujia wird nur noch von wenigen Tausend Menschen gesprochen und steht kurz vor dem Aussterben.

Die Yi

Von den rd. 7,8 Millionen Yi leben rund 62 % in Yunnan, rund 21 % in Sichuan und etwa 10 % in Guizhou sowie eine kleine Minderheit in dem Autonomen Gebiet Guangxi Zhuangzu. Außerhalb Chinas leben Yi-Gruppen im nördlichen Südostasien. Die Yi sind neben den Tujia das größte der tibetobirmanischen Völker Chinas. Die Yi leben seit gut 2 200 Jahren in den fruchtbaren Landstrichen Yunnans und erhalten bis heute etwa 30 verschiedene

Am 8. August 2008, dem Tag, an dem in China die Olympischen Sommerspiele eröffnet wurden, hielt ein tibetischer Junge während eines Protestmarsches in Amsterdam ein Schild, auf dem das anklagende Statement »Ich bin ein Terrorist. ... weil die chinesische Regierung das behauptet, muss es wahr sein« der wohl bekanntesten Uigurin Rebiya Kadeer zu lesen ist.

Lebensbedingungen und Demografie

In Landestracht gekleidete mongolische Bogenschützen beim traditionellen Naadam Festival in Ulan Bator; das Fest mit sportlichen Wettkämpfen wird jährlich vom 11. bis 13. Juni begangen.

Sprachen/Dialekte am Leben. Eine im 13. Jahrhundert entwickelte Schriftsprache, basierend auf ca. 10 000 Piktogrammen, ist nicht mehr im Gebrauch.

Bei einem Teil des Volkes hatte sich über die Jahrhunderte eine ausgeprägte soziale Schichtung entwickelt, die etwa bis zur Konfrontation mit der neuen kommunistischen Landesregierung während der 1950er-Jahre von Bedeutung war: Adlige Nosu (oder »Schwarze Yi«) beherrschten die in mehrere Gruppen untergliederten »Weißen Yi«, zu denen auch die Gruppe der sogenannten Sklaven gehörte. Während die »Weißen Yi« Ackerbau betrieben, widmete sich die Adelsschicht der Viehzucht. Die traditionelle Religion mit Sakralschrift, Kalender, Schamanismus, Ahnenverehrung und reicher Mythologie stand zunächst durch christliche Missionare und später durch die kommunistische Regierungspolitik unter starkem Anpassungszwang. Trotz der Exzesse der maoistischen Ära sind diese Traditionen aber bis zum heutigen Tage lebendig geblieben.

Die Mongolen

Die ca. 5,8 Millionen in der VR China lebenden Mongolen unterteilen sich in der VR China in die Stämme der Bargut-, Burjat-, Chahar-, Oirat- und Ordos-Mongolen, die zumeist in autonomen Verwaltungsdistrikten siedeln, knapp 70 % davon in der Autonomen Region Innere Mongolei. In der VR China leben heute ca. dreimal so viele Mongolen wie in der Mongolischen Republik. Des Weiteren lebt in der VR China eine Reihe von Volksgruppen (darunter die Daur, Tu, Dongxiang, Bonan und die Yugur), die Mongolisch sprechen, aber als eigenständige Nationalitäten anerkannt sind. Die Mongolen sind zumeist Anhänger eines lamaistischen Buddhismus.

Die Mongolen, übersetzt »Die Unbesiegbaren«, stellten für einen kurzen Zeitraum eine der großen chinesischen Dynastien, die Yuan (1271/79 bis 1368), fielen in den folgenden Jahrhunderten aber wieder in weitgehende Bedeutungslosigkeit – in Hinblick auf die Geschicke Chinas – zurück. Während der Ming-Dynastie (1368–1644) waren die Mongolenstämme aber weiterhin eine stete Bedrohung für das Reich, der durch den Ausbau der Chinesischen Mauer, insbesondere aber die Zahlung substanzieller Geldbeträge zu begegnen versucht wurde.

Die Tibeter

Die Tibeter bezeichnen sich selber als Bod, Bodpa, werden in der VR China aber offiziell als Zang geführt. Von weltweit ca. sechs Millionen Tibetern leben gut 5,5 Millionen in China, nur knapp die Hälfte von diesen in dem Autonomen Gebiet Tibet. Beinahe genauso viele Tibeter leben in angrenzenden Regionen, die heute in den Provinzen Sichuan und Qinghai liegen, traditionell aber zu »Tibet« gehörten.

Die Tibeter verfügen über eine lange Tradition eigenständiger kultureller Entwicklung. Bereits seit dem sechsten Jahrhundert sind tibetische Königreiche historisch verbürgt. Vom siebten bis neunten Jahrhundert beherrschte die »Yarlung-Dynastie« weite Teile des heutigen Nordwest- und Westchina und besaß großen Einfluss in den turkstämmigen Nachbarreichen. Noch vor dem lamaistischen Buddhismus war eine komplexe, eigenständige religiöse Tradition (Bön) entstanden, die bis

Eine Gruppe junger Frauen der Yi in traditioneller Tracht mit Kopfschmuck; Yi leben in Yunnan Sichuan und in Guizhou.

Die Frauen der Mosuo

Die Mosuo – offiziell subsumiert unter der tibetobirmanischen Nationalität der Naxi – sind ein kleines Volk von ca. 50 000 Menschen am Rande des tibetanischen Hochplateaus im Südwesten Chinas, das sich entscheidende Charakteristika seines kulturellen Erbes bis in die Gegenwart bewahrt hat. Augenfällig dabei ist die Rolle der Frau in der Gesellschaft. Familiengemeinschaften werden nicht um ein Elternpaar sondern allein nach der Mutter-Kind-Abstammung organisiert. Dies bedeutet, dass männliche wie weibliche Kinder zeitlebens in einem Familienverband leben, der sich über die unmittelbare Abstammung von der Mutter definiert und Mutter, Großmutter, Tanten und Onkel umfasst – nicht aber die Väter. Wer der Vater eines Kindes ist, gilt als unwichtig und ist auch nicht immer bekannt.

Die Mosuo pflegen »Besuchsbeziehungen« bei denen die Frauen die Männer einladen, mit ihnen die Nacht zu verbringen. Diese Besuchsbeziehungen können temporär relativ stabil sein, längerfristig werden die Partner jedoch ausgetauscht. Kinder, die aus derartigen Beziehungen hervorgehen, werden im Familienverband der Mutter aufgezogen. Die Väter übernehmen für ihre biologischen Nachkommen keine Verantwortung, sondern kümmern sich in ihrem Familienverband um die Erziehung der Kinder ihrer Schwestern, d. h. ihrer Nichten und Neffen.

Lebensbedingungen und Demografie

Ein traditionell gekleideter Naxi (links) in der von Touristen viel besuchten Stadt Lijiang in der Provinz Yunnan.

zum heutigen Tage lebendig ist. Bis weit in das 20. Jahrhundert hinein wurde die tibetische Gesellschaft im Rahmen eines theokratischen Regierungssystems geführt, das eine strenge soziale Gliederung in die Klassen Volk, Adel und Geistlichkeit aufrechterhielt.

Das Verhältnis der Tibeter zu China ist seit Jahrhunderten gespannt. Tibet war in verschiedenen Perioden Bestandteil des Herrschafts-

Links: Tibetische Frauen in traditioneller Tracht der Nomaden.
Rechts: Trotz zahlreicher Eingriffe der Regierung, halten die Tibeter an ihren Traditionen fest. 2004 versammelten sich mehr als 20 000 Tibeter bei den Reiterfestspielen in Yushu in der Provinz Qinghai.

gebiets chinesischer Dynastien (zum Teil aber nur als lose angebundener Vasallenstaat), erlangte zeitweise aber auch wieder volle Autonomie. Auch während chinesischer Oberherrschaft entwickelte sich Tibet weitgehend eigenständig und kaum von den chinesischen Dynastien beeinflusst. Dies änderte sich mit der Machtergreifung der KPCh, die 1951 die tibetische Führung zwang, ihre Autonomie aufzugeben, und 1959 eine Protestbewegung mit militärischer Gewalt niederschlug. Seitdem hat die chinesische Regierung die militärische Präsenz in Tibet massiv verstärkt und den Anteil der Han-chinesischen Bevölkerung auf über 10 % ausgeweitet. Das religiös-kulturelle und insbesondere das politische Leben der Tibeter wird seitdem streng kontrolliert. Auch das Vorzeigen eines Fotos des 1959 ins Ausland geflüchteten Dalai-Lama wird so zum Beispiel als ein gegen China gerichteter politischer Akt gewertet und steht unter Strafe. Den unrühmlichen Höhepunkt der chinesischen Eingriffe in das kulturelle Leben der Tibeter bildete aber die Kulturrevolution, während der die meisten der 6 000 Klöster des Landes zerstört wurden. Anlässlich der gewaltsamen Niederschlagung einer Protestbewegung im März 2008 durch chinesisches Militär und der anschließenden Repressalien sah sich der Dalai-Lama als religiöses Oberhaupt der Tibeter dazu veranlasst, vor einem »kulturellen Völkermord« zu warnen.

Die Tibeter sind neben den Uiguren die einzige Volksgruppe in der VR China, die bis zum heutigen Tage mit großem Rückhalt in der Bevölkerung einen organisierten Widerstand gegen die chinesische Vorherrschaft unterhält und eine Loslösung von der VR China anstrebt.

Wirtschaftswachstum und Bevölkerungskonzentration in den Städten

In einer groß angelegten Urbanisierungskampagne – die als parallel und komplementär zur Industrialisierung des Landes zu verstehen ist – hat der Chinesische Staatsrat seit Beginn des 21. Jahrhunderts die Losung ausgegeben, pro Jahr 20 Millionen Menschen vom Land in städtische Wohngebiete zu überführen. 2006 lebten erstmals in der chinesischen Geschichte mehr Chinesen in Städten als in ländlichen Gemeinden. Bis zum Jahr 2025 sollen dann schließlich eine Milliarde Menschen in Städten leben.

Chinas Wanderarbeiter

Der exportorientierte Wirtschaftsaufschwung der Reformära hat seit 1980 zu einer markanten Bevölkerungskonzentration in den wirtschaftlichen Ballungszentren des Küstenstreifens geführt, wobei die Wanderarbeiter, die aus den armen, industriell kaum erschlossenen Regionen Zentral- und Westchinas in die ostchinesischen »Wirtschaftswunderstädte« gekommen sind, um für mehrere Monate bis Jahre in den Fabriken oder auf den Baustellen zu arbeiten, dort in der Regel nicht registriert sind und bei lokalen demografischen Erhebungen (z.B. bei der Erhebung zur Bevölke-

Lebensbedingungen und Demografie

rungsanzahl und zur Bevölkerungsdichte) nicht berücksichtigt werden.

Im ersten Jahrzehnt des 21. Jahrhunderts waren vermutlich zu jedem Zeitpunkt gut 150 Millionen Menschen als Wanderarbeiter unterwegs. Bis zum Jahr 2015 wird ein Anwachsen dieser Gruppe auf bis zu 300 Millionen erwartet. Es handelt sich um die vermutlich größte Migrationsbewegung der Gegenwart.

Die Wanderarbeiter sind zweifelsohne von zentraler Bedeutung für das chinesische »Wirtschaftswunder« – ohne ihre (kostengünstige) Arbeitsleistung wäre der Aufstieg Chinas nicht denkbar gewesen. Die Kostenvorteile, die chinesische Unternehmen bei arbeitsintensiven Produkten aufweisen, könnten ohne die Wanderarbeiter nicht realisiert werden. Dessen ungeachtet haben sie kaum eine Lobby in Staat und Gesellschaft.

Chinas Wanderarbeiter sind die neue unterprivilegierte Unterschicht des Landes, die sozial geächtet und institutionell ausgegrenzt nur deutlich unterproportional am chinesischen »Wirtschaftswunder« teilhat. Chinas Wanderarbeiter sind die »Ausgebeuteten« des neuen China, die für minimalen Lohn an sechs bis sieben Tagen die Woche jeweils 12 bis 14 Stunden arbeiten müssen. Ihre Lebens- und Wohnbedingungen liegen zu einem erheblichen Teil noch unter den in China festgesetzten (niedrigen) Standards des Existenzminimums. Verschärfend kommt hinzu, dass sie in der Regel keine Absicherung im Krankheitsfall besitzen und ihre Kinder zumeist außerhalb des staatlichen Schulsystems stehen. Insbesondere diese Ausgrenzung der Kinder von Wanderarbeitern aus dem staatlichen Schul-

Hukou

Eine wichtige Ursache der sozialen Ausgrenzung von Wanderarbeitern in China liegt in dem Hukou-System begründet. Der Bevölkerung der VR China wurde bis vor Kurzem das Recht der freien Wahl des Wohnortes grundsätzlich versagt. Stattdessen wurden alle Einwohner an ihrem Geburtsort als ihrem **hukou** registriert und durften diesen **hukou** in der Folge nur noch mit staatlicher Genehmigung verlagern. Der **hukou** legt den Ort fest, an dem grundlegende Sozialleistungen erbracht werden (soziale Grundversorgung, Bereitstellung eines Schulplatzes, etc.), andernorts besteht kein derartiger Anspruch. Viele Wanderarbeiter konnten und können ihren **hukou** weder permanent noch temporär an ihre neuen Arbeitsstätten verlagern und verlieren so den Anspruch auf eine soziale Grundversorgung – inklusive des Schulplatzes für ihre Kinder.

system trägt dazu bei, dass die gegenwärtige Diskriminierung einer Generation von Wanderarbeitern zu einem generationenumspannenden sozialen Phänomen wird, bei dem die Kinder der heutigen Unterschicht keine Chance erhalten, in der Zukunft sozial aufzusteigen.

Die soziale Situation der Wanderarbeiter und ihrer Familien stellt wahrscheinlich die wichtigste Herausforderung für die mittelfristige Stabilität von Staat und Gesellschaft dar. Sollten sich die gegenwärtig herrschenden Trends unverändert fortsetzen, wird in China eine große Schicht von sozial ausgegrenzten Menschen entstehen, die sich in dem bestehenden Gesellschaftssystem nicht zu Hause fühlen. Hieraus erwächst die erhebliche Gefahr einer zunehmenden Kriminalisierung größerer Teile dieser Gruppe und im Zuge einer Politisierung derselben, eine Gefährdung des politischen Systems.

Immer stärker konzentriert sich die Bevölkerung in den Städten. Chongqing – hier ein Blick auf die Shibanpo-Brücke über den Chang Jiang (Jangtsekiang) – ist ein Handelszentrum für Süd- und Westchina.

Chinas Millionäre

Am anderen Ende des sozialen Spektrums der VR China stehen die im Verlauf der Reformära entstandenen neuen Superreichen des Landes. Im Jahr 2008 lebten in China mehr als 300 000 US-$-Millionäre und, gemäß einer Erhebung von Forbes, 24 US-$-Milliardäre. Diese Anzahl liegt deutlich unter dem Wert von 2007 als Forbes 66 Milliardäre identifizieren konnte, da die Verwerfungen an den Aktienmärkten 2008 zu einer massiven marktlichen Entwertung von Vermögenswerten geführt haben.

Die Superreichen Chinas sind durchgehend »selbst gemacht«. Es sind Männer und Frauen, die die unternehmerischen Freiheiten, die sich im Zuge der wirtschaftlichen Liberalisierung und Öffnung des Landes zum Weltmarkt

Nach einem meist zweiwöchigen Neujahrsurlaub bei Verwandten kehren die chinesische Wanderarbeiter zu den Arbeitsplätzen in den Ballungszentren zurück.

Fortsetzung Seite 62

Lebensbedingungen und Demografie
Urbanisierung – Chinas unbekannte Millionenstädte

China wandelt sich in gewaltigen Schritten von einer agrarischen in eine industriell und städtisch geprägte Gesellschaft. Während bis zu Beginn der Reformperiode noch gut vier Fünftel der Bevölkerung in ländlichen Strukturen lebten, ist im Zuge des aktuellen wirtschaftlichen Aufschwungs des Landes eine rasch voranschreitende Verstädterung zu beobachten. Diese Entwicklung wird seitens der Regierung noch weiter forciert, um den Industrialisierungsprozess zusätzlich zu beschleunigen. In groß angelegten Urbanisierungsprogrammen und Stadtgründungen werden so seit Beginn des 21. Jahrhunderts jährlich ca. 20 Millionen Menschen in Städte umgesiedelt. Derzeit leben in China knapp 600 Millionen Menschen in über 250 Großstädten mit mehr als 500 000 Einwohnern.

Unter Fortschreibung der derzeit herrschenden Trends wird China im Jahr 2025 eine städtische Bevölkerung von fast einer Milliarde Menschen aufweisen, die u. a. in 220 Städten mit mehr als einer Million Einwohnern leben werden. Mindestens acht dieser Städte werden dann mehr als zehn Millionen Einwohner haben. In den urbanen Zentren Chinas werden zu diesem Zeitpunkt dann 90 % der nationalen Wirtschaftsleistung erbracht werden.

Die rasante Urbanisierung geht mit großen, noch ungelösten Herausforderungen an die Infrastrukturentwicklung einher. Um die neuen städtischen Ballungszentren funktionsfähig zu halten, werden massive Investitionen in Transportsysteme, die Elektrizitäts- und Wasserversorgung und insbesondere die Bewältigung von Umweltbelastungen getätigt werden müssen. Die Vermeidung des Entstehens von Slums steht ganz oben auf der Prioritätenliste der chinesischen Regierung. Die Realisierung dieses Ziels wird aber letztlich mit der offiziellen Anerkennung der großen Massen von »Wanderarbeitern« einhergehen müssen, die bislang städteplanerisch weitgehend ignoriert worden sind.

Chinas größte Städte[1] 2006

Stadt	Einwohner	Stadt	Einwohner	Stadt	Einwohner	Stadt	Einwohner
Chongqing	32,0 Mio.	Guangzhou	7,6 Mio.	Hangzhou	6,7 Mio.	Kunming	5,1 Mio.
Shanghai	13,7 Mio.	Xi'an	7,5 Mio.	Changsha	6,3 Mio.	Shantou	4,9 Mio.
Beijing	12,0 Mio.	Qingdao	7,5 Mio.	Fuzhou	6,2 Mio.	Nanchang	4,8 Mio.
Harbin	9,8 Mio.	Changchun	7,4 Mio.	Nanjing	6,1 Mio.	Hefei	4,7 Mio.
Tianjin	9,5 Mio.	Shenyang	7,0 Mio.	Jinan	6,0 Mio.	Guiyang	3,5 Mio.
Shijiazhuang	9,4 Mio.	Zhengzhou	6,9 Mio.	Dalian	5,7 Mio.	Taiyuan	3,5 Mio.
Wuhan	8,2 Mio.	Nanning	6,7 Mio.	Ningbo	5,6 Mio.	Lanzhou	3,1 Mio.

[1] inklusive Einwohnern in ländlichen Kreisen der betreffenden Städte, exklusive Wanderarbeitern

Grafik 1

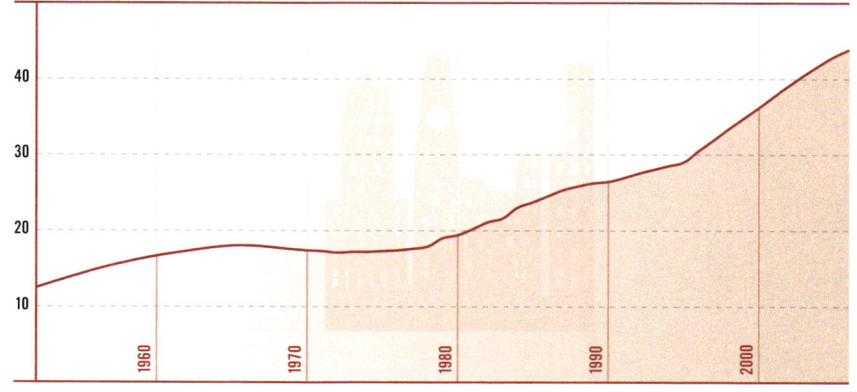

Anteil der in Städten lebenden Einwohner 1952–2006, in %

Grafik 2

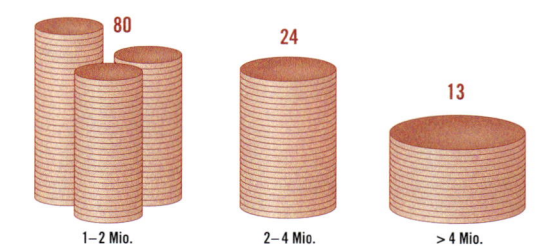

Städte mit mehr als einer Million Einwohnern[1] 2006

80 — 1–2 Mio.
24 — 2–4 Mio.
13 — > 4 Mio.

[1] exklusive Einwohnern in ländlichen Kreisen der betreffenden Städte

Grafik 3

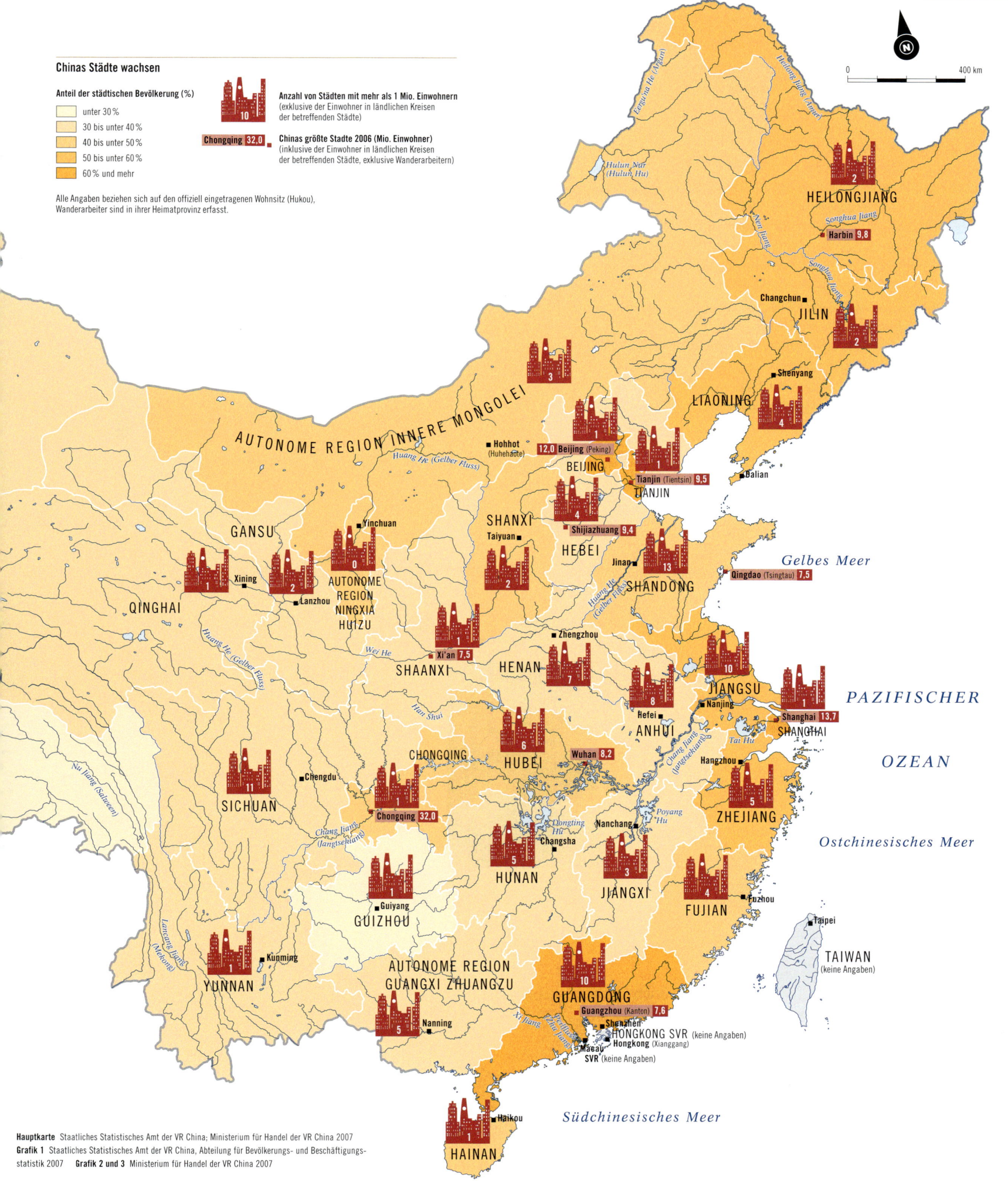

Lebensbedingungen und Demografie
Kommunikation – Telefon, Mobilfunk und Briefverkehr

In den 1990er-Jahren und zu Beginn des neuen Jahrtausends erfuhren der Post- und Telekommunikationsmarkt die wohl größten Veränderungen in ihrer Geschichte. Die Entwicklung des Mobiltelefons und seine Verbreitung machten auch vor dem »Land der Mitte« nicht halt. Nur noch selten sieht man in den Großstädten Menschen an den öffentlichen Telefonapparaten telefonieren, die von Kiosken bereitgestellt werden. Heute gibt es in China fast doppelt so viele Mobilfunkanschlüsse wie Festnetzanschlüsse. Viele Bürger telefonieren ausschließlich mit dem Handy.

Dabei werden die Handynummern mitunter teuer bezahlt, denn viele Chinesen sind »abergläubisch«: Es sollte keine »4« in der Nummer vorkommen, diese Zahl steht für Unglück und Tod, die Nummer sollte möglichst viele Achten und Neunen enthalten, denn diese Zahlen stehen für Unendlichkeit und Reichtum. Bei Geschäftsnummern lässt sich anhand der Anzahl der jeweiligen Glücks- und Unglücksziffern häufig auch der Status des Ansprechpartners erkennen.

Für die Regulierung des Telekommunikationsmarktes ist heute das »Ministry of Industry and Technology« (MIIT) zuständig, das bis 1998 unter der Bezeichnung »Ministry of Posts and Telecommunications« firmierte. Bis 1994 besaß die »China Telecom« das Telekommunikationsmonopol. Mit der Einführung von »China Unicom« im Jahr 1994 wurde dieses Monopol aufgebrochen; seitdem führten weitere regulatorische Maßnahmen wie zum Beispiel die spätere Nord-Süd-Aufteilung des Marktes für die unterschiedlichen Telekommunikationsunternehmen zu immer größerer Konkurrenz zwischen den neu entstandenen Anbietern.

Die Post beliefert auch schwer zugängliche Regionen mit Briefen und Paketen und stellt damit ein wichtiges Bindeglied zwischen Personen und Unternehmen dar.

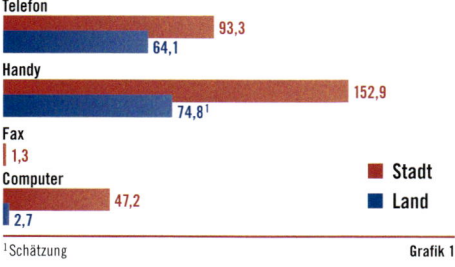

Verbreitungsgrad von Kommunikationsmitteln in den Haushalten 2006, in %

Telefon: Stadt 93,3 | Land 64,1
Handy: Stadt 152,9 | Land 74,8[1]
Fax: Stadt 1,3
Computer: Stadt 47,2 | Land 2,7

[1] Schätzung

Grafik 1

Anzahl versendeter SMS in Mrd.

2002: 58,3
2003: 138,6
2004: 217,1
2005: 304,6
2006: 429,5

Grafik 2

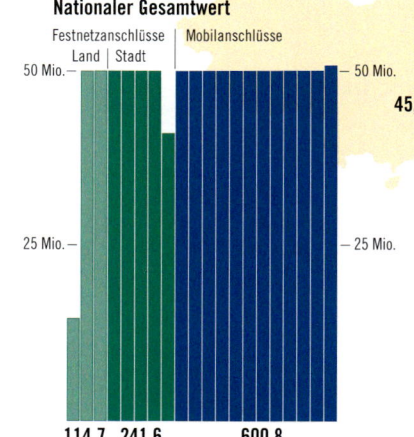

Nationaler Gesamtwert
Festnetzanschlüsse (Land | Stadt) | Mobilanschlüsse
114,7   241,6   600,8
45,6 %

AUTONOME REGION XINJIANG UYGUR
Ürümqi (Wulumuqi)
Kashigeer He
AUTONOME REGION TIBET (XIZANG)
Lhasa (Lasa)
Yarlung Zangbo Jiang (Brahmaputra)

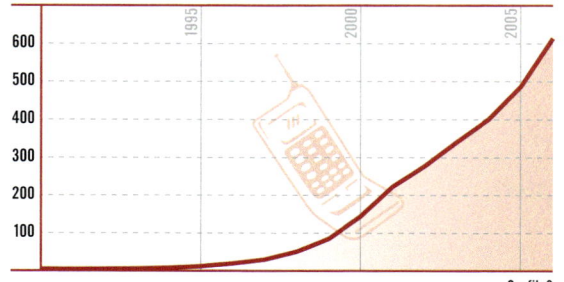

Mobilfunknutzer in Mio.

Grafik 3

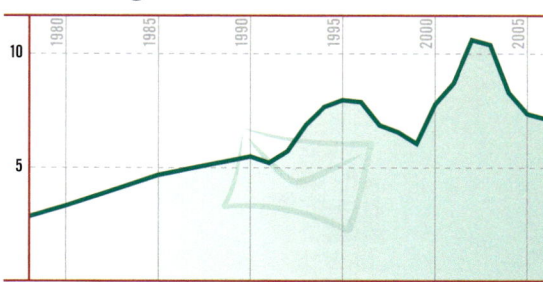

Briefsendungen Stückzahl in Mrd.

Grafik 4

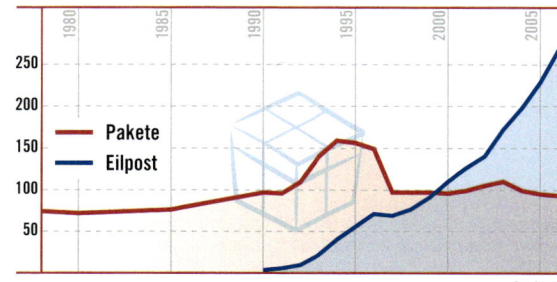

Paket- und Eilpostsendungen Stückzahl in Mio.

Pakete
Eilpost

Grafik 5

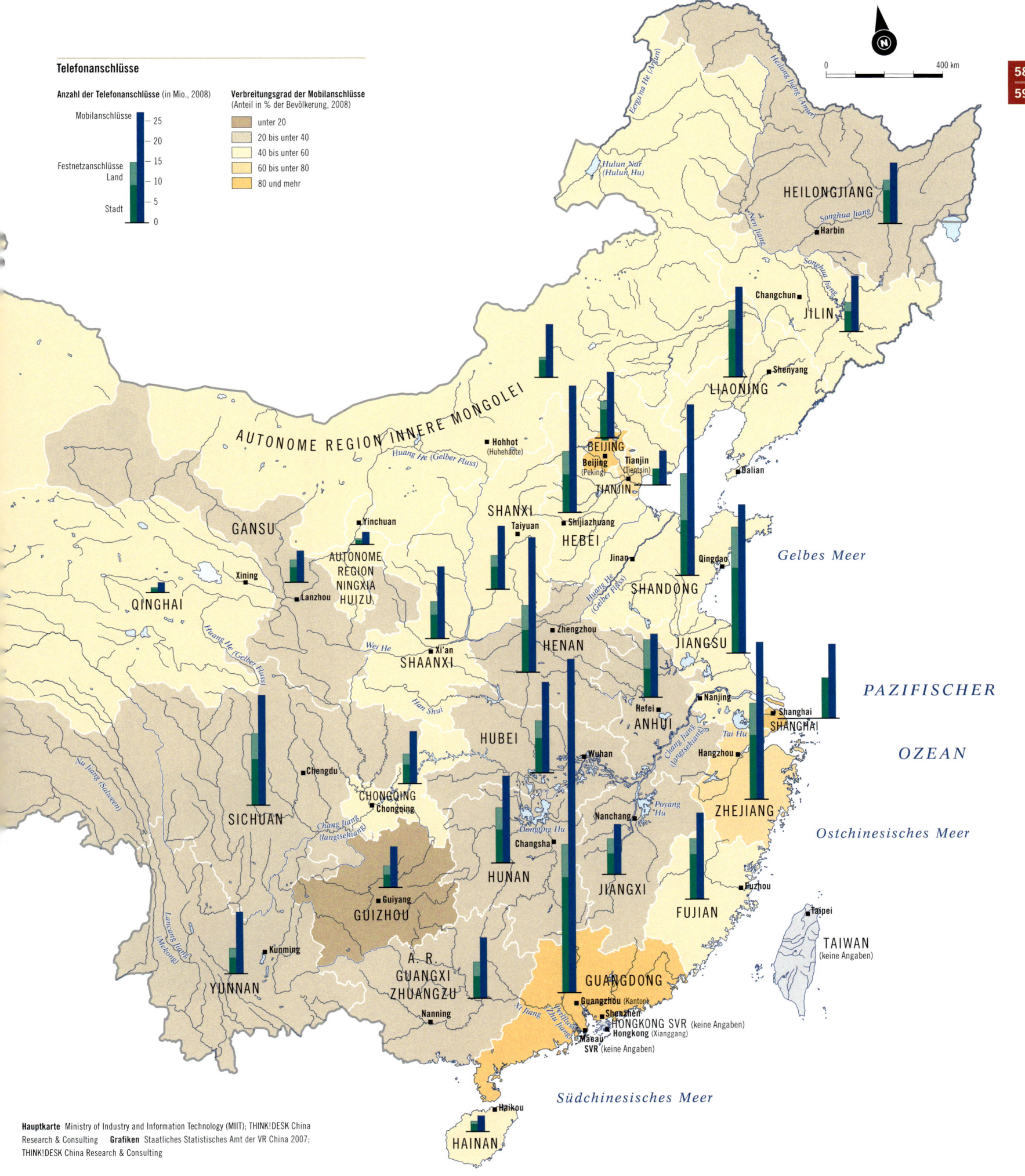

Lebensbedingungen und Demografie
Öffentliche Sicherheit und Kriminalität

Für Ausländer ist öffentliche Sicherheit in China kaum ein Thema. Während die Wahrscheinlichkeit, auf den Straßen des Landes Zeuge eines Verkehrsunfalls zu werden, durchaus gegeben ist, kann kaum ein ausländischer Tourist über kriminelle Aktivitäten in China berichten. Die offiziell registrierten und veröffentlichten Zahlen über Verkehrsunfälle spiegeln vermutlich nicht die tatsächliche Zahl an Verkehrsunfällen in China.

Gesicherte Daten über die Kriminalität in China zu erhalten gestaltet sich als sehr schwierig. Den verfügbaren Berichten des »Ministry of Public Security« (MPS) kann dennoch entnommen werden, dass z.B. die Kriminalitätsraten unter Jugendlichen deutlich ansteigen. Häufig handelt es sich dabei um Verbrechen durch Jugendbanden, für deren Entstehung der Zerfall von Familienstrukturen insbesondere auch auf dem Land verantwortlich gemacht wird.

Im internationalen Vergleich spielt China auch eine Rolle im Drogenhandel. So schätzte das U.S. State Department 2005 den Wert der chinesischen Drogenindustrie auf 24 Mrd. US-$. Nach Angaben der UN steht China (6%) hinter Pakistan (34%), Iran (20%) und der Türkei (10%) auf Platz vier in Bezug auf die Beschlagnahmungsmengen an Heroin weltweit.

Auch die in China existierende Todesstrafe schreckt nicht vor Kapitalverbrechen ab. Im Jahr 2007 waren nach Angaben von Amnesty International 1 860 Chinesen zum Tode verurteilt worden, in 470 Fällen wurden Exekutionen vorgenommen.

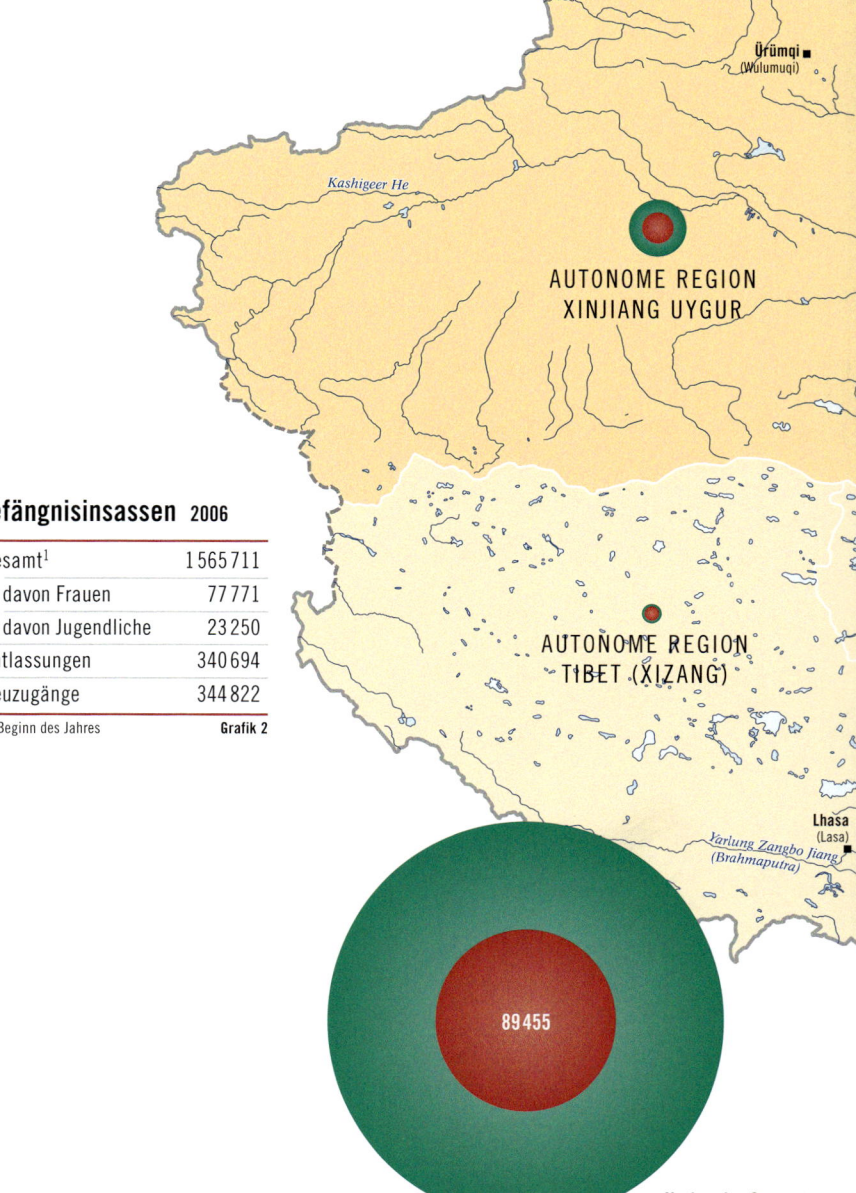

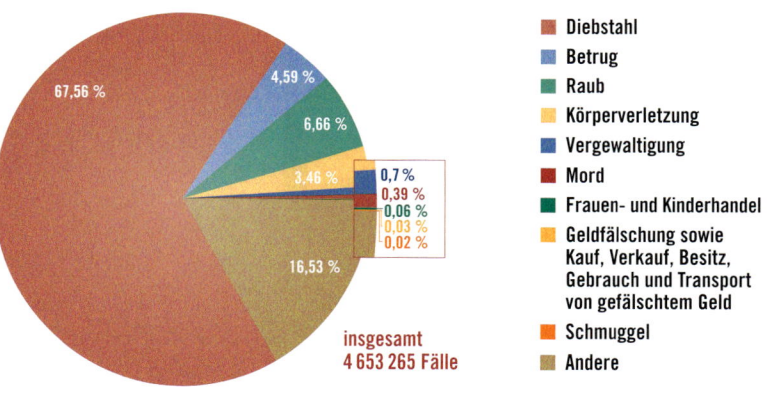

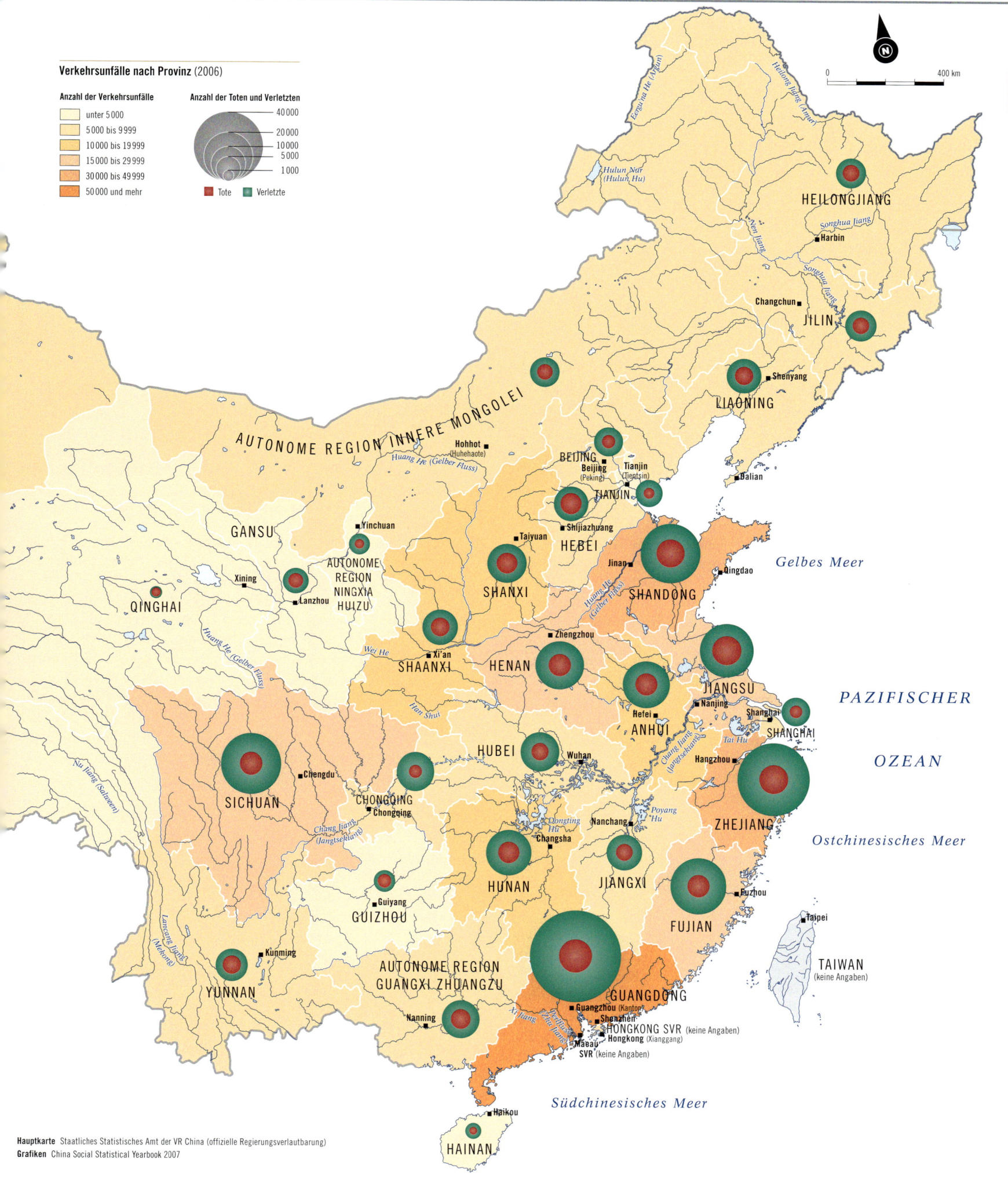

Lebensbedingungen und Demografie

ergeben haben, konsequent genutzt haben. Viele von ihnen haben dabei auch ihre Kontakte und Familienbeziehungen in die Partei- und Regierungsspitze genutzt, um ihre Geschäfte zu fördern und gewonnenen Reichtum abzusichern. Eine beträchtliche Anzahl von Chinas Superreichen stammt selber aus der Parteihierarchie und hat diesen Hintergrund zur Schaffung der eigenen Firmenimperien nutzen können.

Chinas Superreiche haben ihren Reichtum in einem höchst dynamischen und aufgrund von *guanxi*-Netzwerken und korrupten Strukturen oftmals auch höchst intransparenten Umfeld erworben. Und tatsächlich können diese Firmenimperien und persönlichen Reichtümer auch genauso schnell wieder in sich zusammenbrechen, wie sie aufgebaut worden sind. Die ersten Forbes-Listen über Chinas neue Superreiche wurden noch als »Todeslisten« bezeichnet, da das chinesische Finanzamt die auf der Liste genannten Personen einer besonders intensiven Steuerkontrolle unterzog. Einige der von Forbes identifizierten Superreichen landeten dabei im Gefängnis. Der Wohnortwechsel von der Luxusvilla in die Gefängniszelle ist im Übrigen keinesfalls eine Seltenheit. Im Jahr 2003 wurde der mit Orchideenzucht und Grundstücksspekulationen reich gewordene Yang Bin zu 18 Jahren Haft verurteilt. Das Gericht hatte ihn der Korruption, der Dokumentenfälschung und des Vertragsbetrugs für schuldig befunden. Nicht unerheblich für den Weg ins Gefängnis dürfte aber auch die – politisch unerwünschte – große Nähe Yang Bins zu den nordkoreanischen Machthabern gewesen sein. 2008 wurde schließlich der zweitreichste Mann des Landes, der Milliardär Huang Guangyu, wegen Korruption und Aktienmanipulationen verhaftet. Huang gilt als ein Musterbeispiel für die chinesische Variante der »Vom-Tellerwäscher-zum-Millionär«-Geschichte. Gemeinsam mit seinem Bruder startete er als Straßenhändler für Elektronikprodukte. Aus diesen Anfängen entstand dann innerhalb weniger Jahre die Elektronikkette Gome, die heute mit 1 300 Filialen und über 300 000 Angestellten in ganz China vertreten ist.

Die reichsten Chinesen 2008

Rang	Name	Vermögen[1]	Alter	Unternehmen
1	Liu Yongxing	3000	60	East Hope Group
2	Huang Guangyu	2700	39	Gome Electrical Appliances
3	Yang Huiyan	2220	27	Country Garden
4	Liu Yinghao	2200	57	New Hope Group
5	Zhou Chengjian und Familie	2000	43	Metersbonwe Fashion & Accessories
6	Zhang Jindong	1800	45	Suning Appliances
7	Robin Li	1700	40	Baidu.com
8	Du Shuanghua	1600	43	Rizhao Steel
9	Ma Huateng	1580	37	Tencent Xiyang Group
10	Zhou Furen und Familie	1550	57	Xiyang Group

[1] in Mio. US-$ Quelle: Forbes 2008

Ohne Handy geht es auch in China nicht mehr. Besonders Jugendliche legen großen Wert auf mobile Kommunikation.

Kommunikation

Ausdruck des »neuen«, vor allem städtischen Lebensgefühls, das zwar keine politische Freiheit kennt, jedoch die Last eines ideologieschwangeren »Klassenkampf-Kommunismus« abgelegt hat, ist auch das gigantische Ansteigen bei der Nutzung moderner Kommunikationstechnologien. Noch in den späten 1980er-Jahren waren Festnetz-Telefonanschlüsse in der Privatwohnung eine kostbare Seltenheit und klarer Ausweis einer gehobenen Stellung im Partei- und Regierungsapparat. Mit dem Einzug des Mobiltelefons hat China faktisch eine Entwicklungsstufe übersprungen und seine Bevölkerung direkt in die Ära der mobilen Kommunikation überführt. In den Städten des Landes gibt es mittlerweile bereits 50 % mehr Mobiltelefone als Einwohner. Angesichts der enthusiastischen Aufnahme dieses neuen Kommunikationsmediums ist China heute zu einem wichtigen Testgebiet für internationale Handyhersteller geworden, die ihre Produkte in China zumeist mehrere Monate früher auf den Markt bringen als in den europäischen Staaten.

Auch das Internet hat in China eine begeisterte Aufnahme erfahren. Interessanterweise sind es vor allem die Onlinespiele, die die Nutzer an die Computer bringen, allein 1,5 Millionen Nutzer spielen das Internetspiel »World of Warcraft«. Von den rund 115 Millionen Internetnutzern führen etwa sechzehn Millionen ein öffentliches Tagebuch. Die Kontrolle über das Informationsangebot und die Kommunikationsmöglichkeiten, die das World Wide Web bietet, hat seit 2000 die sogenannte Internetpolizei übernommen.

Chinas Internetpolizei

Die Verbreitung des Internet hat Chinas Machthaber, Geheimdienste und Polizei vor eine gänzlich neue Herausforderung gestellt. Das Internet wurde umgehend als ein gefährliches Medium identifiziert, über das nicht nur »klassische« Verbrechen begangen, sondern insbesondere auch der Machtanspruch der KPCh unterwandert werden könnte. Es kann von daher nicht verwundern, dass in China seit Beginn des World Wide Web alle Internetinhalte gefiltert und zensiert werden. Dies betrifft vor allem auch solche Inhalte, die auf ausländischen Servern ruhen. Da alle Internetverbindungen ins Ausland letztendlich über die staatliche *China Telecom* laufen, können solche Kontrollfilter relativ einfach und zuverlässig eingesetzt werden. Für die Kontrolle der Inhalte auf inländischen Servern ist

Lebensbedingungen und Demografie

Die virtuellen Wächter des Internets. Der »Jingjing« und das weibliche Pendant »Chacha«.
Quelle: www.e-gov.org.cn

neben technischen Filtern eine Internetpolizei von mehreren Tausend Polizisten zuständig, die das gesamte chinesische Internet inklusive der mehr oder weniger einschlägigen Foren nach kritischen Inhalten absurfen.

Eine derartige Polizei wurde im Jahr 2000 erstmals in der Provinz Anhui eingesetzt. Gleichzeitig wurden aber auch Gesetze und Verordnungen derart geschaffen, dass »unsaubere« Inhalte gar nicht erst in das Internet gelangen können. So dürfen zum Beispiel nur solche Nachrichten im Internet erscheinen, die ohnehin schon von den staatlichen Nachrichtenorganen, sei es in einer Zeitung oder auf einer Website, publiziert wurden. Nachrichtenwebsites mit eigenen, unabhängig verfassten Nachrichten sind verboten. Und seit dem 26. März 2002 ist sowieso dafür gesorgt, dass vor allem auch die großen Anbieter von Websites eine der Parteiführung genehme Kontrolle ihrer Web-Inhalte betreiben: An diesem Tag unterzeichneten die ersten 130 chinesischen wie ausländischen Websitebetreiber (unter ihnen auch Unternehmen wie Google und Yahoo) in der »Großen Halle des Volkes« in Beijing die »Public Pledge on Self-Discipline for the Internet Industry in China«, was einem Bekenntnis zur Selbstzensur gleichkommt.

Aber wie reagieren die chinesischen Internetnutzer auf die staatliche Beobachtung ihres Surfverhaltens? Die regelmäßig in China durchgeführten Umfragen zur Internetnutzung ergeben, dass sich Unterhaltungsangebote im Internet immer noch der größten Beliebtheit erfreuen und erst in zweiter Linie Informationen im Allgemeinen und Nachrichten im Speziellen das Ziel der Internetnutzung sind. Die größten Sorgen der Internetnutzer sind dabei Geschwindigkeit und Sicherheit. Und beim Thema Sicherheit setzt die staatliche Strategie zur Kontrolle und Selbstkontrolle der Internetnutzer an. Die staatliche Presse weist speziell darauf hin, dass 80% aller Computer in China bereits einmal von einem Virus befallen waren und Registrierungen, Filter, Kontrolle von Internetdienstleistern und Nutzern sowie die Herausgabe der persönlichen Daten also vor allem dazu dienen, das Internet frei von Viren, Trojanern etc. zu halten.

In der »Wirtschaftswunderstadt« Shenzhen sorgen in diesem Sinne »Jingjing« und »Chacha« als virtuelle Internetpolizisten für die »Sicherheit der Nutzer« beim Surfen im Internet. Dort hat die *Shenzhen Public Security Bureau's Internet Surveillance Division* die beiden »Pop-up-Polizisten« entworfen, die nach einem Log-in auf bestimmten Websites erscheinen. Gemäß dem Leiter der Abteilung dienen »Jingjing« und »Chacha« dazu, die Web-Surfer zu einer sicheren und gewissenhaften Nutzung des Internets anzuhalten. Bei Fragen können die beiden Figuren auch dazu genutzt werden, per Chat direkt mit einem echten Polizisten in Kontakt zu treten. Und wie reagieren die Internetsurfer auf »Jingjing« und »Chacha« (die Namen der virtuellen Polizisten sind übrigens zusammengesetzt aus dem chinesischen Wort »Jingcha«, welches wiederum »Polizist« bedeutet)? In entsprechenden Foren gelten die meisten Beschwerden nicht etwa den vermeintlich freundlichen, aber zumindest unaufgeforderten Hinweisen der beiden Internetwächter, sondern der Nichterreichbarkeit der dahintersteckenden bislang sechs echten Polizisten bei Fragen per Chat.

Guanxi-Netzwerke

Eine zentrale Rolle im gesellschaftlichen Leben eines jeden Chinesen spielen seine *guanxi*-Netzwerke. Die chinesischen *guanxi*-Netzwerke bezeichnen letztlich lose Gemeinschaften von Personen, die auf privater oder beruflicher Ebene über längere Zeiträume hinweg in Kontakt miteinander stehen und sich gegenseitig nach Kräften helfen. Sie sollten allerdings nicht mit »Freundeskreisen« verwechselt werden, denn *guanxi*-Netzwerke gehorchen strengen Regeln, wonach erbrachte Leistungen und Gefälligkeiten immer ausgeglichen werden müssen. Dies bedeutet, dass, wenn eine Gefälligkeit angenommen wird, die begünstigte Person eine Art immateriellen »Schuldschein« ausstellt, den der Gebende in Zukunft selber oder durch eine von ihm eingeführte Person einfordern kann. Wobei die zu erbringenden Gefälligkeiten durchaus im Widerspruch zu Bestimmungen und Gesetzen stehen können und von außen betrachtet als illegitime Begünstigung, Korruption, Vetternwirtschaft oder Ähnliches interpretiert werden.

Wird diese geschuldete Gefälligkeit ohne triftigen Grund verweigert, führt dies zumeist zum Ausschluss aus dem *guanxi*-Netzwerk. Daraus können eine soziale Ausgrenzung und auch eine berufliche Isolierung hervorgehen.

Internetcafés sind auch in China keine Seltenheit mehr. Zur Einführung von Google China 2006 mussten sich die Betreiber allerdings der staatlichen Zensur unterwerfen.

Lebensbedingungen und Demografie

Auf den Ladeflächen von Lastwagen stehen mit einem Schild um den Hals die zum Tode verurteilten Gefangenen. Die Hinrichtung von Drogenhändlern und Mördern erfolgt vor Tausenden von Zuschauern und soll abschreckend auf die Bevölkerung wirken (im Bild die Massenhinrichtung von Chengdu am 23. Juni 2001).

China im Korruptionswahrnehmungsindex (CPI) von Transparency International[1] 2008 (Auswahl)

Rang	Land	Punktwert	Rang	Land	Punktwert
1	Dänemark/Schweden/Neuseeland	9,3	43	Macao	5,4
			72	VR China	3,6
12	Hongkong	8,1	80	Brasilien/Thailand	3,5
14	Deutschland	7,9			
18	USA/Japan	7,3	121	Vietnam	2,7
39	Taiwan	5,7	180	Somalia	0,6

[1] Der CPI ist als eine Rangliste von Ländern zu sehen, die auf der Basis von Punktwerten zwischen 0 (als extrem von Korruption befallen wahrgenommen) und 10 (als frei von Korruption wahrgenommen) gebildet ist.

Das integrierende Element der Netzwerke beruht in der Regel auf gemeinsamen Erfahrungen oder Hintergründen. So stammen die Mitglieder zum Beispiel aus demselben Dorf oder haben gemeinsame Erfahrungen in Militäreinheiten, Parteieinheiten, Schulen oder ähnlichen Verbänden gemacht. Die Mitgliedschaft in einem *guanxi*-Netzwerk kann auch durch die Vermittlung einer Vertrauensperson erfolgen, welche mit ihrer Reputation für das Wohlverhalten der von ihr eingeführten Person bürgt.

Das Spektrum der innerhalb der *guanxi*-Netzwerke ausgetauschten Gefälligkeiten kann von der Bereitstellung von Informationen, dem bevorzugten Bezug von Gütern, Dienstleistungen und Ressourcen bis hin zur Vermittlung von Studienplätzen, Jobs, Aufträgen etc. reichen. Da in den meisten dieser Fälle das Leistungsprinzip als Zuteilungskriterium ausgehebelt wird, muss die weite Verbreitung von *guanxi*-Netzwerken in Chinas moderner Gesellschaft als der gesamtwirtschaftlichen Entwicklung nicht zuträglich bewertet werden.

Korruption

Korruption ist in China ein weitverbreitetes Phänomen, das letztlich wohl alle Lebensbereiche durchzieht. Seien es der Geschäftsauftrag, eine bestimmte Genehmigung, die bevorzugte Bearbeitung eines administrativen Vorgangs oder Kreditantrags oder aber eine »Aufbesserung« der Prüfungsergebnisse für den Hochschulzugang: Ein im richtigen Umfang bestückter Umschlag ebnet den Weg.

Obwohl in schweren Fällen mit der Todesstrafe belegt, werden in regelmäßiger Abfolge Korruptionsfälle aufgedeckt, die auch hohe Partei- und Regierungskader betreffen. Der ehemalige Staatspräsident und Generalsekretär der Kommunistischen Partei Chinas, Jiang Zemin, ist mit den Worten zitiert worden, die Korruption in Partei und Regierung habe eine Dimension erreicht, die den Kampf gegen die Korruption zu einer Angelegenheit von Leben und Tode für die Partei mache. An dieser Einschätzung hat sich bis zum heutigen Tag wenig geändert. Jahr für Jahr werden in China über 750 Millionen Euro an Bestechungsgeldern sichergestellt; die Summe der unentdeckt fließenden Gelder dürften um ein Vielfaches höher liegen.

Nur aufgrund deutlich schlechterer Zustände in anderen Staaten nimmt China im internationalen Vergleich im Korruptionswahrnehmungsindex von Transparency International mit dem – schlechten – Wert von 3,6 einen Platz im Mittelfeld ein.

Öffentliche Sicherheit und Kriminalität

Die Reformära und der wirtschaftliche Aufstieg des Landes haben auf ihrer Schattenseite einen deutlichen Anstieg der Kriminalität herbeigeführt und das subjektiv empfundene Gefühl öffentlicher Sicherheit merklich herabgesetzt. Die neue wirtschaftliche Prosperität genauso wie auch die massiv ausgeweiteten individuellen Handlungsspielräume haben zur Entstehung neuer Formen von Kriminalität geführt. Insbesondere im Bereich der Wirtschaftskriminalität sind zuvor unbekannte Verbrechenstypen entstanden, die von Markenrechtsverletzungen über gesundheitsgefährdende Produktfälschungen, Bilanzbetrug, Insiderhandel, Schmuggelgeschäfte etc. bis hin

Todesstrafe in China

In China werden so viele Menschen hingerichtet wie in keinem anderen Land der Erde. Im Jahr 2007 wurden nach offiziellen chinesischen Angaben 470 Personen auf richterlichen Beschluss hin getötet, unabhängige Quellen gehen jedoch von deutlich höheren Zahlen (bis zu 8000) aus. Seit Jahren kreisen Gerüchte, dass den Hingerichteten Organe entnommen werden. Die Todesstrafe steht in China auf insgesamt 69 Verbrechen, die sowohl Gewaltdelikte wie Mord und Vergewaltigung als auch »gewaltfreie« Vergehen wie Drogenhandel, Steuerhinterziehung und Korruption umfassen. Die Hinrichtung erfolgt durch Genickschuss bzw. Giftspritzen. Die Hinrichtung von zum Tode verurteilten Verbrechern wird in China explizit zur Abschreckung genutzt. Die Vollstreckung von Todesurteilen erfolgt zum Teil in Form von Massenveranstaltungen, bei denen die Abgeurteilten zunächst auf offenen Lkws durch die Straßen paradiert werden und sodann in Sportstadien im Rahmen von ausgefeilten Showveranstaltungen, die oft auch die Verbrennung von beschlagnahmten Drogen etc. beinhalten, öffentlich hingerichtet werden. Derartige Veranstaltungen werden oftmals auch seitens lokaler Fernsehanstalten live übertragen. Seit Anfang 2007 müssen alle Todesurteile durch den Obersten Gerichtshof in Beijing bestätigt werden. Es wird erwartet, dass hierdurch mittelfristig die Anzahl der Todesurteile zurückgehen wird.

Lebensbedingungen und Demografie

Die Triaden

Ursprünglich waren die Triaden Geheimbünde, die seit Jahrhunderten in China gebildet worden sind, um gegen Fremdherrscher, unfähige und korrupte Beamte sowie ausländische Eindringlinge aufzubegehren. Oft beriefen sich diese Geheimbünde auf Lehren des volkstümlichen Daoismus und verbanden diesen mit anderen spirituellen Elementen wie Beschwörungsformeln, Talismanen oder Amuletten, die ihre Mitglieder unverwundbar machen sollten. Bis heute sind ausgeprägte Rituale und Geheimsprachen, streng hierarchische Strukturen und die abschreckend brutale Bestrafung von Mitgliedern, die gegen den Triadenkodex verstoßen haben, Kennzeichen der Organisation.

Öffentlichkeitswirksame Zerstörung von Raubkopien von DVDs in Shenyang, Hauptstadt der Provinz Liaouing.

zur faktischen Verschleppung und Versklavung von Arbeitern in Betrieben reichen.

Die chinesische Polizei war insbesondere während der 1980er-Jahre nicht in der Lage, sich der neu entstandenen Verbrechensflut effektiv entgegenzustellen. Sie musste sich erst an die veränderten Rahmenbedingungen anpassen und einen Prozess der »Professionalisierung« durchlaufen, der unter anderem auch mit ausländischer Hilfe erfolgte. Zusätzlich zur staatlichen Polizei – deren Führungspositionen ausnahmslos mit Parteimitgliedern besetzt sind – sind in den 1990er-Jahren auch zahlreiche private Sicherheitsfirmen entstanden. Diese privaten Einrichtungen leisten mittlerweile insbesondere in den großen Metropolen einen wichtigen Beitrag zur Wahrung der öffentlichen Sicherheit und ergänzen die Polizeiarbeit in den verschiedensten Bereichen.

Die chinesische Polizei und das Justizwesen setzten in ihrem Versuch, der Situation Herr zu werden, auf massive Abschreckung und mussten sich immer wieder mit Vorwürfen übertriebener Härte und Folterung auseinandersetzen. Die chinesischen Strafgesetze sehen zudem bereits bei geringeren Vergehen langjährige Haftstrafen in Chinas karg ausgestatteten Gefängnissen vor und belegen 69 Verbrechen mit der Todesstrafe. Es ist bekannt, dass insbesondere auf lokaler Ebene Richter dazu tendieren, hohe Strafen zu verhängen und Todesurteile nicht nur bei Kapitalverbrechen auszusprechen. Insgesamt gesehen, ist es mit diesen Maßnahmen allerdings nicht gelungen, das Anwachsen der Kriminalität im modernen China nachhaltig einzudämmen.

Die chinesischen Triaden

Triaden sind nach ihrem Symbol, dem Dreieck Himmel – Erde – Menschheit, benannte Gruppen der organisierten Kriminalität – das chinesische Gegenstück zur europäischen Mafia. Dabei sind die chinesischen Verbrecherorganisationen deutlich größer mit bis zu mehreren Zehntausend (in manchen Organisationen als »Drachen« bezeichneten) Mitgliedern und wesentlich undurchsichtiger strukturiert. Zentrum der Triaden ist Hongkong, wo allein 50 bis 60 Organisationen beheimatet sind. In der maoistischen Ära war die Betätigung auf dem Festland für die Triaden nicht von Interesse, im Verlauf der Reformära entstanden aber auch dort wieder einträgliche »Geschäftsmöglichkeiten«. Die rechtliche Ambiguität der Transformationsgesellschaft, korrupte Strukturen und unzureichend ausgebildete Polizeikräfte haben ihr Vordringen während der letzten Jahrzehnte deutlich erleichtert.

In Europa sind insbesondere Manchester, Paris und die Niederlande als Zentren von Triade-Organisationen bekannt, darunter die Gruppen Sun Yee On, die Wo Group und die 14 K. Wichtigste »Geschäftsbereiche« sind Menschenhandel und Prostitution, Schleuseraktivitäten, Glücksspiel, Drogenhandel und groß angelegte Schutzgelderpressungen. Es wird vermutet, dass Europas China-Restaurants zum allergrößten Teil Schutzgelder an die Triaden zahlen. Die Verbrechen der Triaden werden in der europäischen Öffentlichkeit kaum wahrgenommen, da sie sich zumeist innerhalb der chinesischen Gemeinschaft abspielen und die Opfer aus Angst vor brutaler Vergeltung nur selten mit der Polizei kooperieren. Insgesamt ist in Europa wenig über die Triaden bekannt. Allein Scotland Yard wird eine bedingte Kenntnis der Triaden und ihrer Strukturen zugesprochen, da der britische Dienst in der ehemaligen Kronkolonie Hongkong den Polizeidienst verantwortete.

Mit allen Mitteln versucht China, der wachsenden Kriminalität entgegenzutreten. In Shenyang wurden Polizisten mit alarmsystem- und signallichtbestückten Fahrrädern ausgestattet.

Fortsetzung Seite 74

Lebensbedingungen und Demografie
Demografie und Gender – Geschlechterverhältnisse

Die chinesische Bevölkerung wächst derzeit noch weiter an und wird unter Fortschreibung der derzeitigen Trends erst bei 1,5 Milliarden Menschen ein Maximum erreichen, bevor ein Rückgang einsetzen kann. Dieser demografische Trend wird einerseits durch eine sinkende natürliche Wachstumsrate (Geburten abzüglich Sterbefälle) und eine rasch zunehmende Lebenserwartung determiniert.

Die seit Ende der 1970er-Jahre insbesondere in den Städten konsequent durchgesetzte Ein-Kind-Politik wird mittelfristig das Bevölkerungswachstum in China eindämmen und wahrscheinlich umkehren. Dies wird allerdings mit einer demografischen Anpassungskrise einhergehen, der gemäß Mitte des 21. Jahrhunderts mehr als ein Viertel der Bevölkerung im Rentenalter sein und die Gesellschaft eine Phase der »Überalterung« durchlaufen wird.

Eine sehr viel gravierendere Konsequenz der Ein-Kind-Politik ist allerdings die durch diese induzierte Verschiebung des Geschlechterverhältnisses zuungunsten der Mädchen und Frauen. Aus dem Wunsch heraus, männliche Nachfahren zu haben – die nach konfuzianischer Überzeugung letztlich auch als Einzige den Ahnenkult fortführen können –, hat sich nach Einführung der Geburtenplanung das Verhältnis von Jungen zu Mädchen schlagartig von dem Normalwert von 105–107 Jungen pro 100 Geburten von Mädchen entfernt. Derzeit liegt der nationale Durchschnittswert bei knapp 120, während einzelne Regionen Werte über 130 aufweisen.

Insbesondere in den ländlichen und den südchinesischen Regionen, die stärker traditionellen Mustern verhaftet sind, ist dieses Phänomen besonders deutlich zu beobachten. Der wichtigste »Steuerungsmechanismus« scheint in einer systematischen Abtreibung weiblicher Föten zu bestehen, die von lokalen Regierungsorganisationen zumindest toleriert wird.

Mehr oder minder natürliche Geschlechterverhältnisse können bei den ethnischen Minderheiten Chinas beobachtet werden, die zum Großteil einer weniger strikten bzw. gar keiner Geburtenplanung unterliegen.

Geschlechterverhältnis bei Geburt [1]

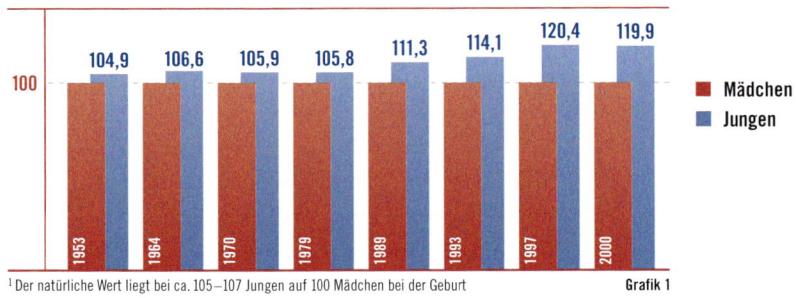

[1] Der natürliche Wert liegt bei ca. 105–107 Jungen auf 100 Mädchen bei der Geburt
Grafik 1

Bevölkerungspyramide 2006, % der Gesamtbevölkerung

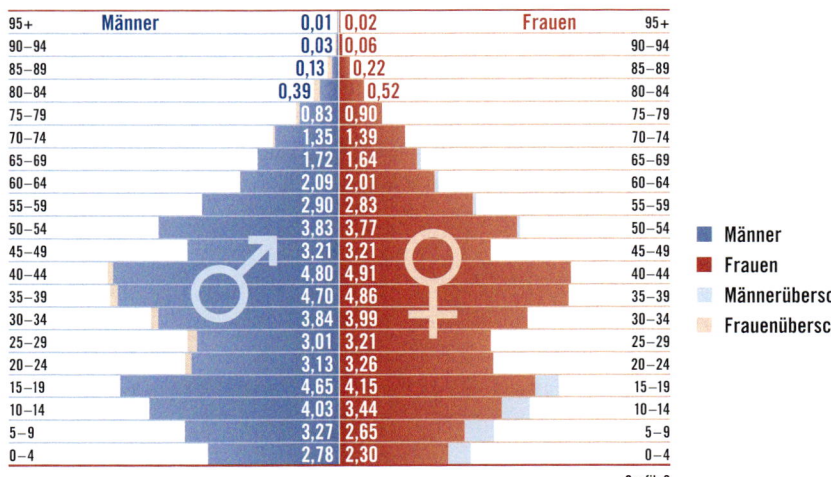

Grafik 2

Nationaler Gesamtwert:
Geschlechterverhältnis bei Geburt: **119,9**
Natürliche Rate des Bevölkerungswachstums 2006 (Promille): **5,28**
Durchschnittliche Lebenserwartung 2000:
Männer: **69,63**
Frauen: **73,33**

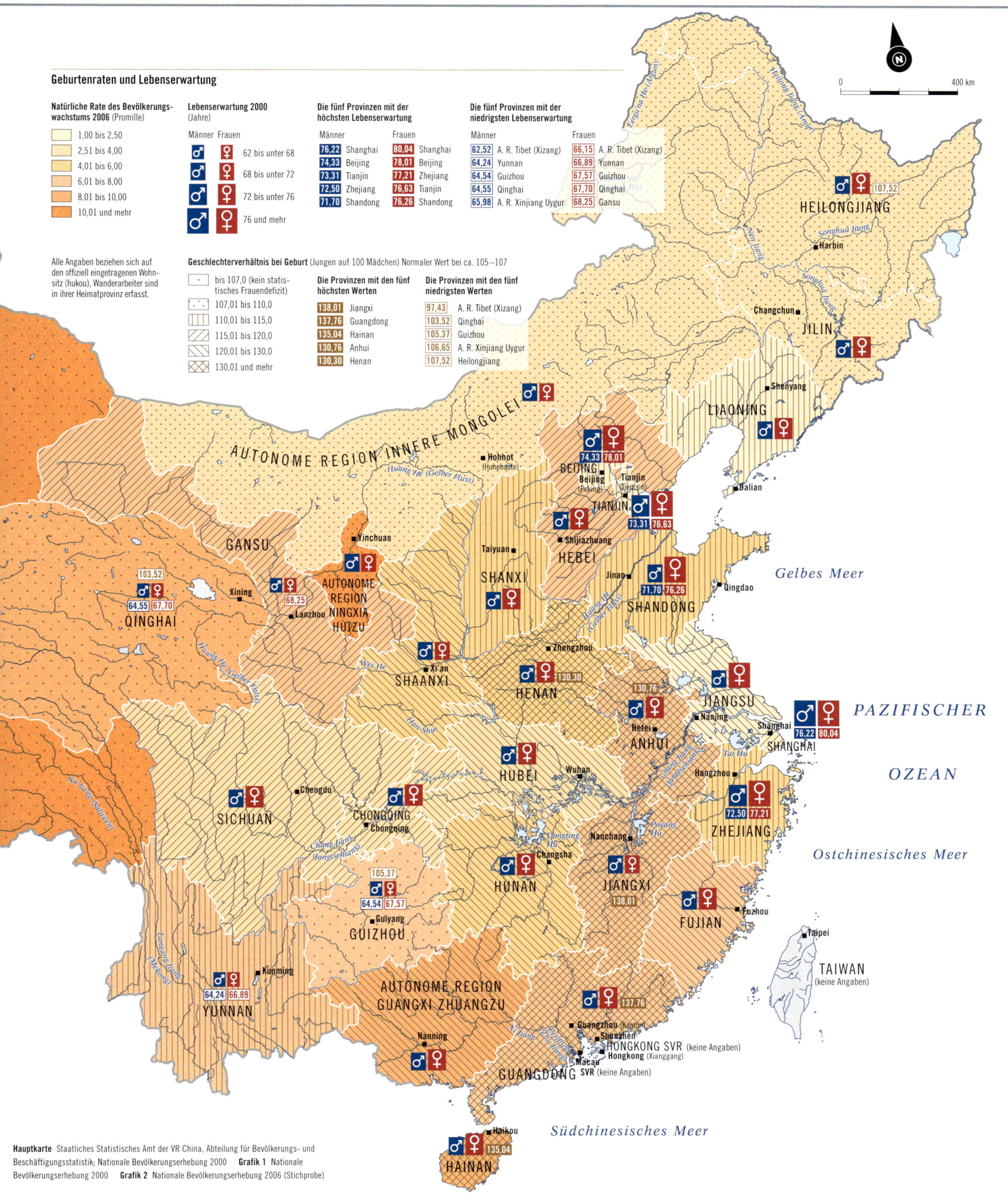

Lebensbedingungen und Demografie

Lebensbedingungen und Demografie

HDI – Human Development Index

Der Index der menschlichen Entwicklung oder Human Development Index (HDI) wurde 1990 von dem Entwicklungsprogramm der Vereinten Nationen (United Nations Development Programm, UNDP) vorgestellt. Seitdem wird er alljährlich im Bericht über die menschliche Entwicklung veröffentlicht. 2005 wurden 175 UN-Mitgliedstaaten sowie Hongkong und die Palästinensischen Autonomiegebiete aufgelistet. Index und Bericht verstehen sich als Gegengewicht zum ökonomisch ausgerichteten Weltentwicklungsbericht, den die Weltbank seit 1978 herausgibt.

Der HDI bewertet die menschliche Entwicklung anhand dreier Faktoren: ein langes und gesundes Leben (Indikator: Lebenserwartung bei der Geburt), Bildung (Indikatoren: Alphabetisierungsrate bei Erwachsenen und Einschulungsrate) und ein angemessener Lebensstandard (Indikatoren: Bruttoinlandsprodukt pro Kopf nach Kaufkraftparitäten, d.h. nach Binnenkaufkraft). Aus verschiedenen Gewichtungen entsteht der Index, dessen Wert sich theoretisch zwischen 0 und 1 bewegen kann. 2005 hatte Island den höchsten (0,968) und Sierra Leone den niedrigsten (0,336) Wert; China rangierte auf Platz 81 (0,777).

Chinas Human Development Index (HDI) im Vergleich 2005

Human Development Index (HDI) Wert	Lebenserwartung zur Geburt in Jahren	Alphabetisierungsrate[1] in %	Einschulungsrate[2] in %	Bruttoinlandsprodukt pro Kopf in US-$
1. Island (0,968)	1. Japan (82,3)	1. Georgien (100,0)	1. Australien (113,0)	1. Luxemburg (60228)
79. Dominikanische Republik (0,779)	66. Bulgarien (72,7)	52. Jordanien (91,1)	102. Republik Moldau (69,7)	84. Gabun (6954)
80. Belize (0,778)	67. Seychellen (72,7)	53. Ecuador (91,0)	103. Botswana (69,5)	85. Ukraine (6848)
81. China (0,777)	**68. China (72,5)**	**54. China (90,9)**	**104. China (69,1)**	**86. China (6757)**
82. Grenada (0,777)	69. Litauen (72,5)	55. Sri Lanka (90,7)	105. Paraguay (69,1)	87. Saint Lucia (6707)
83. Armenien (0,775)	70. Mauritius (72,4)	56. Indonesien (90,4)	106. Bosnien und Herzegowina (69,0)	88. Venezuela (6632)
177. Sierra Leone (0,336)	177. Sambia (40,5)	139. Burkina Faso (23,6)	172. Niger (22,7)	174. Malawi (667)

[1] 15 Jahre und älter; [2] Einschreibungsquote über 100% besagt, dass Jugendliche die Schule besuchen, obwohl sie nicht (mehr) schulpflichtig sind

Grafik 1

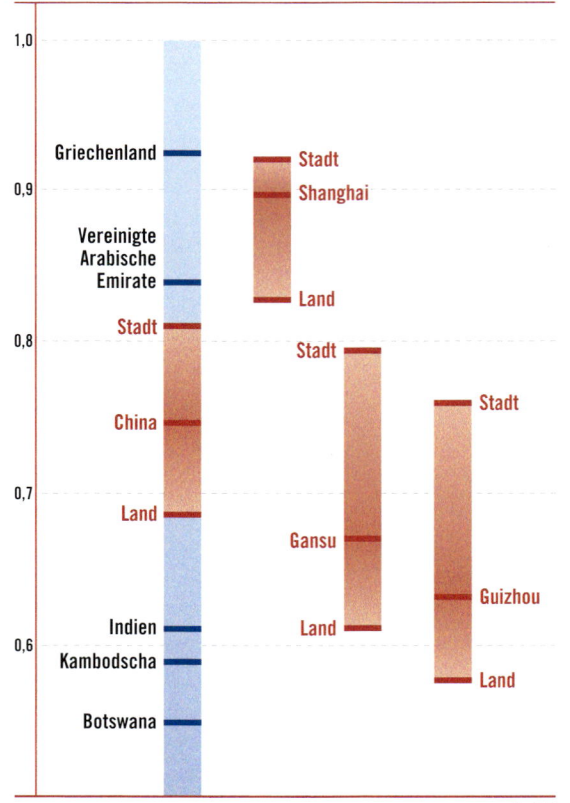

HDI – Unterschiede zwischen Stadt und Land 2004

Grafik 2

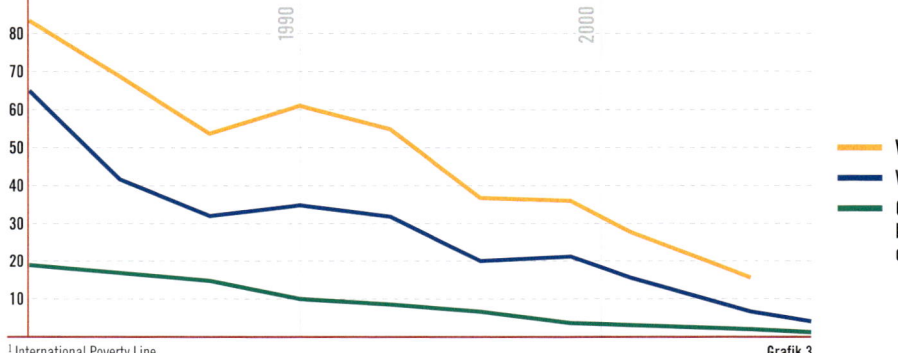

Anteil der Bevölkerung, die unter der Armutsgrenze lebt 1981–2007, in %

- Weltbank II (IPL)[1]
- Weltbank I
- Offizielle Verlautbarung des Staatsrates der VR China

[1] International Poverty Line

Grafik 3

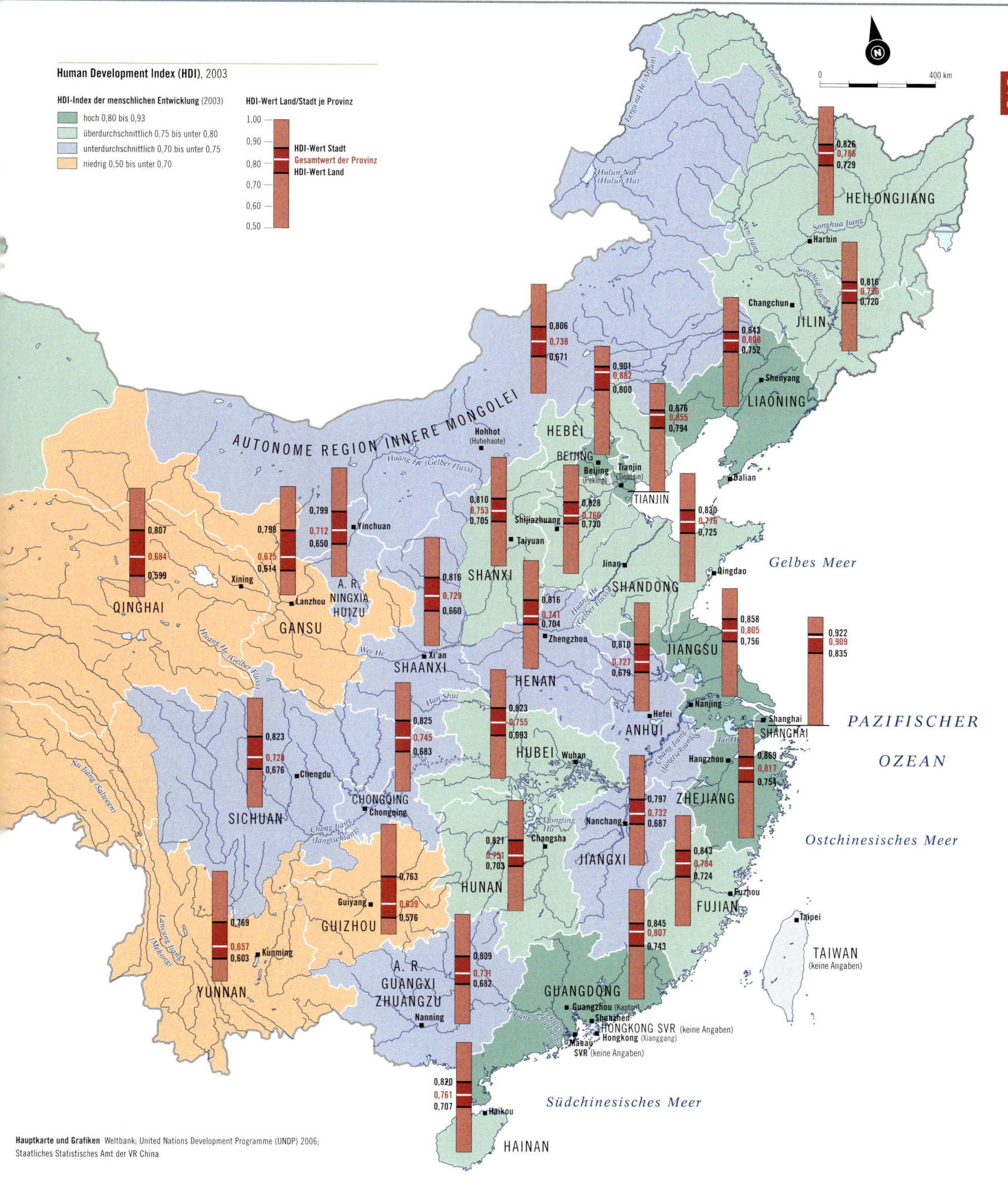

Lebensbedingungen und Demografie
Haushalte – Anzahl der Personen, Einkommen und Wohnfläche

Im Durchschnitt besteht ein städtischer Haushalt im heutigen, modernen China aus Vater, Mutter und Kind. Mindestens einer der Erwachsenen ist berufstätig, meistens sogar beide. Das Kind bleibt in einer Ganztagsbetreuung oder – sofern möglich – bei den Großeltern. Ein typischer mittelständischer Haushalt in einer der chinesischen Boomstädte unterscheidet sich heute immer weniger von einem Haushalt in anderen Industrieländern der Welt. Klassische Familienstrukturen lösen sich immer weiter auf, wodurch sich meist der wirtschaftliche und gesellschaftliche Druck auf die Familien erhöht. Ein Resultat sind auch die zunehmenden Scheidungen, die sich in den vergangenen 20 Jahren mehr als vervierfacht haben.

Die Kinder in den Städten wachsen meistens als Einzelkinder auf. Sie werden von den Eltern umsorgt und verwöhnt, wodurch eine ganze Generation von »kleinen Kaisern« herangewachsen ist – eine Folge der Ein-Kind-Politik, wie sie seit den 1980er-Jahren in China besteht. Auf dem Land hingegen darf ein Paar ein weiteres Kind bekommen, wenn das erste Kind ein Mädchen ist. Nationale Minderheiten sind von der Regelung ausgenommen. Das Bevölkerungswachstum konnte durch die Ein-Kind-Politik zwar nicht gestoppt, aber doch verringert werden.

Sowohl den städtischen als auch den ländlichen Haushalten steht für den täglichen Konsum heute ein Vielfaches von dem zu Beginn der Öffnung Chinas zur Verfügung. Auch die Wohnfläche pro Person wuchs von einer einstelligen Quadratmeterzahl zu Beginn der 1980er-Jahre auf heute fast 30 Quadratmeter. Auch wenn die Haushalte im Durchschnitt »reicher« wurden, vergrößerte sich die Schere zwischen Arm und Reich beständig.

Anzahl der Personen in städtischen Haushalten

Grafik 1

- Personen je Haushalt
- Erwerbsfähige je Haushalt

Pro-Kopf-Einkommen und -Konsumausgaben in Yuan RMB

Grafik 2

- Pro-Kopf-Einkommen
- Pro-Kopf-Konsumausgaben

Hochzeiten und Scheidungen 1985–2006, in Mio. Paare

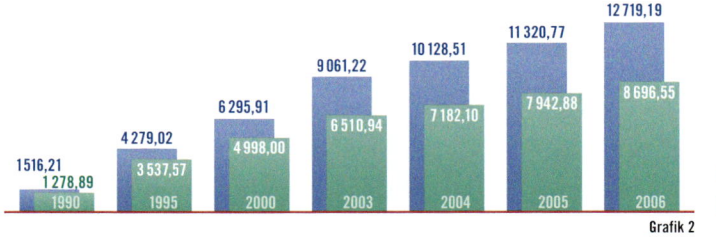

- Hochzeiten
- Scheidungen

Grafik 3

Wohnfläche in Neubauwohnungen m² pro Kopf

Jahr	in Städten	auf dem Land	Jahr	in Städten	auf dem Land
1978	6,7	8,1	1995	16,3	21,0
1980	7,2	9,4	1996	17,0	21,7
1985	10,0	14,7	1997	17,8	22,5
1986	12,4	15,3	1998	18,7	23,3
1987	12,7	16,0	1999	19,4	24,2
1988	13,0	16,6	2000	20,3	24,8
1989	13,5	17,2	2001	20,8	25,7
1990	13,7	17,8	2002	22,8	26,5
1991	14,2	18,5	2003	23,7	27,2
1992	14,8	18,9	2004	25,0	27,9
1993	15,2	20,7	2005	26,1	29,7
1994	15,7	20,2	2006	k.A.	30,7

Grafik 4

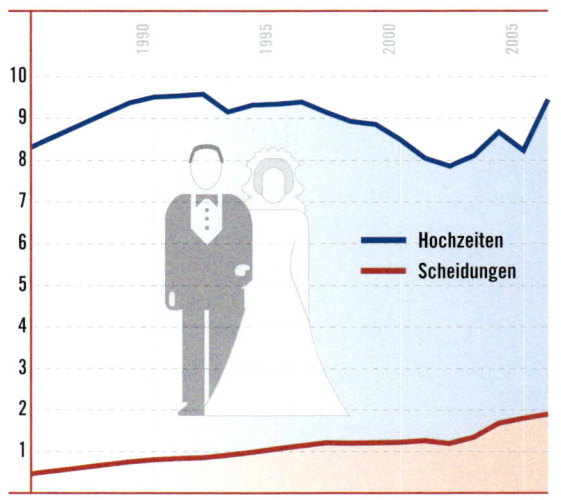

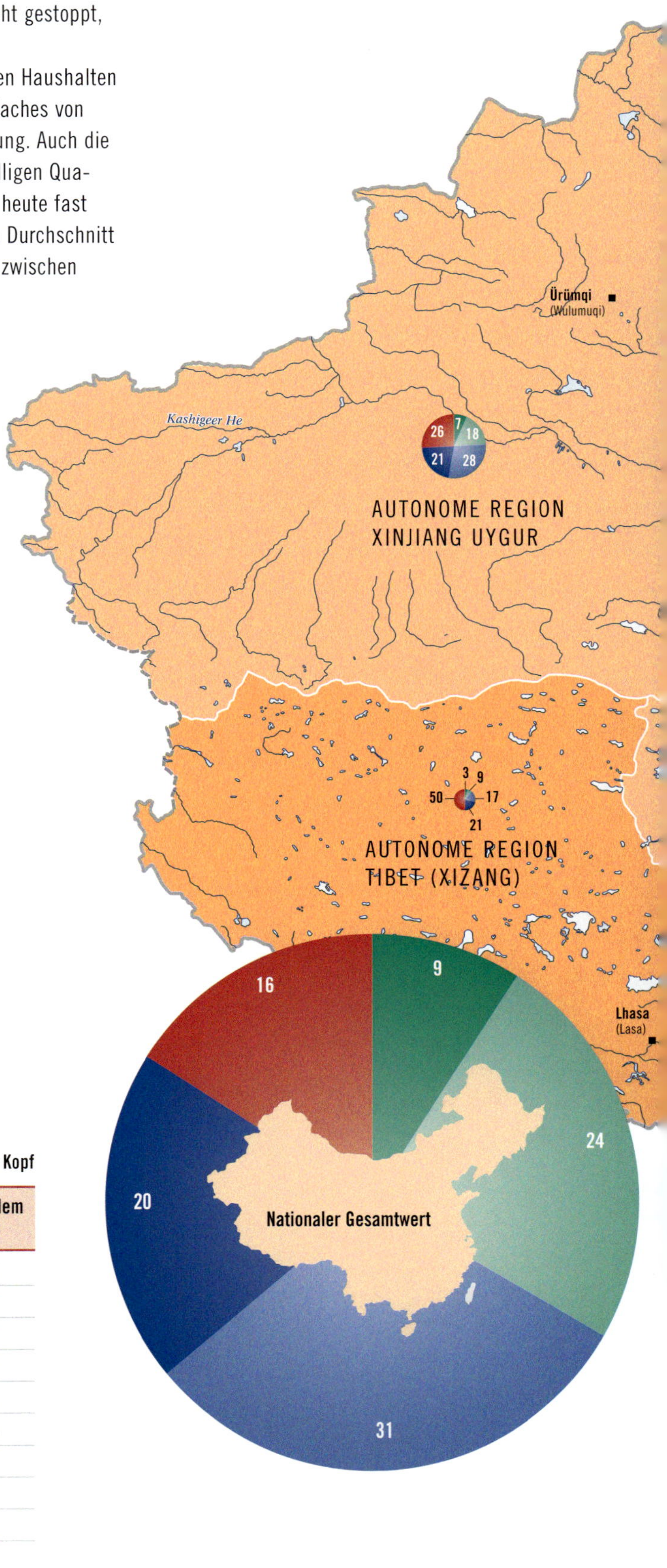

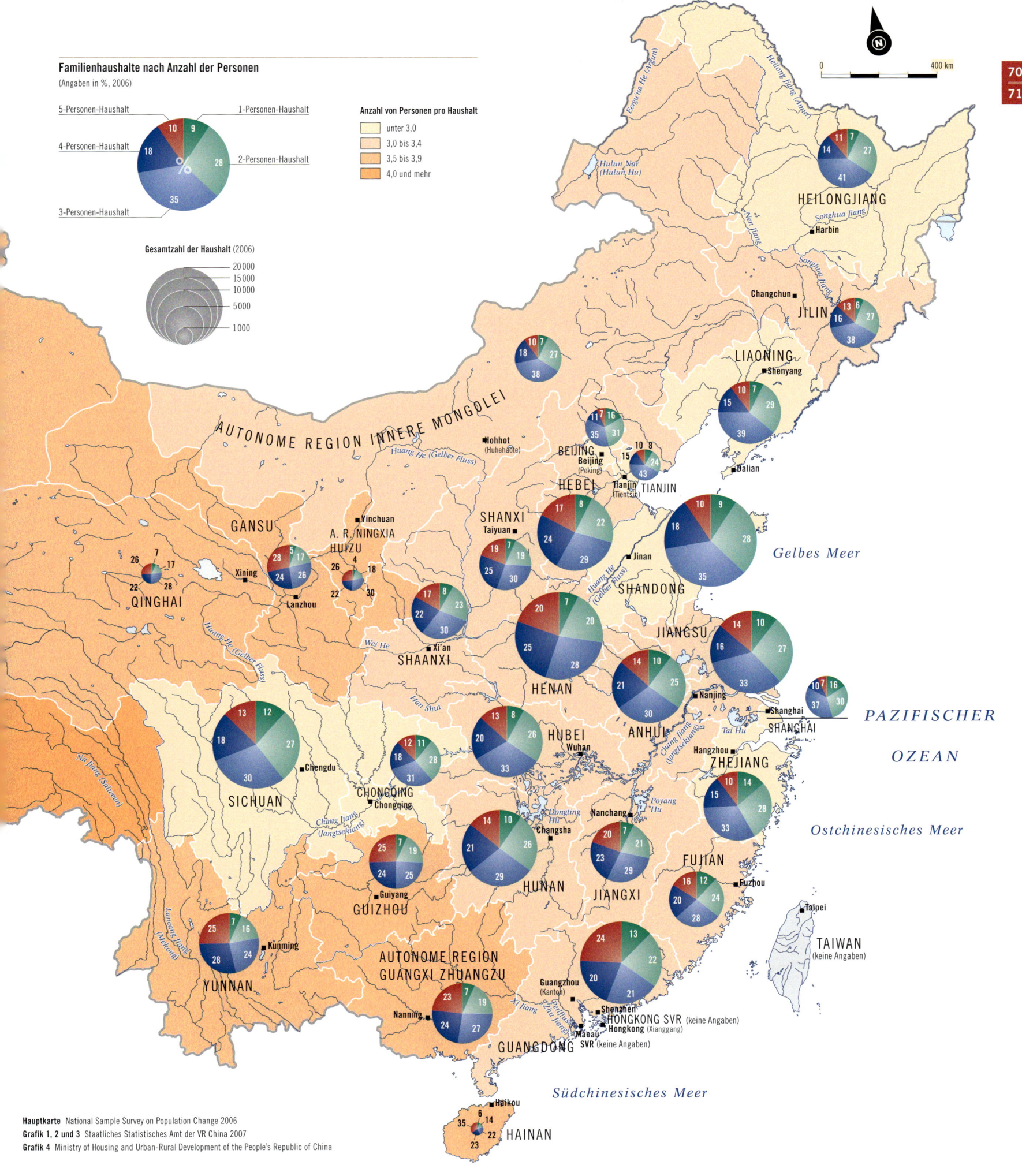

Lebensbedingungen und Demografie
Ernährung – Lebensmittelausgaben und Einkaufsverhalten

Ein im Westen weitverbreitetes Klischee besagt, dass Chinesen in erster Linie Reis essen. Tatsächlich spielt Reis eine herausragende Rolle in der chinesischen Küche und zahlreiche Gerichte basieren auf diesem Grundnahrungsmittel. Allerdings nehmen in Gestalt von Reis heute nur noch die Angehörigen der unterprivilegierten Schichten – arme Bauern und »Wanderarbeiter« – den Großteil ihres täglichen Bedarfs an Nährstoffen und Kalorien zu sich. Es war das Image des »Armeleuteessens« was dazu geführt hat, dass bei offiziellen und festlichen Einladungen in der Regel kein Reis mehr serviert wird. Der besonders von europäischen und amerikanischen Touristen gerne vorgetragene Wunsch nach Reis kann vom Gastgeber schnell als Beleidigung aufgefasst werden, da er dies als Signal dafür versteht, dass er nicht hinreichend »gute und gehobene« Speisen aufgetischt habe.

Obwohl die chinesische Küche zu den abwechslungsreichsten und vielfältigsten der Erde gehört, suchen gerade jüngere Menschen in den chinesischen Städten immer stärker die Anlehnung an Essenstrends und »coole« Speisen, die aus dem Westen stammen. Fast Food im »Plastikambiente« und Brownies und Kaffee, genossen auf Knautschsofas, sind für viele junge Chinesen inzwischen genauso alltäglich wie für ihre Münchner Altersgenossen.
Das gemeinsame gesellschaftliche Essen wird gerne – auch kostspielig – zelebriert und besitzt einen hohen Stellenwert. Insgesamt gesehen geben Chinesen einen deutlich höheren Anteil ihres Einkommens für Nahrungsmittel und Gastronomiebesuche aus als zum Beispiel die Deutschen.
Bis vor Kurzem glaubten die meisten Konsumenten, dass ihre Nahrungsmittel stets natürlich, frisch und gesund seien. Nachdem aber in jüngster Zeit eine Reihe von großen Lebensmittelskandalen (kontaminierte Babymilch, verdorbenes Fleisch, gefälschte Eier etc.) aufgedeckt worden ist, finden allmählich auch Bioprodukte Beachtung.

Besucherfrequenz auf Wochenmärkten und in Supermärkten[1] Anteil der Einwohner in %

Markt	Täglich		Mehr als einmal pro Woche		Einmal pro Woche		Ein- bis dreimal im Monat		Nie	
	Wuhan	Beijing	Wuhan	Beijing	Wuhan	Beijing	Wuhan	Beijing	Wuhan	Beijing
Wochenmärkte	69	37	14	35	5	12	5	11	7	5
Chinesische Supermärkte	8	12	32	35	26	29	31	23	3	1
Ausländische Supermärkte	0	3	7	12	13	14	47	47	33	24

[1] Angaben basieren auf einer repräsentativen Befragung von Bewohnern Wuhans und Beijings, Mehrfachnennungen möglich.   Grafik 1

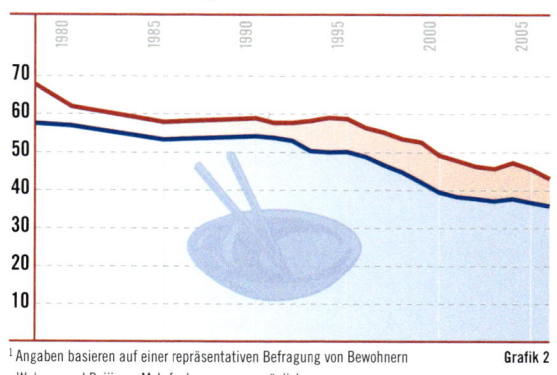

Anteil der Ausgaben für Lebensmittel[1] an den Konsumausgaben eines Haushalts in %

[1] Angaben basieren auf einer repräsentativen Befragung von Bewohnern Wuhans und Beijings, Mehrfachnennungen möglich.   Grafik 2

— ländliche Haushalte
— städtische Haushalte

Ernährungsvergleich China – Deutschland in kg pro Kopf und Jahr

Konsum von Lebensmitteln	China	Deutschland
Orangen und Mandarinen	9	10
Bier	19	109
Bananen	4	11
Reis[1]	117	5
Äpfel	10	39
Nüsse	1	4
Tomaten	19	14
Zwiebeln	11	5
Trauben	2	8
Weizen	61	82
Mais	15	9
Gemüse	270	90

[1] nicht weiterverarbeitet   Grafik 3

Tägliche Kalorienzufuhr 2003, durchschnittliche kcal pro Kopf

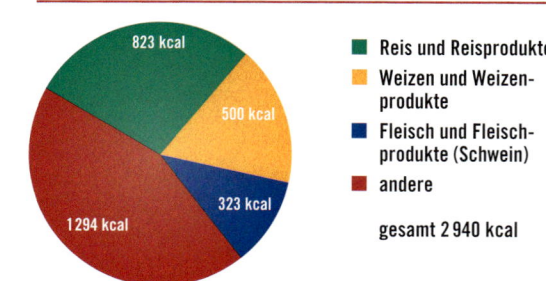

- Reis und Reisprodukte — 823 kcal
- Weizen und Weizenprodukte — 500 kcal
- Fleisch und Fleischprodukte (Schwein) — 323 kcal
- andere — 1294 kcal

gesamt 2 940 kcal

Grafik 4

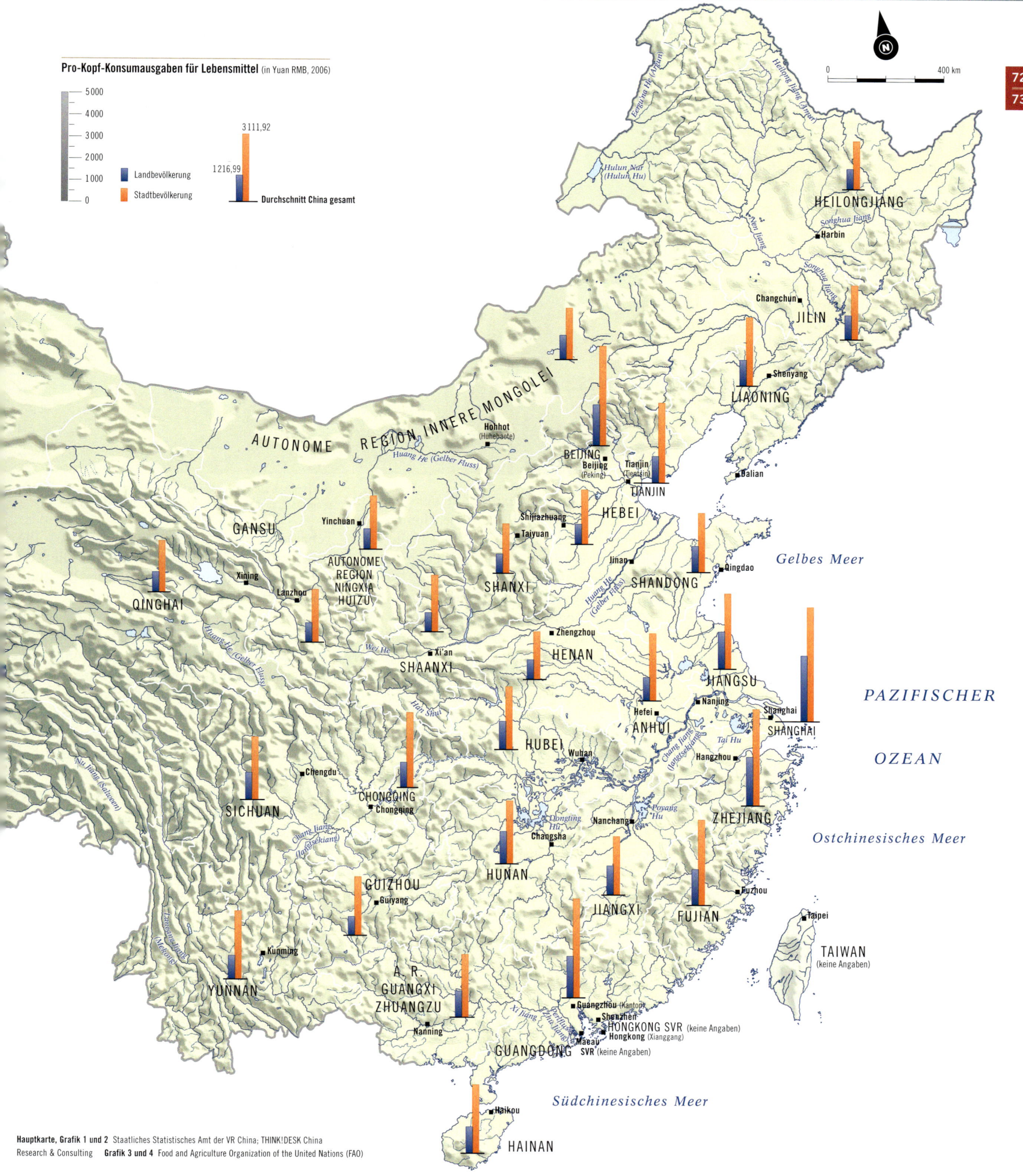

Lebensbedingungen und Demografie

Die Ein-Kind-Kampagne

Bevölkerungspolitik war in China seit Beginn des Kaiserreichs darauf ausgerichtet, eine möglichst große Bevölkerung zu schaffen, die neue Landstriche landwirtschaftlich erschließen, die militärische Schlagkraft des Landes erhöhen und letztlich die Steueraufkommen der Herrscher vergrößern sollte. Gute Herrschaft wurde mit wachsenden Bevölkerungszahlen gleichgesetzt. Diese Grundeinstellung wurde ursprünglich auch von Mao Zedong geteilt, der sich zunächst explizit für ein unbegrenztes Wachstum der chinesischen Bevölkerung aussprach. Das Argument, dass ein unkontrolliertes Bevölkerungswachstum die wirtschaftliche Leistungskraft übersteigen und letztlich in Hungersnöte einmünden könnte – wie dies in der Vergangenheit immer wieder geschehen war – wies er mit der Begründung zurück, dass die kommunistische Revolution und deren überlegenes Wirtschaftssystem alle derartigen Probleme bewältigen könnten. Diese Position musste nach dem »Großen Sprung nach vorn«, der zu einem Zusammenbruch gerade der landwirtschaftlichen Produktion und zu 40 Millionen Todesopfern geführt hatte, revidiert werden.

Eine erste staatliche Geburtenplanung wurde in der VR China 1962 zunächst in den Städten eingeführt. Die Kampagne propagierte eine späte Eheschließung (die überwiegende Mehrzahl der Erstgeburten erfolgt im ersten Jahr nach der Eheschließung), die Beschränkung auf zwei Kinder pro Familie und größere Abstände zwischen den Geburten in einer Familie. Diese erste Phase der Geburtenkontrolle blieb wenig wirkungsvoll. Noch bevor die Kampagne auch auf die ländlichen Regionen, in der drei Viertel der Bevölkerung lebten, übertragen werden konnte, kam es im Zuge der Kulturrevolution faktisch zur Einstellung aller derartigen Aktivitäten.

Erst seit 1979, der sogenannten Reformära, wurde erneut eine konsequente Bevölkerungspolitik betrieben, die nun mit dem Schlagwort der »Ein-Kind-Politik« gefasst wurde. Die Bestrebungen, die Nachkommenschaft auf zwei Kinder pro Familie zu beschränken, wurden nun als unzureichend verstanden, um die langfristigen demografischen Strukturen des Landes unter Kontrolle halten zu können. Angesichts des Postulats Deng Xiaopings, dass die wirtschaftliche Leistungsfähigkeit des Landes nicht den materiellen Bedürfnissen der Bevölkerung entspreche, wurde in einer unkontrollierten Bevölkerungsexpansion der Keim für den ökonomischen Kollaps gesehen. Insbesondere in den Jahren bis 1983 war die »Ein-Kind-Kampagne« mit massiven Übergriffen und Gewalttakten (Zwangsabtreibungen, Zwangssterilisierungen etc.) verbunden.

Das Idealbild einer chinesischen Familie wird nicht nur auf Plakaten propagiert, sondern ist in Beijing auch als Skulptur zu finden.

Obwohl derartige Gewalttakte bis heute immer wieder dokumentiert werden, haben sich im Verlauf der Jahre auch diffizilere Verfahren durchgesetzt. Finanzielle Anreize im Sinne von Bonuszahlungen an »Ein-Kind-Familien« erwiesen sich dabei allerdings, nicht zuletzt aufgrund des Finanzierungsaufwands aufseiten der Betriebe bzw. der Dorfkollektive, als wenig praktikabel. Eines der wichtigsten »Überzeugungsargumente« stellen von daher Strafzahlungen dar, die in Form von Lohneinbehalten oder Geldstrafen verhängt werden. Je nach Region mussten so zum Beispiel bis vor wenigen Jahren für die Geburt eines zweiten Kindes drei Jahresgehälter – des Vaters und der Mutter – als Geldstrafe abgeführt werden. Als besonders effektiv erwies sich der soziale Druck in kleineren Gemeinschaften, der dazu führte, dass junge Ehepaare sich konform verhielten. Die Geburtenplanung beschränkte sich nicht nur auf die Anzahl der zu gebärenden Kinder, sondern erfasste auch den Zeitpunkt. Innerhalb der Arbeitseinheiten und Dorfkollektive wurden während der 1980er- und 1990er-Jahre Geburtenpläne erstellt, die den einzelnen Frauen und Ehepaaren bestimmte Zeiträume zuwiesen, innerhalb deren sie ein Kind zeugen und gebären durften. Durch späte Geburten sollte die demografische Entwicklung über die Zeit gestreckt und somit der Prozess des Bevölkerungswachstums verlangsamt werden.

Ausnahmeregelungen wurden für die nationalen Minderheiten erlassen, denen entweder gar keine Auflagen gemacht wurden oder aber eine größere Kinderzahl zugesprochen wurde. In der jüngsten Zeit hat es sich durchgesetzt, dass Eltern, die beide aus Ein-Kind-Familien stammen – also keine Geschwister haben –, zwei Kinder zeugen dürfen, ohne dafür bestraft zu werden.

Der Erfolg der Ein-Kind-Politik ist umstritten und wird zunehmend kritisch gesehen. Die besten Erfolge wurden wohl in den städtischen Regionen erzielt, innerhalb deren die Kontrolle des Gebärverhaltens der Frauen am besten durchgesetzt und Fehlverhalten sanktioniert werden konnte. Im ländlichen Raum scheinen demgegenüber in größerem Umfang »Sonderlösungen« gefunden worden zu sein, die dazu führten, dass (weibliche) Erstgeburten nicht registriert wurden, Abtreibungen nur vorgetäuscht, Dokumente gefälscht, und mit der Durchsetzung der Geburtenplanung betraute Beamte bestochen werden. Es kann von daher mit an Sicherheit grenzender Wahrscheinlichkeit davon ausgegangen werden, dass die offizielle chinesische Bevölkerungsstatistik die Anzahl der in China lebenden Menschen – deutlich – zu gering ausweist.

Lebensbedingungen und Demografie

Chinas fehlende Frauen

In unmittelbarem Zusammenhang mit der Ein-Kind-Politik ist der anormal geringe Anteil an Frauen und Mädchen an der chinesischen Bevölkerung zu sehen. Während das im Weltmaßstab »normale« Geschlechterverhältnis bei ca. 105–107 Jungen je 100 Mädchen (bei der Geburt) liegt, lag der betreffende Wert in China zur Jahrtausendwende bei ca. 120. Das Geschlechtergleichgewicht hatte sich damit seit Beginn der Reformbewegung Ende der 1970er-Jahre, als das Verhältnis noch im globalen Normbereich lag, kontinuierlich zuungunsten der Frauen und Mädchen verschlechtert. Das größte Übergewicht hatten Jungen in den Provinzen Jiangxi (138,01:100), Guangdong (137,76:100) und Hainan (135,04:100). Auf lokaler Ebene wurden zum Teil noch deutlich größere Ungleichgewichte ermittelt. Die schlechtesten Werte fanden sich dabei in der Regel in wertkonservativen, ländlichen Siedlungen. Die mehrheitlich von nationalen Minderheiten bewohnten Gebiete weisen demgegenüber weitestgehend normale Geschlechterverhältnisse auf.

Die Präferenz für männliche Nachkommen beruht letztlich auch auf tradierten Überzeugungen, zum Beispiel der konfuzianischen Lehre, wonach nur männliche Nachfahren die Ahnenreihe fortsetzen und den Kontakt zu den Verstorbenen aufrechterhalten können, oder dem buddhistischen Postulat, dass nur männliche Wesen ins Nirwana eintreten können (Frauen durchlaufen auf dem Weg ins Nirwana eine »Geschlechtsumwandlung«). Praktische Überlegungen zur ökonomischen »Wertigkeit« weiblicher Arbeitskräfte mögen allerdings auch eine Rolle spielen. In Anbetracht der Ein-Kind-Politik sehen sich offensichtlich viele Familien gezwungen, die statistische Wahrscheinlichkeit der Geburt eines Jungen künstlich zu verändern. Möglichkeiten dazu werden gesehen in der pränatalen Abtreibung weiblicher Föten oder auch in der »Nichtregistrierung« von Mädchen. Durch soziale Beziehungen und »Geschenke« ist es offenbar durchaus möglich, Mädchen in der statistischen Nichtexistenz versinken zu lassen und damit die Möglichkeit zu einem zweiten Versuch, einen Jungen zu zeugen, zu erlangen. Die Unterrepräsentierung von Frauen in der chinesischen Gesellschaft ist allerdings teilweise auch auf eine hohe Sterblichkeitsrate weiblicher Säuglinge zurückzuführen, die offensichtlich Opfer von Misshandlungen, Vernachlässigung und bewusster Tötung werden.

Leben zwischen Beruf und Familie

Die Ehegemeinschaft war im traditionellen China keine Angelegenheit von Liebe und Zuneigung, sondern eine aus ökonomischem und unter Umständen machtpolitischem Kalkül heraus getroffene Vereinbarung zwischen zwei Familien, die versuchten, ihre heiratsfähigen Nachkommen bestmöglich einzusetzen. Derartige Praktiken sind im Rahmen der kommunistischen Bewegung geächtet und allmählich eliminiert worden. Damit einhergehend sind insbesondere auch die Rechte der Frau gegenüber dem Mann deutlich verbessert worden. Dessen ungeachtet bleibt Gewalt in der Ehe ein Thema und nehmen mit zunehmendem Reichtum auch bigamieähnliche Verhältnisse zu, indem sich reiche Unternehmer Frauen und Geliebte an verschiedenen Orten halten. Nicht umsonst sind es in allererster Linie Frauen, die zu dem deutlichen Anstieg der Scheidungsraten während der letzten Jahre beigetragen haben. In den ländlichen Regionen, die oftmals noch immer sehr viel stärker in alten patriarchalischen Traditionen verhaftet sind, sehen allerdings zahlreiche Frauen keinen anderen Weg aus unglücklichen Ehen als den Selbstmord.

Das familiäre Leben der modernen Chinesen wird zwangsläufig sehr stark durch die »Ein-Kind-Politik« geprägt. Insbesondere in den Städten sind die traditionellen Großfamilien nicht mehr anzutreffen und dominieren stattdessen Haushalte mit zwei bis drei Personen. Die Einzelkinder der »Ein-Kind-Politik« dominieren zumeist das tägliche Leben. Sie bilden den Mittelpunkt der Anstrengungen und Zuwendungen von in der Regel gleich sechs Erwachsenen (Mutter und Vater sowie deren jeweiligen Eltern). Die Fokussierung auf das Einzelkind erfüllt heute auch eine wichtige Bindungsfunktion zwischen den Generationen. Während in der traditionellen patriarchalisch organisierten Familienstruktur die Ältesten eine gehobene soziale Stellung innehatten und an der Spitze integrierter Großfamilien standen, ist der Zusammenhalt zwischen den Generationen in sechs Jahrzehnten kommunistischer Herrschaft und radikal veränderter ökonomischer Rahmenbedingungen merklich erschüttert worden. Das Zusammenleben von mehreren Generationen unter einem Dach ist in den Städten faktisch nicht mehr realisierbar und auch in den Dörfern immer seltener anzutreffen. An die Stelle des arbeitsteiligen Miteinanders in der Großfamilie sind so nun neue Formen entstanden. Unter den jungen aufstrebenden »professionals« der Küstenstädte ist so zum Beispiel immer öfter zu beobachten, dass die eigenen Kinder zu den Großeltern gegeben werden, die sich mit aller Energie um ihre Enkel kümmern, während die leiblichen Eltern ihre Karriere vorantreiben.

Gewalt in der Ehe

Die Hälfte aller Selbstmorde in der VR China wird von Frauen aus ländlichen Gebieten verübt, die aus Verzweiflung über ihre eheliche Situation, Streit in der Familie, unerträglichen Arbeitsdruck und fehlende soziale Kontakte ihrem Leben ein Ende setzen. Sie tun dies mehrheitlich durch die Einnahme von Pestiziden, die sie in einer Art Giftcocktail trinken.

China weist eine der höchsten Selbstmordraten der Welt auf. Jahr für Jahr nehmen sich 250 000 Menschen das Leben. Eine weitere Million Menschen scheitern mit ihren Selbstmordversuchen. Während in den westlichen Industriestaaten die meisten Suizide in den Städten verzeichnet werden, kommt es in Chinas ländlichen Regionen dreimal häufiger zu Selbstmorden als in den Städten.

Noch so manches Paar wählt auch im modernen China die traditionelle Hochzeitszeremonie.

Lebensbedingungen und Demografie

Bildung – Investitionen in die Jugend

Bildung besitzt in China traditionell einen sehr hohen Stellenwert. Und auch im heutigen China fokussiert sich die Aufmerksamkeit chinesischer Eltern in hohem Maße auf die Güte der Ausbildung ihres (im Regelfall einen) Kindes. Insbesondere in den Städten wird der schulische Erfolg der Kinder mit u. a. hohem finanziellem Aufwand für Nachhilfeunterricht oder gar Studiengebühren an privaten Bildungseinrichtungen massiv gefördert.

Grundsätzlich besteht in China eine allgemeine Schulpflicht für Kinder im Alter von 6 bis 14 Jahren. Die Primarstufe mit meist ganztägigem Schulangebot umfasst sechs Jahre. Darauf folgt die sechsjährige Sekundarstufe, gegliedert in Junior- und Seniormittelschule mit jeweils dreijähriger Dauer. Hiervon fällt nur die Juniormittelschule in den Bereich der Schulpflicht.

Chinas beste Universitäten 2008

Name	gegründet	Standort
Wuhan-Universität	1893	Wuhan
Jiaotong-Universität	1896	Shanghai
Beijing-Universität (»Beida«)	1898	Beijing
Fudan-Universität	1905	Shanghai
Tsinghua-Universität	1911	Beijing
Nankai-Universität	1919	Tianjin
Renmin-Universität (»Volksuniversität«)	1937/1950	Beijing
Nanjing-Universität	1952	Nanjing

Die Tsinghua-Universität in Beijing wird auch Chinas »Ingenieursschmiede« genannt.

Im Anschluss an die Pflichtschulzeit kann ohne Prüfung eine Berufsschule besucht werden. Andere Bildungseinrichtungen sind demgegenüber nur durch spezifische Eingangsprüfungen zugängig. Der Zugang zu einer Hochschule steht so zum Beispiel nur jenen offen, die einerseits das Abschlusszeugnis einer Seniormittelschule erworben haben und andererseits die landesweit einheitliche Hochschuleingangsprüfung (Gaokao) erfolgreich absolviert haben. Dabei entscheidet der erreichte Punktwert darüber, welche Hochschule besucht werden kann. Zugang zu den Spitzenuniversitäten des Landes erlangen nur jene, die im Wettbewerb mit ihren Kommilitonen aus dem gesamten Land die höchsten Punktzahlen erreicht haben.

China verfügt nach den Fehlentwicklungen der Kulturrevolution, während deren die meisten Hochschulen geschlossen wurden und das Lehrpersonal verfolgt wurde, heute wieder über zahlreiche Volluniversitäten, technische Universitäten, spezialisierte Hochschulen (Medizin, Landwirtschaft, Fremdsprachen usw.), Fachhochschulen und Lehrerinstitute. Die besten dieser Einrichtungen werden als »Schlüsseluniversitäten«, die dem nationalen Bildungsministerium unterstehen, geführt. Neben den staatlichen Hochschulen konnte sich in den letzten Jahren zudem eine Reihe staatlich anerkannter Privathochschulen etablieren. Alle diese Hochschulen stehen seit wenigen Jahren in einem scharfen Wettbewerb zueinander. Über verschiedene Parameter, wie wissenschaftliche Publikationen, Ausrichtung (internationaler) Fachkonferenzen, Promotionen etc., wird die Qualität der Universitäten und ihrer einzelnen Fakultäten jährlich neu ermittelt. Die Ergebnisse werden veröffentlicht und beeinflussen nicht nur die unmittelbaren Finanzzuweisungen seitens des Erziehungsministeriums an die Einrichtungen, sondern bestimmen auch deren Gestaltungsspielraum bei der Einwerbung neuer Studierender und der Festlegung von Studiengebühren und Gebühren für besondere Angebote, wie zum Beispiel »Executive MBA«-Kurse.

Im Bereich der Grundlagenausbildung war das chinesische Bildungssystem bislang sehr erfolgreich. Die Anzahl der Analphabeten ist seit Gründung der VR China kontinuierlich zurückgegangen und hat mittlerweile Werte erreicht, die es erlauben, von einer grundsätzlichen Überwindung dieses Problems zu sprechen. Auf der anderen Seite des Bildungssystems, im Bereich der Spitzenausbildung

Nicht überall in China herrschen gleiche Bildungschancen. In dieser privaten tibetischen Vorschule fehlt es auch am nötigen Mobiliar.

Lebensbedingungen und Demografie

Erwerbstätige Bevölkerung nach Altersgruppen in Mio.

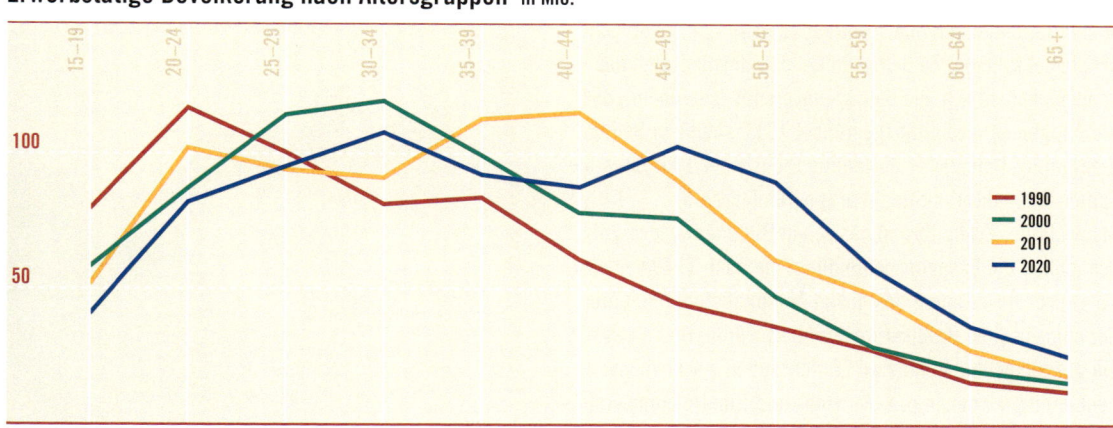

existieren jedoch weiterhin Probleme, die es in zahlreichen Gebieten verhindern, dass China vollen Anschluss an die internationale Forschungsgemeinde erhält. Die Ursache liegt darin, dass das chinesische Bildungssystem über alle Ebenen hinweg die Wissensaneignung voranstellt und der Problemlösungskapazität nur einen untergeordneten Stellenwert einräumt. Gerade durch das System der auf eine Wiedergabe von auswendig gelernten Inhalten ausgelegten Prüfungen und Eingangstests kommt es zu einer systematischen Bevorzugung von Kindern und Jugendlichen mit einer eher repetitiven Intelligenz und weniger solcher mit starker kreativer Intelligenz. Hierdurch gelingt es, Wissen zu bewahren, aber jene, die in der Lage wären, genuin neues Wissen zu schaffen, erreichen unter Umständen nicht die Positionen, aus denen heraus sie dies leisten könnten.

Ein weiteres Problemfeld besteht bei der Gewährung gleicher Bildungschancen für alle Bevölkerungsschichten. Obwohl der heute erreichte Zustand eine enorme Verbesserung zu dem Stand vor der Gründung der VR China darstellt, bleiben bis zum heutigen Tage gravierende Unterschiede zwischen städtischen und ländlichen Gebieten bestehen. Die Bildungschancen ärmerer (i.d.R. ländlicher) Bevölkerungsschichten werden insbesondere durch Schul- bzw. Studiengebühren, die ab dem Sekundarschulbereich verlangt werden, deutlich eingeschränkt. Angesichts zunehmender Abbrecherquoten und vermehrter Selbstmorde von Schülern, die dem doppelten Druck von schulischem Erfolgszwang und Erwirtschaftung der Schulgebühren nicht gewachsen sind, ist in der Planungsperiode des 11. Fünfjahresprogramms (2006–2010) der Schwerpunkt der bildungspolitischen Arbeit auf die Verbesserung des ländlichen Bildungswesens gelegt worden.

Lebenserwartung und Chinas Alte

Trotz des turbulenten Verlaufs des 20. Jahrhunderts, das der chinesischen Bevölkerung Jahrzehnte des Krieges und zahlreiche Natur- und von Menschen gemachte Katastrophen bescherte, hat sich die Lebenserwartung von 1900 (1950) bis 2000 von knapp über 30 (40) Jahren auf über 71 Jahre erhöht. In den Folgejahren ist die Lebenserwartung noch weiter angestiegen und liegt nun bei ca. 74 Jahren. Bis zur Mitte des Jahrhunderts erwartet die Chinesische Akademie für Sozialwissenschaften einen Anstieg der durchschnittlichen Lebenserwartung auf 85 Jahre.

Die wichtigsten Faktoren für die deutlich erhöhte Lebenserwartung liegen in der signifikanten Verbesserung der materiellen Grundversorgung der Bevölkerung, die insbesondere seit Beginn der 1980er-Jahre einschneidende Verbesserungen in Hinblick auf ihre Versorgung mit Wohnraum, Kleidung, Nahrungsmitteln und insbesondere auch medizinischer Betreuung erfahren hat. Dabei zeigt sich, dass tendenziell jene Regionen und Bevölkerungsgruppen, die am intensivsten in den Reformprozess eingebunden gewesen sind und den dynamischsten ökonomischen Aufschwung erlebt haben, letztlich auch die größten Zugewinne an Lebenszeit erfahren haben. Gemäß Kalkulationen der Chinesischen Akademie für Sozialwissenschaften wird der Anteil der älteren Bevölkerungsgruppen (ab 60 Jahren) zwischen 2011 und 2040 um jährlich 0,4 Prozentpunkte ansteigen. Um das Jahr 2060 wird der Höhepunkt der Entwicklung erreicht sein, wenn ein Viertel der chinesischen Bevölkerung der Gruppe der »Älteren« zuzuordnen sein wird. Der zunehmende Anstieg des Durchschnittsalters der chinesischen Bevölkerung macht sich bereits heute bemerkbar, indem die altersgruppenspezifischen Konsumgewohnheiten, die Sparquoten etc. bereits die Strukturen des gesamtwirtschaftlichen Gefüges verändern.

Einen schwerwiegenden Verlust an Lebenszeit wird mittelfristig allerdings die unter Chinas Männern weitverbreitete Nikotinsucht

Chinas Bevölkerung wird immer älter. Viele Rentner genießen ihre Zeit im Freien in Parks und Gartenanlagen.

Lebensbedingungen und Demografie
Bildung – Schulen, Schüler und Lehrer

In China besteht allgemeine Schulpflicht für Kinder im Alter von 6 bis 14 Jahren. Das Bildungssystem gliedert sich in die Bereiche Grundbildung, beruflich-technische Bildung, Hochschulbildung und Erwachsenenbildung. Die Primarstufe mit meist ganztägigem Schulangebot umfasst sechs Jahre. Darauf folgt die sechsjährige Sekundarstufe, gegliedert in Junior- und Seniormittelschule, beide dreijährig. Angeboten werden sowohl allgemeinbildende als auch beruflich-technische Bildungsgänge. Im Anschluss an die Pflichtschulzeit kann ohne Prüfung eine Berufsschule besucht werden. Voraussetzung für ein Hochschulstudium ist das Senior High School Graduation Diploma. Zusätzlich gibt es eine landesweit einheitliche Hochschuleingangsprüfung (Gaokao), deren Abschneiden darüber entscheidet, welche Universität des Landes besucht werden darf. China verfügt über zahlreiche Volluniversitäten, technische Universitäten, spezialisierte Hochschulen (Medizin, Landwirtschaft, Fremdsprachen usw.), Fachhochschulen und Lehrerinstitute. Im Hochschulbereich wird die Erweiterung der Ausbildungskapazitäten vorangetrieben. Einige Universitäten werden als »Schlüsseluniversitäten«, die dem nationalen Bildungsministerium unterstehen, geführt.

Neben den staatlichen Hochschulen konnte sich in den letzten Jahren eine Reihe staatlich anerkannter Privathochschulen etablieren. Zu den bedeutenden Universitäten des Landes gehören u. a. die Bejing-Universität (gegründet 1898), die Tsinghua-Universität (gegründet 1911), beide in Bejing, die Nanjing-Universität in Nanjing (gegründet 1952) und die Fudan-Universität in Shanghai (gegründet 1905).
Als wichtiger Zweig des chinesischen Bildungswesens gilt schließlich die Erwachsenenbildung, die nach 1949 vorrangig zur Beseitigung des hohen Analphabetentums unter der chinesischen Bevölkerung etabliert wurde. Heute besteht ein gut ausgebautes Netz an Einrichtungen der Erwachsenenbildung, zu denen u. a. Fernseh- und Rundfunkuniversitäten, Hochschulen für Berufstätige, Bauern-Hochschulen, selbstständige Fernuniversitäten sowie Prüfungen für Selbststudierende zählen.

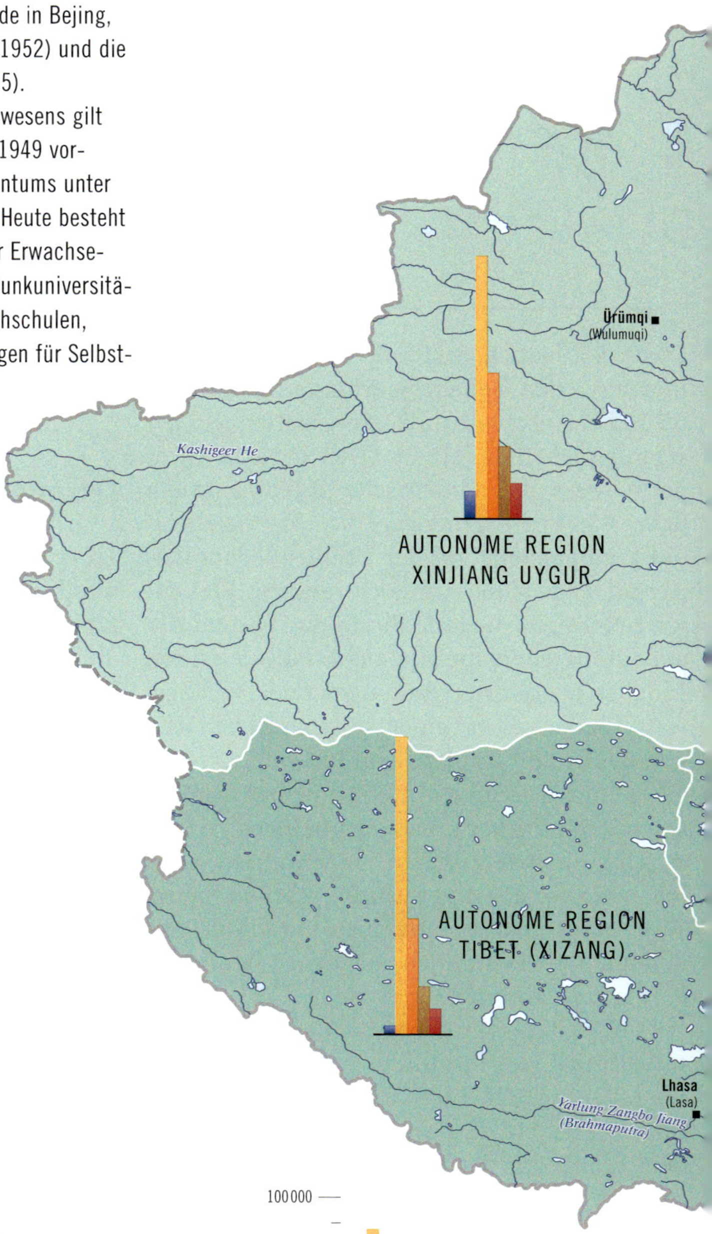

Alphabetisierungsrate in %

		1990	2006	Regionaler Durchschnitt[1]
Erwachsene (15 Jahre und älter)	m+w	77,8	93,0	93,4
	m	87,0	96,3	96,0
	w	68,1	89,5	90,6
Jugendliche (15–24 Jahre)	m+w	94,3	99,2	98,0
	m	97,0	99,4	98,1
	w	91,5	99,1	98,0

[1] Ostasien und Pazifik

Grafik 1

Anzahl Vollzeitlehrer in Mio.

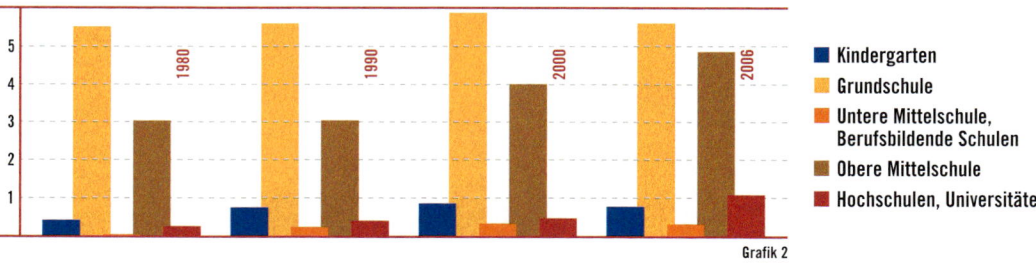

Grafik 2

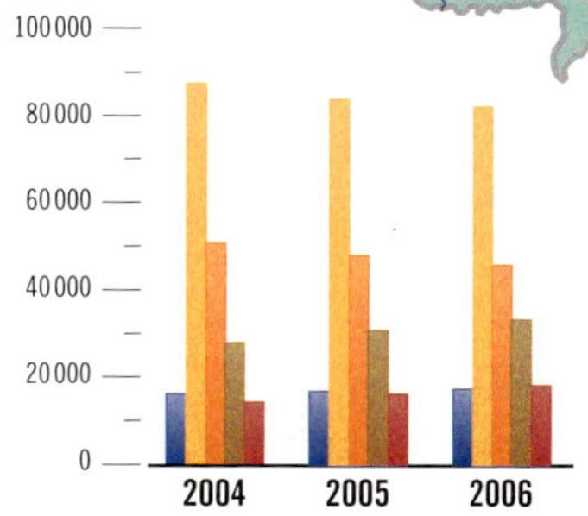

Anzahl der Schüler und Studenten nach Art der Ausbildung in Mio.

Grafik 3

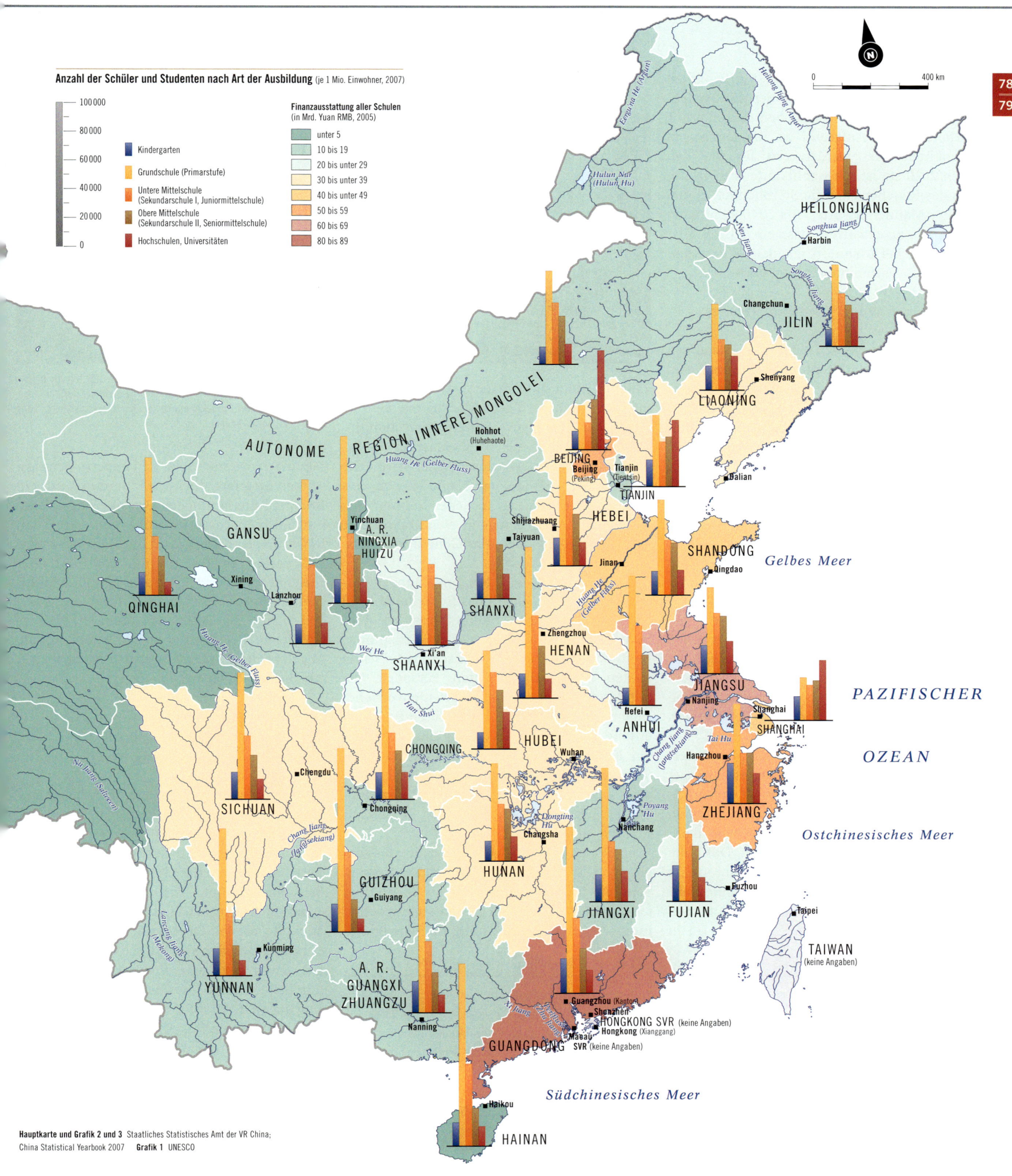

Lebensbedingungen und Demografie

Lebensbedingungen und Demografie

fordern, der seit der besseren Verfügbarkeit von Zigaretten seit Beginn der 1980er-Jahre große Teile der männlichen Bevölkerung verfallen sind. Aufgrund des längerfristigen Krankheitsbildes werden erst für die Zeit nach 2010 statistisch signifikante Auswirkungen des Rauchens auf die Sterblichkeit chinesischer Männer erwartet. Bis 2040 steht dann allerdings zu erwarten, dass ein Drittel aller Todesfälle bei Männern mit dem Zigarettenrauchen in Verbindung stehen wird.

Rentenversicherung – ländliche Gebiete ausgeschlossen

Das gegenwärtig in den städtischen Regionen gültige System der Rentenversicherung geht auf das Jahr 1997 zurück, wurde seitdem jedoch mehrfach modifiziert. Im Prinzip basiert es auf einem Drei-Säulen-Modell. Die Pflichtbeiträge der Arbeitgeber bzw. der Arbeitnehmer, die ersten beiden Säulen, fließen in einen staatlichen Fonds, der zum einen ein die Grundsicherung bestreitendes Sozialkonto und zum anderen ein individuelles Konto für jeden einzelnen Versicherten umfasst. Alle in diesem System versicherten Personen haben somit Anspruch auf eine Basisrente, die für alle gleich ist, und zusätzlich eine individuelle Zusatzrente, die sich nach den für das betreffende Individuum geleisteten betrieblichen und privaten Zusatzeinzahlungen bemisst. Als dritte Säule wird seitens des Staates eine (steuerlich begünstigte) Zusatzversicherung propagiert, die von Arbeitgebern und/oder Privatpersonen eigenständig abzuschließen ist.

Auffällig an diesem Modell der Rentenversicherung ist die Mischung eines Umlageverfahrens (Basisrente) mit einem individualisierten Kapitaldeckungsverfahren, bei dem jedes Individuum Gelder anspart, die dann allein ihm im Rentenalter zustehen. Das hohe Gewicht des Kapitaldeckungsverfahrens in der Gesamtstruktur erscheint als eine sehr weitsichtige Lösung, die dem anstehenden demografischen Wandel gerecht wird. Da in

Besonders die Landbevölkerung ist kaum in der Lage, für die eigene Rentenversorgung genügend Einkommen zu erzielen. Der Verkauf selbst hergestellter Produkte auf regionalen Märkten sichert häufig nur den täglichen Bedarf.

Zukunft immer weniger Erwerbstätige immer mehr Rentnern gegenüberstehen werden, könnte ein Umlageverfahren nicht funktionieren, ohne dass die Abgabenlast für die Erwerbstätigen exzessiv ausgeweitet wird. Die Einrichtung individueller Kapitalstöcke, aus denen heraus dann später jeder Rentner sich selber finanziert, erscheint von daher eine sinnvolle und aus Sicht des Generationenausgleichs gerechte Lösung.

Ein Anspruch auf Rentenzahlungen besteht derzeit mit Eintritt des Rentenalters von 55 Jahren bei Frauen und 60 Jahren bei Männern. Rentenzahlungen aus dem Sozialfonds in Höhe von 20 % des Durchschnittslohns im letzten Arbeitsjahr erhalten Personen, die mindestens 15 Jahre in die Rentenversicherung eingezahlt haben. Alle anderen Personen erhalten Auszahlungen aus ihrem individuellen Konto, welches in 120 Monatstranchen über zehn Jahre hinweg aufgelöst wird. Nach zehn Jahren und Auflösung des Individualkontos bestehen keine weiteren Rentenansprüche mehr.

In den ländlichen Regionen existiert bis zum heutigen Tage kein entsprechendes System. Seit dem Jahr 2000 sind zwar die Beschäftigten der in ländlichen Regionen angesiedelten Industrie- und Dienstleistungsbetriebe grundsätzlich in das städtische Rentenversicherungssystem integriert, doch wird hierdurch nur ein Bruchteil der ländlichen Bevölkerung erfasst. Eine Minimalrente in Höhe von 600 Yuan RMB (umgerechnet ca. 60 Euro) pro Jahr wird Ehepaaren gewährt, die nur ein Kind oder aber nur zwei Mädchen (d. h. keinen männlichen »Stammhalter«) haben. Insgesamt gesehen bleibt die Altersversorgung in Chinas ländlichen Regionen somit eine rein private Angelegenheit. Altersarmut ist und bleibt ein ernsthaftes Problem.

Sozialversicherung – noch in der Aufbauphase

Die Unterstützung sozial Bedürftiger, die aus verschiedenen Gründen nicht (mehr) in der Lage sind, am Wirtschaftsprozess teilzunehmen und sich selbst zu versorgen, ist ein wichtiges Element für die Gestaltung stabiler Sozialgemeinschaften. Traditionell wurde diese soziale Sicherung in China durch den Familienverband geleistet. Die traditionellen Familienstrukturen wurden seit Mitte des 20. Jahrhunderts unter der kommunistischen Herrschaft und insbesondere im Zuge der Kollektivierung der späten 1950er-Jahre und der Exzesse der Kulturrevolution (1966–1976) aufgelöst. Insbesondere die Funktion der sozialen Absicherung ist aus der Familie herausgelöst und in die Kollektive bzw. die Arbeitseinheiten übertragen worden. Auch diese – betriebsgebundenen – Sozialversicherungssysteme sind im Zuge der ökonomischen Reformbewegung

---

Die verschwundenen Renten von Shanghai

Im Jahr 2006 wurde bekannt, dass der 10 Mrd. Yuan RMB (ca. 1 Mrd. Euro) schwere Rentenversicherungsfonds der Stadt Shanghai über Jahre hinweg durch eine Clique von gut 20 hochrangigen Partei- und Regierungsfunktionären zur Finanzierung von Immobilienspekulationen, illegalen Geschäften aller Art, Korruptionszahlungen und letztlich zur persönlichen Bereicherung genutzt wurde. Insgesamt soll bis zu ein Drittel der Fondsgelder veruntreut worden sein.

Als an oberster Stelle verantwortlich für diesen Skandal gilt in erster Linie der ehemalige Bürgermeister der Stadt und Politbüromitglied Chen Liangyu. Chen wurde 2008 zu 18 Jahren Gefängnis verurteilt. Dass von der Verhängung der Todesstrafe Abstand genommen wurde, wird auf die Einflussnahme des ehemaligen Protegés Chens, des früheren Staatspräsidenten und Generalsekretärs der KPCh Jiang Zemin, zurückgeführt.

und der Ausbildung einer national integrierten Volkswirtschaft obsolet geworden.

Ziel der aktuellen Bestrebungen im Bereich der Sozialversicherung ist der Aufbau von Versicherungssystemen, die alle Staatsbürger unter einem Versicherungsdach fassen und somit das Nebeneinander von Hunderttausenden von betrieblichen Einzellösungen überwinden und damit auch die Mobilität der Versicherungsnehmer zwischen Betrieben und einzelnen Sozialversicherungstöpfen ermöglichen.

Arbeitslosenversicherung – noch in den Kinderschuhen

Arbeitslosigkeit war bis zum Jahr 1986 in der VR China nicht bekannt, da im städtischen Raum alle Personen im erwerbsfähigen Alter einem Betrieb zugeordnet waren und dort eine Grundversorgung erhielten, während man gleichzeitig davon ausging, dass sich die ländliche Bevölkerung grundsätzlich selbst versorgen könne. Erst mit der Einführung von Arbeitsverträgen und der damit einhergehenden Möglichkeit von Kündigungen sowie der Auflösung der Arbeitseinheiten, die bis dahin allen ihren Mitgliedern einen sozialen Mikrokosmos mit allen sozialen Absicherungen geboten hatten, konnte Arbeitslosigkeit in China überhaupt entstehen. Seitdem ist auch die Notwendigkeit einer Arbeitslosenversicherung entstanden, die im Verlauf der 1990er-Jahre eine systemkritische Bedeutung erlangte, als Chinas ehemaligen Staatsbetriebe begannen, Arbeitskräfte massenweise zu entlassen.

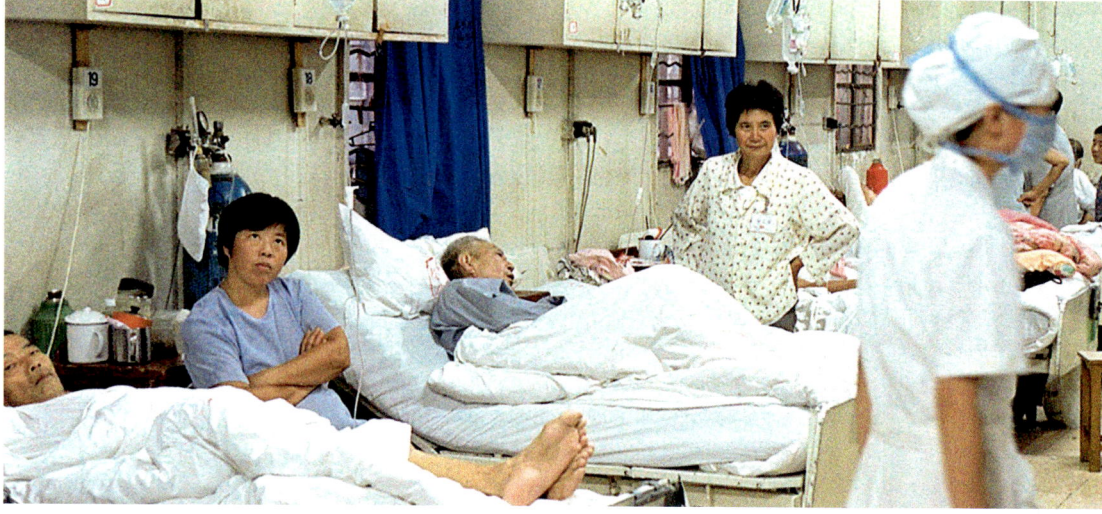

Die klinische Versorgung in den großen Städten ist im Gegensatz zu der in ländlichen Regionen gesichert (Krankenstation in Shanghai).

Für junge Akademiker wird es in China immer schwieriger, Arbeit zu finden. Jobbörsen wie die in Nanjing haben großen Zulauf.

Das aktuell gültige System einer nationalen (städtischen) Arbeitslosenversicherung wurde erst 1999 eingeführt und basiert auf einem Fonds, der sich aus einer Grundausstattung durch die Lokalregierung, Beitragszahlungen der Betriebe in Höhe von 2 % der Gesamtlohnsumme und Arbeitnehmerbeiträgen in Höhe von 1 % der individuellen Bezüge zusammensetzt. Ansprüche auf Auszahlungen aus diesem Fonds entstehen erst nach mindestens einem Jahr Beitragszahlungen. Personen, die ein bis fünf Jahre eingezahlt haben, haben damit einen Anspruch auf 12 Monate Arbeitslosenunterstützung erworben. Dieser Zeitraum wächst auf 18 Monate an, wenn man mehr als fünf Jahre eingezahlt hat und bis auf 24 Monate bei mehr als zehn Jahren Einzahlungen in den Fonds. Die Höhe der Arbeitslosenunterstützung wird auf lokaler Ebene festgelegt, soll aber über der minimalen Existenzsicherung liegen.

In Anbetracht der Tatsache, dass die städtische Arbeitslosenversicherung in dieser rudimentären Form nur einen kleinen Teil der städtischen Arbeitslosen »absichert« und die ländliche Bevölkerung außen vor bleibt, ist das chinesische Sozialversicherungssystem auch in Hinblick auf die Arbeitslosenunterstützung als hochgradig defizitär zu bezeichnen und wird den Ansprüchen einer modernen arbeitsteiligen Gesellschaft nicht gerecht.

Medizinische Versorgung – ein »Zwei-Klassen-System«?

Die medizinische Versorgung der Bevölkerung hat insbesondere in den letzten zwei bis drei Jahrzehnten bedeutsame Verbesserungen erfahren. Ein auf nationaler Ebene organisiertes Gesundheitssystem, das allen (städtischen wie ländlichen) Einwohnern eine medizinische Versorgung zu erträglichen Preisen gewährleisten könnte, ist in der VR China allerdings bis zum heutigen Tage nicht umgesetzt. Wie in vielen anderen Bereichen des täglichen Lebens ist auch hier eine starke Dichotomie zwischen den ost- und den westchinesischen

Lebensbedingungen und Demografie
Sozialversicherungssystem und Arbeitslosigkeit

Vor der Öffnung Chinas und dem Beginn der Wirtschaftsreformen verfügte das Land über eines der bekanntesten Sozialversicherungssysteme überhaupt: die »eiserne Reisschüssel«. Zu dieser Zeit war es höchst erstrebenswert, in einem Staatsbetrieb, als Beamter oder beim Militär zu arbeiten, denn dies bedeutete nicht nur einen sicheren Arbeitsplatz, sondern auch eine stetige, sichere soziale Grundversorgung. Mit den wirtschaftlichen Reformen zerbrach jedoch auch das System der »eisernen Reisschüssel«. Diese Form der sozialen Absicherung basierte auf dem Grundsatz, dass eine Person zeitlebens in der gleichen Arbeitseinheit (Industriebetrieb, Verwaltungseinheit, Landwirtschaftskollektiv etc.) blieb und von dieser von der Geburt bis zum Grab versorgt wurde. Mit den Wirtschaftsreformen ist jedoch auch eine erhebliche Mobilität von Arbeitskräften entstanden, die es notwendig macht, das betriebsgebundene Sozialversicherungssystem durch ein solches zu ersetzen, das die gesamte Volkswirtschaft umspannt.

Ein derartiges nationales Sozialversicherungssystem entwickelt sich derzeit nur sehr langsam. Nach chinesischen Angaben verfügten 2008 nur gut 200 Millionen Stadtbewohner über eine Grundrentenversicherung. Über 100 Millionen Bürger waren gegen Arbeitslosigkeit und Arbeitsunfälle versichert und etwa 84 Millionen Menschen hatten eine Mutterschaftsversicherung. Diese Werte bedeuten gegenüber den Vorjahren einen signifikanten Sprung, bleiben gesamtgesellschaftlich gesehen aber vollkommen unzureichend.

Die Versichertenquote unterscheidet sich zudem sowohl zwischen den Küstenprovinzen und den Provinzen des Hinterlands als auch zwischen der Stadt- und der Landbevölkerung. Letztere Bevölkerungsgruppen sind erheblich schlechter abgesichert als erstere.

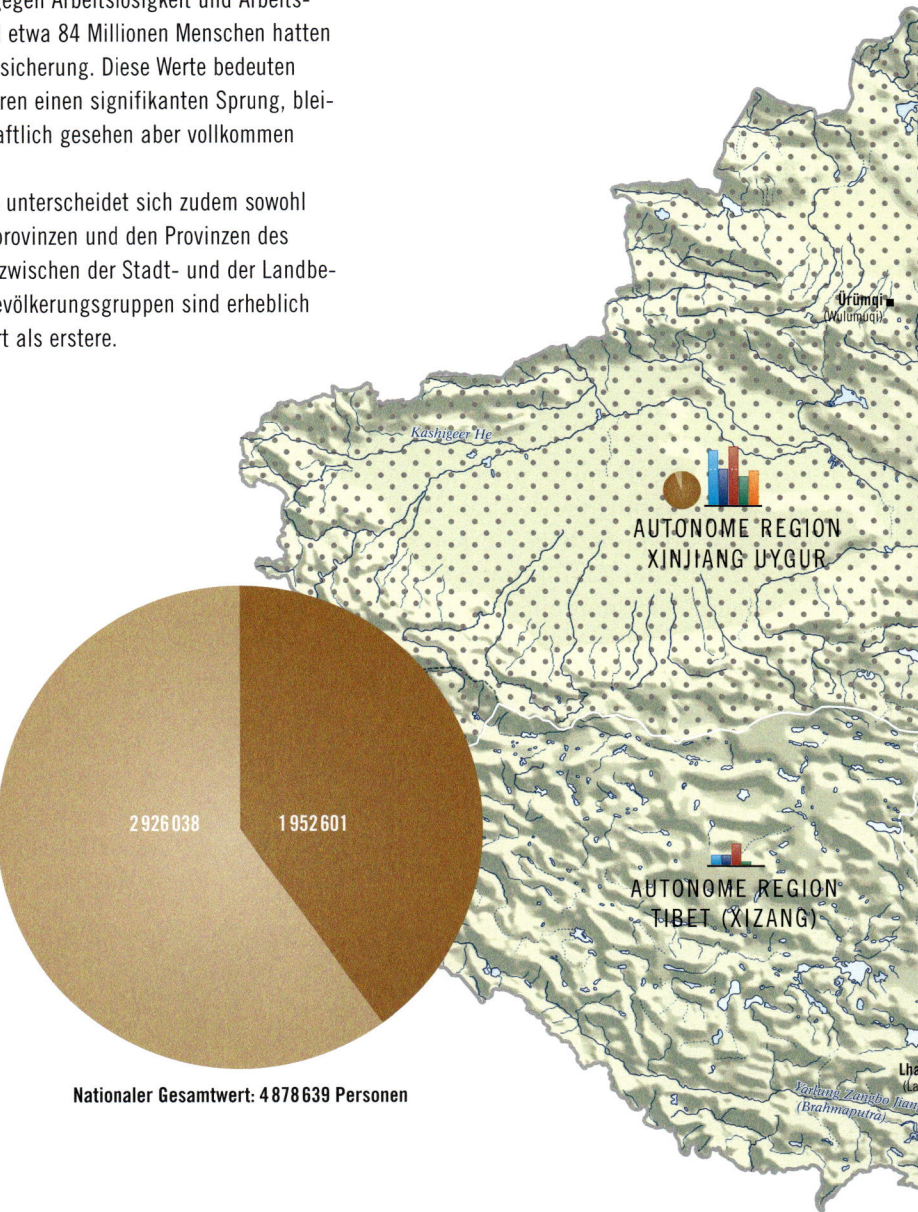

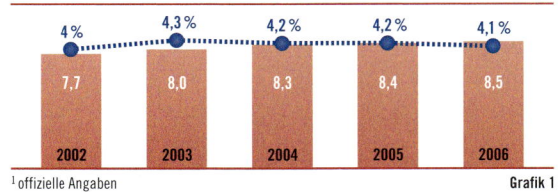

Arbeitslosigkeit in städtischen Gebieten[1]

[1] offizielle Angaben — Grafik 1

- Registrierte Arbeitslose (in Mio.)
- Arbeitslosenrate (in %)

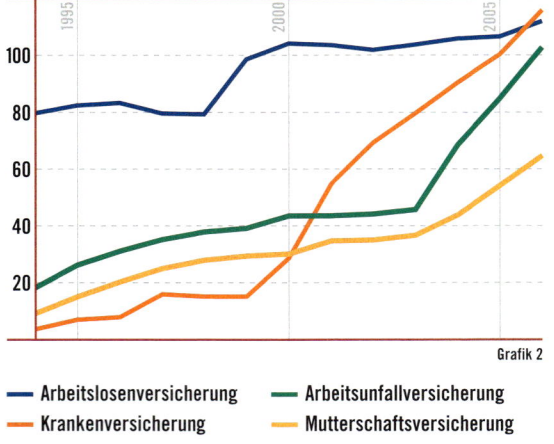

Entwicklung der Versichertenzahlen in der Sozialversicherung in Mio.

Grafik 2

- Arbeitslosenversicherung
- Arbeitsunfallversicherung
- Krankenversicherung
- Mutterschaftsversicherung

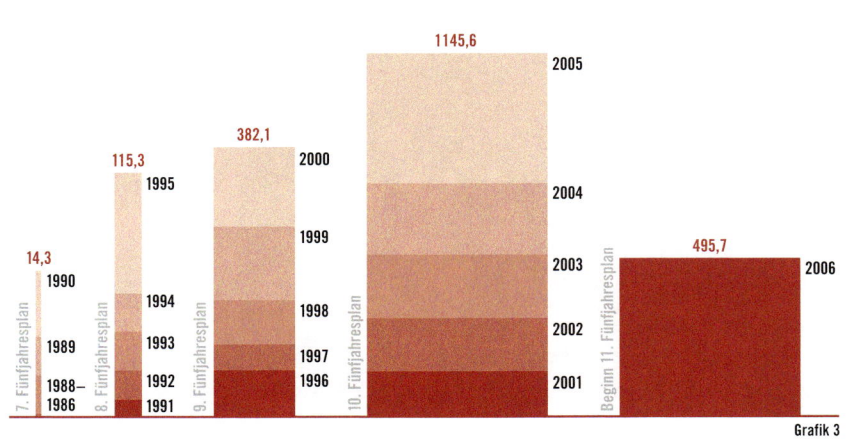

Verkaufserlöse der Wohlfahrtslotterie in 100 Mio. Yuan RMB

Grafik 3

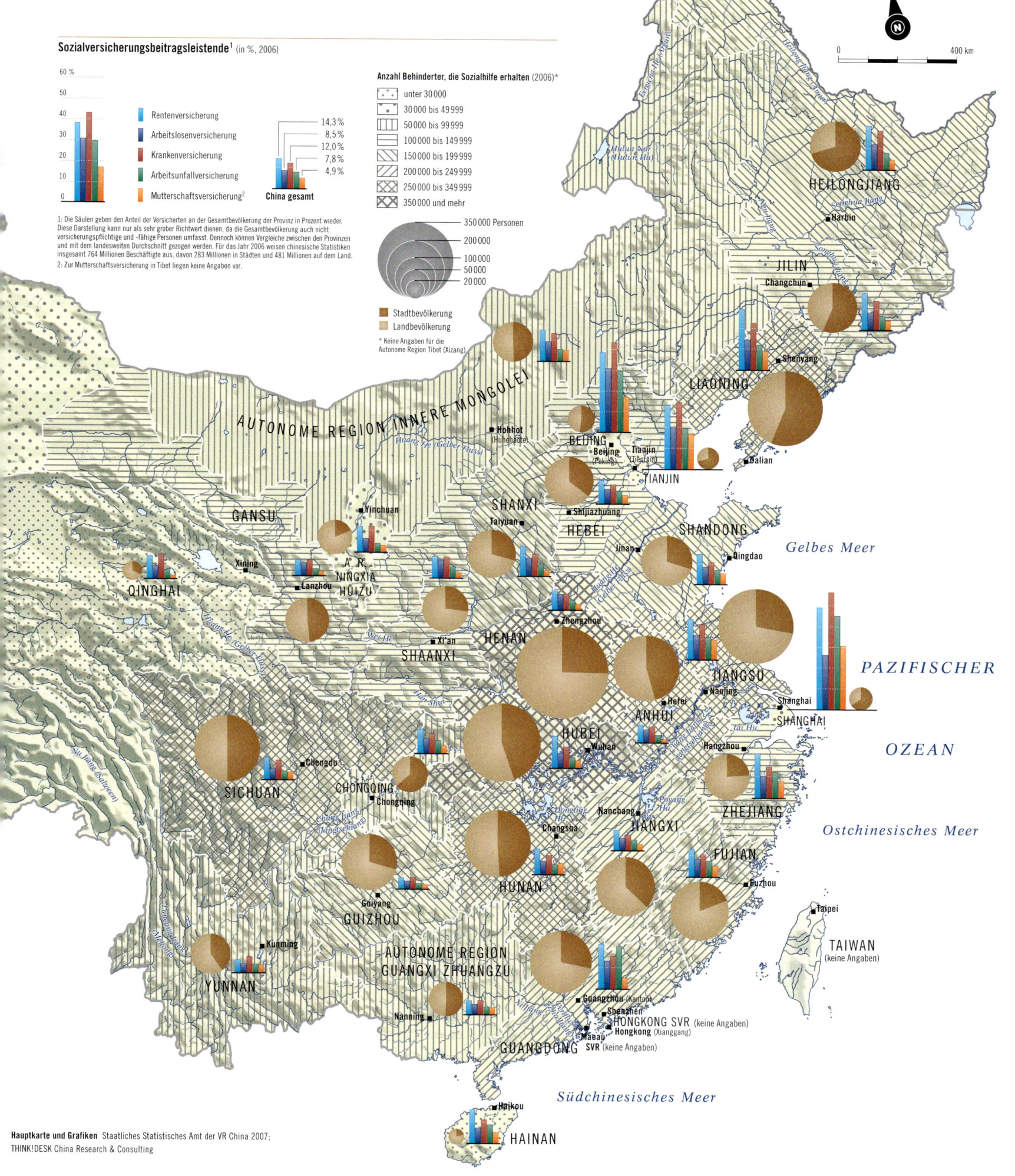

Lebensbedingungen und Demografie
Medizinische Versorgung – Ärzte und Krankenhausbetten

Im Durchschnitt kommen in ganz China auf je 1 000 Einwohner etwa 1,5 Ärzte und 2,4 Krankenhausbetten. Die Qualität der medizinischen Versorgung unterscheidet sich allerdings stark zwischen Stadt und Land. In den Großstädten gibt es zum Teil hochkarätige, spezialisierte Krankenhäuser, die mit modernen, importierten medizinischen Geräten ausgestattet sind. Daneben gibt es in den Großstädten wie in mittelgroßen Städten eine Reihe allgemeiner Krankenhäuser. Auf dem Land basiert die medizinische Versorgung auf einem dreistufigen System: So gibt es in jedem Kreis ein zentrales Krankenhaus, in jeder Gemeinde eine Sanitätsstation und in jedem Dorf eine Sanitätsstelle. Traditionelle chinesische Medizin spielt bei der Behandlung eine wichtige Rolle, aber auch westliche Methoden gewinnen zunehmend an Popularität in der chinesischen Bevölkerung.

Mit dem wirtschaftlichen Fortschritt des Landes bleibt China aber auch nicht von modernen Zivilisationskrankheiten verschont, wie etwa durch Übergewicht und mangelnde Bewegung ausgelöste Krankheiten. Die allgemein zunehmende Umweltverschmutzung in den Städten wie auf dem Land ist derzeit eine der größten Gefahrenquellen. So sind Fälle von sogenannten »Krebsdörfern«, in denen ein Großteil der Bevölkerung unter vergiftetem Wasser zu leiden hat, auch durch die chinesische Presse gegangen. Die Luftverschmutzung hat bereits bei großen Bevölkerungsgruppen zu Atemwegserkrankungen geführt. Auch HIV und Aids spielen in China eine Rolle. Etwa 700 000 Chinesen sind nach Angaben der UN mit HIV infiziert und rund 85 000 Chinesen sind an Aids erkrankt. Rund 40 Prozent der Neuinfizierten sind darüber hinaus drogensüchtig.

Eine weitere, zunehmende Gesundheitsgefahr stellen manipulierte Lebensmittel dar. Ein vorläufiger Höhepunkt war das mit Melamin verseuchte Milchpulver, das 2008 zur Untersuchung von über 50 000 und der Erkrankung von rund 6 000 Säuglingen und mindestens drei Todesfällen führte.

SARS-Fälle November 2002 bis Juli 2003

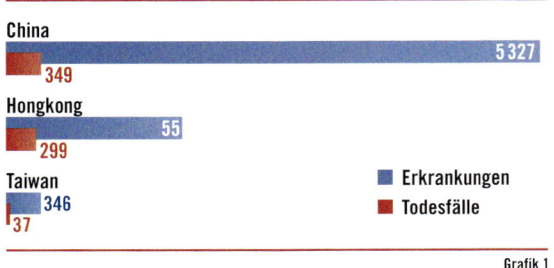

Grafik 1

Ausgaben im Gesundheitssektor 2005, in Mrd. RMB

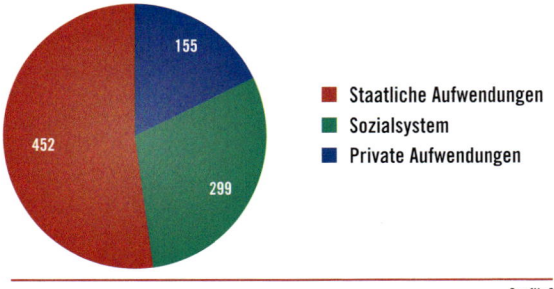

Grafik 2

Häufigste Todesursachen 2006, in % aller Todesfälle

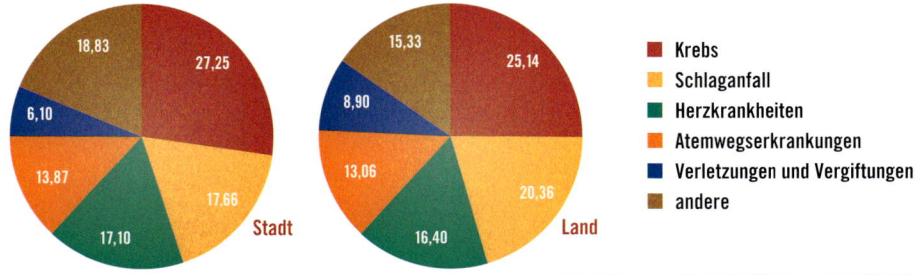

Grafik 3

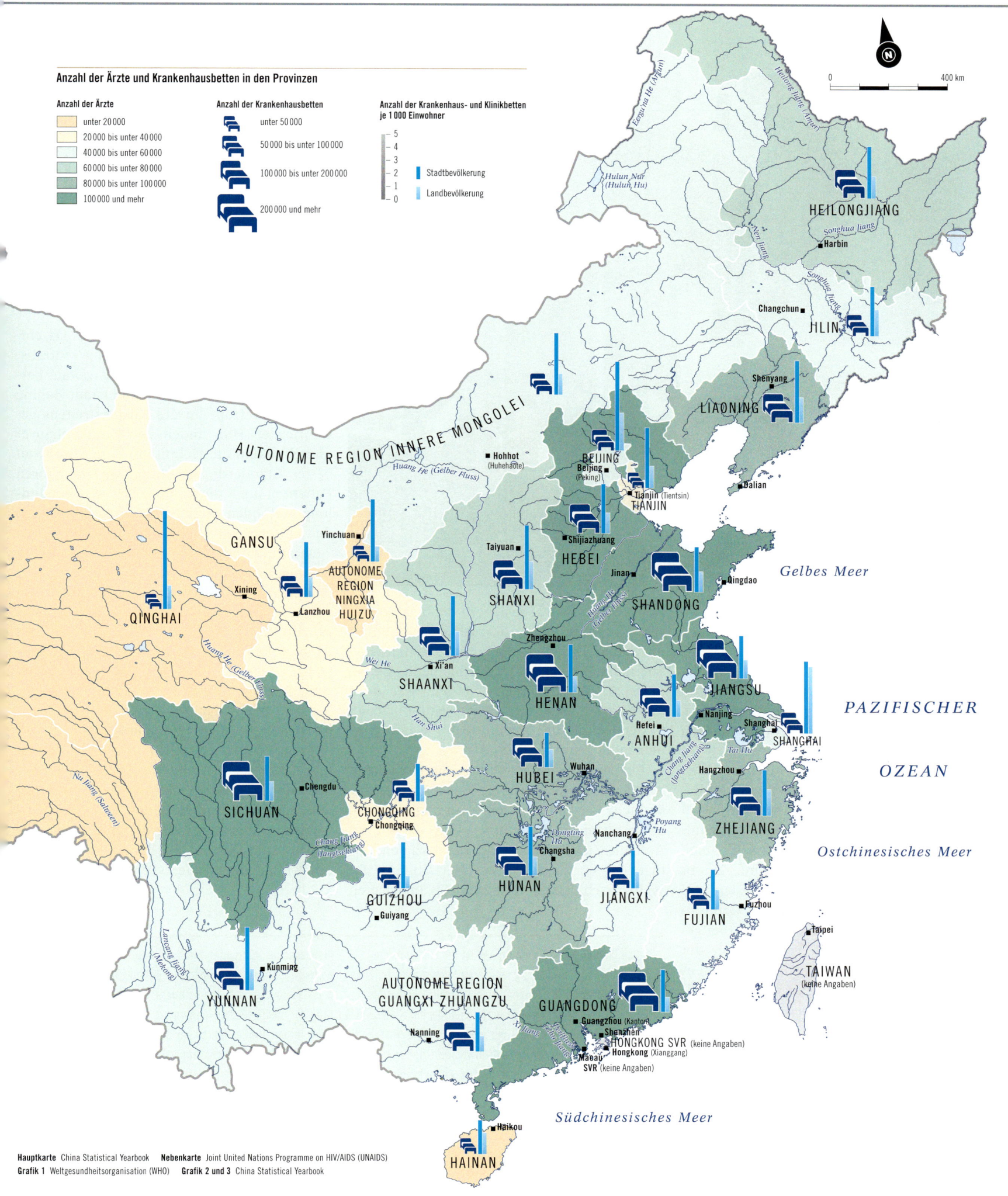

Lebensbedingungen und Demografie

Arztbesuch in einem Dorf in der Umgebung von Hangzhou in der Provinz Zhejiang. Notdürftig versucht man, die fehlenden technischen und infrastrukturellen Einrichtungen zu ersetzen; nur ein Bruchteil der ländlichen Bevölkerung kann ärztlich untersucht und versorgt werden.

Qigong

Qigong ist eine der chinesischen Tradition entstammende Heil- und Selbstheilmethode. Atem, Bewegung und Vorstellungskraft werden dabei methodisch eingesetzt, um die subtile Lebensenergie des **Qi** im Körper zu stärken, anzureichern und in bestimmte Richtungen zu lenken. Die Übungen werden besonders zur Verbesserung des Stoffwechsels, zur Stärkung des Kreislaufs, des Nervensystems und der Herztätigkeit angewendet.

Regionen sowie zwischen der städtischen und der ländlichen Bevölkerung zu verzeichnen. Der höchste Versorgungsgrad wird in den städtischen Gebieten, und hier insbesondere den ökonomischen Ballungszentren des Küstenstreifens, gewährleistet. Die städtische Bevölkerung besitzt seit knapp einem Jahrzehnt Anspruch auf eine gut ausgebaute medizinische Versorgung, die durch ein Gesundheitsversicherungssystem finanziert wird. Dieses Gesundheitsversicherungssystem basiert auf drei Säulen, namentlich staatlicher Grundfinanzierung, Beitragszahlungen der Arbeitgeberseite und solchen des Versicherten, der sich zudem bis zu einem maximalen Kostensatz an den Kosten seiner individuellen medizinischen Versorgung zu beteiligen hat.

Reiche Stadt – armes Land

In den ländlichen Regionen war ein entsprechendes Gesundheitsversicherungssystem bis 2008 zwar konzipiert, aber noch nicht flächendeckend umgesetzt. Bislang ist die ländliche Bevölkerung nur rudimentär durch auf lokaler Ebene organisierte Krankenversicherungsprogramme abgesichert, die insbesondere bei kostspieligen stationären Behandlungen nur einen Bruchteil der anfallenden Kosten übernehmen können. Der verbleibende Betrag muss privat aufgebracht werden, was dazu führen kann, dass ein schwerer Krankheitsfall in der Familie die gesamte Familie in den finanziellen Ruin treiben kann.

Ein aus Haushaltsmitteln und Spenden gespeister Fond, der arme Bauern, die hohe ärztliche Behandlungskosten zu tragen haben, unterstützen soll, befindet sich derzeit im Aufbau. Zur Stabilisierung des sozialen Gefüges ist im Zuge des zur Bewältigung der Weltwirtschaftskrise von 2008/09 aufgelegten Konjunkturprogramms auch ein Betrag für die Gesundheitsversorgung der ärmeren Bevölkerungsgruppen vorgesehen.

Von seiner gesamten Struktur ist das chinesische Gesundheitssystem streng zentralistisch-hierarchisch organisiert. Die weitaus beste Versorgung wird in der Hauptstadt Beijing und den Metropolen des Küstenstreifens gewährleistet. Hier finden sich Krankenhäuser und Kliniken, die technisch auf den weltweit besten Standards ausgerüstet sind und ihren Patienten auch die kompliziertesten Behandlungsmethoden anbieten können. Bereits in den mittelgroßen Städten fällt die technische Ausstattung der Krankenhäuser und Kliniken deutlich ab und es können nur noch weniger komplexe Verfahren eingesetzt werden. In den ländlichen Regionen schließlich gilt das Prinzip, dass in jedem Kreis ein allgemeines Krankenhaus, in jeder Gemeinde eine Sanitätsstation und in jedem Dorf eine Sanitätsstelle betrieben wird.

Die Anzahl der Ärzte und der Krankenhausbetten hat sich seit Beginn der Reformbewegung 1978 verdoppelt. Trotzdem kamen im Jahr 2006 so im Landesdurchschnitt immer noch nur 1,54 Ärzte (inklusive Assistenzärzte) und 2,53 Krankenhausbetten auf 1 000 Einwohner. Dabei waren aber in ländlichen Kreisen im Durchschnitt nur halb so viele Ärzte und Krankenhausbetten vorhanden wie in den Städten.

Barfußärzte

In den ländlichen Regionen Chinas ist die medizinische Versorgung der Bevölkerung lange Zeit hinweg in erster Linie durch sogenannte Barfußärzte sichergestellt worden. Als Barfußärzte wurden Personen bezeichnet, die ohne akademische Ausbildung, dafür aber mit guten Kenntnissen der traditionellen chinesischen Medizin von Dorf zu Dorf zogen, um dort ärztlichen Beistand zu leisten, bei Geburten zu helfen etc. Die Konzentration auf die klassische chinesische Heilkunde war insofern vorteilhaft, als diese ohne größeres technisches Gerät auskommt und Arzneimittel bei Bedarf in der Natur gesammelt werden können.

Insbesondere während der Kulturrevolution, in der alles Expertentum mit tiefem Misstrauen verfolgt wurde, wurden die »Laienärzte« als eine herausragende Lösung zur Sicherung der medizinischen Versorgung auf dem Lande propagiert. In den 1980er-Jahren wurden die Barfußärzte als Stütze der ländlichen medizinischen Versorgung nach und nach durch professionelle Ärzte abgelöst. Den begabtesten unter den Barfußärzten wurde die Möglichkeit gegeben, sich in Schulungen, die auch Inhalte der westlichen Medizin vermittelten, zu »Dorfärzten« weiterzuqualifizieren und privat zu praktizieren.

Lebensbedingungen und Demografie

Vorsicht, gefälscht!
Ungeachtet der weiterhin unzureichenden infrastrukturellen und finanziellen Situation leidet das chinesische Gesundheitswesen in besonderem Maße unter dem Umlauf gefälschter Medikamente. Diese im besten Falle wirkungslosen, im schlechtesten jedoch giftigen »Medikamente« werden mit beträchtlicher krimineller Energie in groß angelegten industriellen Anlagen hergestellt und in den Originalprodukten täuschend echt nachgeahmten Verpackungen in den Handel gebracht. Mitte des ersten Jahrzehnts des 21. Jahrhunderts ging man offiziell davon aus, dass circa zwei Drittel der im Freiverkauf angebotenen Pharmaprodukte Fälschungen waren. Opfer dieser Machenschaften ist in erster Linie die ländliche Bevölkerung, die aus Kostengründen in besonderem Maße auf eine Selbstmedikation und den Erwerb frei verkäuflicher Arzneimittel angewiesen ist.

Vorsicht, zu fett!
Regelmäßige Mahlzeiten bei Fast-Food-Ketten und die ausgiebige Nutzung von Fertiggerichten, v.a. vorgekochten Mahlzeiten, die mit heißem Wasser übergossen oder in der Mikrowelle erwärmt werden, haben dazu geführt, dass ernährungsbedingte Krankheiten zu einem immer größeren gesellschaftlichen Problem werden. Nach Erkenntnissen chinesischer Wissenschaftler ernähren sich heute 70% der chinesischen Kinder und Jugendlichen falsch, sodass Diabetes bei Kindern in China nun bereits früher zu beobachten ist als in den USA.

Offiziell gelten heute bereits 200 Millionen oder 15% aller Chinesen als zu dick. 90 Millionen von diesen gelten als fettleibig. Besonders alarmierend ist die rasche Zunahme der Fettleibigkeit bei Kindern. Offiziell galten im Jahr 2007 rund 20% aller chinesischen Schulkinder als übergewichtig bis fettleibig – wobei von Steigerungsraten von acht bis zehn Prozent pro Jahr auszugehen ist.

Es wird geschätzt, dass die Kosten, die in Chinas Gesundheitssystem und in der Volkswirtschaft durch Fettleibigkeit und andere durch falsche Ernährung hervorgerufene Erkrankungen entstehen, sich bereits heute auf fünf Prozent des Brutto-Inlandsproduktes belaufen – Tendenz steigend.

HIV-Infektion – Drogen und Schlamperei im Gesundheitswesen
HIV-Infektionen und Erkrankungen an Aids sind in China eine ernst zu nehmende Realität, auch wenn sie seitens offizieller Stellen bis vor Kurzem fast vollständig totgeschwiegen wurden und der Glaube genährt wurde, HIV bzw. Aids sei eine Krankheit, die nur sexuell aktive Ausländer treffen könne. Obwohl die chinesische Regierung mittlerweile eine offenere und offensivere Kommunikationspolitik betreibt, sind HIV und Aids für einen großen Teil der Bevölkerung unbekannte Begriffe oder werden als Krankheit verstanden, die in ihren Übertragungsmechanismen falsch eingeschätzt wird. Gemäß offiziellen Verlautbarungen des Gesundheitsministeriums waren 2007 rund 700 000 Menschen in China mit HIV infiziert bzw. an Aids erkrankt.

Inoffizielle Schätzungen liegen deutlich höher. Die Anzahl der Träger des HI-Virus wird von diesen auf einen hohen einstelligen Millionenwert geschätzt. HIV-Infektionen bzw. Aidserkrankungen sind im Grenzstreifen zum

Die Pflanzenheilkunde und die aus Pflanzen und Tieren gewonnenen Wirkstoffe spielen eine große Rolle in der chinesischen Medizin.

Links: Auch China musste sich den kulinarischen Verlockungen des Westens öffnen. Coca Cola und McDonald's (hier eine Filiale in Shanghai) sind mittlerweile in allen Großstätten vertreten.
Mitte: Restaurant in Xi'an; es ist durchaus üblich, dass Chinesen wöchentlich mehrmals mit Freunden, Kollegen oder der Familie in einem Restaurant essen gehen.
Rechts: In der traditionellen chinesischen Küche werden zahlreiche Gerichte im Wok zubereitet; Gemüse und Nudeln gehören zum täglichen Speiseplan.

Lebensbedingungen und Demografie

Tai-Chi-Darbietungen am Wudang Shan in der Provinz Hubei.

»Goldenen Dreieck« besonders häufig anzutreffen. Es ist dies eine Region, in der Drogen vergleichsweise leicht und billig zu erhalten sind. Gefördert durch westlichen Drogentourismus haben sich hier Strukturen herausgebildet, die der Verbreitung der Krankheit in besonderem Maße förderlich sind. Laxe Sexualpraktiken, insbesondere im Zusammenhang mit einer wachsenden Nachfrage nach käuflichem Sex, tragen ein Weiteres dazu bei.

Akupunktur

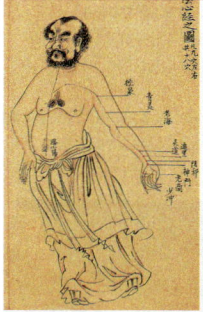

Durch Einstechen von Nadeln in den Körper versucht die chinesische Heilkunde, Heilung und Schmerzausschaltung zu erreichen. 361 traditionelle Einstichstellen (Akupunkturpunkte) sind auf 14 Hauptmeridianen festgelegt, die den »Strom der Lebensenergie« fortleiten und mit den inneren Organen und deren Funktionen verbunden sein sollen. Mit den Nadeln soll die in den Meridianen zirkulierende Lebensenergie das durch Krankheit gestörte Energiegleichgewicht der Gegensätze Yin und Yang wiederherstellen. Angewendet wird die Akupunktur v.a. bei funktionellen Störungen, so bei Migräne, Asthma, Schmerzzuständen und chronischer Verstopfung. Bei der Akupressur soll durch den Druck von stumpfen Gegenständen auf die Akupunkturpunkte eine ähnliche Wirkung hervorgerufen werden.

Die Gefahr sich zu infizieren und an Aids zu erkranken, ist allerdings keinesfalls auf die klassischen Risikogruppen beschränkt. Auch innerhalb des chinesischen Gesundheitssystems besteht keineswegs Sicherheit vor einer Ansteckung. Die besonders in ländlichen Regionen noch immer übliche Mehrfachverwendung von Injektionsspritzen birgt ein zusätzliches, erhebliches Gefährdungspotenzial.

Das größte Ansteckungsrisiko geht jedoch von dem chinesischen System der Blutspende aus – und zwar für Empfänger und Spender gleichermaßen. Um höhere Plasmaspenden zu erzielen, wurde das Blut vieler Spender gepoolt (zusammengeschüttet), bevor die nach Abtrennung des Plasmas verbliebenen roten Blutkörperchen den Spendern zurückinjiziert wurden. Wenn auch nur einer der Spender HIV-positiv war, wurde so der gesamte Pool von Spendern infiziert.

Dieses erschreckende Szenario wurde insbesondere in den ländlichen Regionen Zentralchinas zu einer Realität, da dort Tausende von Menschen ihr Blut an kommerzielle Blutbanken verkaufen, um so ein zusätzliches und oftmals ein dringend notwendiges Zusatzeinkommen zu realisieren. In einzelnen Dörfern sind auf diese Weise bis zu 80 % der Einwohner mit HIV infiziert worden. Insgesamt geht man bislang davon aus, dass rund 70 000 Menschen durch kontaminierte Bluttransfusionen infiziert worden sind.

Taijiquan

Die in Deutschland auch als Tai-Chi-Chuan, Tai-Chi oder Schattenboxen bekannte Methode ist eine Meditation in Bewegung, deren Bewegungen dem waffenlosen Kampfsport entlehnt sind. Taijiquan-Übungen bestehen aus einer Abfolge weicher, langsam ausgeführter, fließender Bewegungen, die durch das Koordinieren von Bewusstsein (Sammlung des Geistes), Atem und Bewegung das Wechselspiel der polaren kosmischen Kräfte Yin und Yang ausdrücken und deren Harmonisierung bewirken sollen. Taijiquan soll Spannungen im Körper und Blockaden in den (Energie-)Meridianen lösen.

Traditionelle chinesische Medizin

Die traditionelle chinesische Medizin pflegt eine ganzheitliche Betrachtungsweise, wonach das Krankheitsgeschehen als Störung eines universalen Gleichgewichts innerer und äußerer Kräfte, von Beziehungen zwischen Organen und deren stofflichen Elementen untereinander, zur Körperoberfläche und zum Makrokosmos aufgefasst wird. Mit diesem Ansatz steht sie in enger Verbindung zur Lehre des Daoismus. Tatsächlich reichen die Wurzeln der klassischen chinesischen Heilkunde gut 2 500 Jahre zurück. Die ältesten Texte sind in der Sammlung Zuo-zhuan (Tso-chuan, etwa 540 v. Chr.) enthalten.

Ein zentraler Begriff der traditionellen chinesischen Medizin ist das »Qi«. Der Begriff »Qi« hat im Deutschen keine Entsprechung, kann hier aber annäherungsweise als »Lebensenergie« verstanden werden, die sich aus vielen Komponenten zusammensetzt und immer in einem Gleichgewicht von sich gegenüberstehenden Kräften gehalten werden muss. Sobald eine Kraft übermäßig zum Tragen kommt, verliert der Mensch sein inneres Gleichgewicht und wird »krank«. Aufgabe des Mediziners ist es, diese Ungleichgewichte zu identifizieren und die zu stark oder zu schwach ausgeprägten Kräfte in einen harmonischen Zustand zurückzuführen.

Insofern nach der Lehre der traditionellen chinesischen Medizin innere Ungleichgewichte sich auch äußerlich bemerkbar machen, sind diverse Diagnoseverfahren, z.B. die Puls- und Zungendiagnose, entwickelt worden, mittels deren durch rein äußerliche Anschauung innere Krankheiten erkannt werden sollen. In therapeutischer Hinsicht baut die traditionelle chinesische Medizin auf »fünf Säulen« auf: Es sind dies Akupunktur und Moxibustion, Massage, Arzneitherapie, basierend auf aus Pflanzen und Tieren gewonnenen Wirkstoffen, Ernährungsvorgaben und Bewegungsübungen.

Politisches Leben

政治

Politisches Leben

Die Volksrepublik China ist als politische Einheit vergleichsweise jung. Sie wurde von Mao Zedong am 1. Oktober 1949 auf dem Tian'anmen-Platz in Beijing ausgerufen. Zu diesem Zeitpunkt waren die militärischen Auseinandersetzungen im chinesischen Bürgerkrieg noch nicht abgeschlossen. Diese wurden vielmehr noch über einen erheblichen Zeitraum hinweg fortgesetzt. Die Insel Hainan wurde von kommunistischen Truppen erst im Mai 1950 erobert; die militärischen Auseinandersetzungen in Tibet kamen erst mit der Unterzeichnung des »Siebzehn-Punkte-Abkommens« im Mai 1951 durch den 14. Dalai-Lama, Tenzin Gyatso, zum Ende. Mit diesem Abkommen gab Tibet seine Autonomie formal auf. Bewaffnete Auseinandersetzungen mit den im Gefolge Jiang Jieshis (Chiang Kai-shek) nach Taiwan geflüchteten Guomindang-Truppen blieben bis in die 1970er-Jahre hinein Realität. Sie konzentrierten sich allerdings auf Scharmützel um die direkt vor der Küste Fujians liegenden Inseln Kinmen und Matsu und erreichten nie mehr die Intensität der Jahre bis 1949. Entschlossene Landungsoperationen kommunistischer Truppen auf Taiwan oder Versuche der Guomindang, festlandchinesisches Territorium zurückzuerobern, erfolgten nicht.

Auch die Einbindung des jungen kommunistischen Staates in die weltweite Staatengemeinschaft erfolgte nur schleppend. Die neue politische Führung in Beijing nahm in den ersten Jahren des Bestehens der VR China zunächst fast ausschließlich diplomatische Beziehungen nur zu »sozialistischen Bruderländern« auf. Die einseitig vorgetragene formale Anerkennung der VR China durch Großbritannien im Januar 1950 wurde seitens Beijings nicht erwidert – nicht zuletzt, da die neuen Herrscher in Beijing den Status Hongkongs als britische Kronkolonie nicht bestätigen wollten. Diplomatische Beziehungen zu den westlichen Industriestaaten Europas und Nordamerikas wurden so erst in den 1970er-Jahren formal eingerichtet – allein Frankreich hatte unter Führung de Gaulles bereits 1964 offizielle Kontakte zur VR China aufgenommen.

Das Tor des Himmlischen Friedens in Beijing, erbaut 1417, verbindet die alte Tradition Chinas mit der jüngeren Vergangenheit. Weithin sichtbar hängt das Porträt Mao Zedongs, des Gründers der Volksrepublik China, über dem Toreingang.

Wappen und Nationalflagge

Die Volksrepublik China nahm die Farbsymbolik des kaiserlichen Chinas für ihre Staatssymbole auf: Rot und Gold galten als kaiserliche Farben und Verkörperung der staatlichen Macht.
Das Wappen zeigt das »Tor des Himmlischen Friedens«, überhöht von einem großen Stern (Symbol für die Kommunistische Partei) und vier kleinen (Symbol für die Klassen: Arbeiter, Bauern, Kleinbürger und patriotische Kapitalisten); alles innerhalb einer Umrahmung aus Reis und Weizen, die die Landwirtschaft symbolisieren, sowie einem mit roten Bändern dekorierten Zahnrad (Symbol für den industriellen Fortschritt). Die Nationalflagge aus rotem Tuch zeigt im Obereck am Liek die Sterngruppe aus dem Wappen.

Hoheitsgebiet und territoriale Ansprüche der VR China

Der Grenzverlauf der VR China ist bis zum heutigen Tag über erhebliche Strecken hinweg umstritten. Allerdings konnten seit Ende der 1990er-Jahre zwölf spezifische Grenzstreitigkeiten mit sechs Nachbarländern im gegenseitigen Einvernehmen geklärt werden. Von besonderer Bedeutung war die Einigung mit Vietnam: Im Jahr 1999 schlossen die beiden Staaten ein Abkommen über den Verlauf der gemeinsamen Landesgrenze, das 2000 durch eine weitere Vereinbarung über die bis dato umstrittene Grenzziehung im Golf von Tongking ergänzt wurde. Im jüngsten Fall einigten sich China und Russland im Sommer 2008 über den Grenzverlauf zwischen den beiden Ländern. In diesem Zusammenhang hat Russland unter anderem Ansprüche auf die Heixiazi-Inseln – ein 174 km² großes Territorium am Zusammenfluss des Heilong Jiang und Wusuli Jiang (Ussuri) – an die VR China abgetreten.

Weiterhin heftig umstritten sind jedoch die Grenzlinien zwischen China und Indien sowie die Verläufe der Grenzen im Ostchinesischen sowie im Südchinesischen Meer. Die Konflikte zwischen China und Indien fokussieren sich in erster Linie auf die Region Aksai Chin im Nordwesten Tibets und die McMahon-Linie im Südosten des Tibetanischen Hochlands. Die strittigen territorialen Ansprüche resultieren aus Grenzziehungen, die noch unter britischer Kolonialherrschaft erstellt wurden. Aufgrund der schwierigen topografischen Gegebenheiten wurde der Grenzverlauf, der zudem häufig verändert wurde, zumeist nicht im Gelände, sondern nur in kartografischen Werken vermerkt. Im Ergebnis lag also ein substanzieller Interpretationsspielraum vor, der das Verhältnis zwischen China und Indien bis zum heutigen Tage massiv belastet.

Die Streitigkeiten im Ost- wie auch im Südchinesischen Meer entzünden sich in erster Linie an der Frage, wer Zugang zu den – so zumindest die Vermutung – reichen Erdöl- und

Politisches Leben

Die Nationalhymne

Der »Marsch der Freiwilligen«, 1934 ursprünglich als Filmlied von Nie Er komponiert, wurde 1949 zur vorläufigen und 1982 zur offiziellen Nationalhymne der VR China bestimmt.

Erhebt euch! Alle, die ihr keine Sklaven mehr sein wollt!
Lasst uns aus unserem Fleisch und Blut eine neue Große Mauer erbauen, wenn das chinesische Volk sich in der größten Gefahr befindet und die Unterdrückten letztmals aufschreien.

Erhebt euch! Erhebt euch! Erhebt euch!
Mit geeinten Herzen
trotzen wir dem feindlichen Kanonenfeuer, voran!
trotzen wir dem feindlichen Kanonenfeuer, voran!
Voran! Voran! Voran!

Während der Kulturrevolution wurde das Lied nur noch instrumental gespielt, jedoch nicht mehr gesungen, da der Verfasser des Textes, Tian Han, als »Rechtsabweichler« diffamiert wurde. Während dieser Periode erfüllte das im Mao-Kult verankerte Lied »Der Osten ist rot« die Funktion einer Quasinationalhymne.

Der Osten ist rot, die Sonne geht auf.
China hat Mao Zedong hervorgebracht.
Er plant Glück für das Volk,
hurra, er ist der große Erlöser des Volkes!

Der Vorsitzende Mao liebt das Volk,
er ist unser Führer,
um das neue China aufzubauen,
hurra, er führt uns voran!

Die Kommunistische Partei ist wie die Sonne,
wo sie hinscheint, ist es hell.
Dort, wo die Kommunistische Partei ist,
hurra, dort erfährt das Volk seine Befreiung.

Administrative Gliederung

Grundsätzlich ist die administrative Struktur der VR China heute in fünf staatliche und zwei Selbstverwaltungsebenen aufgeteilt. Diese Verwaltungsebenen sind hierarchisch miteinander verknüpft. Administrative Einheiten, die sich auf der gleichen Verwaltungsebene befinden, stehen allerdings keineswegs gleichberechtigt nebeneinander, sondern weisen z.T. erheblich divergierende Autonomiegrade und eigenständige Befugnisse gegenüber den übergeordneten Regierungs- und Verwaltungseinheiten auf.

Auf der ersten der Zentralregierung folgenden administrativen Ebene konstituiert sich die VR China heute aus zwei Sonderverwaltungsregionen, vier regierungsunmittelbaren Städten, 22 Provinzen (exklusive des von Beijing beanspruchten Taiwan) und fünf Autonomen Regionen.

Diese administrative Gliederung des chinesischen Staates hat sich in der Vergangenheit als äußerst flexibel und anpassungsfähig erwiesen. Die heute gültige regionale Verwaltungsstruktur basiert zwar auf bereits im Kaiserreich etablierten Verwaltungseinheiten, wurde allerdings im Laufe der Zeit grundlegend modifiziert. Die innovative Form der Autonomen Region wurde mit der AR Innere Mongolei

Erdgasvorkommen unter der Meeresoberfläche erhält. Die territoriale Oberhoheit über die strittigen Gebiete würde es den betreffenden Staaten zudem ermöglichen, die Schifffahrtsstraßen zu kontrollieren, welche durch die staatsrechtlich kontrovers diskutierten Regionen führen.

Eine Sonderstellung nimmt Taiwan ein. Die Insel liegt auf der Ostseite der etwa 180 Kilometer breiten Taiwanstraße vor der Küste der Provinz Fujian. Als ein Resultat aus dem chinesischen Bürgerkrieg der 1920er- bis 1940er-Jahre verfügt die Insel über eine eigene Regierung. 1949 floh die Guomindang-Regierung unter Jiang Jieshi (Chiang Kai-shek) nach vernichtenden militärischen Niederlagen auf die Insel. Die kommunistischen Truppen haben es in der Folgezeit nicht vermocht, ihren Bürgerkriegsgegner von dieser Insel – wie auch den erheblich näher an der Festlandküste gelegenen Inseln Kinmen und Matsu – zu vertreiben. Die Guomindang regiert zunächst mit diktatorischen Mitteln über mehrere Jahrzehnte hinweg in Taiwan. Der friedliche Demokratisierungs- und Emanzipierungsprozess in den 1980er- und 1990er-Jahren mündete in freien Wahlen von Parlamenten und Präsidenten, führte gleichzeitig aber immer wieder zu Spannungen mit der Volksrepublik China, die Taiwan als ihre »abtrünnige« 23. Provinz betrachtet.

Am 6. Juli 2006 wurde die alte Handelsroute zwischen Indien und China am Nathula-Pass wieder feierlich eröffnet. Sie war während der indisch-chinesischen Auseinandersetzungen 1962 geschlossen worden.

Länge der Landesgrenzen der VR China zu ihren Nachbarn (Festlandgrenzlinien)[1] in km

Landesgrenze	Grenzlänge	Landesgrenze	Grenzlänge
Nord-Korea	1416	Afghanistan	76
Russland (insgesamt)	3645	Pakistan	523
im Nordwesten	40	Indien	3380
Im Nordosten	3605	Nepal	1236
Mongolei	4673	Bhutan	470
Kasachstan	1533	Birma	2185
Kirgistan	858	Laos	423
Tadschikistan	414	Vietnam	1281
Landgrenzen insgesamt			22 113

[1] Die Angaben basieren auf Daten der CIA. Nach offizieller Lesart der Regierung der VR China erstreckt sich die Festlandgrenzlinie über 22 800 Kilometer.
Quelle: CIA, The World Factbook, 2008.

Fortsetzung Seite 96

Politisches Leben
Administrative Einheiten und Verwaltungsgliederung

Die VR China weist eine komplexe administrative Einteilung auf, die sich unterhalb der Zentralregierung über vier formale Verwaltungsebenen und zwei weitere sogenannte Selbstverwaltungsebenen erstreckt. Innerhalb dieser Ebenen existiert eine Vielzahl von spezifischen administrativen Einheiten, die unterschiedliche Selbstbestimmungsrechte und Regierungsgewalten aufweisen. Zentrale Einheit der Verwaltungsgliederung des Landes sind die 22 Provinzen sowie die im gleichen Rang stehenden regierungsunmittelbaren Städte Beijing, Chongqing, Shanghai und Tianjin.

Die größte Autonomie weisen die Sonderverwaltungsregionen Hongkong und Macau auf, die Ende der 1990er-Jahre zurück in das Hoheitsgebiet der VR China überführt wurden. Ihnen wurde für 50 Jahre das Recht zugestanden, lokale Angelegenheit weitgehend eigenständig zu regeln. Vergleichsweise umfassende Selbstbestimmungsrechte besitzen auch die im Provinzrang stehenden Autonomen Regionen sowie die auf untergeordneten Ebenen angesiedelten Autonomen Bezirke, Kreise, Banner und Nationalitätengemeinden. Diese für die nationalen Minderheiten eingerichteten Verwaltungseinheiten wurden nach sowjetischem Vorbild gestaltet. Sie unterliegen allerdings strikter Aufsicht durch die Zentralregierung, die jederzeit in die lokale Verwaltungsarbeit eingreifen kann.

Die heute in der VR China praktizierte regionale Verwaltungsgliederung basiert in weiten Bereichen auf den bereits in der Kaiserzeit festgesetzten Provinzgrenzen. Größere Verschiebungen gab es lediglich in Nordostchina, wo die früheren Provinzen Chahar, Fengtian, Rehe (Jehol), Suiyuan in die Provinzen Liaoning, Hebei sowie die AR Innere Mongolei überführt wurden, sowie in Westchina, wo die frühere Provinz Xikang auf Sichuan und die AR Tibet aufgeteilt wurde.

Administrative Einheiten der VR China

Einheit	Anzahl
Sonderverwaltungsregionen[1]	2
Verwaltungseinheiten auf Provinzebene (sheng)[2]	31
Regionen auf Bezirksebene (di)	333
Regionen auf Kreisebene (xian)	2 861
Regionen auf Gemeindeebene (xiang, zhen)	41 040

[1] Hongkong und Macau, [2] Anspruch der VR China auf Regierungshoheit auf Taiwan nicht berücksichtigt, exklusive der Sonderverwaltungsregionen

Grafik 1

Gründungszeitpunkte der Autonomen Regionen

Autonome Region	Datum der Gründung
Innere Mongolei	1. Mai 1947
Xinjiang Uygur	1. Oktober 1955
Guangxi Zhuangzu	15. März 1958
Ningxia Huizu	25. Oktober 1958
Tibet	9. September 1965

Grafik 2

Verwaltungseinheiten

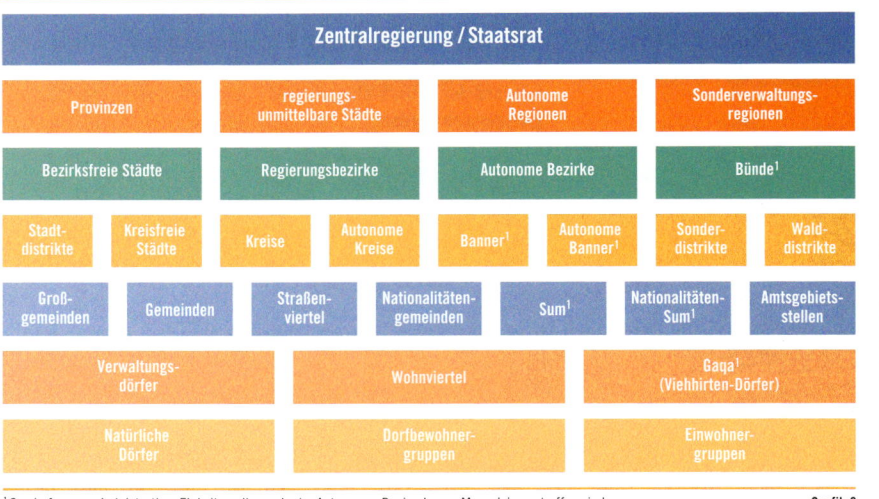

[1] Sonderformen administrativer Einheiten, die nur in der Autonomen Region Innere Mongolei anzutreffen sind.

Grafik 3

Verwaltungseinheiten

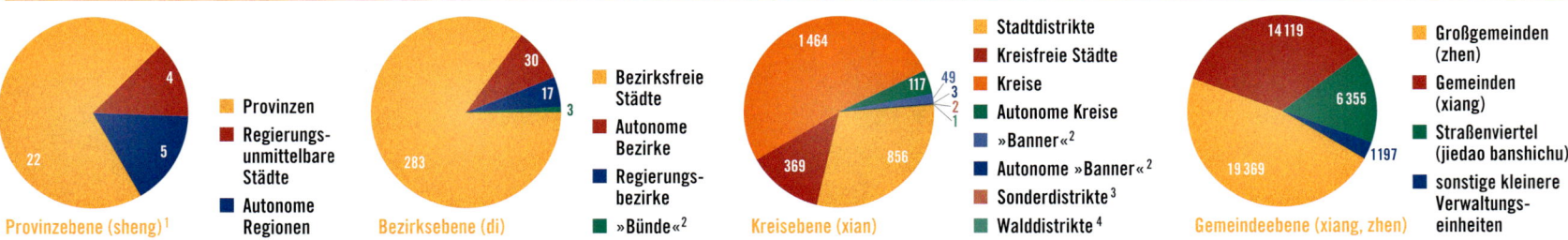

[1] Anspruch der VR China auf Regierungshoheit auf Taiwan nicht berücksichtigt, [2] nur in der AR Innere Mongolei, [3] nur in der Provinz Guizhou, [4] nur in der Provinz Hubei

Grafik 4

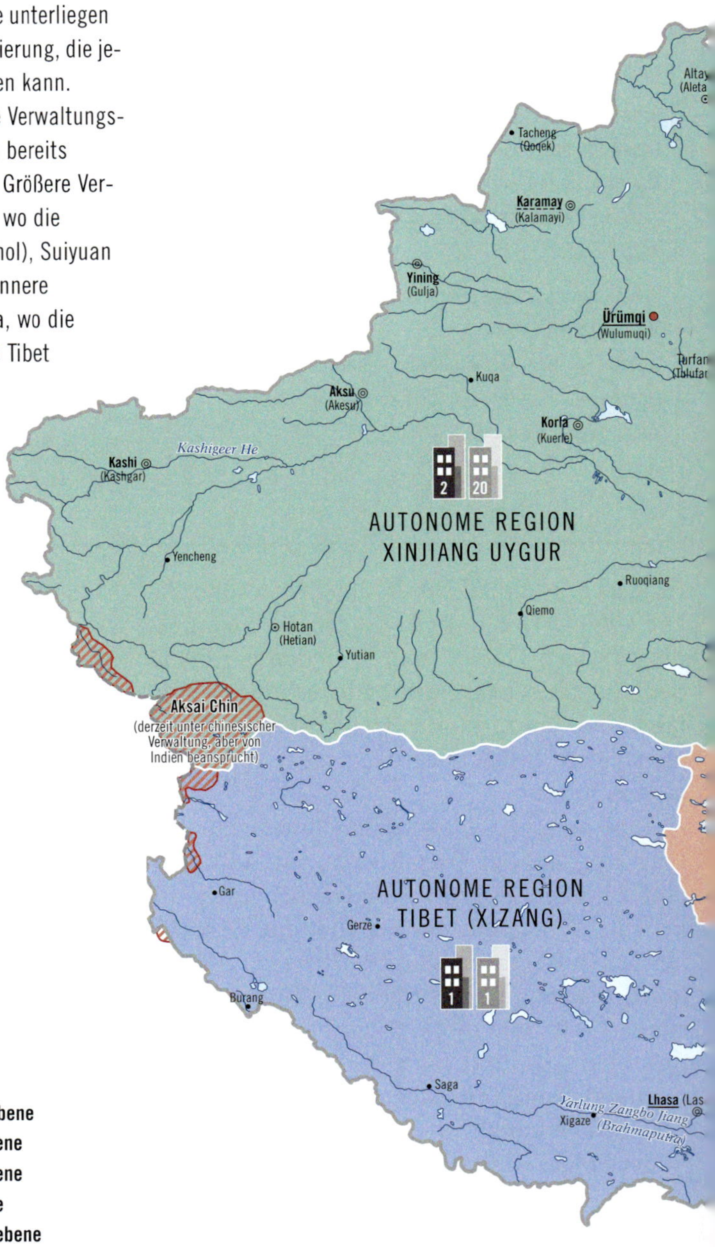

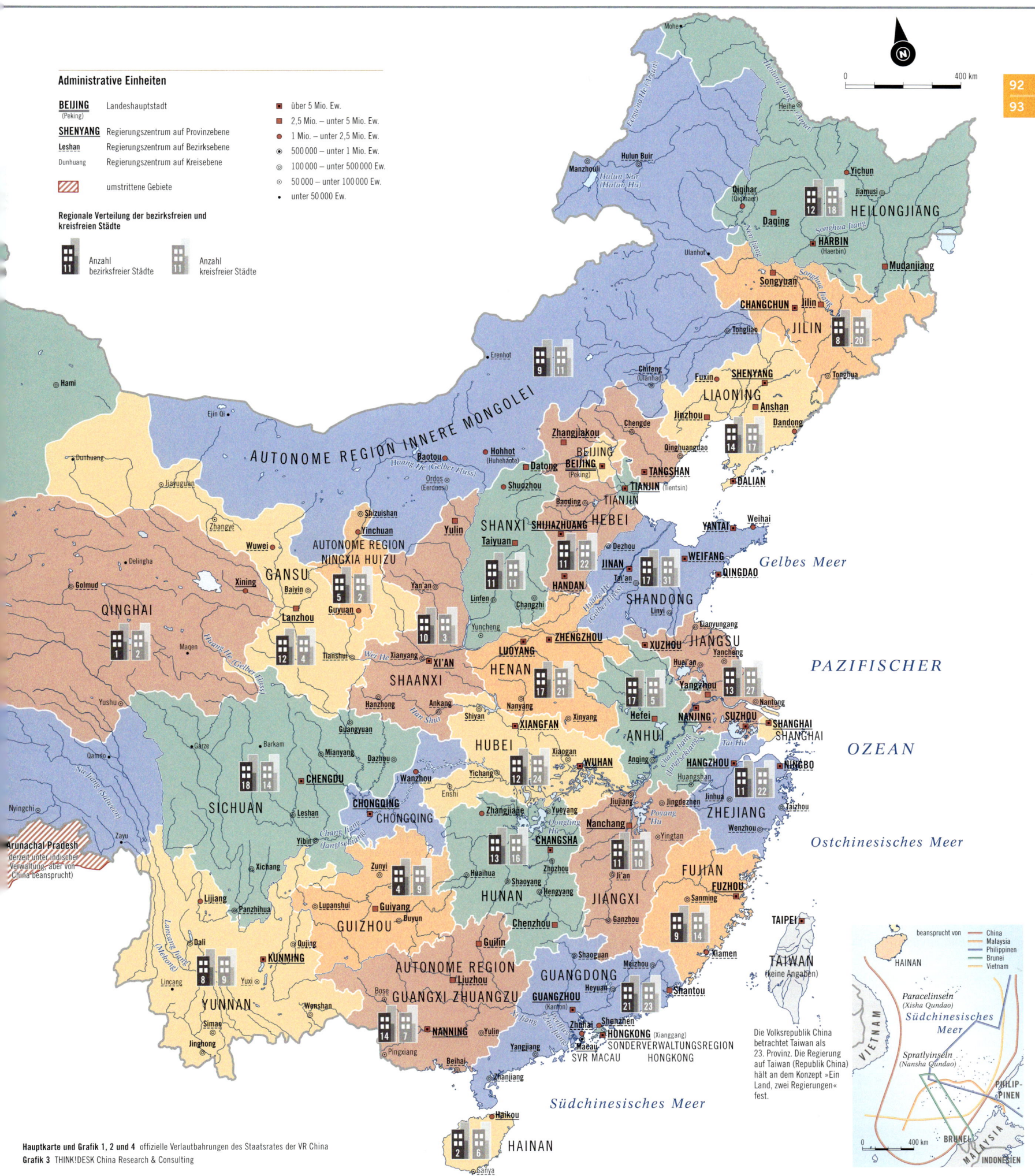

Politisches Leben
Sonderverwaltungsregionen – Hongkong und Macau

China verfügt über zwei »Sonderverwaltungsregionen«: Hongkong und Macau. Hongkong war vormals eine britische Kolonie und wurde am 1. Juli 1997 an China zurückgegeben. Macau wurde am 20. Dezember 1999 von Portugal, dessen Kolonie es seit dem Ende des 19. Jahrhunderts war, an die Volksrepublik China zurückgegeben. Sowohl Hongkong als auch Macau verfügen gemäß der chinesischen Strategie »Ein Land, zwei Systeme« zumindest für einen Zeitraum von 50 Jahren nach der Rückgabe über verhältnismäßig große Autonomie (u. a. eigenständige Währungen, Zollgebiete, Steuersysteme) gegenüber der Zentrale in Beijing. Hongkong hat als zentraler Handels- und Finanzstützpunkt für die Wirtschaftsentwicklung Chinas bereits vor der Vereinigung eine entscheidende Rolle gespielt. Auch heute noch gilt Hongkong als eine der liberalsten Wirtschaftsregionen der Welt und ist mitentscheidend für den weiteren Wirtschaftsaufschwung der Volksrepublik China.

Macau hingegen war lange Jahre bekannt für die Produktion von Textilien und künstlichen Blumen. Heute ist Macau eine Touristenattraktion und hat mit seinen Kasinos Las Vegas den Rang als bedeutendes Glücksspielzentrum abgelaufen. Übrigens wächst Macau durch Landaufschüttung vor seinen Inseln jedes Jahr weiter an: 1984 betrug die Fläche Macaus nur 15,5 km^2, doch 2007 hatte sie sich mit 28,6 km^2 bereits fast verdoppelt.

Steuereinnahmen Macaus in Mio. Macau Pataca[1]

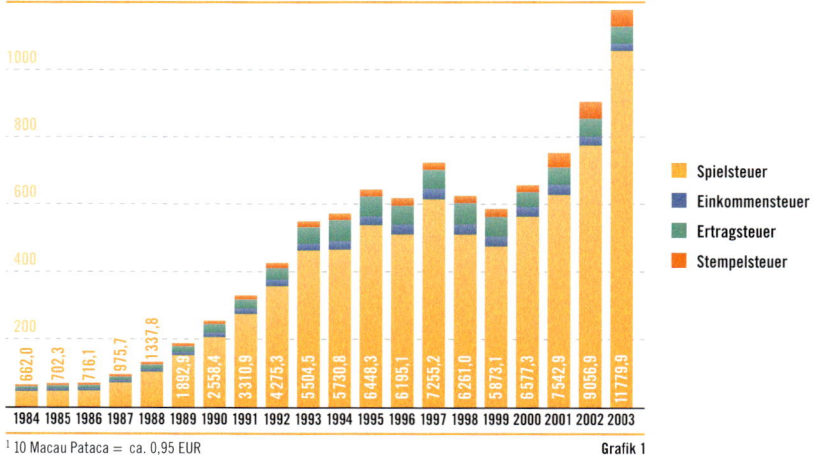

[1] 10 Macau Pataca = ca. 0,95 EUR

Grafik 1

Fläche Macaus 1984–2007, in km^2

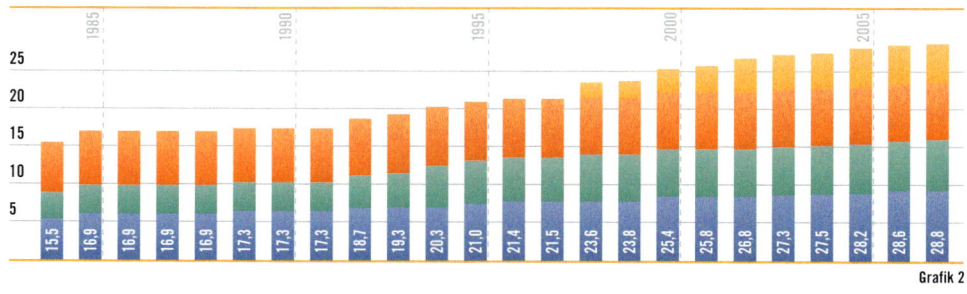

Grafik 2

Auslandsinvestitionen nach und aus Hongkong zum Ende des Jahres in Mrd. HK-$[1]

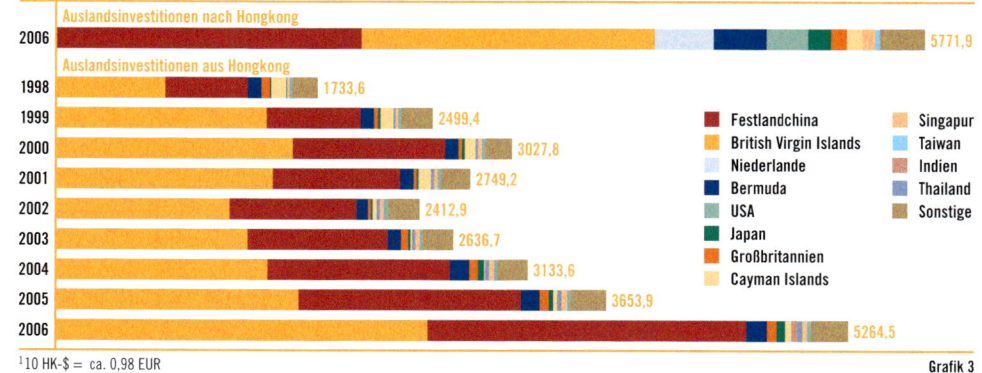

[1] 10 HK-$ = ca. 0,98 EUR

Grafik 3

Daten zu Macau

Fläche	28,8 km^2
Küstenlinie	41 km
Bevölkerung[1]	545 674
Altersdurchschnitt	35 Jahre
Geburtenrate[1]	8,69 je 1000 Ew.
BIP[2]	12,5 Mrd. US-$
BIP-Wachstum[2]	16,6 %
BIP/Kopf[2]	28 400 US-$
Arbeitslosenrate[2]	3,1 %
Inflationsrate[2]	7,2 %

[1] 2008, [2] 2006

Grafik 4

Daten zu Hongkong

Fläche	1092 km^2
Küstenlinie	733 km
Bevölkerung[1]	7 018 636
Altersdurchschnitt	41,7 Jahre
Geburtenrate[1]	7,37 je 1000 Ew.
BIP[2]	292,8 Mrd. US-$
BIP-Wachstum[2]	6,3 %
BIP/Kopf[2]	42 000 US-$
Arbeitslosenrate[2]	4,1 %
Inflationsrate[2]	2,0 %

[1] 2008, [2] 2007

Grafik 5

Politisches Leben

Sonderverwaltungsregionen Hongkong und Macau

Legende:
- bebaute Fläche
- Grünfläche
- sonstiges Stadtgebiet
- wichtige Straße
- Flughafen

Übersichtskarte Hongkong SVR
GUANGDONG, Shenzhen, Tuen Mun, Tsuen Wan, Sha Tin, New Kowloon, Kowloon, Victoria, Lantau Island, Hongkong Island, Lamma Island, Perlfluss-Delta (Zhu Jiang Kou), Macau SVR, Hengqin Island, Südchinesisches Meer

Hauptkarte China (Provinzen)
HEILONGJIANG (Harbin), JILIN (Changchun), LIAONING (Shenyang), AUTONOME REGION INNERE MONGOLEI, GANSU (Yinchuan), AUTONOME REGION NINGXIA HUIZU, QINGHAI (Xining, Lanzhou), SHAANXI (Xi'an), CHONGQING, HUNAN (Changsha), JIANGXI (Nanchang), GUIZHOU (Guiyang), FUJIAN (Fuzhou), AUTONOME REGION GUANGXI ZHUANGZU (Nanning), GUANGDONG (Guangzhou/Kanton, Shenzhen), HONGKONG SVR (Hongkong/Xianggang), Macau SVR, HAINAN (Haikou), TAIWAN (Taipei)

Gewässer: Huanghe (Gelber Fluss), Wei He, Han Shui, Xi Jiang, Perlfluss, Ostchinesisches Meer, Südchinesisches Meer, Hulun Nur (Hulun Hu), Nen Jiang, Songhua Jiang, Ergnua he (Argun), Heilong Jiang (Amur), Dongting Hu

Macau SVR (Detailkarte)
Zhuhai, Macau, Macau Peninsula, Inner Harbour, Reservoir, Macau Ferry Terminal Outer Harbour, Sai Van Lake, Nam Van Lake, Macau Tower, Friendship Bridge, Sai Van Bridge, Macau-Taipa Bridge, University of Macau, New Ferry Terminal, Taipa, Race course, University, Macau Dome, Cotai, Lotus Bridge, Hengqin Island, Coloane, GUANGDONG, Perlfluss-Delta (Zhu Jiang Kou)

Hongkong SVR (Detailkarte)
GUANGDONG, Hau Hoi Wan, Sheung Shui-Fanling, Kat O Chau, Tai Pang Wan, Ping Chau, Tin Shui Wai, Yuen Long, Tai Po, Tap Mun Chau, Tolo Channel, Ma Liu Shui, High Island, High Island Reservoir, Tuen Mun, Shing Mun Reservoir, Sai Kung, Tsuen Wan, Sha Tin, Ho Chung, Kiu Tsui Chau, Sau Sai Chau, Port Shelter, Tiu Chung Chau, New Kowloon, Kwun Tong, Hang Hau, Tseung Kwan O (Tiu Keng Wan), Tsing Yi, Tsing Chau, Kowloon, Victoria Harbour, Junk Bay, Fat Tong Chau, Tathong Channel, Tung Chung, Tai O, Lantau Island, Victoria, Hongkong Island, Aberdeen, East Lamma Channel, Tung Lung Chau, Tong Fuk, Stanley, Shek O, Cheung Chau, Lamma Island, Hok So Wan, Lo Chau, Po Toi, Perlfluss-Delta (Zhu Jiang Kou), Südchinesisches Meer

---

Hauptkarte United States of America, Department of Defense, 2008
Grafik 1 und 2 Statistics and Census Service Macao   **Grafik 3** Census and Statistics Department, Hong Kong
Grafik 4 und 5 THINK!DESK China Research & Consulting

Politisches Leben

Vor dem Palast des Dalai-Lama in Tibets Hauptstadt verliest ein Dolmetscher die Beschlüsse Beijings zur Bildung einer neuen Regierung.

Das lokale Parlament in Chongqing. Die regierungsunmittelbare Stadt, die wie Beijing, Tianjin und Shanghai Provinzstatus genießt, gewann durch die Ausgliederung aus der Provinz Sichuan ein Hinterland von fast der Größe Österreichs hinzu.

Die Fassaden kolonialer Bauten zeugen von der portugiesischen Vergangenheit Macaus. Am 20. Dezember 1999 wurde Macau offiziell an China zurückgegeben.

bereits vor der Ausrufung der VR China in den von der Roten Armee besetzten Gebieten ins Leben gerufen. Die anderen Autonomen Regionen wurden dann im Verlauf der 1950er-Jahre, die Autonome Region Tibet erst im Jahr 1965 gegründet.

Wichtige Änderungen der regionalen Verwaltungsstruktur betreffen die Provinz Hainan, die 1988 von der Provinz Guangdong ausgegliedert wurde, und die regierungsunmittelbare Stadt Chongqing, die 1997 aus der Provinz Sichuan herausgelöst wurde. Auf der Bezirks-, Stadt-, Kreis- und Gemeindeebene sind vergleichsweise häufig Anpassungen an sich verändernde demografische und ökonomische Gegebenheiten zu beobachten. Eine weitere – weltweit einzigartige – Sonderform stellen die Sonderverwaltungsregionen dar. Als solche wurden die ehemaligen Kolonialgebiete Hongkong und Macau 1997 respektive 1999 in chinesisches Hoheitsgebiet zurückgeführt.

Die Sonderverwaltungsregionen
Das Modell der Sonderverwaltungsregionen ist Ausdruck des Leitsatzes »Ein Land, zwei Systeme«, mittels dessen die politische Führung der VR China versucht, kapitalistische, rechtsstaatlich organisierte Gesellschaften symbiotisch in ihre (markt)sozialistische Ein-Parteiendiktatur zu integrieren. Die Sonderverwaltungszonen sind – über massive Grenzanlagen auch physisch deutlich abgetrennte – Enklaven innerhalb der VR China, die über einen hohen Grad an Autonomie verfügen. Allein die außenpolitische Vertretung und der militärische Schutz obliegen uneingeschränkt der politischen Führung in Beijing. Ansonsten verfügen die Sonderverwaltungsregionen über eigenständige Regierungs- und Rechtssysteme, eigene Wirtschaftsordnungen und Währungen und sind selbstständige Mitglieder in internationalen Organisationen. Sowohl Hongkong als auch Macau ist vertraglich zugesichert worden, dass sie diesen hohen Grad der Autonomie für mindestens 50 Jahre nach ihrem Beitritt zur VR China behalten werden.

Historische Wurzeln: Kolonialerfahrung

Die Wurzeln des modernen China liegen in der Erfahrung eines sich über zwei Jahrhunderte hinziehenden Niedergangs, der China von dem – im eigenen Selbstverständnis – dominierenden »Reich der Mitte« zu einem verarmten, technisch rückständigen Spielball der industriellen Führungsmächte des ausgehenden 19. und frühen 20. Jahrhunderts machte.

Der Niedergang der Dynastie der mandschurischen Qing setzte bereits im 18. Jahrhundert ein, als die Volkswirtschaft die Befähigung verlor, den raschen Bevölkerungszuwachs aufzufangen, eine ökologisch nicht nachhaltige Landwirtschaft zunehmend die Fundamente der Nahrungsmittelversorgung untergrub, der Opiumschmuggel die Funktionsfähigkeit der Geldwirtschaft zu unterminieren begann und eine zunehmend korrupte Bürokratie immer weniger in der Lage war, die Bevölkerung weise zu regieren. Der Untergang des chinesischen Kaiserreichs aber wird nur durch den wachsenden externen Druck verständlich.

Im Inneren erheblich geschwächt, sah sich das Kaiserreich im 19. Jahrhundert mit immer aggressiver auftretenden ausländischen Mäch-

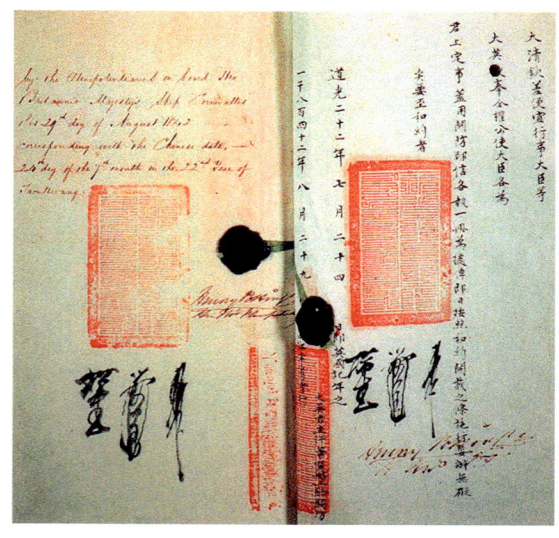
Das Ende des Opiumkrieges wurde durch den Friedensvertrag von Nanjing am 29. August 1842 besiegelt.

Vertragshäfen und Konzessionen

Im Vergleich zu den als Kolonien angelegten und langfristigen politischen Zielen dienenden Pachtgebieten waren die in den Vertragshäfen eingerichteten Konzessionen und Niederlassungen in erster Linie als Handelsstützpunkte der ausländischen Mächte organisiert. Diese innerhalb von chinesischen Städten eingerichteten Wohn- und Geschäftsgebiete blieben formal unter chinesischer Souveränität, waren aber an die ausländischen Mächte – i. d. R. für 99 Jahre – verpachtet. Das Polizeiwesen, die Versorgung mit Gas, Elektrizität und Wasser, das öffentliche Gesundheitswesen etc. oblagen einer vom ausländischen Pächter organisierten politischen Führung und Verwaltung. Die meisten der hier lebenden Chinesen unterlagen allerdings weiterhin chinesischer Gerichtsbarkeit.

Politisches Leben

ten konfrontiert, die die alte chinesische Überzeugung, dass außerhalb des chinesischen Reiches nur Barbaren existieren könnten, nun umdrehten und ihre kulturellen Werte als den chinesischen weit überlegen aggressiv propagierten. Der Versuch der Qing-Dynastie, den über Kanton (heute bekannt als Guangzhou) abgewickelten Opiumschmuggel der Briten nach China zu unterbinden, löste den Opiumkrieg (1840–42) aus. Von den militärisch weit überlegenen Briten besiegt, war China 1842 gezwungen, den ersten der »ungleichen Verträge« zu unterzeichen. Das unterlegene China musste eine Kriegsentschädigung zahlen, Hongkong an die Britische Krone abtreten und fünf weitere Häfen, darunter Shanghai, als »Vertragshäfen« dem britischen Handel öffnen.

1844 musste China zusätzliche exterritoriale Privilegien gewähren und die Meistbegünstigungsklausel zugestehen (d. h., dass »günstigere« Vertragsbedingungen, die China einer anderen Partei gewährte, China automatisch auch Großbritannien einräumen musste). Ähnliche »ungleiche Verträge« konnten in der Folge auch Frankreich und die USA von China erzwingen. Die militärisch erzwungenen Verträge von Tientsin (Tianjin, 1858) und Peking (Beijing, 1860) regelten die Errichtung von Gesandtschaften in der chinesischen Hauptstadt und die ungehinderte Missionstätigkeit der christlichen Kirchen im ganzen Reich. An Russland ging in den Verträgen von Aigun (1858) und Peking (1860) das Gebiet nördlich des Amur und östlich des Wusuli Jiang (Ussuri) verloren, Tibet driftete 1855 aus dem chinesischen Machtbereich, Nepal (1855) und Birma (1886) gerieten unter britischen, Vietnam (1862–85) unter französischen Einfluss.

Der Versuch Japans, China aus Korea zu verdrängen, löste im Sommer 1894 den ersten Chinesisch-Japanischen Krieg aus. Trotz der zahlenmäßigen Überlegenheit der chinesischen Truppen endete dieser Krieg nach einer verlorenen Seeschlacht im Mündungsbereich des Yalu (September 1894), dem Verlust der südlichen Mandschurei und erfolgreicher Landung der Japaner in Shandong mit der Niederlage Chinas. Im Friedensvertrag von Shimonoseki (1895) erkannte China die Unabhängigkeit Koreas an und trat die Insel Formosa (Taiwan) und die Pescadores an Japan ab. 1897/98 kam es zu weiteren Verlusten von Hoheitsrechten mit der erzwungenen Abtretung der Pachtgebiete von Port Arthur (heute Dalian) an Russland, von Weihaiwei in Shandong und der New Territories von Hongkong an Großbritannien, von Jiaozhou (Kiautschou) in Shandong an das Deutsche Reich und von Guangzhouwan (Kanton-Bucht) in Guandong an Frankreich.

Kiautschou – deutsches Pachtgebiet

Das Gebiet von Kiautschou, in Pinyin: Jiaozhou, war von 1889 bis 1914 deutsches Pachtgebiet und Flottenstützpunkt. Im Süden der Halbinsel Shandong gelegen, erstreckte sich die Kolonie über 515 km². Kurz vor Ausbruch des Ersten Weltkriegs lebten hier ca. 400 Deutsche und 200 000 Chinesen. Das unscheinbare Fischerdorf Tsingtao (Qingdao) wurde zur »Hauptstadt« der Kolonie ausgebaut.

An vielen Straßen in Qingdao (Tsingtao) – hier ein Geschäftsgebäude in der Guangxian Lu – stehen heute noch Häuser, die aus der deutschen Kolonialzeit stammen.

Die Einrichtung eines deutschen Flottenstützpunktes in der Region Kiautschous war bereits Jahrzehnte vorher erwogen worden. Als Vorwand zur tatsächlichen Besetzung durch Konteradmiral Otto von Diederichs im Jahr 1897 wurde aber schließlich die Ermordung zweier Missionare der Steyler Mission (offiziell Gesellschaft des Göttlichen Wortes) herangezogen. Nach erfolgter Besetzung durch deutsche Marineinfanteristen wurde die Kiautschou-Bucht 1989 offiziell auf 99 Jahre von China gepachtet. Das Gebiet ging aber schon nach Ausbruch des Ersten Weltkriegs zunächst in japanischen Besitz über und wurde 1922 erneut der chinesischen Regierung übereignet.

Während der deutschen Besetzung wurden in Kiautschou umfangreiche Infrastruktureinrichtungen geschaffen. Die wohl berühmteste Gründung der deutschen Kolonialzeit ist die heute weltweit bekannte Brauerei Tsingtao. In finanzieller Hinsicht konnte Kiautschou die in es gesteckten Erwartungen der deutschen Regierung nicht annähernd erfüllen. Obwohl der chinesischen Regierung das Recht zum Abbau der lokalen Kohlevorkommen abgetrotzt worden war, verschlang die Kolonie Subventionen in dreistelliger Millionenhöhe (Reichsmark).

Unter deutschem Reichsadler grüßen freundlich zwei Chinesen in die ferne Heimat. Stolz präsentierte man die neue Kolonie auf Postkarten.

Fortsetzung Seite 100

Politisches Leben
Historie I – Vertragshäfen, Konzessionen und Kolonien

Ab Mitte des 19. Jahrhunderts begannen die westlichen Industriestaaten und später dann auch Japan, ihre Interessen und Einflusssphären in dem im Niedergang begriffenen Chinesischen Reich abzustecken. Mittels militärischer Gewalt, für deren Einsatz die verschiedensten »Anlässe« gefunden wurden, wurden zum einen Vertragshäfen, Konzessionen und Niederlassungen eingerichtet und zum anderen Kolonien gegründet. Während die erstere Form der Präsenz in erster Linie kurzfristigen Handelsinteressen diente, waren die Kolonien mit längerfristigen strategischen Zielen verbunden. In diesen Kolonien wurden seitens der Kolonialmächte zum Teil erhebliche Investitionen getätigt und umfangreiche Infrastruktureinrichtungen geschaffen. Hongkong (Großbritannien), Macau (Portugal) und Kiautschou auf der Halbinsel Shandong (Deutsches Reich) sind die bekanntesten Kolonien. Alle ausländischen Enklaven gingen für die chinesische Regierung mit massiven Verlusten an Hoheitsgewalt einher und beraubten die Landesführung immer mehr der Möglichkeit, die Geschehnisse im Lande zu kontrollieren oder gar zu steuern. Ausländische Bürger genossen in der Regel den Status der Exterritorialität, waren also nicht chinesischem Recht unterworfen. Polizeigewalt, Zollhoheit und andere zentrale Steuerungsbereiche lagen uneingeschränkt in Händen ausländischer Repräsentanten. Die Einfuhr von Opium, gegen die die Qing-Dynastie 1840 aufbegehrt hatte, wurde, ohne dass die chinesische Regierung dies verhindern konnte, mit voller Energie weiter vorangetrieben. Die führenden Industriemächte waren spätestens in der zweiten Hälfte des 19. Jahrhunderts faktisch im Begriff, das Chinesische Reich untereinander aufzuteilen. Die Qing-Dynastie war längst nicht mehr Herr des eigenen »Reichs der Mitte«.

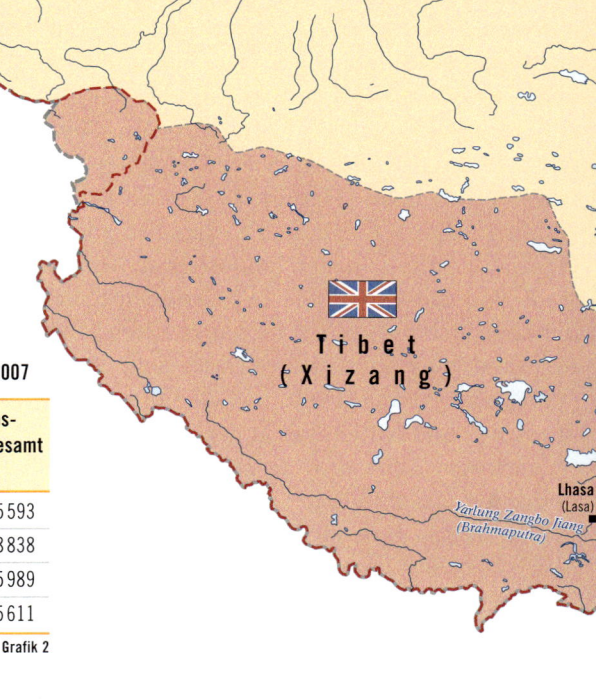

Konzessionen der Vertragsmächte[1]

Britische Konzessionen		Guangzhou	1861–1945	Deutsche Konzessionen	
Shanghai[2]	1845–1863	Hankou	1861–1945	Tianjin	1895–1917
Tianjin	1860–1945	**Japanische Konzessionen**		Hankou	1895–1917
Hankou	1861–1927	Weihaiwei	1895–1898	**Italienische Konzession**	
Jiujiang	1861–1927	Hangzhou	1896–1945	Tianjin	1902–1917
Zhenjiang	1861–1929	Suzhou	1897–1945	**Österreichisch-ungarische Konzession**	
Guangzhou	1861–1945	Hankou	1898–1945	Tianjin	1903–1917
Xiamen	1878–1930	Shashi	1898–1945	**Belgische Konzession**	
Weihaiwei	1898–1930	Tianjin	1898–1945	Tianjin	1902–1931
Konzessionen der USA		Fuzhou	1899–1945	**Internationale Niederlassungen**	
Shanghai[2]	1848–1863	Xiamen	1899–1945	Shanghai	1863–1945
Tianjing	1860–1902	Chongqing	1901–1937	Yantai	1866–1934
Französische Konzessionen		**Russische Konzessionen**		Gulangyu[3]	1902–1945
Shanghai	1849/54–1945	Hankou	1895–1924		
Tianjin	1860–1945	Tianjin	1900–1924		

[1] Abhängig vom tatsächlichen Status der entsprechenden Region können die Jahresangaben je nach Quelle voneinander abweichen; [2] »privates« Residenzgebiet; [3] Insel vor Xiamen

Grafik 1

Zivile Bevölkerung im Stadtgebiet von Tsingtau (Qingdao)[1] 2007

Jahr	Chinesen	Europäer und Amerikaner	Japaner	Andere Asiaten	Insgesamt
1902	14 905	688[2]	–	–	15 593
1904	27 622	962[2]	152	7	28 838
1910	34 130	1 621[3]	167	21	35 989
1913	53 312	2 069[3]	205	25	55 611

[1] Hinzu kommt noch die Garnison mit [2] 1850 beziehungsweise [3] 2400 Soldaten.

Grafik 2

Außenhandelsstatistik des Deutschen Reiches mit China in Mio. Reichsmark

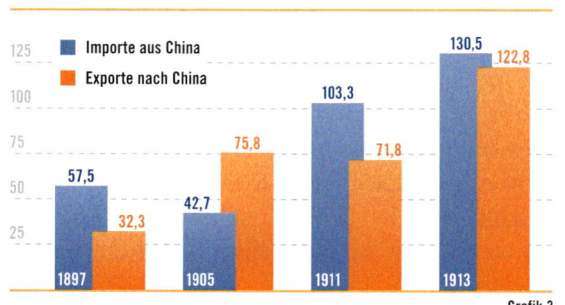

Grafik 3

Bevölkerungszahl in den Konzessionen um 1930[1]

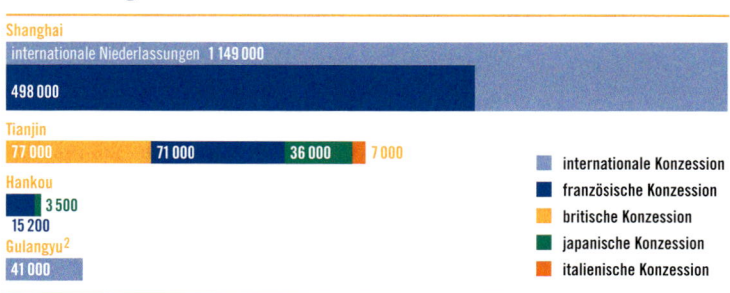

[1] In allen Fällen bildeten Chinesen die Bevölkerungsmehrheit; [2] Insel vor Xiamen, bezogen auf 1925

Grafik 4

Politisches Leben

Eine Gruppe bewaffneter Boxer während des Boxeraufstandes.

Innerhalb nur weniger Jahrzehnte war das stolze chinesische Kaiserreich aufgebrochen worden und die führenden Industriestaaten hatten begonnen, das Land untereinander aufzuteilen. Pachtgebiete und Vertragshäfen (Konzessionen) ausländischer Mächte zogen sich über die Kernregionen des Reichs. Den drohenden Ausverkauf des Landes vor Augen, wurde um die Jahrhundertwende mit der Reformbewegung des Kang Youwei ein erster Versuch der inneren Erneuerung gestartet, der allerdings durch übermächtige konservative Kräfte schnell wieder konterkariert wurde. Weitere militärische Niederlagen und demütigende Friedensverträge folgten. Die Niederschlagung des Boxeraufstandes und die Besetzung Beijings durch ein internationales Expeditionsheer im August 1900 mündeten ein Jahr später mit dem »Boxerprotokoll« in massiven Einschränkungen der Hoheitsrechte der chinesischen Herrscherdynastie und Forderungen nach Entschädigungszahlungen, die das Reich letztlich in den Ruin trieben. Der Russisch-Japanische Krieg (1904–05) führte schließlich dazu, dass die Mandschurei, das Stammland der Qing-Dynastie, in eine russische und eine japanische Einflusszone aufgeteilt wurde. Jetzt eingeleitete Reformversuche kamen zu spät. Als sich 1911 eine lokale Militärrevolte in Wuhan auf das Reich ausweitete, dankte der letzte Kaiser Pu Yi am 12.2.1912 zugunsten der am Jahresende 1911 in Nanjing von den Revolutionären um Sun Yixian (Sun Yat-sen) ausgerufenen Republik ab.

Boxeraufstand

Die Boxer-Bewegung [*Yihetuan* »Verband für Gerechtigkeit und Harmonie«] entstand Ende des 19. Jahrhunderts vor dem Hintergrund von Massenarmut und Hungersnöten in Nordostchina. Mit der Mischung aus religiös-magischen und patriotisch-fremdenfeindlichen Inhalten konnte die Bewegung innerhalb kurzer Zeit Millionen Menschen anziehen. Sie kulminierte 1900 im Boxeraufstand, der mit der Ermordung des deutschen Gesandten Klemens Freiherr von Ketteler und der Belagerung des Beijinger Gesandtschaftsviertels zur Entsendung eines internationalen Militärkorps führte. Unter der Führung des deutschen Generalfeldmarschalls Alfred Graf von Waldersee wurde der Aufstand niedergeschlagen.

Historische Wurzeln: Bürgerkrieg und japanische Invasion

Nach der Auflösung des chinesischen Kaiserreichs durch die Abdankung des letzten Qing-Regenten Pu Yi stürzte China in eine fast vier Jahrzehnte andauernde Periode gewaltsamer Auseinandersetzungen, im Rahmen derer rivalisierende politische Gruppen und lokale Führungspersönlichkeiten (Warlords) um Macht und Einfluss kämpften. In der Endphase dieses an vielen Fronten geführten Bürgerkrieges marschierten japanische Truppen in das Land ein und versuchten, China in das Großjapanische Reich zu integrieren. Zum Ende dieser Periode war die ehemalige Großmacht China, zerrüttet von Kriegen, Hungersnöten und belastet mit einer brachliegenden weitgehend präindustriellen Volkswirtschaft, in das Armenhaus der Weltgemeinschaft abgestiegen. Diese Übergangsperiode zwischen dem Ende des Kaiserreichs und der Ausrufung der Volksrepublik China war grundsätzlich durch die Interaktion dreier großer Akteure bestimmt: die eher konservativ ausgerichtete Guomindang (Kuomintang), zunächst unter der Führung von Sun Yixian (Sun Yat-sen) und ab 1925 von Jiang Jieshi (Chiang Kai-shek), die Kommunistische Partei und die japanischen Invasionstruppen.

Nachdem die Bemühungen Sun Yixians gescheitert waren, gemeinsam mit den lokalen *Warlords* eine nationale Basis für die neuerliche politische Einigung Chinas zu schaffen, suchte die Guomindang zu Beginn der 1920er-Jahre den Kontakt zur Sowjetunion und organisierte sich in Gestalt einer leninistischen Kaderpartei neu. Mithilfe der Sowjetunion und der Komintern wurde ein revolutionäres Regierungssystem eingerichtet und ein Bündnis zwischen der Guomindang und der erst 1921 gegründeten Kommunistischen Partei Chinas (KPCh) geschlossen. Die zu diesem

Die Guomindang

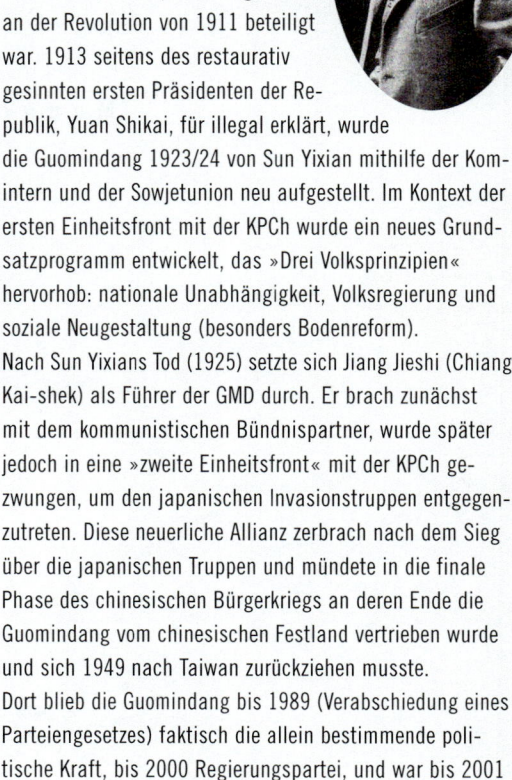

Die Guomindang (»Nationale Volkspartei«) ging 1912 aus der von Sun Yixian (Sun Yat-sen) 1905 gegründeten Geheimgesellschaft Tongmenghui (Tung-meng-hui, »Schwurbrüderschaft«) hervor, die maßgeblich an der Revolution von 1911 beteiligt war. 1913 seitens des restaurativ gesinnten ersten Präsidenten der Republik, Yuan Shikai, für illegal erklärt, wurde die Guomindang 1923/24 von Sun Yixian mithilfe der Komintern und der Sowjetunion neu aufgestellt. Im Kontext der ersten Einheitsfront mit der KPCh wurde ein neues Grundsatzprogramm entwickelt, das »Drei Volksprinzipien« hervorhob: nationale Unabhängigkeit, Volksregierung und soziale Neugestaltung (besonders Bodenreform). Nach Sun Yixians Tod (1925) setzte sich Jiang Jieshi (Chiang Kai-shek) als Führer der GMD durch. Er brach zunächst mit dem kommunistischen Bündnispartner, wurde später jedoch in eine »zweite Einheitsfront« mit der KPCh gezwungen, um den japanischen Invasionstruppen entgegenzutreten. Diese neuerliche Allianz zerbrach nach dem Sieg über die japanischen Truppen und mündete in die finale Phase des chinesischen Bürgerkriegs an deren Ende die Guomindang vom chinesischen Festland vertrieben wurde und sich 1949 nach Taiwan zurückziehen musste. Dort blieb die Guomindang bis 1989 (Verabschiedung eines Parteiengesetzes) faktisch die allein bestimmende politische Kraft, bis 2000 Regierungspartei, und war bis 2001 stärkste Partei im Parlament.
Jiang Jieshi regierte von 1950 bis zu seinem Tode im Jahr 1975 formal als deren Präsident die »Republik Taiwan«.

Politisches Leben

Der Führer der Kommunistischen Partei Chinas, Mao Zedong, am 1.1.1947 zu Pferd auf dem Weg nach Shaanbei (Provinz Shaanxi) während des Bürgerkriegs gegen die Guomindang.

Gedicht über den Langen Marsch

Mao Zedong war ein begeisterter Poet, der politische Ereignisse und persönliche Stimmungen auch in Versform zu erfassen suchte. Im Oktober 1935 verfasste er, gerade in Yan'an angekommen, folgendes Gedicht (offizielle Übersetzung des Verlags für Fremdsprachige Literatur, Beijing, 1978):

Die Rote Armee verachtet, weit marschierend, das Leid, tausend Berge, zehntausend Flüsse für sie nur eine Kleinigkeit.
Der fünf Gebirge Höhen ein Kräuseln winziger Wellen, der mächtige Wumeng ein Klumpen Erde im Vorbeigehen.
Warm – umwölkte Klippen von Goldsandwogen umspült, kalt – die Eisenketten der Brücke über den Dadu-Fluss.
Freudiger noch am Minshan, tausend Li nichts als Schnee, drei Heere, darüber hinweg – die Gesichter gelöst.

Zeitpunkt lediglich 420 Personen zählenden Mitglieder der KPCh traten im Rahmen des Bündnisses geschlossen der Guomindang bei.

Die späteren erbitterten Bürgerkriegsgegner arbeiteten zu diesem Zeitpunkt eng zusammen und schufen auch gemeinsam die militärischen Grundlagen ihrer Streitkräfte. Mit Beratung des sowjetischen Generals Wassilij K. Blücher (russisch Bljucher; er agierte unter dem Pseudonym Galen) wurde 1924 eine Militärakademie in Huangpu (»Whampoa«, bei Guangzhou) gegründet, die unter der Leitung des Generals Jiang Jieshi und seines Stellvertreters Zhou Enlai die militärischen Kader der Revolutionsarmee ausbildete.

Das Bündnis hatte jedoch nicht lange Bestand. Jiang Jieshi, dessen Feldzug gegen die lokalen Machthaber (»Nordfeldzug« 1926–1928) sehr erfolgreich verlaufen war und der nun kurz vor dem Ziel eines politisch vereinigten Chinas stand, wandte sich plötzlich gegen die Kommunistische Partei und ließ im April 1927 zahlreiche Kommunisten ermorden. Die wenigen Parteimitglieder und Sympathisanten, die dem sogenannten Shanghai-Massaker entkommen konnten, gingen in den Untergrund und gründeten in entlegenen Gebieten neue Stützpunkte. Jiang Jieshi errichtete währenddessen in Nanjing eine Nationalregierung und stieg zur dominierenden politischen Führungspersönlichkeit des Landes auf.

Die KPCh versuchte währenddessen einen Guerillakrieg gegen das Regierungssystem von Nanjing aufrechtzuerhalten, schuf in ihren Stützpunkten nach sowjetischem Vorbild Räteregierungen und führte in ihren Einflussgebieten Agrarrevolutionen durch. 1931 wurde die Chinesische Sowjetrepublik mit der Hauptstadt Ruijin gegründet. Die politische Führung der KPCh war allerdings zerstritten. Mao Zedong hatte seinen Führungsanspruch noch nicht durchsetzen können. Großen Einfluss auf die kommunistische Bewegung hatte zu diesem Zeitpunkt insbesondere der von der Komintern entsandte deutsche Militärberater Otto Braun.

Der Lange Marsch

Mit seinem fünften »Vernichtungsfeldzug« gegen die kommunistische Bewegung gelang es Jiang Jieshi 1934 schließlich, die KPCh aus ihren Stützpunktgebieten zu vertreiben. Diese Flucht vor einem übermächtigen militärischen Gegner ist seitens der KPCh später als »Der Lange Marsch« zu *dem* Gründungsmythos der kommunistischen Bewegung in China und der VR China insgesamt stilisiert worden. Der Lange Marsch hat seinen Ursprung in einer nur bedingt geplanten Absetzungsbewegung kommunistischer Truppen vor zahlen- und waffenmäßig überlegenen Verbänden der Guomindang. Auf ihrer sich über ein Jahr hinziehenden Flucht legten die kommunistischen Truppen eine Wegstrecke von 12 500 km zurück – lange Passagen davon in unwirtlichen, lebensfeindlichen Territorien. Die aus verschiedenen Stützpunktgebieten losmarschierenden Truppen folgten unterschiedlichen Wegstrecken. Die 1. Armee, die im Oktober 1934 mit über 80 000 Personen (darunter viele der wichtigsten Politiker der späteren VR China, u.a. Mao Zedong, Zhou Enlai, Liu Shaoqi, Lin Biao, Deng Xiaoping) aus der Sowjetrepublik in Jiangxi aufgebrochen war, erreichte im Herbst 1935 Yan'an im Norden Shaanxis, wo sie einen neuen Stützpunkt einrichtete. Über 90 % der Menschen, die sich in Jiangxi auf den Weg gemacht hatten, erreichten dieses Ziel nicht. Viele Teilnehmer des Marsches starben an den Entbehrungen oder wurden in den andauernden Kämpfen getötet. Neuere Forschungsergebnisse gehen allerdings auch davon aus, dass – im Gegensatz zur offiziellen Geschichtsschreibung der KPCh – ein bedeutender Anteil des Teilnehmerschwundes darauf zurückzuführen ist, dass Truppen auf dem Marsch desertierten.

Mao Zedong erfasste als Erster die Bedeutung der Bauern für die Durchsetzung des Kommunismus in China. Die Aufnahme von 1933 zeigt ihn bei einer Rede vor einem Bauernverband in der Provinz Jiangxi.

Fortsetzung Seite 106

Politisches Leben
Historie II – Chinesisch-Japanischer Krieg 1937 bis 1945

Die von Japan seit dem Jahr 1931 mit besonderer Intensität betriebene Eroberungspolitik in China kulminierte im Juli 1937 schließlich im offenen Krieg. Der Vormarsch der japanischen Verbände in China verlief zunächst unerwartet stockend, da es den chinesischen Truppen gelang, die Japaner in Shanghai in einen langen und für beide Seiten sehr verlustreichen Häuserkampf zu verwickeln. Erst Mitte November 1937 konnten die Japaner diese Schlacht für sich entscheiden und zogen nach Nanjing, der damaligen Hauptstadt der Chinesischen Republik. Im weiteren Verlauf der Kriegshandlungen gelang es den japanischen Truppen, die wichtigsten ostchinesischen Küstenstädte und die ökonomisch besonders wichtige Nordostregion Chinas zu besetzen. Japan erreichte seine Kriegsziele in China damit bereits in den Jahren 1940/41. An einer weiteren Invasion in Zentral- und Westchina hatte Japan kein Interesse.

Die als Nanjing-Massaker bekannt gewordenen Kriegsverbrechen an der chinesischen Zivilbevölkerung bezeichnen bis zum heutigen Tage ein zentrales Hindernis in der vollständigen Normalisierung der chinesisch-japanischen Beziehungen. Während der sich über sechs bis sieben Wochen hinziehenden Gewaltexzesse in Nanjing wurden mehr als 200 000 Menschen zum Teil brutal ermordet und über 20 000 Frauen und Mädchen vergewaltigt. Die in (vereinzelten) japanischen Schulbüchern zu findende verharmlosende Bezeichnung der Vorgänge als »Zwischenfall« wird seitens der chinesischen Regierung und Bevölkerung als schwerwiegender Affront bewertet.

Rolle im Zweiten Weltkrieg

Der Chinesisch-Japanische Krieg war ein weitgehend isolierter Schauplatz im Gesamtzusammenhang des Zweiten Weltkriegs. Trotzdem hatte er eine mitentscheidende Bedeutung für die japanische Niederlage (bzw. den Zeitpunkt derselben). Das Engagement in China band in hohem Maße japanische Truppen und Ressourcen, die an anderen Fronten vermisst wurden. Im Jahr 1945 waren 1,2 Millionen japanische Soldaten in China stationiert, während an allen anderen Fronten insgesamt 1,1 Millionen Mann gegen die von den USA angeführten alliierten Truppen kämpften. Ein gutes Drittel der gesamten japanischen Kriegskosten entfiel auf die Eroberung und Besatzung Chinas.

Burmastraße

Die 1 154 km lange Burmastraße spielte eine wichtige Rolle für die Versorgung chinesischer Truppen mit Kriegsmaterial, das im Kampf gegen die japanischen Invasoren eingesetzt wurde. Das Material wurde zunächst per Schiff nach Rangoon und sodann per Bahn nach Lashio gebracht, von wo aus es per LKW nach Kunming transportiert wurde. Nachdem japanische Truppen 1942 große Teile der britischen Kolonie Burma überrannt hatten, konnte die Burmastraße nicht mehr genutzt werden. Kriegsmaterial wurde nun zunächst per Flugzeug aus Ostindien nach China geflogen. Unter General Stilwell wurde der Bau der Ledostraße (später Stilwell-Straße) begonnen, die von dem Eisenbahnterminus Ledo in Assam, Indien, eine Verbindung zu den nördlichen – nicht von japanischen Truppen kontrollierten – Teilen der Burmastraße schlagen sollte. Die 748 km lange Strecke hatte zum Zeitpunkt ihrer Fertigstellung Ende 1944 ihre militärische Bedeutung allerdings weitgehend verloren.

Tibet, das sich 1912 formal vom chinesischen Reich losgesagt hatte, konnte sich während dieser Periode – unter britischem Einfluss – vergleichsweise eigenständig entfalten. Der Konflikt zwischen der tibetischen Theokratie und den Herrschern in China war damit jedoch nur aufgeschoben: Weder die Guomindang noch die KPCh hatten die Ablösung Tibets vom Reichsverbund akzeptiert.

Opfer des Krieges

Chinesische Zivilbevölkerung	15 bis 20 Mio. Menschen
Militärisches Personal auf chinesischer Seite	1,5 Mio. Menschen
Militärisches Personal auf japanischer Seite	900 000 Menschen[1]

[1] davon etwa 500 000 Todesopfer chinesischer Verbände, die mit den japanischen Truppen kollaborierten

Grafik 1

Kriegskosten und Einnahmen der chinesischen Nationalregierung in Mio. Ch-$[1]

1937
- 1 167 (Kriegskosten)
- 870 (Einnahmen)

1941
- 10 933 (Kriegskosten)
- 2 024 (Einnahmen)

1945
- 1 268 031 (Kriegskosten)
- 216 519 (Einnahmen)

[1] Chinesische Dollar; Zur Bedienung ihrer Verbindlichkeiten wurde die Geldmenge seitens der Regierung massiv ausgeweitet, mit dem Ergebnis, dass eine eskalierende Inflation losgetreten wurde. Zwischen Januar und August 1945 stiegen die Einzelhandelspreise um 250 % an, um dann bis Ende des Jahres noch einmal um 230 % zuzulegen.

Grafik 2

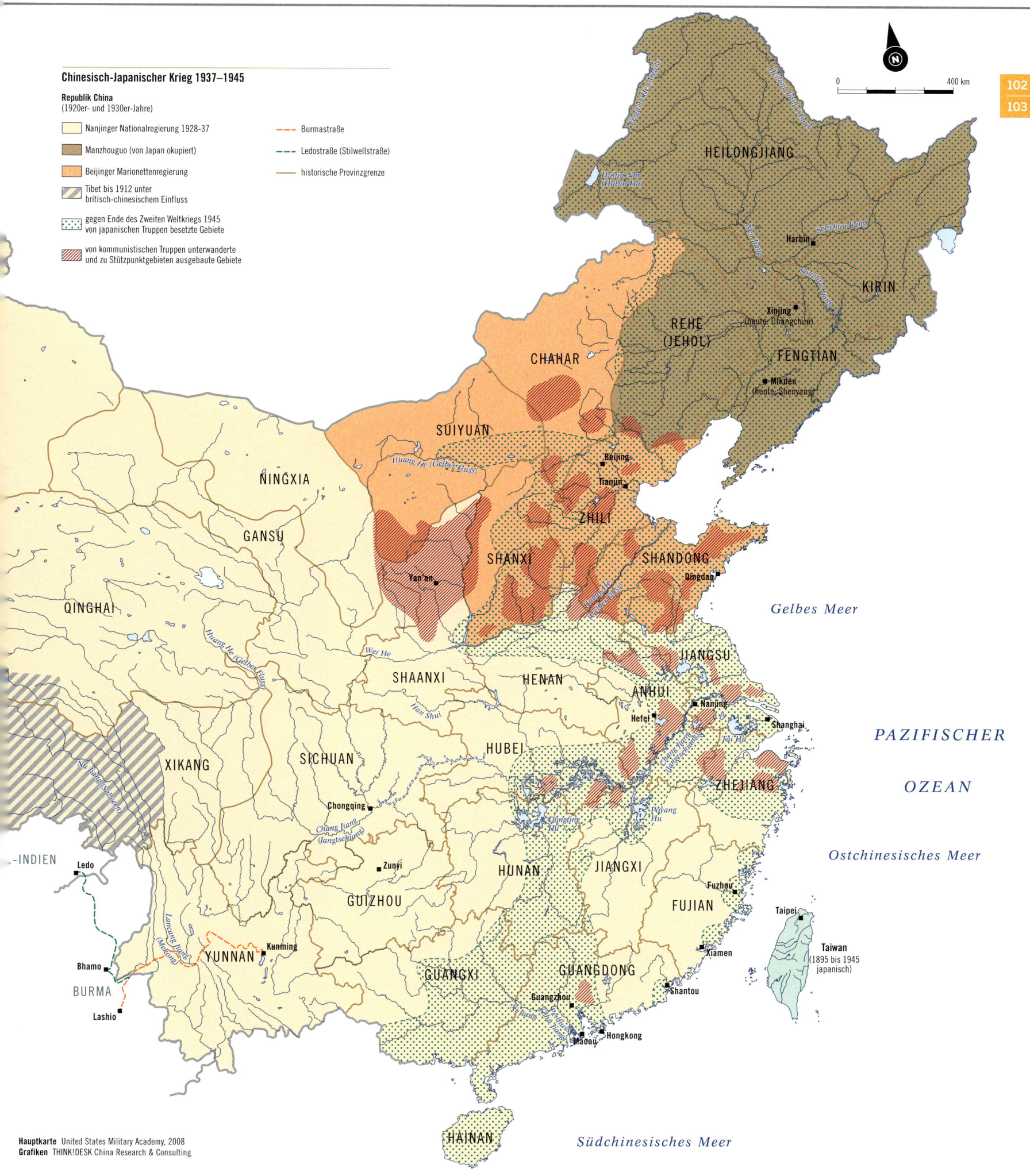

Politisches Leben
Historie III – Der Bürgerkrieg 1947 bis 1949

Als Japan am 14. August 1945 kapitulierte, war die größte externe Bedrohung für die Integrität des chinesischen Staates beseitigt. Gleichzeitig brach jedoch der alte Zwist zwischen der Guomindang und der KPCh wieder auf, die beide die Alleinherrschaft im Lande anstrebten. Nachdem sich bewaffnete Zwischenfälle zwischen den beiden Kontrahenten gehäuft hatten, versuchten die USA noch einmal zwischen den Parteien zu vermitteln, konnten jedoch keine Vertrauensbasis für eine gemeinsame Regierungsarbeit schaffen.

Jiang Jieshi versuchte stattdessen ab Sommer 1946, mit zahlenmäßig weit überlegenen Truppen die kommunistischen Verbände aus ihren Stützpunktgebieten zu vertreiben und aufzureiben. 1947 gelang es tatsächlich, Yan'an zu erobern. Hiermit war die Frontlinie jedoch zu stark überdehnt als dass die Guomindang-Truppen diese hätten effektiv verteidigen können.

Der von der Roten Armee ab Herbst 1948 mit großem strategischem Geschick vorgetragene Gegenangriff führte schnell zur Demoralisierung und Aufreibung der Guomindang-Verbände, die durch Vetternwirtschaft, sinkende Kampfmoral und einen voranschreitenden Verlust der Unterstützung breiter Bevölkerungsgruppen ihre Befähigung zu effektiver Gegenwehr zunehmend verloren. Die Rote Armee hingegen hatte in der Zwischenzeit ihre Kampfkraft entscheidend steigern können. Sie hatte große Waffenlager der japanischen Truppen erobert und so ihre militärische Ausrüstung signifikant verbessert. Insbesondere aber hatte sie die Jahre des Kriegs gegen die japanischen Invasoren genutzt, um ihre Propaganda unter das Volk zu tragen und sich so eine wichtige Basis von Sympathisanten geschaffen.

In den »Drei Großen Schlachten« von Nordostchina, Beijing-Tianjin und Xuzhou (Huai-Hai-Schlacht) gelang es der Roten Armee, die Widerstandskraft der Guomindang-Verbände zu brechen und entscheidende Gebietsgewinne zu machen. Nachdem auch eine letzte Verteidigungslinie der Guomindang im Frühjahr 1949 gefallen war, war der chinesische Bürgerkrieg faktisch entschieden. Jiang Jieshi gab seine letzte Trutzburg in Sichuan im Dezember 1949 auf und setzte sich nach Taiwan ab.

Oben: Die Vernichtungsschlacht vom 6. November 1948 bis 10. Januar 1949 um den Eisenbahnknotenpunkt Xuzhou in der Provinz Jiangsu entschied den Bürgerkrieg. Das Foto vom 25. November zeigt Soldaten der Guomindang vor einem Sturmangriff auf Stellungen der Volksbefreiungsarmee.

Unten: In Chongqing (Provinz Sichuan) fand im Dezember 1945 ein Treffen zwischen den zutiefst verfeindeten Kontrahenten Mao Zedong und Jiang Jieshi (Chiang Kai-shek, rechts) statt. Mehr als eine bloße Demonstration guten Willens war es nicht, keiner machte ein Zugeständnis.

Mao zu den militärischen Prinzipien der Roten Armee im Kampf gegen die Guomindang

Der revolutionäre Krieg des chinesischen Volkes hat jetzt einen Wendepunkt erreicht. Das bedeutet, dass die Chinesische Volksbefreiungsarmee die Angriffe der mehrere Millionen Mann starken reaktionären Truppen Tschiang Kaischeks, des Lakaien der USA, bereits zurückgeschlagen hat und selbst zur Offensive übergegangen ist. [...]

Unsere militärischen Prinzipien sind:

1. Erst den zersplitterten und isolierten Feind, dann den konzentrierten und starken Feind angreifen.
2. Erst kleine Städte, mittelgroße Städte und ausgedehnte ländliche Gebiete, dann die Großstädte einnehmen.
3. Das Hauptziel ist, die lebende Kraft des Feindes zu vernichten, nicht Städte und Gebiete zu halten oder einzunehmen. [...]
4. Für jede Kampfhandlung muss eine absolut überlegene Truppenstärke zusammengezogen werden (das Zwei-, Drei- oder Vierfache, manchmal sogar das Fünf- oder Sechsfache der feindlichen Stärke), die feindlichen Kräfte müssen lückenlos umzingelt werden, man muss sich bemühen, sie völlig zu vernichten und niemand aus dem Netz entschlüpfen zu lassen. [...]
5. Keine Schlacht darf ohne Vorbereitung geschlagen werden, und man darf sich auf keine Schlacht einlassen, ohne dass der Erfolg verbürgt ist [...].
6. Wir müssen unseren Kampfstil voll entfalten, d.h. mutig kämpfen, keine Opfer scheuen, keine Erschöpfung fürchten und unablässig Kämpfe führen [...].
7. Alle Anstrengungen sind zu unternehmen, um den Feind in beweglichen Operationen zu vernichten. [...]
8. Was die Angriffe auf Städte betrifft, sind alle nur schwach verteidigten Stützpunkte und Städte dem Feind zu entreißen. [...] Bei allen vom Feind stark verteidigten Stützpunkten und Städten soll man warten, bis die Bedingungen herangereift sind, und sie dann erobern.
9. Alle Waffen, die wir dem Feind entreißen, und ein Großteil der Gefangenen dienen der Ergänzung unserer eigenen Bestände. Die wichtigste Quelle von Menschen und Kriegsmaterial für unsere Armee ist die Front.
10. Die Zeitspanne zwischen zwei Schlachten muss gut genutzt werden, um die Truppen ausruhen zu lassen, sie zu konsolidieren und auszubilden. Die Zeit der Ruhe, der Konsolidierung und Ausbildung darf im Allgemeinen nicht zu lang bemessen sein, und dem Feind soll nach Möglichkeit keine Atempause gegeben werden.

»Die gegenwärtige Lage und unsere Aufgaben«, Ausführungen Mao Zedongs vor dem Zentralkomitee der KP China am 25. Dezember 1947. Zitiert aus: Mao Tsetung, Ausgewählte Werke Band IV, Beijing 1969

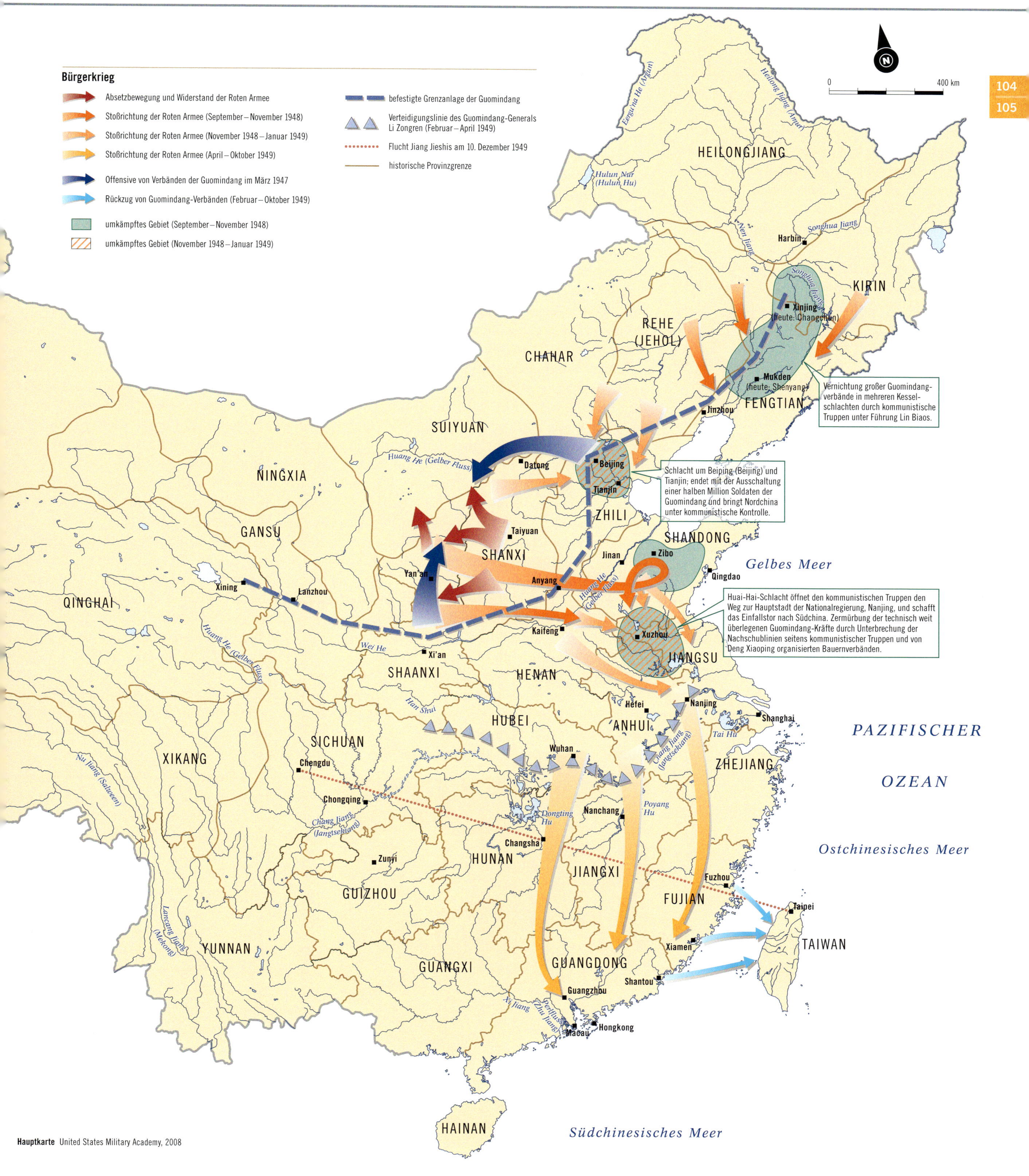
Bürgerkrieg
Absetzbewegung und Widerstand der Roten Armee
Stoßrichtung der Roten Armee (September – November 1948)
Stoßrichtung der Roten Armee (November 1948 – Januar 1949)
Stoßrichtung der Roten Armee (April – Oktober 1949)
Offensive von Verbänden der Guomindang im März 1947
Rückzug von Guomindang-Verbänden (Februar – Oktober 1949)
umkämpftes Gebiet (September – November 1948)
umkämpftes Gebiet (November 1948 – Januar 1949)
befestigte Grenzanlage der Guomindang
Verteidigungslinie des Guomindang-Generals Li Zongren (Februar – April 1949)
Flucht Jiang Jieshis am 10. Dezember 1949
historische Provinzgrenze
0
400 km
Vernichtung großer Guomindang-verbände in mehreren Kessel-schlachten durch kommunistische Truppen unter Führung Lin Biaos.
Schlacht um Beiping (Beijing) und Tianjin; endet mit der Ausschaltung einer halben Million Soldaten der Guomindang und bringt Nordchina unter kommunistische Kontrolle.
Huai-Hai-Schlacht öffnet den kommunistischen Truppen den Weg zur Hauptstadt der Nationalregierung, Nanjing, und schafft das Einfallstor nach Südchina. Zermürbung der technisch weit überlegenen Guomindang-Kräfte durch Unterbrechung der Nachschublinien seitens kommunistischer Truppen und von Deng Xiaoping organisierten Bauernverbänden.
HEILONGJIANG
KIRIN
FENGTIAN
REHE (JEHOL)
CHAHAR
SUIYUAN
NINGXIA
GANSU
QINGHAI
SHANXI
SHAANXI
ZHILI
SHANDONG
HENAN
JIANGSU
ANHUI
HUBEI
SICHUAN
XIKANG
ZHEJIANG
HUNAN
JIANGXI
FUJIAN
GUIZHOU
YUNNAN
GUANGXI
GUANGDONG
HAINAN
TAIWAN
Harbin
Xinjing (heute: Changchun)
Mukden (heute: Shenyang)
Jinzhou
Beijing
Tianjin
Datong
Taiyuan
Jinan
Zibo
Qingdao
Yan'an
Anyang
Kaifeng
Xuzhou
Xining
Lanzhou
Xi'an
Nanjing
Hefei
Shanghai
Wuhan
Chengdu
Chongqing
Nanchang
Changsha
Zunyi
Fuzhou
Taipei
Xiamen
Shantou
Guangzhou
Hongkong
Macau
Heilong Jiang (Amur)
Eergu'na He (Argun)
Hulun Nur (Hulun Hu)
Nen Jiang
Songhua Jiang
Huang He (Gelber Fluss)
Wei He
Han Shui
Chang Jiang (Jangtsekiang)
Dongting Hu
Poyang Hu
Tai Hu
Nu Jiang (Salween)
Lancang Jiang (Mekong)
Xi Jiang
Perlfluss (Zhu Jiang)
Gelbes Meer
PAZIFISCHER OZEAN
Ostchinesisches Meer
Südchinesisches Meer

Hauptkarte United States Military Academy, 2008

Politisches Leben

Der Xi'an-Zwischenfall

Der Xi'an-Zwischenfall bezeichnet einen der wichtigsten Wendepunkte der jüngeren chinesischen Geschichte, insofern er Jiang Jieshi zwang, den Schwerpunkt seiner militärischen Aktivitäten von der Vernichtung der kommunistischen Bewegung auf den Widerstand gegen das expansionistische Japan zu verlegen. Hierdurch erlangte die KPCh die Möglichkeit, sich neu aufzustellen und neue Kräfte für eine spätere Fortsetzung des Bürgerkriegs zu mobilisieren.

Der Xi'an-Zwischenfall ereignete sich in der Morgendämmerung des 12.12.1936 bei den heißen Quellen von Huaqing. Die Guomindang-Generäle Zhang Xueliang und Yang Hucheng setzten ihren Oberbefehlshaber fest, der nach Xi'an gekommen war, um sie auf einen neuerlichen »Vernichtungsfeldzug« gegen die Kommunisten einzuschwören. Nach der Festsetzung herrschten zunächst allgemeine Überraschung und Unsicherheit, wie weiter zu verfahren sei. Mao Zedong plädierte für die Einsetzung eines Tribunals, das Jiang Jieshi zum Tode verurteilen sollte. Die Mehrheit in der KPCh-Führung folgte jedoch der von Moskau vorgebrachten Forderung, Jiang Jieshi nicht nur am Leben, sondern auch freizulassen. Zhou Enlai reiste am 23.12.1936 schließlich nach Xi'an, um dort eine Sechs-Punkte-Vereinbarung auszuhandeln, die zur Grundlage der »Zweiten Einheitsfront« werden sollte.

Die Monate des Langen Marsches waren auch eine Periode schwerer innerparteilicher Richtungskämpfe. Entgegen früheren Verlautbarungen der KPCh konnte Mao Zedong, der mit der 1. Armee marschierte, während dieser Phase seinen Führungsanspruch in der KPCh noch nicht durchsetzen. Zhou Enlai, Qin Bangxian und Zhang Wentian dominierten während dieses Zeitraums noch unbenommen.

Die KPCh hat den Langen Marsch seit jeher zu propagandistischen Zwecken genutzt und zum zentralen Gründungsmythos stilisiert.

Rechts: Mao Zedong proklamiert auf dem Platz des Himmlischen Friedens in Beijing die Gründung der Volksrepublik China.
Unten: Mao Zedong im Gespräch mit Bauern. Das Bild täuscht darüber hinweg, dass der Lange Marsch für viele seiner Begleiter Entbehrungen und Tod bedeutete.

Zahlreiche Heldenepen, wie sie z.B. um die Eroberung der Luding-Brücke gesponnen wurden, werden heute von unabhängigen Wissenschaftlern als nicht der Wahrheit entsprechend bewertet. Dessen ungeachtet bleibt die enorme Leistung dieses unter widrigsten Bedingungen und mit größten Entbehrungen ausgeführten Marsches bemerkenswert.

Fakt ist, dass sich die KPCh an ihrem neuen Stützpunkt in Yan'an (Provinz Shaanxi) neu gruppieren und ein neues Hauptquartier etablieren konnte, aus dem heraus sie 1937 in einer »Zweiten Einheitsfront« gemeinsam mit der Guomindang den Kampf gegen die japanischen Invasionstruppen aufnahm. Das Zustandekommen dieses neuerlichen Bündnisses, in dem die KPCh ihre Truppen formal dem Oberbefehlshaber Jiang Jieshi unterstellte, wäre ohne den Xi'an-Zwischenfall nicht möglich gewesen. So aber entstand eine Streitmacht, die in der Lage war, die japanische Expansion in China einzudämmen und nach jahrelangen erbitterten Kämpfen letztlich zurückzuschlagen. Es wird geschätzt, dass im Verlauf des Chinesisch-Japanischen Kriegs von 1937 bis 1945 etwa 20 Mio. Chinesen ihr Leben verloren.

Der Kampf gegen die japanischen Truppen bot der KPCh die Gelegenheit, ihre Propaganda in weiten Landesteilen zu verbreiten und ihr »Gegenmodell« zur Nanjinger Nationalregierung vorzustellen. Es gelang ihr, sich ständig vergrößernde »Volksstreitkräfte« aufzubauen, die den nach dem Sieg gegen Japan wieder aufflackernden Bürgerkrieg zu ihren Gunsten entscheiden konnten. Die Sowjetunion war an diesem Erfolg nicht unbeteiligt indem sie zunächst der KPCh zur Machtübernahme in der zuvor japanisch besetzten Mandschurei verhalf und im weiteren Verlauf der Auseinandersetzung umfassende militärtechnische Unterstützung leistete.

Ab Juli 1946 setzte die kommunistische »Volksbefreiungsarmee« von der Mandschurei aus zu einem u.a. von Zhu De und Lin Biao militärisch brillant geführten Feldzug gegen die Truppen der Guomindang an und eroberte schnell weite Landesteile. Die militärische Entscheidung fiel schließlich mit der Vernichtungsschlacht von Xuzhou (6. November 1948 bis 10. Januar 1949), bei der der spätere Reformer Deng Xiaoping eine mitentscheidende Rolle spielte.

Jiang Jieshi zog sich im Dezember 1949 mit dem Rest seiner Truppen nach Taiwan zurück und erhob von dort aus Anspruch auf die

Fußspuren an der Nanjing-Massaker-Gedächtnishalle erinnern heute an die japanischen Gräueltaten während des zweiten Chinesisch-Japanischen Krieges 1937. Mehrere Hunderttausend Zivilisten und Kriegsgefangene kamen damals ums Leben.

Der Rote Soldat

Die westliche Welt erfuhr von der kommunistischen Bewegung Chinas in erster Linie aus der Feder des amerikanischen Journalisten Edgar Snow. Snow lebte über Jahre hinweg bei den chinesischen Revolutionären und hatte Zugang zu allen Spitzenpolitikern der Bewegung. In seinem Hauptwerk »Red Star over China« (deutsch 1970 »Roter Stern über China«) beschreibt er unter anderem den Tagesablauf eines Kämpfers der kommunistischen Bewegung:

Wenn sich der Rote Soldat nicht gerade im Kampf oder auf Vorposten befand, arbeitete er an sechs Tagen der Woche. Er stand um fünf Uhr auf und zog sich um neun Uhr beim »Zapfenstreich« zurück. Der Tagesplan umfasste: eine Stunde körperliche Ertüchtigung unmittelbar nach dem Aufstehen; zwei Stunden militärischer Drill; zwei Stunden politische Lektüre und Diskussion; Mittagessen; eine Stunde Ruhe; zwei Stunden Schriftzeichenlesen und -schreiben; zwei Stunden Spiel und Sport; Abendessen; Lieder und Gruppentreffen; anschließend Zapfenstreich.

Politisches Leben

Führungspersönlichkeiten der KPCh I

Mao Zedong * 26.12.1893 in Shaoshan (Hunan), † 9.9.1976

Symbolfigur der chinesischen Revolution und der kommunistischen Herrschaft in China. Von Anbeginn in Führungsfunktionen der KPCh aktiv, setzte er sich spätestens 1943 in parteiinternen Machtkämpfen durch und positionierte sich allmählich als unumstrittene Führungspersönlichkeit. Nach dem katastrophalen Scheitern des »Großen Sprungs nach vorn« trotzdem zeitweilig in die zweite Führungsebene zurückversetzt, rief Mao Zedong die Kulturrevolution ins Leben, in der seine politischen Gegner ausgeschaltet wurden und er in eine uneingeschränkte Machtposition zurückkehrte.

Zhou Enlai * 1898 in Huai'an (Jiangsu), † 8.1.1976

Sohn aus konfuzianischer Beamtenfamilie, 1917–1919 Studium in Japan, 1920–1924 Werkstudent in Europa. Leitende Funktionen sowohl in der KPCh als zunächst auch der Guomindang (bis zum Bruch mit dieser 1927). Veteran des Langen Marschs. Erster Ministerpräsident der VR China. Konnte seine Stellung in der Partei auch während der Kulturrevolution bewahren.

Lin Biao * 5.12.1907 in Huangkang (Hubei), † 13.9.1971

Militärischer Befehlshaber der KPCh während des Bürgerkriegs. Veteran des Langen Marschs. Wichtiger Mitinitiator der Kulturrevolution und verantwortlich für die Erstellung der »Mao-Bibel« (»Kleines Rotes Buch«). Scheiterte 1971 mit dem Versuch, die politische Macht an sich zu reißen. Ableben unter ungeklärten Umständen. Ministerpräsident der VR China.

Das Propagandaplakat zeigt den triumphierenden Mao Zedong, den Sieger im chinesischen Bürgerkrieg (1946–1949). Im Zuge des Krieges hatten seine Truppen das gesamte Festland erobert.

Herrschaft über ganz China. Faktisch wurde Festlandchina aber nun von der Kommunistischen Partei kontrolliert, die bereits am 1. Oktober 1949 in Beijing die Volksrepublik China ausgerufen hatte.

China unter Mao – Eckpunkte der Entwicklung 1949–1976

Auch nach der Ausrufung der VR China kam das durch jahrzehntelange Kriegswirren heimgesuchte Land nicht zur Ruhe. Mao Zedong, der im Laufe der 1940er-Jahre in der Führungshierarchie der KPCh ganz nach oben gekommen war, richtete den Aufbau und die Organisation des neuen Staates nach der von ihm vorgenommenen spezifischen Deutung des Marxismus-Leninismus aus. Der Klassenkampf wurde zum obersten Primat aller politischen Arbeit erhoben.

Auf der Leitlinie dieses sogenannten Maoismus leitete die Partei- und Staatsführung in den ersten Monaten und Jahren ihrer Herrschaft eine radikale Umgestaltung von Staat und Gesellschaft ein. Dabei kam es zu mehreren »Säuberungswellen«, mit denen die alte Führungselite, angefangen von der »Grundbesitzerklasse« über die Guomindang-Bürokratie bis hin zum Privatunternehmertum, liquidiert wurde. Hierbei kamen etwa zehn Millionen Menschen ums Leben.

Auch in der Folgezeit versuchte die KPCh durch »Indoktrination« und »Gedankenreform« die chinesische Bevölkerung ideologisch umzuerziehen. In den Jahren 1951/52 sollte z. B. eine Kampagne gegen »Konterrevolutionäre« die »revolutionäre Wachsamkeit« stärken und die Gegner des neuen Gesellschaftssystems bloßstellen. Die »Hundert-Blumen-Bewegung« (1956/57), eine maoistische Reaktion auf den Aufstand in Ungarn von 1956, zielte darauf ab, Kritik zu aktivieren und der Partei- und Staatsführung Gelegenheit zu geben, das kritische Meinungspotenzial zu kanalisieren und nötigenfalls abzubremsen. Tatsächlich wurden am Ende der Kampagne über 400 000 Menschen, die Kritik verlautbart hatten, als Rechtsabweichler gebrandmarkt und in vielen Fällen zu Zwangsarbeit verurteilt.

Der Große Sprung nach vorn

Kaum waren die Schrecken der Hundert-Blumen-Bewegung verklungen, führte Mao Zedong 1958 mit der Massenkampagne des »Großen Sprungs nach vorn« die chinesische Bevölkerung in eines der größten von Menschen gemachten Desaster der Geschichte. Ziel war es, durch die Errichtung von Volkskommunen die Agrarrevolution auf ihren Höhepunkt zu führen sowie das Wirtschaftswachstum bei gleichzeitiger ideologischer Umerziehung zu forcieren. Dabei sollte bei der Entwicklung eines sozialistischen Gesellschaftssystems ein qualitativer Schritt nach vorn gemacht und der Abstand zur gesellschaftlichen Entwicklung in der Sowjetunion verringert werden. Die Kampagne brach mit den bislang gültigen entwicklungspolitischen Grundsätzen und betonte nun den Vorrang der Politik vor dem Expertentum und den Glauben an die Befähigung der Massen, auch in den modernsten Wirtschaftssektoren »Wunder zu vollbringen«. Gleichzeitig wurde eine radikale Dezentralisierung des Verwaltungsapparates betrieben, die dazu führte, dass auch hochkomplexe Industrien nun von Laien gesteuert wurden. Im Endergebnis scheiterte der »Große Sprung nach vorn« an einer grundlegenden Fehleinschätzung der Komplexität ökonomischer Prozesse sowie einer unzureichenden Makrosteuerung derselben. Von ideologischem Wunschdenken getrieben, kam es zu schwerwiegenden Fehlentscheidungen auf allen Ebenen der Partei- und Regierungshierarchie, die letztlich zum Ausbruch von Hungersnöten führten. Während der »drei bitteren Jahre« (1959–1961) kamen bis zu 40 Millionen Menschen durch die Fehlentwicklungen des »Großen Sprungs nach vorn« ums Leben.

Angesichts dieser bitteren Bilanz war Mao Zedong gezwungen, formale Selbstkritik zu üben und das Amt des Staatspräsidenten an Liu Shaoqi abzugeben. Es folgte eine kurze Phase größerer ökonomischer Liberalität, die allerdings von Ängsten um die Sicherheit des Landes überschattet wurde. Tatsächlich wurde während der ersten Hälfte der 1960er-Jahre das internationale Umfeld als der VR China gegenüber zunehmend feindlich eingestuft. Durch Grenzstreitigkeiten ausgelöste bewaffnete Auseinandersetzungen mit Indien und der UdSSR, indirekte Drohungen der USA, das chinesische Atombombenprogramm durch einen atomaren Erstschlag zu stoppen,

Hand in Hand schreiten Arbeiter und Studenten, Frauen und Männer auf diesem Propagandaplakat aus dem Jahr 1957. Darunter steht zu lesen »Gemeinsam von Sieg zu Sieg«.

Politisches Leben

Volkskommunen

Die Volkskommunen standen am Ende der seit Anfang der 1950er-Jahre betriebenen Kollektivierung der Landwirtschaft. Ende des Jahres 1958 waren 99,1% aller ländlichen Haushalte in landesweit 24 000 Volkskommunen organisiert, die i. d. R. mehrere traditionelle Dorfgemeinschaften absorbierten. Die Volkskommunen waren aber nicht nur große Kollektive, sie waren gleichzeitig Ausdruck eines neuen Verständnisses gesellschaftlichen Lebens. Die Volkskommune sollte u. a. die Familie als kleinste Einheit der Gemeinschaft ablösen und das Verhältnis von Individuum zu Gemeinschaft verändern. Zu diesem Zweck wurden Kinder und Alte in Gemeinschaftseinrichtungen untergebracht und versorgt, während Ehepaare über längere Zeit getrennt voneinander leben sollten. Das Konzept produktiven Privateigentums wie auch oftmals die persönliche Habe wurden abgeschafft. Traditionell vom Haushalt ausgeführte Tätigkeiten (wie Kochen, Waschen, Kindererziehung) wurden auf die Gemeinschaftsebene gehoben.

Als wichtigste organisatorische Einheit im ländlichen Raum übernahmen die Volkskommunen alle relevanten Regierungs- und Verwaltungsfunktionen inklusive der Haushaltsregistrierung, der Steuereintreibung sowie des Polizei- und Bildungswesens. Die in der Volkskommune verfügbaren Arbeitskräfte wurden in Arbeitsbrigaden organisiert und zentral eingeteilt. Die Entlohnung der Kommunenmitglieder und die Einkommensverteilung erfolgten unter fast vollständiger Aufgabe des Leistungsprinzips weitestgehend egalitär.

Kollektivarbeit in der Kommune.
Frauen bei der Feldarbeit in der Provinz Yunnan.

eine eskalierende Verwicklung in den Vietnamkonflikt und nicht zuletzt die Befürchtung, der auf Taiwan neu erstarkte Bürgerkriegsgegner könne die Schwächung der festlandschinesischen Volkswirtschaft durch das Desaster des »Großen Sprungs nach vorn« zu einem militärischen Schlag ausnutzen, ließen die Möglichkeit eines neuen Krieges als sehr wahrscheinlich erscheinen.

Seitens Lin Biaos wurde daher bereits 1962 die Idee einer Dritte-Front-Strategie vorgetragen, mit der der traditionellen Ballung ökonomisch-industrieller Ballungszentren im strategisch ungünstigen und nur schlecht zu verteidigenden Küstenstreifen entgegengewirkt werden sollte. Stattdessen sollte im chinesischen Hinterland eine neue industrielle Basis errichtet werden, die nach einer möglichen Besetzung des Küstenstreifens und der sich an diese anschließenden Tiefebenen (dies wären die erste und zweite Frontlinie gewesen) durch feindliche Truppen einen lang gezogenen Guerillakrieg ermöglichen sollte. Tatsächlich wurde diese Strategie zwischen 1966 und 1972 zum dominierenden Element der chinesischen Wirtschaftspolitik – einer Wirtschaftspolitik, die kompromisslos dem militärstrategischen Primat untergeordnet war und aus volkswirtschaftlicher Sicht erneut zu einer enormen Fehlsteuerung von Ressourcen und Strukturen führte.

Die Kulturrevolution
Während mit der Dritte-Front-Strategie der Versuch gestartet wurde, eine neue wirtschaftliche Makrostruktur zu schaffen, versuchte Mao Zedong seine parteiinternen Gegner um Liu Shaoqi auszuschalten und an die Macht zurückzukehren. Hierzu wurde von Mao Zedong Ende 1965 eine »Große Proletarische Kulturrevolution« ausgerufen, mit der die »revisionistischen« Kräfte in Partei und Gesellschaft bekämpft werden sollten. Gestützt auf das Militär und dessen obersten Führer Lin Biao orchestrierte Mao mit seiner dritten Frau Jiang Qing zunächst eine sich gegen »antimaoistische« Intellektuelle in Literatur, Erziehung und Publizistik richtende »Säuberungskampagne«. Zum Herbst des Jahres 1966 eskalierte die Situation, als Mao Zedong die von ihm indoktrinierten »Roten Garden« gegen ihm unliebsame Kräfte in Partei und Gesellschaft aufhetzte. Die aus Schülern und Studenten gebildeten Roten Garden setzten schließlich zum Sturm auf die in ihrem Verständnis »antimaoistisch« unterwanderte Parteizentrale in Beijing an und entmachteten den Staatspräsidenten Liu Shaoqi und den Generalsekretär der KPCh Deng Xiaoping. In der folgenden, von Rotgardisten getragenen und auf das ganze Land übergreifenden Terror- und Säuberungskampagne kamen Zehntausende ums Leben. Dabei wurden zwar der Partei- und Staatsapparat weitgehend zerschlagen, nicht aber die parteiinterne, antimaoistische Opposition in den Provinzen. Als der Widerstand gegen den Terror der außer Kontrolle gerate-

Während der Kulturrevolution wurden »antirevolutionäre Elemente« von Maos Rotgardisten öffentlich an den Pranger gestellt, unter anderem mussten sie tütenförmige Hüte mit ihrem Namen tragen (Foto Beijing 1967).

nen Rotgardisten einen Bürgerkrieg auszulösen drohte, intervenierte die Armee auf Anordnung Mao Zedongs und übernahm entweder direkt (mithilfe von »Militärkontrollausschüssen«) oder aber indirekt (durch »Revolutionskomitees«) die Macht in den durch Rotgardisten zerstörten Partei- und Staatsorganen und dämmte dort den Terror ein.

Begleitet wurden diese Entwicklungen von einem nie da gewesenen Personenkult um Mao Zedong, der insbesondere durch die von Lin Biao herausgegebene Mao-Bibel genährt wurde. Lin Biao gelang es in diesen Jahren, zahlreiche Positionen im ZK und im Politbüro der KPCh mit seinen Leuten zu besetzen, sodass eine Machtübernahme durch das Militär unmittelbar bevorzustehen schien. Hierzu kam es jedoch nicht. Der Einfluss Lin Biaos wurde von Mao Zedong schrittweise heruntergefahren, bis dieser am 13. September 1971 auf der Flucht nach einem fehlgeschlagenen Putsch- und Mordversuch gegen Mao ums Leben kam – so die offizielle Lesart. Möglicherweise fand Lin Biao aber schon in der Nacht vom 12. zum 13. 9. in Beijing den Tod.

Die »heiße« Phase der Kulturrevolution kam hiermit zum Ende. Die politische Arbeit löste sich von den maoistischen Exzessen. In einem allmählichen innenpolitischen Konsolidierungsprozess wurden zahlreiche während der Kulturrevolution aus den Ämtern vertriebene Funktionäre rehabilitiert. Widerstand gegen diese »Normalisierung« wurde nur noch von den Linksradikalen unter der Führung der Mao-Gattin Jiang Qing vorgebracht. Im Rahmen mehrerer Kampagnen versuchte die als »Viererbande« bekannt gewordene Gruppe, das pragmatische Lager um Zhou Enlai als reaktionäre Rechtsabweichler zu diskreditieren. Kurz nach dem Tode Mao Zedongs

Politisches Leben

Jiang Qing, die Witwe Mao Zedongs und Mitglied der sogenannten Viererbande, während des Prozesses am 20. November 1980 vor dem Sondergericht in Beijing.

wurden die Mitglieder Jiang Qing, Wang Hongwen, Zhang Chunqiao und Yao Wenyuan verhaftet. Der 1980/81 geführte Prozess wegen Verbrechen während der Kulturrevolution endete mit Todesurteilen gegen Jiang Qing und Zhang Chunqiao (in lebenslange Freiheitsstrafen umgewandelt) und hohen Haftstrafen für die anderen Angeklagten.

Pingpong-Diplomatie und erste Annäherung an den Westen: die 1970er-Jahre

Die zu Beginn der 1970er-Jahre gerade überwundene »heiße Phase« der Kulturrevolution hatte die Eckpfeiler der gesellschaftlichen Ordnung weggerissen und das Land erneut an den Rand eines Bürgerkriegs geführt. In militärstrategischer Hinsicht war China mittlerweile zwar zur Atommacht aufgestiegen, aber dadurch war die allgemeine Annahme einer Bedrohung von außen keineswegs gewichen. Im Gegenteil, bewaffnete Auseinandersetzungen an den Grenzen zu Indien und der UdSSR machten die externe Bedrohung real. Die Dritte-Front-Strategie, die seit Mitte der 1960er-Jahre das dominierende Element der Wirtschaftspolitik darstellte und enorme Ressourcen verzehrte, war nichts anderes als ein Programm zur Vorbereitung des Landes auf einen langen Krieg gegen feindliche Invasoren. Und tatsächlich war die Isolation Chinas von der Weltgemeinschaft ausgeprägter denn je zuvor:

Mitglieder der maoistischen Roten Garden mit Fahnen, roten Mao-Bibeln und Spruchbändern bei einer Massenkundgebung in den 1960er-Jahren in Beijing.

Sowohl die westlichen Industriestaaten als auch der unter der Führung der UdSSR stehende sozialistische Block standen der VR China ablehnend gegenüber. Auch die wirtschaftliche Leistung und insbesondere die Versorgungslage der Bevölkerung hatten sich seit der Machtübernahme der KPCh nicht substanziell verbessert. Im internationalen Vergleich war die VR China weiter abgefallen. Spätestens Anfang der 1970er-Jahre war das Scheitern der bis dato verfolgten politischen und ökonomischen Konzepte und die Notwendigkeit einer grundlegenden Neuausrichtung deutlich geworden.

Die zunehmende Verschlechterung der Beziehungen Chinas zur UdSSR, die nach den Geschehnissen des Prager Frühlings 1968 in ihrer Führungsrolle im osteuropäischen kommunistischen Block bestärkt worden war, führte in Anbetracht der bewaffneten Grenzstreitigkeiten Ende der 1960er-Jahre zu einer Reevaluierung der geopolitischen Lage seitens der Strategen in Beijing. Nicht mehr die USA, sondern die UdSSR wurde nun als gefährlichster Widersacher betrachtet. Um die eigenen Handlungsspielräume zu erweitern, erschien es ratsam, die zunehmende Isolation Chinas zu durchbrechen und mit der westlichen Welt unter Führung der USA in Dialog zu treten.

Mao-Bibel

Kaum ein Buch hat in den 1960er- und 1970er-Jahren einen größeren Einfluss ausgeübt als die Mao-Bibel, auch bekannt als das »Kleine Rote Buch«. Die Mao-Bibel hat über Jahre hinweg das Leben Hunderter Millionen von Chinesen geprägt, die nicht nur das Buch auswendig kennen mussten und sich mit (intelligent gewählten) Zitaten zu begrüßen hatten, sondern die auch penibel festgelegte Bewegungsabläufe zu befolgen hatten, um das Buch bei Massenbewegungen korrekt zu schwenken und das voranstehende Porträtfoto Mao Zedongs zu zeigen. In der westlichen Welt wurden die Übersetzungen zu einem Standardwerk der Studentenbewegungen um 1968.

Im Kern ist die Mao-Bibel eine Kompilation von Aussagen und Zitaten des Großen Vorsitzenden, die von dem damaligen Verteidigungsminister Lin Biao ursprünglich zur politischen Schulung der Volksbefreiungsarmee zusammengetragen worden waren. So enthält das »kleine rote Buch« 33 thematische Kapitel, in denen jeweils zwischen fünf und 41 Zitate Mao Zedongs aufgeführt sind. Die Zitate sind aus über vier Jahrzehnten zusammengetragen und weisen nur wenig innere Kohärenz auf. Im Zuge der Kulturrevolution wurde das Buch zur Mobilisierung der Volksmassen genutzt und quasi als »Monstranz« des Mao-Kults in den Status einer »religiösen« Heilsdoktrin erhoben. Die Gesamtauflage der Mao-Bibel liegt mit ihren zahllosen Übersetzungen bei über einer Milliarde Bänden.

Politisches Leben

Politisch-ideologische Periodisierung der VR China seit 1949[1]

1. Autoritärer Staatsleninismus I (1950–1956)
- Umgestaltung der Volkswirtschaft durch Zentralisierung von Entscheidungsgewalten
- Stabilisierung der Herrschaft der KPCh
- Politisches Kampagnenwesen
- Akzeptanz anderer sozialer Akteure unter Wahrung der Kontrolle der KPCh

2. Planstalinismus (1956–1958)
- Überstürzte Kollektivierung der Landwirtschaft
- Radikalisierung politischer Kampagnen
- Tendenzielle Totalisierung der Planwirtschaft

3. Utopischer Maoismus I (1958–1961)
- Etablierung utopischer Modellziele
- Mobilisierung der gesamten Bevölkerung für diese Ziele

4. Autoritärer Staatsleninismus II (1961–1965)
- Lockerung der Kollektivierung
- Gewährung partiell größerer ökonomischer Freiheiten

5. Utopischer Maoismus II (1966–1976)
- Etablierung utopischer Modellziele
- Mobilisierung der gesamten Bevölkerung
- Überbetonung des Klassenkampfs
- Personenkult um den »Großen Vorsitzenden« Mao Zedong

6. Autoritärer Staatsleninismus III (1977–1991)
- Lockerung der Kollektivierung
- Gewährung größerer sozialer, politischer und ökonomischer Freiheiten

7. Liberaler Marktleninismus II (1992 ff.)
- Kontinuität der Einparteienherrschaft der KPCh
- Umbau des politisch-ökonomischen Systems zu einer staatlich gelenkten Marktwirtschaft
- Gesellschaftliche und politische Liberalisierung

[1] nach: Thomas Heberer; Claudia Derichs: Einführung in die politischen Systeme Ostasiens, 2. aktualisierte und erweiterte Auflage (Wiesbaden, 2008)

China in der Reform-Ära – Grundprinzipien und Meilensteine

Der politischen Annäherung und Aufnahme diplomatischer Beziehungen zu (zumindest Teilen) der westlichen Welt folgte Ende der 1970er-Jahre der entscheidende Richtungsschwenk in der chinesischen Politik und Herrschaftsideologie insgesamt.

Hua Guofeng, der als Nachfolger Mao Zedongs versuchte, dessen politisch-ideologisches Erbe weiterzutragen, scheiterte innerhalb kürzester Zeit an diesem Unterfangen. Das sich abzeichnende Scheitern des von ihm eingeleiteten neuerlichen Versuchs, im maoistischen Stil mit einer investitionsgetriebenen, schwerindustriell ausgerichteten Entwicklungsstrategie die massiven ökonomischen Probleme des Landes zu lösen, führte Ende 1978 schließlich zur Machtübernahme reformorientierter Kräfte innerhalb der KP Chinas. Die ultimative Abkehr vom bisherigen Entwicklungsmodell erfolgte mit dem 3. Plenum des 11. Zentralkomitees im Dezember 1978, in dem die Reformkräfte unter der Führung Deng Xiaopings die Oberhand erlangten und die Prioritätenliste aller politischen Arbeit neu definierten. Mit der Feststellung, dass mittlerweile nicht mehr der Antagonismus zwischen Bourgeoisie und Proletariat den Hauptwiderspruch innerhalb der chinesischen Gesellschaft darstelle, sondern vielmehr das Missverhältnis zwischen der mangelnden Leistungsfähigkeit der Volkswirtschaft und den materiellen Bedürfnissen der Bevölkerung, wurde mit einem Schlag der Schwerpunkt aller politischen Arbeit vom Klassenkampf auf die Wirtschaftspolitik ver-

Annäherung an den Westen

Tatsächlich ergriff die Parteiführung die Initiative. Eine zentrale Rolle spielte dabei Ministerpräsident Zhou Enlai, der jenseits der Exzesse des Mao-Kultes versuchte, eine rationale Politik zu betreiben. Mit der als »Pinpong«-Diplomatie bekannt gewordenen Einladung einer amerikanischen Tischtennismannschaft nach China und deren Empfang durch den Ministerpräsidenten Zhou Enlai, wurde die chinesische Bereitschaft zu einer Wiederannäherung an die USA öffentlich signalisiert.

Auch die USA waren zu diesem Zeitpunkt an einer Verbesserung ihrer Beziehungen zur VR China interessiert und ließen Beijing entsprechende Signale übermitteln. Die Unterstützung der USA für den Staatsstreich General Lon Nols in Kambodscha führte zwar zu einer kurzfristigen Unterbrechung der Sondierungsgespräche, konnte den Annäherungsprozess aber nicht grundsätzlich stoppen. Die Aufnahme der VR China in die Vereinten Nationen sowie deren Sicherheitsrat bei gleichzeitigem Ausschluss der Guomindang-Diplomaten Taiwans kennzeichnete im Jahr 1971 den ersten großen Erfolg dieses Prozesses, der mit der Unterzeichnung des »Shanghai-Kommuniqués« durch Richard Nixon und Zhou Enlai im Februar 1972 weiter vorangetrieben wurde. Diese Entwicklung ebnete noch im Jahr 1972 den Weg für die diplomatische Anerkennung der VR China durch mehrere Staaten des westlichen Blocks, darunter auch die Bundesrepublik Deutschland. Eine formale diplomatische Anerkennung der VR China durch die USA erfolgte wegen der Taiwanfrage und des Vietnamkonflikts erst 1979.

Ausgewählte Führungspersönlichkeiten der KPCh II

Deng Xiaoping *22.8.1904 in Guang'an Xian (Sichuan), †19.2.1997
Seit 1924 Mitglied der Kommunistischen Partei; Veteran des Langen Marschs. Ab 1955 als Mitglied des Politbüros und 1956 dessen Politischen Ausschusses Teil des engsten Führungskreises der KPCh. Im Zuge der Kulturrevolution verfolgt und mehrmals seiner Ämter enthoben. »Vater« der aktuellen Reform- und Öffnungspolitik. Nach 1978 bis zu seinem Tode wichtigster und auch ohne Ämter einflussreichster Politiker Chinas.

Li Peng *20.10.1928 in Chengdu (Sichuan)
Adoptivsohn von Zhou Enlai. 1988 bis 1997 Ministerpräsident, danach bis 2003 Vorsitzender des Nationalen Volkskongresses.

Jiang Zemin *17.8.1926 in Yangzhou (Jiangsu)
Staatspräsident von 1993 bis 2003. Übernahm nach der Niederschlagung der Protestbewegung vom Tian'anmen-Platz im Juni 1989 das Amt des Generalsekretärs des ZK der KPCh von dem abgesetzten Zhao Ziyang.

Hu Jintao *21.12.1942 in Jiangyan (Stadt Taizhou, Jiangsu)
Seit November 2002 Generalsekretär des ZK der KPCh und seit März 2003 Staatspräsident der VR China. Zuvor u.a. Leiter des Kommunistischen Jugendverbandes und Parteisekretär der Provinz Guizhou sowie der AR Tibet

Links: Der Besuch des US-Präsidenten Richard M. Nixon 1972 in der Volksrepublik China, hier beim Treffen mit Mao Zedong, leitete die Entspannungspolitik zwischen den beiden Großmächten ein.
Rechts: Unter Deng Xiaoping setzte die Reformpolitik in China Ende der 1970er-Jahre ein. Anlässlich seines 100. Geburtstags wurde im August 2004 im Nationalmuseum in Beijing eine große Ausstellung über den Reformarchitekten eröffnet.

Politisches Leben

lagert. Während zuvor ökonomische Zielsetzungen und Rationalitätsüberlegungen einem ideologisch-klassenkämpferischen Primat untergeordnet worden waren, wurden nun die Förderung der wirtschaftlichen Entwicklung und die Ausbildung von leistungsstarken ökonomischen Strukturen zum Primat der politischen Arbeit.

Zu betonen ist, dass dieser Richtungsschwenk und die damit verbundene Liberalisierung des Wirtschaftssystems nicht gleichzeitig mit einer entsprechenden Liberalisierung im politischen Sektor einherging. Ganz im Gegenteil wurde gleichzeitig mit der Ausweitung ökonomischer Freiheiten die Parteidisziplin verstärkt und die Kontrolle über das Kadersystem verschärft. Im Gegensatz zu der von Gorbatschow in der Sowjetunion betriebenen engen Verzahnung von Perestroika und Glasnost ist die chinesische Reformbewegung grundsätzlich auf den ökonomisch-technischen Sektor beschränkt. Eine Aufweichung des absoluten Herrschaftsanspruchs der Kommunistischen Partei Chinas (KPCH) steht nicht zur Debatte. Begründet wird dies mit einer postulierten Notwendigkeit politischer und sozialer Stabilität, ohne die der Wandlungsprozess im ökonomischen Sektor nicht erfolgreich umgesetzt werden könne.

Liberalisierung im wirtschaftlichen Sektor, Wahrung des Status quo im politischen System
Obwohl die zentralen Entwicklungsprozesse und größten Veränderungen im China der Reform-Ära dementsprechend im ökonomischen Bereich zu verorten sind, können trotzdem auch auf der politisch-sozialen Ebene einschneidende Entwicklungsstufen identifiziert werden.

Deng Xiaoping und der sowjetische Staats- und Parteichef Michail Gorbatschow 1989 im Gespräch. Das Treffen zwischen beiden führte zu einer vorsichtigen Annäherung beider Staaten nach den gespannten Beziehungen der vorangegangenen Jahre.

Chinesische Studenten demonstrierten im April 1989 auf dem Tian'anmen-Platz (Platz des Himmlischen Friedens) für mehr Menschenrechte und Demokratie.

Die 1980er-Jahre waren zunächst noch durch die Konsolidierung des Herrschaftsanspruchs der Reformfraktion um Deng Xiaoping geprägt. Erst im Jahr 1980 konnte Deng Xiaoping Hua Guofeng aus dem Amt des Ministerpräsidenten verdrängen und dort Zhao Ziyang positionieren, der gemeinsam mit Hu Yaobang, welcher 1981 das Amt des Parteivorsitzenden übernahm, ein langjähriger Gefolgsmann Deng Xiaopings war. Der Parteivorsitz wurde 1982 abgeschafft und durch ein Generalsekretariat abgelöst; Hu Yaobang übernahm auch diese neue Position des Generalsekretärs. Das Amt des Staatspräsidenten wurde nach einer Zeit der Vakanz erst 1983 wieder mit Li Xiannian besetzt.

Die schon von Zhou Enlai propagierten Reformen zur Modernisierung des Landes wurden jetzt beschleunigt. Hauptmerkmale dieses Reformkurses waren: die Entpolitisierung und Entideologisierung des Alltags, begleitet von einer eher behutsamen Abkehr vom Mao-Kult; die Reinstitutionalisierung in Partei und Staat (Abschaffung der Revolutionskomitees); der allmähliche Aufbau eines am westlichen Vorbild orientierten Rechtswesens; die Liberalisierung der Religionspolitik; die Pflege der eigenen Kulturtraditionen; die Rehabilitierung der Intellektuellen und die damit zusammenhängende Betonung des Primats der Fachausbildung vor politischer Indoktrination. Die Plan- und Kollektivwirtschaft wurden schrittweise zugunsten von Eigeninitiative und freiem Spiel der Marktkräfte eingeschränkt, die Volkskommunen wurden aufgelöst.

Widerstände in der Partei gegen die Reformen beantwortete die Partei- und Staatsführung zwischen 1983 und 1985 mit einer »Ausrichtungskampagne«, in deren Verlauf Tausende von »Karrieristen der Jahre 1966 ff.« ihre Positionen verloren. Entschieden ging die Partei auch mehrfach gegen sogenannte bürgerlich-individualistische Tendenzen in Kunst und Literatur vor und beharrte auf dem unumstößlichen Primat des Marxismus-Leninismus, der demokratischen Diktatur des Volkes, des sozialistischen Wegs und der führenden Rolle der KPCh in Staat und Gesellschaft – den sogenannten »Vier Grundprinzipien«.

Während der maoistischen Ära hatte Geld keine zentrale Funktion und erfüllte in den meisten Bereichen der Volkswirtschaft nicht einmal die eines Zahlungsmittels; Plananweisungen bzw. Bezugsscheine mussten vorhanden sein, damit ein Gut von einer Hand in die andere wechseln konnte. Nun waren mit dem wirtschaftlichen Aufschwung auch Korruption, Inflation und der Anstieg von Schwerstkriminalität zu verzeichnen. Die Regierung reagierte darauf mit showartig organisierten öffentlichen Massenhinrichtungen.

Tian'anmen-Platz – »Platz des Himmlischen Friedens« 1989
Mitte der 1980er-Jahre zeigte sich, dass die ökonomischen Liberalisierungsschritte in Teilen der Bevölkerung die Erwartung geweckt hatten, dass nun auch im politischen System

Politisches Leben

Mit Panzern und Schusswaffen ging die chinesische Volksbefreiungsarmee im Juni 1989 gegen die Demonstranten auf dem Tian'anmen-Platz (Platz des Himmlischen Friedens) vor.

vergleichbare Veränderungsprozesse einsetzen müssten. Demonstrationen von Studenten für mehr staatsbürgerliche Freiheiten um die Jahreswende 1986/87 zeigten erstmals mit aller Deutlichkeit, dass die Doppelstrategie der politischen Führung (Liberalisierung im wirtschaftlichen Sektor, Wahrung des Status quo im politischen System) in breiten Bevölkerungsgruppen nicht auf Zustimmung traf.

Anlässlich der Begräbnisfeierlichkeiten für den früheren Generalsekretär Hu Yaobang, der sich in seiner Amtszeit auch politischen Reformen gegenüber aufgeschlossen gezeigt hatte und im Kontext der Studentenbewegung von 1986/87 das Amt des Generalsekretärs der KPCh an Zhao Ziyang hatte abtreten müssen, kam es ab April 1989 zu Massendemonstrationen auf dem Tian'anmen-Platz in Beijing. Die zunächst von Studenten vorgetragenen Proteste und Forderungen nach mehr Freiheit und Demokratie wurden sehr schnell von anderen Bevölkerungsgruppen unterstützt und schienen zu einer ernsthaften Bedrohung für den Alleinherrschaftsanspruch der KPCh zu werden.

Beginnend in der Nacht vom 3. auf den 4. Juni wurde die Protestbewegung in einer blutigen Militäraktion niedergeschlagen. Hunderte von Demonstranten, darunter viele, die auf dem Tian'anmen-Platz kampiert hatten, kamen ums Leben. Diese explizit von den Wirtschaftsreformern Deng Xiaoping, Li Peng und dem Staatsoberhaupt Yang Shangkun getragene Militäraktion läutete eine dreijährige Phase der »linken Restauration« ein, während der die Reformbewegung eingefroren und in Teilbereichen wieder zurückgenommen wurde. Zhao Ziyang, der seine Sympathie für die Demonstranten öffentlich gezeigt hatte, wurde seines Amtes enthoben und unter Hausarrest gestellt. Zahlreiche Teilnehmer der Protestbewegung wurden zu hohen Gefängnisstrafen oder zum Tode verurteilt.

Seit der blutigen Niederschlagung der Bewegung von 1989 sind keine größeren studentischen Protestbewegungen mehr zu verzeichnen gewesen. Stattdessen scheint das binnenpolitische Protestpotenzial breiter Bevölkerungsgruppen einerseits in ein materielles Konsumstreben und andererseits eine nach außen gerichtete patriotisch-nationalistische Begeisterung umgelenkt worden zu sein.

Lokale Protestbewegungen, die sich gegen soziale Missstände, korrupte Kader etc. richten, sind vergleichsweise häufig zu beobachten, besitzen aber bislang kein systemdestabilisierendes Potenzial. Eine derartige Qualität weisen – bedingt – nur die Konflikte zwischen der Staatsführung und verschiedenen nationalen Minderheiten (insbesondere in Tibet und Xinjiang Uygur) auf, die sich im politischen System der VR China nicht hinreichend repräsentiert sehen. Ende der 1990er-Jahre machte zudem die religiös ausgerichtete Falun-Gong-Bewegung von sich reden, die plötzlich als organisationsstarke gesellschaftliche Gruppierung auf der Bildfläche erschien. Die Falun-Gong-Bewegung ist heute in China verboten und wird polizeilich verfolgt. Verschiedenen Berichten zufolge kommt es dabei auch zu massiven Menschenrechtsverletzungen.

Sozialistische Marktwirtschaft

Ein »Neustart« der Reformbewegung wurde seitens Deng Xiaopings im Zuge seiner »Südreise« im Januar und Februar 1992 betrieben, auf der er die Erfolge der ersten Dekade von Wirtschaftsreformen erneut hervorhob und konservative Kräfte in Beijing zurück in die zweite Reihe drängte. Der entscheidende Durchbruch wurde im September des Jahres auf dem 14. Parteikongress mit der Erhebung des Konzepts der »Sozialistischen Marktwirtschaft« zum Leitprinzip der ordnungspolitisch-institutionellen Ausgestaltung der chinesischen Wirtschaft erreicht. Im offiziellen Sprachgebrauch wurde erklärt, dass der Marktmechanismus lediglich ein Instrument zur Forcierung der wirtschaftlichen Entwicklung sei und keineswegs ein definierendes Charakteristikum des sozialistischen Gesellschaftssystems, das in der VR China weiter praktiziert würde. Mit dieser grundlegenden Umdeutung des marxistischen Ideengebäudes wurde der Weg frei gemacht für den forcierten Aufbau einer funktionsfähigen Marktwirtschaft. Ideologiegeleitete Debatten über die Kompatibilität einzelner Reformmaßnahmen mit dem Sozialismus konnten nun entfallen.

Reaktionen des Auslands auf das Tian'anmen-Massaker

Die blutige Niederschlagung der Studentenbewegung auf dem Tian'anmen hat das Ansehen der politischen Herrscherriege in Beijing im In- und Ausland massiv beeinträchtigt. Dem verbal vorgetragenen Aufschrei der Entrüstung folgten im Ausland allerdings wenig konkrete Maßnahmen. Wirtschaftssanktionen, die rasch ins Leben gerufen worden waren, wurden bereits nach wenigen Monaten offiziell wieder unterlaufen. So auch von Deutschland durch die Vergabe eines Kredits für den u. a. von deutschen Unternehmen betriebenen Bau einer U-Bahn-Strecke in Shanghai im März 1990. Noch immer aufrechterhalten wird ein Waffenembargo, das die EU und die USA im Einvernehmen gegen China verhängt haben (Stand 2008).

Die politische Führung der DDR hatte der VR China ihre volle Unterstützung bei der Niederschlagung der »konterrevolutionären Unruhen« zugesichert.

Politisches Leben

Falun Gong

Falun Gong (»Rad des Gesetzes«) ist der Name einer spirituellen Bewegung, die verschiedene chinesische Traditionen in sich aufgenommen und mit zahlreichen ideosynkratischen Ideen des Gründers Li Hongzhi verschmolzen hat. Neben dem Buddhismus und Daoismus spielt insbesondere die Meditationstechnik Qigong eine zentrale Rolle. Li Hongzhi, der sich selber übernatürliche Kräfte zuschreibt, verbreitet unter seinen Anhängern u. a. die Idee, dass sie sich durch Qigong-Meditation zu kultivieren hätten, um auf diese Weise gegen die anstehende 82. Auslöschung der Menschheit durch Außerirdische gefeit zu sein und einen unsterblichen Körper zu erlangen.

Nach Eigenangaben zählt Falun Gong 70 Mio. Anhänger (darunter auch Falun-Gong-Gruppen in den USA und in Europa), nach Angaben chinesischer Behörden zwei bis mehrere Millionen. Im Juli 1999 wurde gegen Li Hongzhi, der der Verbreitung des Aberglaubens, damit in Zusammenhang der Verursachung des Todes von 743 Anhängern (Verbot des Arztbesuches) sowie der Organisation nicht genehmigter politischer Demonstrationen beschuldigt wird, Haftbefehl erlassen und Falun Gong in China verboten. Li Hongzhi lebt derzeit in New York.

Gemäß OLG Dresden (2005) darf die Falun-Gong-Bewegung in Deutschland als eine »Psychosekte« bezeichnet werden.

Die Reformbewegung, die in den vorangegangenen Jahren weitgehend zum Stillstand gekommen war, hat in der Folgezeit in allen Wirtschaftsbereichen wieder Fahrt aufgenommen. Die Aufnahme der VR China in die Welthandelsorganisation (WTO) zum Ende des Jahres 2001 symbolisiert das Erreichen eines wichtigen Meilensteins bei der Errichtung einer marktbasierten Wirtschaftsordnung.

Das Thema Taiwan

Ursprünglich plante die Führung der Guomindang 1949, von Taiwan aus die Rückeroberung und Befreiung Gesamtchinas zu betreiben. Letztendlich konnte dieses Vorhaben nicht umgesetzt werden und wird seit den 1990er-Jahren auch offiziell nicht mehr weiter verfolgt.

Während bis 1970 die VR China noch ein Paria der Weltgemeinschaft war, drehte sich diese Konstellation in den 1970er-Jahren zuungunsten Taiwans. 1971 wurde das Gründungsmitglied »Republik China« – so die offizielle Bezeichnung Taiwans – zugunsten der Volksrepublik China aus den Vereinten Nationen (UNO) ausgeschlossen. Die inzwischen jährlichen Anträge zur (Wieder-)Aufnahme in internationale Organisationen wie die UNO oder auch die Weltgesundheitsorganisation (WHO) werden regelmäßig abgelehnt. 1979 brachen die USA die diplomatischen Beziehungen zu Taiwan ab und nahmen im Gegenzug offizielle Beziehungen mit der VR China auf. Der im gleichen Jahr durch den amerikanischen Kongress verabschiedete »Taiwan Relations Act« sichert Taiwan allerdings weiterhin militärische Unterstützung zur Verteidigung der Insel zu. Heute erkennen lediglich 23 Staaten der Erde Taiwan offiziell an.

Alle anderen Staaten folgen der von der VR China eingeforderten »Ein-China-Politik«, wonach China und Taiwan ein Land sind und eine Anerkennung des einen eine Anerkennung des anderen unmöglich macht. In der Konsequenz bedeutet dies, dass Staaten wie Deutschland, die nur die Volksrepublik China offiziell anerkennen, mit Taiwan inoffizielle, zumeist kulturelle und wirtschaftliche, Beziehungen unterhalten.

Republik China versus VR China

Die Volksrepublik China betrachtet Taiwan als »abtrünnige« 23. Provinz. In der Innen- und Außenpolitik der Regierung auf Taiwan sind – mit zu verschiedenen Zeiten verschiedenen Präferenzen – drei Modelle in der Diskussion: 1. Vereinigung mit der Volksrepublik China, 2. offizielle Erklärung der Unabhängigkeit und 3. Beibehaltung des Status quo.

Letzterer beschreibt den gegenwärtigen Zustand: Taiwan unternimmt keine Bestrebungen für eine Vereinigung mit der VR China und verzichtet gleichzeitig darauf, offiziell seine Unabhängigkeit zu erklären. Dies könnte nicht zuletzt auf der Basis des 2005 vom Nationalen Volkskongress der VR China gebilligten »Antisezessionsgesetzes« einen militärischen Angriff auf die Insel zur Folge haben. Als 1995 der damalige taiwanische Präsident Li Denghui (Lee Teng-hui) eine Rede an seiner Alma Mater, der Cornell-Universität in den USA, hielt, waren Raketen-»Tests«, die die wichtigsten Häfen der Insel sowie den Flugverkehr blockierten, die Folge. Aus der Sicht der Führung in Beijing war es nicht möglich, dass ein Präsident Taiwans ein anderes Land überhaupt nur betreten darf. Schließlich

Grund zur Freude hatte der chinesische Außenminister Shi Guangsheng, als er am 10. November 2001 den Tagungssaal in Doha (Katar) verließ. 15 Jahre nach seinem Beitrittsgesuch wurde China in die Welthandelsorganisation (WTO) aufgenommen.

Staaten, die offizielle diplomatische Beziehungen mit Taiwan und nicht mit der VR China unterhalten

Staat	Anerkennung	Staat	Anerkennung
Vatikanstadt	1942	St. Kitts und Nevis	1983
Panama	1954	Salomonen	1983
Haiti	1956	St. Lucia[2]	1984
Dominikanische Republik	1957	Belize	1989
Paraguay	1957	Nicaragua	1990
Guatemala	1960	Burkina Faso	1994
El Salvador	1961	Gambia	1995
Honduras	1965	São Tomé und Príncipe	1997
Swasiland	1968		
Tuvalu	1979	Marshallinseln	1998
Nauru[1]	1980	Palau	1999
St. Vincent und die Grenadinen	1981	Kiribati	2003

[1] bis 2002, erneut 2005; [2] bis 1997, erneut 2007

entsandten die USA die Flugzeugträger »Nimitz« und »Independence« in die Taiwanstraße als Signal der Unterstützung. Tatsächlich ist es dem Präsidenten Taiwans unmöglich, Auslandsreisen zu unternehmen, ohne den Protest (möglicherweise auch weitergehende Konsequenzen) seitens der VR China gegenüber dem Drittland zu riskieren. Eine weitere Zuspitzung erfolgte 1999, nachdem Li Denghui in einem Interview mit der Deutschen Welle von »Special State to State«-Beziehungen zwischen der VR China und Taiwan sprach, was auf der chinesischen Seite als eine verkappte Unabhängigkeitserklärung interpretiert wurde.

Während der internationalen Isolierung erreichte Taiwan in den späten 1980er- und vor allem in den 1990er-Jahren eine friedliche Transformation von einer Diktatur in eine Demokratie. Unter dem damaligen Präsidenten Li Denghui, einem Mitglied der Guomindang,

Politisches Leben
Taiwan – »Green Silicon Island« im Schatten Chinas

Die Insel Taiwan, vor der Küste des chinesischen Festlands gelegen, hat viele Namen und Bezeichnungen: Von den portugiesischen Seefahrern wurde sie Ilha Formosa, »schöne Insel«, genannt. »Republik China auf Taiwan« lautet die offizielle Bezeichnung aus der Sicht der taiwanesischen Regierung, die Regierung der Volksrepublik China hingegen betrachtet Taiwan seit der Abspaltung 1949 als »abtrünnige Provinz«. Bei den Olympischen Spielen treten die Sportler unter einer neutralen Flagge für »Chinese Taipei« an. In der Welthandelsorganisation (WTO) ist die Insel seit 2004 als »separates Zollgebiet Taiwan, Penghu, Jinmen und Matsu« vertreten. Obwohl Taiwan de facto eine demokratisch regierte und eigenständig verwaltete Insel ist, haben die meisten Staaten der Erde und die UNO Chinas »Ein-China-Politik« anerkannt. Nur 23 Staaten unterhalten offiziell diplomatische Beziehungen zu Taiwan.

Aus diesem komplizierten und hochsensiblen politischen Gefüge ergibt sich, dass Taiwan gerne mit einer Vielzahl von Superlativen für die Insel und ihre Anerkennung wirbt: Geografisch gehört es beispielsweise zu den dichtestbesiedelten Regionen Asiens, politisch darf es sich als »freiestes« Land des Kontinents betrachten (Einschätzung des Freedom House, 2006) und wirtschaftlich hat es sich in der Spitzengruppe der weltweit führenden Hochtechnologiehersteller ansiedeln können. Es gilt als ein »Green Silicon Island«, dessen Landschaft mit zu den reizvollsten Asiens zählt. Touristische Sehenswürdigkeiten sind die Sandsteinformation von Yeliu, die Kultur der Ureinwohner, der Sonne-Mond-See sowie die vielen Nationalparks. Das Nationale Palastmuseum in Taipei beherbergt die wichtigsten chinesischen Kunstschätze. Das Leben der knapp 23 Millionen Einwohner steht im Schatten des großen Nachbarn VR China, das damit droht, Taiwan militärisch anzugreifen, sobald es offiziell seine Unabhängigkeit erklären würde. Gegenwärtig gibt es jedoch auf Taiwan weder eine aktive Unabhängigkeitsbestrebung noch eine aktive Vereinigungspolitik. Die meisten Bewohner bevorzugen den Status quo und die Wiederaufnahme der Gespräche unter dem neuen Präsidenten Ma Yingjiu. Immerhin profitieren beide Seiten bislang wirtschaftlich in besonderem Maße voneinander.

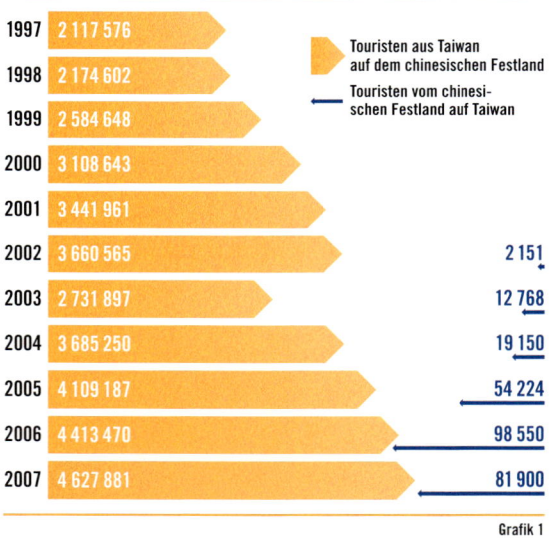

Grafik 1

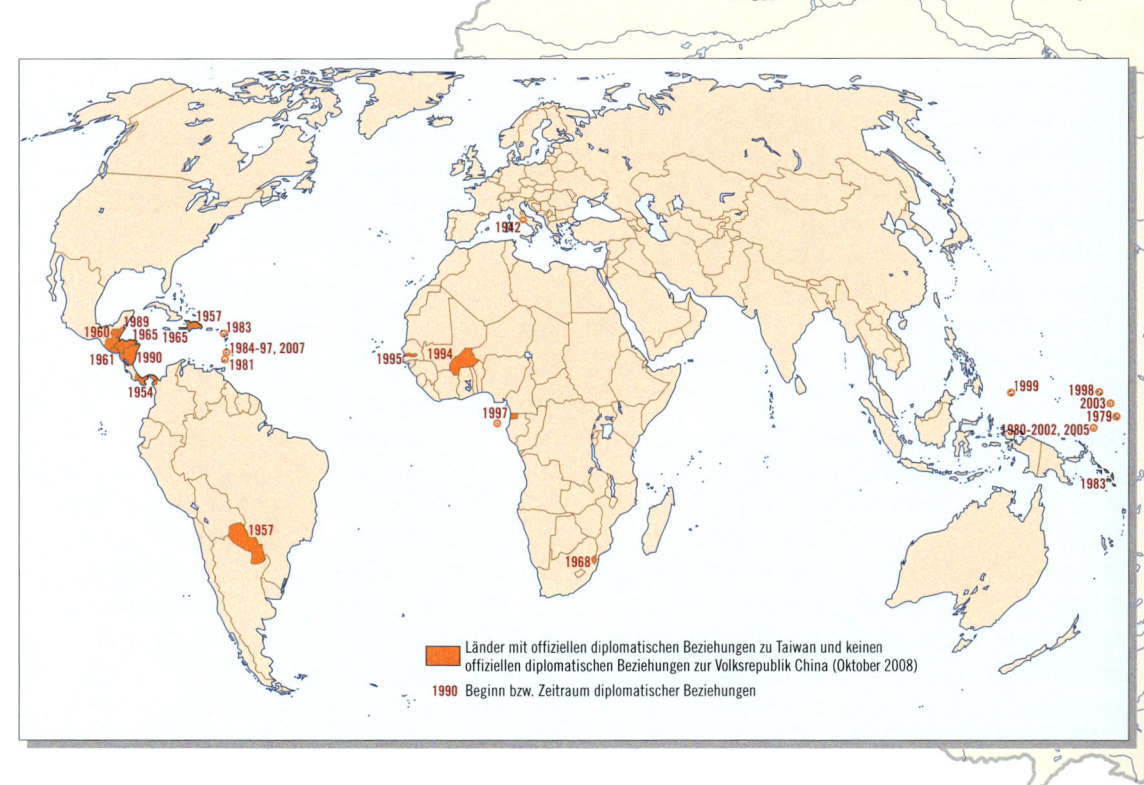

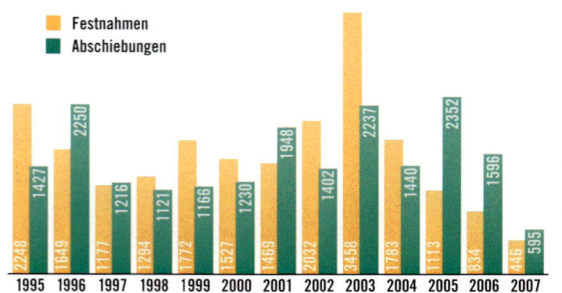

Grafik 2

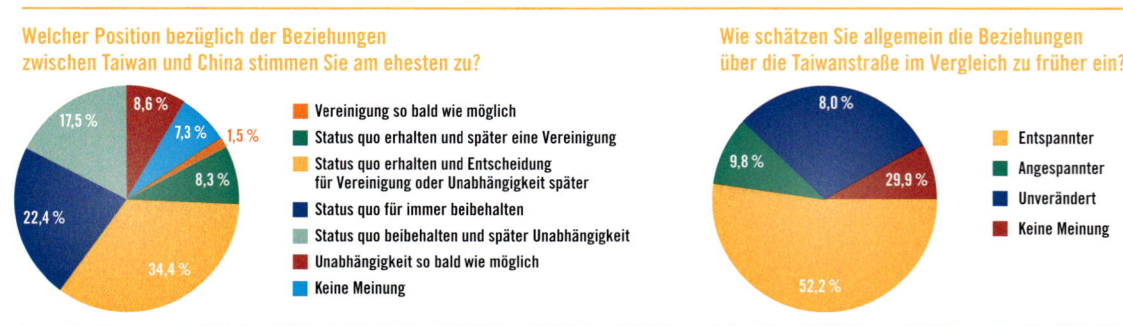

Grafik 3

Politisches Leben

Die Kommunistische Partei Chinas – Zhongguo Gongchandang

Die Kommunistische Partei Chinas (KPCh, chinesisch Zhongguo Gongchandang) ist die allherrschende Partei der VR China. Nach dem Sieg im Bürgerkrieg gegen die Kräfte der Guomindang und der Ausrufung der Volksrepublik China hat sie ihren Führungsanspruch in der Verfassung verankern können und seitdem keine ernsthaften Herausforderungen dieses Status mehr erfahren. Die KPCh ist nach dem Prinzip des demokratischen Zentralismus organisiert und übt über die enge (auch personelle) Verquickung von Partei und Staat ihre Führungs- und Kontrollfunktion auf allen Ebenen der Gesellschaft aus.

Über 73 Millionen Chinesen verfügen über ein Parteibuch der KPCh und machen die Partei somit zur mitgliederstärksten der Welt.

Nach ihrer Gründung im Jahr 1921 war die Geschichte der KPCh zunächst geprägt von massiven Richtungsstreitigkeiten innerhalb der Parteiführung sowie militärischen Auseinandersetzungen gegen die etablierten Machthaber innerhalb des Landes, in erster Linie gegen die Guomindang unter Führung von Jiang Jieshi (Chiang Kai-shek) und gegen japanische Invasionstruppen. Auch nach der Machtergreifung im Oktober 1949 prägten Linienkämpfe um die korrekte Ausrichtung der politischen Arbeit und der ökonomischen Entwicklung das Parteigeschehen. Mao Zedong prägte diese Jahrzehnte als zentrale, aber keineswegs unumstrittene Persönlichkeit in der Führungsspitze der KPCh. Nach seinem Ableben, dem Abschluss der Kulturrevolution und der Machtübernahme reformorientierter Kräfte um Deng Xiaoping hat die KPCh einen neuen Entwicklungspfad eingeschlagen, der nun die ökonomische Entwicklung über den Klassenkampf setzt. Mit der von Jiang Zemin betriebenen Ausrufung der »Drei Repräsentationen« als einer wichtigen Ergänzung der Führungsideologie hat die KPCh faktisch die Transformation von einer Partei der Arbeiter und Bauern zur Volkspartei vollzogen.

Mitglieder der Kommunistischen Partei Chinas[1]

Jahr	Mitglieder	Jahr	Mitglieder	Jahr	Mitglieder
1921	57	1945	1 000 000	1987	46 000 000
1922	195	1956	11 000 000	1992	51 000 000
1923	420	1969	22 000 000	1997	58 000 000
1925	3 000	1973	28 000 000	2002	66 000 000
1927	57 900	1977	35 000 000	2007	73 000 000
1928	40 000	1982	40 000 000		

[1] Jahresdaten folgen der Abfolge des ersten bis 17. Parteitags.

Grafik 1

Parteitage[1]

	Jahr	Ort / Deligierte	Wichtigste Ereignisse
1.	1921	Shanghai[1] / 12	Gründung der Kommunistischen Partei.
2.	1922	Shanghai / 12	Verabschiedung einer programmatischen Deklaration mit dem Ziel der proletarischen Revolution und Errichtung einer kommunistischen Gesellschaftsordnung.
3.	1923	Guangzhou / >30	Beschluss der Schaffung einer Einheitsfront mit der Guomindang.
4.	1925	Shanghai / 20	Analyse der Bedeutung verschiedener Gesellschaftsklassen in der chinesischen Gesellschaft und deren Rolle in der Revolutionsbewegung.
5.	1927	Wuhan / 80	Problemanalyse und Neuordnung der Bewegung nach dem Zusammenbruch der Einheitsfront und der Ermordung zahlreicher Kommunisten durch die Guomindang im April des Jahres in Shanghai.
6.	1928	Moskau / 84	Neuausrichtung der politischen Arbeit und Formulierung strategischer Ansätze zur Stärkung der kommunistischen Idee in der Bevölkerung.
7.	1945	Yan'an / 544	Mao Zedong wird zum Vorsitzenden des Zentralkomitees der Partei gewählt. Das »Mao-Zedong-Gedankengut« wird zur Richtlinie der Parteiarbeit erklärt.
8.	1956	Beijing / 1026	Erster Parteitag nach Gründung der VR China; geprägt durch die Aufarbeitung der ersten Regierungsjahre und Bewertung von antagonistischen und nicht antagonistischen Widersprüchen im Volk.
9.	1969	Beijing / 1512	Parteitag im Zeichen der Kulturrevolution. Lin Biao wird als designierter Nachfolger Mao Zedongs ausgerufen.
10.	1973	Beijing / 1249	Parteitag steht weiterhin im Zeichen der Kulturrevolution. Er wird nach dem Ableben Lin Biaos durch die »Viererbande« geprägt.
11.	1977	Beijing / 1510	Der Parteitag steht nach dem Ableben Mao Zedongs unter der Leitung Hua Guofengs. Aufarbeitung des Kampfs gegen die »Viererbande«.
12.	1982	Beijing / 1600	Programmatische Bestätigung des Reformprogramms Deng Xiaopings und erste Aufarbeitung der Fehlentwicklungen der Kulturrevolution.
13.	1987	Beijing / 1936	Theoretische Aufarbeitung eines »Sozialismus chinesischer Prägung« und Bestätigung der ökonomischen Reformbewegung.
14.	1992	Beijing / 1989	Wiederbelebung der Reformbewegung nach der konservativen Restauration im Zuge der Niederschlagung der Arbeiter- und Studentenbewegung von 1989.
15.	1997	Beijing / 2048	Die »Deng-Xiaoping-Theorie« wird zur ideologischen Leitlinie der Parteiarbeit erklärt. Ziel ist die Errichtung einer sozialistischen Marktwirtschaft in China.
16.	2002	Beijing / 2114	Verankerung der Idee der »Drei Repräsentationen« in der Parteiideologie: Die Kommunistische Partei wird damit faktisch zur »Volkspartei«.
17.	2007	Beijing / 2217	Stärkung der Reformbewegung. Verabschiedung der aktuell gültigen Verfassung der KP Chinas.

[1] Im Verlauf der Tagung auf ein Boot auf dem Nanhu-See (Provinz Zhejiang) verlagert

Grafik 2

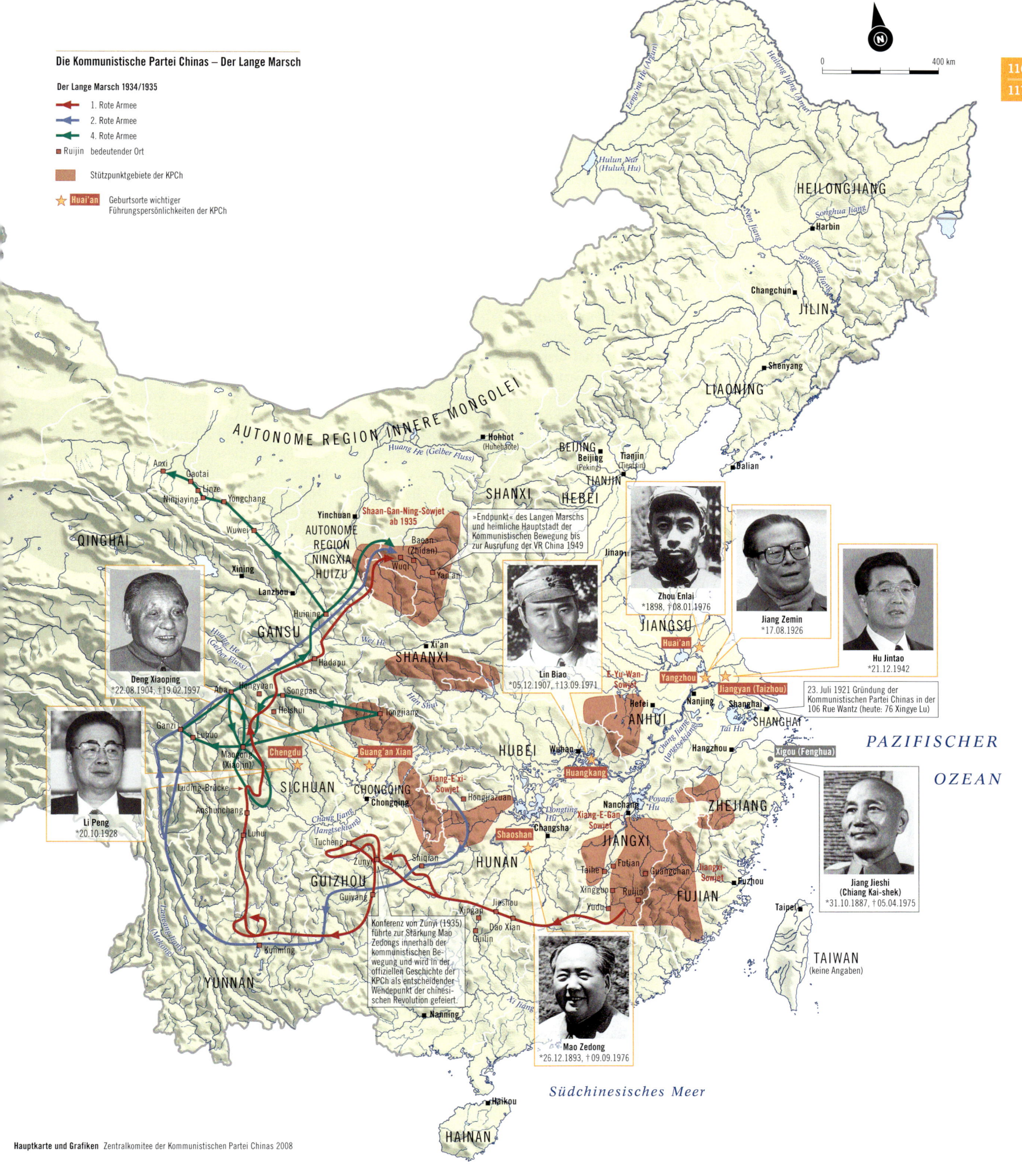

Politisches Leben

Ein Händedruck für die Kameras. Der chinesische Gesandte Chen Yun-lin (links) und Taiwans Vertreter Chiang Pin-kung (rechts) unterzeichneten in Taipei vier Handelsverträge.

wurde 1996 erstmals ein Präsident der Insel direkt vom Volk gewählt. Der Abschluss des Demokratisierungsprozesses erfolgte endgültig im Jahr 2000, als Chen Shuibian, ein ehemaliger Dissident und ein Mitglied der Oppositionspartei Demokratische Fortschrittspartei (DPP) zum Präsidenten der »Republik China« gewählt wurde. In den acht Jahren DPP-Präsidentschaft hatte eine mögliche Unabhängigkeit Taiwans eine größere Rolle gespielt. Diverse Korruptionsskandale, vor allem in der zweiten Amtszeit Chen Shuibians, untergruben dieses Ziel und machten den Weg für einen erneuten Regierungswechsel 2008 frei. Seitdem regiert der Jurist und ehemalige Bürgermeister Taipeis Ma Yingjiu (Ma Ying-jeou; Guomindang) als Präsident die Insel und betreibt eine zunehmend aktive Öffnungspolitik gegenüber der Volksrepublik China.

Ein China, zwei Interpretationen
Ein historischer Höhepunkt in den Beziehungen zwischen den beiden Seiten der Taiwanstraße waren die Gespräche zwischen Chen Yun-lin, dem Chefunterhändler Chinas für Taiwanfragen, und einer Reihe von politischen Vertretern Taiwans im November 2008. Erstmals war ein offizieller Vertreter der chinesischen Regierung nach Taiwan gereist. Möglich geworden waren die Gespräche nur deshalb, da beide Seiten bereit waren, die Formel »Ein China, zwei Interpretationen« als Grundlage für die Gespräche über die Beziehungen zwischen beiden Seiten zu akzeptieren.

Die VR China und Taiwan selbst verfügten in der Vergangenheit kaum über direkte politische oder wirtschaftliche Beziehungen. Gemäß der »Three-Links-Politik« Taiwans bestanden keine direkten Flug-, Schiffs-, Post- und Telekommunikationsverbindungen mit der VR China. Dies bedeutet, dass der größte Teil des Handels, der Investitionen, des Personen- und des Postverkehrs über einen »Zwischenstopp« in Hongkong abliefen und ablaufen. Erst seit 2001 bestehen aufgrund der »Mini-Three-Links-Politik« direkte Schiffsverbindungen zwischen den dem chinesischen Festland vorgelagerten, aber zu Taiwan gehörenden Inselgruppen Kinmen und Matsu. Erst seit 2003 bzw. 2005 werden darüber hinaus allmählich auch Beschränkungen im Flugverkehr durch die Einrichtung einzelner direkter Charterflüge aufgeweicht.

Öffentliche Meinung
Die Bevölkerung Taiwans selbst ist bezüglich ihres Verhältnisses gegenüber der VR China gespalten. Grundsätzlich wird das sogenannte »Festlandchina« als große Chance für eigene wirtschaftliche Aktivitäten gesehen, gleichzeitig allerdings die daraus resultierende starke wirtschaftliche Abhängigkeit von China mit Sorgen betrachtet. Die latent stets vorhandene Bedrohung der eigenen kulturellen Identität führt insbesondere unter der Gruppe der Taiwaner zu einem immer stärkeren Selbstbewusstsein und einer bewussten Abgrenzung von der Volksrepublik. Die Gruppe der Taiwaner macht heute etwa 70 % der Bevölkerung aus und besteht vornehmlich aus den Nachfahren von Einwanderern, die seit dem 17. Jahrhundert in großer Zahl vom Festland, v. a. aus den Provinzen Fujian und Guangdong, auf die Insel gekommen waren. Die »Festländer«, die tendenziell der Guomindang angehören, machen 10–15 % der Bevölkerung aus. Den Rest der Bevölkerung bilden Hakka (10 %) sowie Ureinwohner australopolynesischen Ursprungs.

Die Kommunistische Partei Chinas (KPCh) und die »demokratischen Parteien«

Die Geschicke der VR China werden seit Ende der 1940er-Jahre von der Kommunistischen Partei Chinas gelenkt, die ihren Alleinherrschaftsanspruch unbeirrt durchsetzt. Die Legitimität dieses Herrschaftsanspruchs wird heute allerdings nicht mehr über ideologische Dogmen hergeleitet, sondern aus der (besonderen) Befähigung der KPCh, die wirtschaftliche Entwicklung des Landes voranzutreiben und die Interessen Chinas gegenüber der Weltgemeinschaft effektiv zu vertreten, festgemacht. Kombiniert wird diese Argumentation mit der Verbreitung eines Schreckensbildes, dem gemäß das Riesenreich China in Chaos abgleiten und auseinanderfallen würde, wenn

Proteste am 6. November 2008 vor dem Treffen des taiwanesischen Präsidenten Ma Yingjiu mit dem chinesischen Diplomaten Chen Yun-lin in Taipei. Auf den Flaggen werfen die Demonstranten dem Präsidenten vor, auf Chinas Seite zu stehen.

es nicht mehr durch die harte, väterliche Hand der KPCh geführt würde.

Die in der politischen Arbeit der KPCh zu verzeichnende zunehmende Verdrängung ideologischer »Glaubensgrundsätze« durch einen pragmatischen Zugriff auf kurz- und mittelfristige Herausforderungen findet ihren symbolischen Ursprung in Deng Xiaopings berühmt gewordenem Postulat: »Egal ob schwarze oder weiße Katze, Hauptsache, sie fängt Mäuse!« Während diese Aussage in den 1980er-Jahren für eine weitgehend ideologiebefreite Reform und Umgestaltung des ökonomischen Systems den Weg ebnete, sind die von Jiang Zemin Ende der 1990er-Jahre vorgetragenen »Drei Repräsentationen« von grundlegender Bedeutung für das Selbstverständnis der Kommunistischen Partei und ihre Herrschaftsausübung. Gemäß diesem Konzept will die KPCh nun die »fortgeschrittenen Produktivkräfte«, die »fortgeschrittene Kultur« und die »fundamentalen Interessen der überwiegenden Mehrheit« innerhalb des Landes vertreten. Dies bedeutet in letzter Konsequenz, dass sich die KPCh von einer die Arbeiter- und Bauernschaft vertretenden Klassenpartei zu einer Volkspartei gewandelt hat, die nun (fast) alle Gesellschaftsmitglieder vertritt – inklusive der früher bis zum Tode verfolgten Privatunternehmer.

Im Einklang mit diesem ideologischen Dogmenwandel hat sich in den letzten Jahren auch die Struktur der Parteimitglieder deutlich gewandelt. Gut 800 000 Mitglieder der KPCh sind selbstständige Privatunternehmer. Ca. ein Viertel der Parteimitglieder sind mittlerweile unter 35 Jahren alt, während ca. 30 % eine Ausbildung an einer höheren Bildungseinrichtung genossen haben. Der Anteil der Frauen bleibt mit knapp 20 % allerdings gering.

Neben der Kommunistischen Partei existieren in der VR China noch acht weitere Parteien, die unter dem Begriff der »demokratischen Parteien« geführt werden. Diese Parteien verstehen sich nicht als Opposition, sondern unterstützen grundsätzlich den Führungsanspruch der KPCh. Die »demokratischen Parteien« wirken aktiv an der Regierungsarbeit mit und sind mit ihren Mitgliedern auch in den ständigen Ausschüssen der Volkskongresse, den Komitees der Politischen Konsultativkonferenz und den Regierungsorganen aller Ebenen sowie in den Wirtschafts-, Kultur-, Bildungs-, wissenschaftlichen und technischen sowie anderen Abteilungen aller Ebenen vertreten; z.T. in leitenden Funktionen. Als grundlegende Richtlinie für die Zusammenarbeit zwischen der KP Chinas und den »demokratischen Parteien« wurde die Parole gefunden: »Auf lange Sicht koexistieren, sich gegenseitig kontrollieren, offen zueinander sein und Freud und Leid teilen.«

Eine junge Frau unterschreibt bei einer Anwerbeaktion der KPCh im März 2002 in Beijing ihre Beitrittserklärung. Die Parteizugehörigkeit öffnet Türen für Anstellungen beim Staat oder in der Wirtschaft.

Alle »demokratischen Parteien« wurden vor der Ausrufung der VR China gegründet, die meisten von ihnen in den 1940er-Jahren. Insgesamt verfügen die »demokratischen Parteien« Chinas heute über ca. 700 000 Mitglieder.

Politisches System und Staatsapparat im 21. Jahrhundert

Das politische System der VR China basiert in seiner Grundstruktur bis auf den heutigen Tag auf dem in den 1950er-Jahren von der Sowjetunion übernommenen Modell. Zentrales Charakteristikum ist dabei die Doppelstruktur von Partei- und Staatsorganen, die sich grundsätzlich durch alle Ebenen hindurchzieht. In jüngster Zeit ist allerdings im Bereich der Wirtschaftsadministration eine Auflockerung dieses Grundsatzes zu beobachten, durch die eine flexiblere Reaktionsfähigkeit in einem dynamischen Umfeld ermöglicht werden soll. Die Partei versteht sich dabei als Leitorganisation, die die konzeptionelle Initiative besitzt und Entscheidungs- und Kontrollbefugnisse ausübt. Der Staat und seine Verwaltungsorgane fungieren demgemäß lediglich als ausführende Organe, die im Interesse der Partei – was als gleichbedeutend mit »im Interesse des Volkes« verstanden wird – tätig sind. Wichtigste Macht- und Steuerungsinstrumente der Partei sind in diesem System einerseits die Gestaltungshoheit der Partei, die den Rahmen vorgeben kann, innerhalb dessen Staat und Verwaltung agieren dürfen, und andererseits das Recht der Partei, über das Kadersystem alle Personalentscheidungen nach eigenem Gutdünken zu treffen.

Aber wenn auch die Grundstrukturen des politischen Systems noch immer fest in leninistischen Mustern verharren, so hat sich doch die Art der Entscheidungsfindung im Verlauf der letzten Jahrzehnte deutlich gewandelt. Während Mao Zedong noch in der Position war, auch die einschneidendsten Entscheidungen

Die »demokratischen Parteien«

Revolutionskomitee der Guomindang Chinas
Gegründet im Januar 1948 von ursprünglich der Guomindang nahestehenden Persönlichkeiten.

Chinesische Demokratische Liga
Diese Partei wurde ursprünglich im November 1939 gegründet und im September 1944 auf ihren heutigen Namen umbenannt. Die Partei vertritt ein breites Spektrum von Intellektuellen.

Chinesische Gesellschaft für den Demokratischen Nationalen Aufbau
Wurde im Dezember 1945 mit dem Ziel gegründet, die grundlegenden politischen Rechte der Bürger zu gewährleisten und die nationalen Industrie- und Handelsbetriebe zu schützen

Chinesische Gesellschaft für die Förderung der Demokratie
Wurde im Dezember 1945 gegründet. Ihre Mitglieder waren damals in erster Linie Intellektuelle des Erziehungs-, Kultur- und Verlagswesens sowie patriotische Persönlichkeiten aus den Industrie- und Handelskreisen Shanghais.

Chinesische Demokratische Partei der Bauern und Arbeiter
Wurde im August 1930 mit dem Ziel gegründet, die Staatsmacht des einfachen Volkes zu errichten.

Zhi-Gong-Partei Chinas
Wurde auf Initiative einer Vereinigung von Auslandschinesen im Oktober 1925 in San Francisco gegründet. Ihre Mitglieder sind heute vorwiegend heimgekehrte Auslandschinesen sowie Familienangehörige und Verwandte von im Ausland ansässigen chinesischen Bürgern.

Gesellschaft des 3. September
Wurde im Mai 1946 mit dem Ziel gegründet, Demokratie und Wissenschaft in China weiterzuentwickeln, den Bürgerkrieg abzuwehren und ein demokratisches politisches System einzuführen.

Demokratische Selbstbestimmungsliga Taiwans
Wurde im November 1947 in Hongkong mit dem Ziel gebildet, Taiwan von der Guomindangherrschaft zu befreien. Im März 1949 wurde ihr Hauptsitz von Hongkong nach Beijing verlegt.

Politisches Leben

Das politische System Chinas

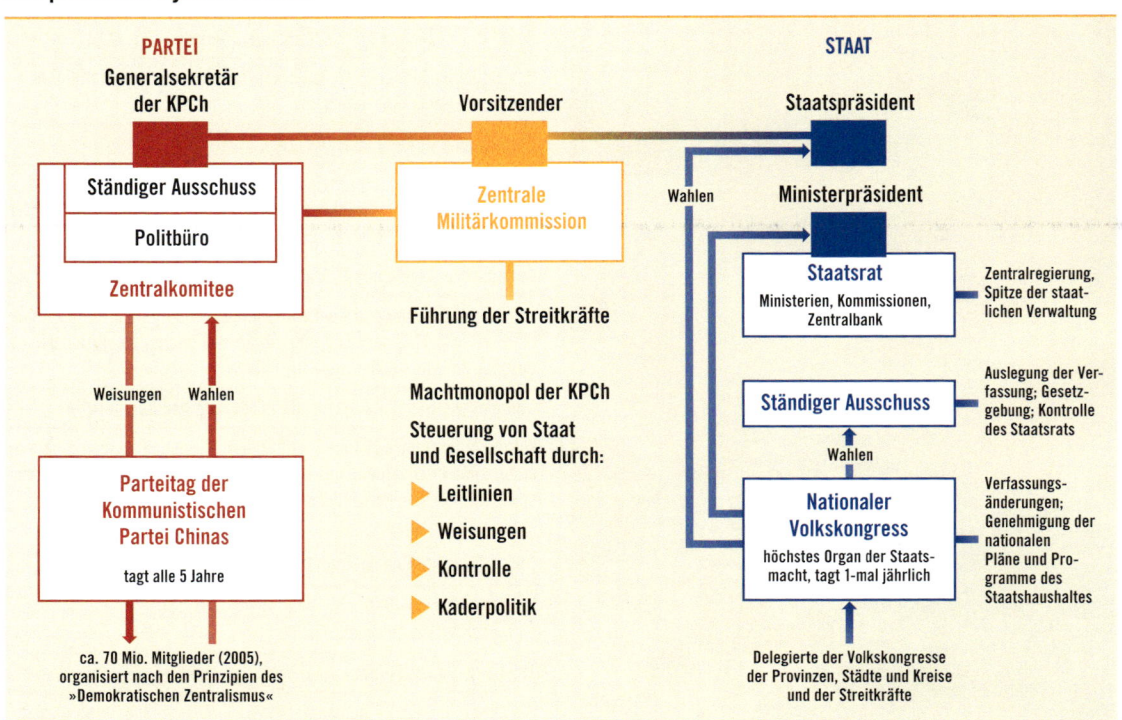

Die beiden wichtigsten Männer im Staat. Chinas Präsident Hu Jintao (rechts) und Ministerpräsident Wen Jiabao bei der Schlusssitzung des Volkskongresses in Beijing am 14. März 2004. Beide wurden Anfang 2008 in ihrem Amt bestätigt.

und grundlegende Richtungsschwenks eigenmächtig, ohne Konsultation anderer Parteiführer, ad hoc zu treffen, war eine derartige Entscheidungsgewalt selbst dem »Vater der Reformbewegung«, Deng Xiaoping, nicht mehr in diesem Maße gegeben. Trotzdem konnte Deng Xiaoping in den 1980er-Jahren im Konsens mit einem kleinen Kreis von formal im Ruhestand befindlichen Parteiveteranen an allen formalen Instanzen vorbei in die Regierungsgeschäft eingreifen und diese entscheidend beeinflussen. Am offensichtlichsten wurde dies bei der blutigen Niederschlagung der Protestbewegung auf dem Tian'anmen-Platz. Erst nach dem Ableben der wichtigsten Parteiveteranen in der ersten Hälfte der 1990er-Jahre hat sich ein System der Führung ausgebildet, in dem der Generalsekretär der Partei nur noch als Primus inter Pares einer kleinen Gruppen von Spitzenpolitikern agiert.

Die Verfassung
Die am 14.3.2004 vom Volkskongress verabschiedete Revision der Verfassung knüpfte zwar an die ursprüngliche (zwischenzeitlich mehrfach geänderte) Verfassung von 1954 an, soll aber in erster Linie dem von der jetzigen politischen Führung eingeschlagenen Kurs der Modernisierung staatsrechtlichen Ausdruck verleihen. Die Wiederangleichung an die Verfassung von 1954 betrifft v. a. die konkreten Bestimmungen über die Struktur und die Befugnisse der Verfassungsorgane, der regionalen Verwaltungsinstanzen und des Justizapparats. Eine unter rechtsstaatlichen Gesichtspunkten zu wertende Weiterentwicklung stellt die Verfassungs- und Rechtsbindung aller gesellschaftlichen Organisationen, einschließlich der Kommunistischen Partei Chinas, dar.

Gemäß Artikel 1 ist die Volksrepublik China ein sozialistischer Staat unter der demokratischen Diktatur des Volkes. Leitprinzipien sind die »Vier Grundprinzipien«: sozialistischer Weg, demokratische Diktatur des Volkes, Marxismus-Leninismus und Führungsmonopol der KPCh. Die Präambel definiert die Regierungsordnung als System der Mehrparteienkooperation und der politischen Konsultation unter Führung der KPCh.

Oberstes Staats- und Legislativorgan ist der auf fünf Jahre indirekt gewählte Nationale Volkskongress, dessen rd. 3 000 Abgeordnete von den Parlamenten der Provinzen, Autonomen Gebiete und regierungsunmittelbaren Städte sowie von den Armeeeinheiten gewählt werden. Der Nationale Volkskongress ist zuständig für die Gesetzgebung (einschließlich Bestätigung des Staatshaushalts und des Programms zur gesamtwirtschaftlichen Entwick-

Tagung des Nationalen Volkskongresses in der Großen Halle des Volkes

Die Stufen des chinesischen Kadersystems[1]

Stufe	Position
1	Ministerpräsident
2–3	Vizeministerpräsident/Staatskommissare
3–4	Minister-/Provinzgouverneursrang
4–5	Vize-Minister-/Vize-Provinzgouverneursrang
5–7	Abteilungsleiter auf Ministeriumsebene/Amtsleiter auf Provinzebene
6–8	Vizeabteilungsleiterebene/Vizeamtsleiterebene
7–10	Referatsleiter auf Ministeriumsebene/Kreisleiterebene
8–11	Vizereferatsleiter auf Ministeriumsebene/Vizekreisleiterebene
9–12	Unterabteilungsleiter auf Ministeriumsebene/Gemeindevorsteherebene
9–13	Vizeunterabteilungsleiter auf Ministeriumsebene/Vizegemeindevorsteherebene
9–14	Abteilungsmitarbeiter

[1] Die Stufen und Positionen sind teilweise miteinander verschränkt und unterscheiden nach Qualifikation und Erfahrung sowie Bedeutung und Größen von Referaten und Verwaltungsgebieten; Quelle: Thomas Heberer; Claudia Derichs: Einführung in die politischen Systeme Ostasiens, 2. aktualisierte und erweiterte Auflage (Wiesbaden, 2008)

lung, das in der Tradition der früheren Fünfjahrespläne steht) sowie die Ernennung des Ministerpräsidenten und des Staatsrates. Darüber hinaus kann er die Zuständigkeit für Staatsaufgaben jeglicher Art an sich ziehen. Zwischen den nur einmal jährlich stattfindenden Sitzungsperioden führt ein Ständiger Ausschuss (ca. 175 Mitglieder), der zunehmend den Charakter einer effizienten parlamentarischen Körperschaft annimmt, seine Geschäfte.

Staatsoberhaupt ist der vom Nationalen Volkskongress für fünf Jahre gewählte Präsident. Er nimmt im Wesentlichen repräsentative Aufgaben wahr. Der Oberbefehl über die Streitkräfte liegt bei der Zentralen Militärkommission, de facto unterstehen sie jedoch der Militärkommission der KPCh unter Führung des Generalsekretärs der Partei.

Zentrales Exekutivorgan ist der Staatsrat (Regierung), der sich aus dem Ministerpräsidenten, seinen Stellvertretern, den Ministern und Kommissionsvorsitzenden sowie den Präsidenten der Zentralbank und des Rechnungshofes zusammensetzt. In seiner Eigenschaft als zentrale Volksregierung leitet er die Verwaltung Chinas und ist richtungweisend für die Verwaltungen der örtlichen Staatsorgane. Er erlässt Verordnungen und Beschlüsse, erstellt das Programm zur gesamtwirtschaftlichen Entwicklung, den Haushaltsplan und nimmt im Übrigen alle Aufgaben wahr, die ihm der Volkskongress überträgt. Als permanentes Arbeitsgremium der Regierung fungiert die Ständige Konferenz des Staatsrates (zehn Mitglieder).

Die Verfassung enthält eine Aufzählung von Grundrechten und -pflichten unterschiedlicher Art sowie gewisse Formen der Kontrolle der staatlichen Verwaltung. Dem Grundrechtskatalog ist ein allgemeiner Gleichheitssatz vorangestellt. Grundsätzlich bestehen ein aktives und passives Wahlrecht unabhängig von Geschlecht, Religion, Bildungsstand und Ähnlichem. Ein Vorschlagsrecht für die Kandidatenlisten haben neben der KPCh und den Organisationen der Einheitsfront auch Gruppen von mindestens drei Bürgern. Die Stimmabgabe erfolgt in »anonymer Stimmzettelabgabe«. Meinungs-, Presse-, Versammlungs- und Religionsfreiheit sowie die Unverletzlichkeit der Wohnung sollen gewährleistet werden, sofern sie den Interessen des Staates, der Gesellschaft und des Kollektivs sowie den Freiheiten und Rechten anderer Bürger nicht widersprechen. In der Praxis sind diese Grundrechte jedoch eingeschränkt.

Der Schutz der Menschenrechte ist erst seit der Verfassungsrevision 2004 garantiert. Dem Recht auf Arbeit entspricht eine Pflicht hierzu. 1993 wurden die in den 1970er-Jahren eingeleiteten Wirtschaftsreformen und die Öffnung nach außen in der Verfassung verankert und die sozialistische Marktwirtschaft als Staatsziel benannt. Die Verfassung umschreibt die grundlegenden Strukturen des Wirtschafts- und Eigentumssystems (Staats-, Genossenschafts- und Individualbereich), enthält einen Hinweis auf die Funktionen des Marktes und gestattet ausländische Direktinvestitionen sowie andere Formen der wirtschaftlichen Kooperation. Das Recht auf Privateigentum sowie dessen Schutz (auch für ausländisches Privateigentum) wurden 2004 in der Verfassung festgeschrieben.

Das Rechtssystem

Die Volksrepublik China hat das Recht der Nationalregierung 1949 aufgehoben und bis zum Jahr 1978 kein Prozess-, Zivil- und kein politisches Strafrecht erlassen. Recht und Justiz waren in dieser Phase sowjetrussisch ausgerichtet und Instrument des »Klassenkampfes«. Im Strafprozess wurden die politischen Grundsätze der Kommunistischen Partei zur wesentlichen Entscheidungsgrundlage; zivilrechtliche Streitigkeiten wurden i.d.R. durch Schlichtung beigelegt. Seit 1979 werden der Aus- und Aufbau eines Rechts- und Justizsystems systematisch betrieben. Ziele der Modernisierung sind die Implementierung einer Gesetzesherrschaft und die Schaffung einer

Demonstranten in Hongkong erinnerten im Mai 2004 an das Massaker auf dem Tian'anmen-Platz (Platz des Himmlischen Friedens). Sie warfen der Regierung vor, im Vorfeld des 15. Jahrestages Dissidenten systematisch verhaftet zu haben.

prosperierenden Wirtschaftsordnung. Zu den erlassenen Gesetzen gehören z.B. das Strafgesetzbuch und die Strafprozessordnung (1979), die Zivilprozessordnung (1982) und die Allgemeinen Grundsätze des Zivilrechts (1986), das Verwaltungsprozessgesetz (1989) sowie das Vertragsgesetz (1999) und das Gesetzgebungsgesetz (2000). Gesetze werden in der Regel durch umfangreiche rechtsvergleichende Untersuchungen vorbereitet.

Volksgerichte bestehen auf vier Ebenen: Untere Volksgerichte, Mittlere Volksgerichte, Obere Volksgerichte und das Oberste Volksgericht in Peking. Es gilt das System zweier Instanzen. Das Oberste Volksgericht hat u.a. die Aufgabe, die Rechtsprechung der unteren Gerichte zu überwachen, gesetzliche Bestimmungen der Zentralregierung auszulegen und Todesstrafen zu bestätigen. Bei der Verhängung und Vollstreckung der Todesstrafe nimmt China weltweit die Spitzenstellung ein. Neben den Volksgerichten bestehen noch spezielle Gerichte wie z.B. Militär-, Eisenbahn-, Wassertransport- und Forstgerichte. Die Rechtspflege ist durch Korruption, Lokalprotektionismus und politische Einflussnahme stark beeinträchtigt.

Politisches Leben
Militärregionen und Streitkräfte

Die Volksbefreiungsarmee geht auf die »Rote Armee« zurück, welche selber in den Kriegsjahren zwischen 1927 und 1949 faktisch kaum von der KPCh zu unterscheiden war. Politische und militärische Führung waren in diesen Jahren aufs Engste miteinander verzahnt. Erst nach dem erfolgreichen Abschluss der Kommunistischen Revolution ist es zu einer stärkeren institutionellen Trennung gekommen.

Die Volksbefreiungsarmee ist heute weiterhin eine der tragenden Säulen des chinesischen Staates. Obwohl sie formal der Zentralen Militärkommission der KPCh unterstellt und personell eng mit der Partei verflochten ist, gilt sie als eine selbstbewusst und eigenständig agierende Organisation, deren Gefolgschaft sich die Parteiführung immer wieder neu zu sichern hat. Nicht zuletzt in diesem Kontext ist zu bewerten, dass die dem Militär zur Verfügung stehenden Budgets seit 1990 massiv ansteigen. Die Gelder werden in erster Linie zur technologischen Erneuerung eingesetzt. Tatsächlich hat sich die Volksbefreiungsarmee seit dem Ende der maoistischen Ära von einer schlecht ausgerüsteten Massenarmee mit 4,5 Millionen Mann aktivem Personal zu einer technologisch deutlich besser ausgestatteten Armee von Spezialkräften gewandelt. Das aktive Personal hat sich dabei auf ca. 2,5 Millionen Mann halbiert.

Die Volksbefreiungsarmee verfügt über Atomwaffen und hat mindestens 400 Atomsprengköpfe in ihren Arsenalen gelagert. Chinas Atomwaffen werden in der Wüste Gobi (Provinz Gansu) entwickelt und gebaut. Hier befindet sich auch ein nukleares Luftverteidigungszentrum. Bis 1998 wurden bei Lop Nur (Provinz Xinjiang) Atombomben zu Testzwecken gezündet.

In strategischer Hinsicht verfolgt die Volksbefreiungsarmee offiziell die Doktrin der »aktiven Verteidigung«. D. h., Angriffskriege werden abgelehnt und militärische Operationen nur dann als opportunes Mittel angesehen, wenn fremde Mächte das Territorium der VR China gefährden und die nationale Souveränität in Gefahr erscheint. Insofern Taiwan als Teil Chinas betrachtet wird, fallen militärische Operationen gegen Taiwan nicht unter diesen »Angriffsverzicht«. Auch der Einmarsch chinesischer Truppen in Nord-Vietnam im Jahr 1979, offiziell deklariert als ein der »Selbstverteidigung dienender Gegenangriff«, zeigt, dass der Strategie der »aktiven Verteidigung« in der Praxis ein sehr weiter Interpretationsspielraum zugestanden wird.

Bodenstreitkräfte 2007

Kapazität	Anzahl
Aktives Personal	1 250 000
Armeegruppen	18
Infanteriedivisionen	19
Infanteriebrigaden	24
Motorisierte Infanteriedivisionen	4
Motorisierte Infanteriebrigaden	5
Panzerdivisionen	9
Panzerbrigaden	8
Artillerie	7 400
Artilleriedivisionen	2
Artilleriebrigaden	17
Luftlandedivisionen	3
Amphibische Divisionen	2
Amphibische Brigaden	3
Panzer	6 700

Grafik 1

Luftstreitkräfte 2007

Ausrüstung	Anzahl
Jagdflugzeuge	1 630
Bomber (Angriffsflugzeuge)	620
Transportflugzeuge	450
Kampfflugzeuge für Ausbildungszwecke	1 450

Grafik 2

Seestreitkräfte 2007

Ausrüstung	Anzahl
Zerstörer	29
Fregatten	45
Landungsboote	26
Mittlere Landungsboote	28
Atomunterseeboote (Angriff)	5
Konventionelle Unterseeboote (Angriff)	54
Schnellboote	45

Grafik 3

Raketenstreitkräfte 2007

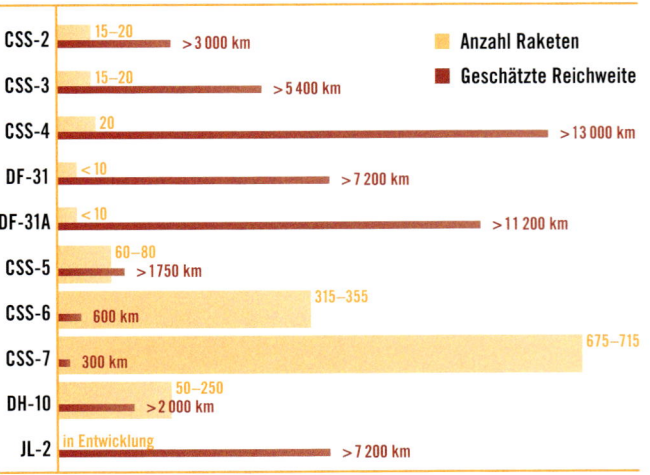

Grafik 4

Politisches Leben
Internationale politische Beziehungen

Nach der Machtergreifung in Beijing stellte die Kommunistische Partei Chinas die Außenpolitik des neuen Staates gänzlich neu auf und versuchte sich bewusst von der Diplomatie der Nationalregierung Jiang Jieshis (Chiang Kai-shek) zu distanzieren. Als grundlegende Leitlinien kommunistischer Außenpolitik wurde festgeschrieben, dass diplomatische Beziehungen der Republik nicht automatisch übernommen würden, die »ungleichen Verträge« aufzuheben seien und schließlich eine einseitige Annäherung an die Sowjetunion und die sozialistischen Bruderländer erfolgen sollte – unter betonter Distanzierung von dem durch die USA angeführten westlichen Block.

Bereit Mitte der 1950er-Jahre wurde allerdings deutlich, dass China sich nicht mit einer der UdSSR untergeordneten Rolle in der Weltgemeinschaft zufriedengeben wollte. Stattdessen versuchte sich das Land immer stärker von der UdSSR zu emanzipieren und als Führungsnation der Dritten Welt zu etablieren. In letzter Konsequenz führten diese Bestrebungen Anfang der 1960er-Jahre zum Bruch mit der UdSSR und dem von dieser geführten Staatenblock.

Insofern die VR China auch mit der westlichen Staatenwelt keine freundschaftlichen Beziehungen pflegte, wurde die VR China hiermit für ein gutes Jahrzehnt zu einer der weltpolitisch am stärksten isolierten Nationen der Erde. Erst die Wiederannäherung an die westliche Welt in den 1970er-Jahren konnte diese Isolierung allmählich aufbrechen. Deng Xiaoping vertrat zunächst eine »Drei-Welten-Theorie«, in der der VR China (ganz nach dem in den 1950er-Jahren vorgetragenen Modell) ein Führungsanspruch über die Dritte Welt zukommen sollte, gab diese jedoch bald zugunsten einer Lehre von der »Multipolarisierung« auf. Diese sollte darlegen, dass eine bipolare Weltordnung mit der UdSSR und den USA als zentralen Antagonisten keine Zukunft habe, sondern sich stattdessen in der Weltgemeinschaft mehrere spezifische Machtzentren herausbildeten – wobei die VR China natürlich ebenfalls einen dieser Pole bilde. Grundsätzlich wird dieses Modell bis zum heutigen Tage weiterverfolgt. Nach dem Niedergang der UdSSR und der Auflösung der bipolaren Weltordnung wurde das multipolare Weltbild Chinas allerdings als Gegenprogramm zu einer unter der Oberherrschaft der USA stehenden unilateralen Weltordnung uminterpretiert. Mit wachsender ökonomischer Leistungsfähigkeit des Landes ist eine zunehmende Ökonomisierung der chinesischen Außenpolitik zu verzeichnen. Jenseits ideologischer Glaubenssätze scheint die Diplomatie heute in erster Linie auf eine Sicherung der ökonomischen Eigeninteressen des Landes ausgerichtet zu sein (Sicherung des Zugangs zu Rohstoffen und Energieträgern, Schifffahrtsrouten, Absatzmärkten etc.). Dabei wird ökonomische Stärke als Schlüssel zu politischer Macht und Einfluss auf das Weltgeschehen gedeutet. Das Primat der Ökonomie, das Deng Xiaoping 1978 für die Innenpolitik festschrieb, hat nun auch die Außenpolitik erreicht.

Mitgliedschaft Chinas in internationalen Organisationen Auswahl

Abk.	Bezeichnung
ADB	Asian Development Bank – Asiatische Entwicklungsbank
AfDB[1]	African Development Bank – Afrikanische Entwicklungsbank
APEC	Asia-Pacific Economic Cooperation – Asiatisch-pazifische wirtschaftliche Zusammenarbeit
ASEAN	Association of South East Asian Nations – Vereinigung südostasiatischer Staaten
BIS	Bank for International Settlements – Bank für Internationalen Zahlungsausgleich
CDB	Carribbean Development Bank – Karibische Entwicklungsbank
FAO	Food and Agriculture Organization of the UN – Ernährungs- und Landwirtschaftsorganisation der Vereinten Nationen
G-77	Group of 77 – Gruppe der 77
IAEA	International Atomic Energy Agency – Internationale Atomenergie-Organisation
IBRD	International Bank for Reconstruction and Development (World Bank) – Weltbank
ICAO	International Civil Aviation Organization – Internationale Organisation der Luftfahrt treibenden Staaten
ICC	International Chamber of Commerce – Internationale Handelskammer
ICPO	International Criminal Police Organization – Interpol
IFRCS	International Federation of Red Cross and Red Crescent Societies – Internationales Komitee vom Roten Kreuz
ILO	International Labour Organization – Internationale Arbeitsorganisation
IMF	International Monetary Fund – Internationaler Währungsfond
IOC	International Olympic Committee – Internationales Olympisches Komitee
PCA	Permanent Court of Arbitration – Internationaler Schiedsgerichtshof
WHO	World Health Organization – Weltgesundheitsorganisation
WIPO	World Intellectual Property Organization – Weltorganisation für geistiges Eigentum
WTO	World Trade Organization – Welthandelsorganisation

UN und untergeordnete Organisationen
UN, UN Security Council, UNAMID, UNCTAD, UNESCO, UNHCR, UNIDO, UNIFIL, UNITAR, UNMIL, UNMIS, UNMIT, UNOCI, UNTSO, UNWTO

Hauptkarte und Grafik Außenministerium der VR China; THINK!Desk Research & Consulting

[1] extraregionales Mitglied

Grafik 1

Politisches Leben

Internationale Beziehungen

Aufnahme diplomatischer Beziehungen zur VR China (Jahr)
- 1949
- '54 1950 bis 59
- '61 1960 bis 69
- '70 1970 bis 79   Wiederaufnahme
- '84 1980 bis 89   '72
- '92 1990 bis 99   '98
- '02 seit 2000   '03
- keine Angaben
- ----- Grenze ehemals geteilter Staaten

Mitgliedschaft in Handelsabkommen (auch WTO-Mitglieder)
- ASEAN   plus 3
- Freihandelsabkommen (auch Singapur, Hongkong [CEPA], Macau [CEPA])

Teilnahme an Militärbündnissen
Shanghaier Organisation für Zusammenarbeit (SOZ), seit 2001 (vorher ohne Usbekistan als »Shanghai Five«)
- SOZ Mitgliedstaaten
- SOZ Beobachterstaaten

Kriegerische Auseinandersetzungen
- 1962 Jahr des Konflikts

Beteiligung der VR China an Friedenssicherungsmissionen der UNO (Stand 30. November 2008)
- 2 UNTSO Anzahl des chinesischen Personals, UNO-Abkürzung

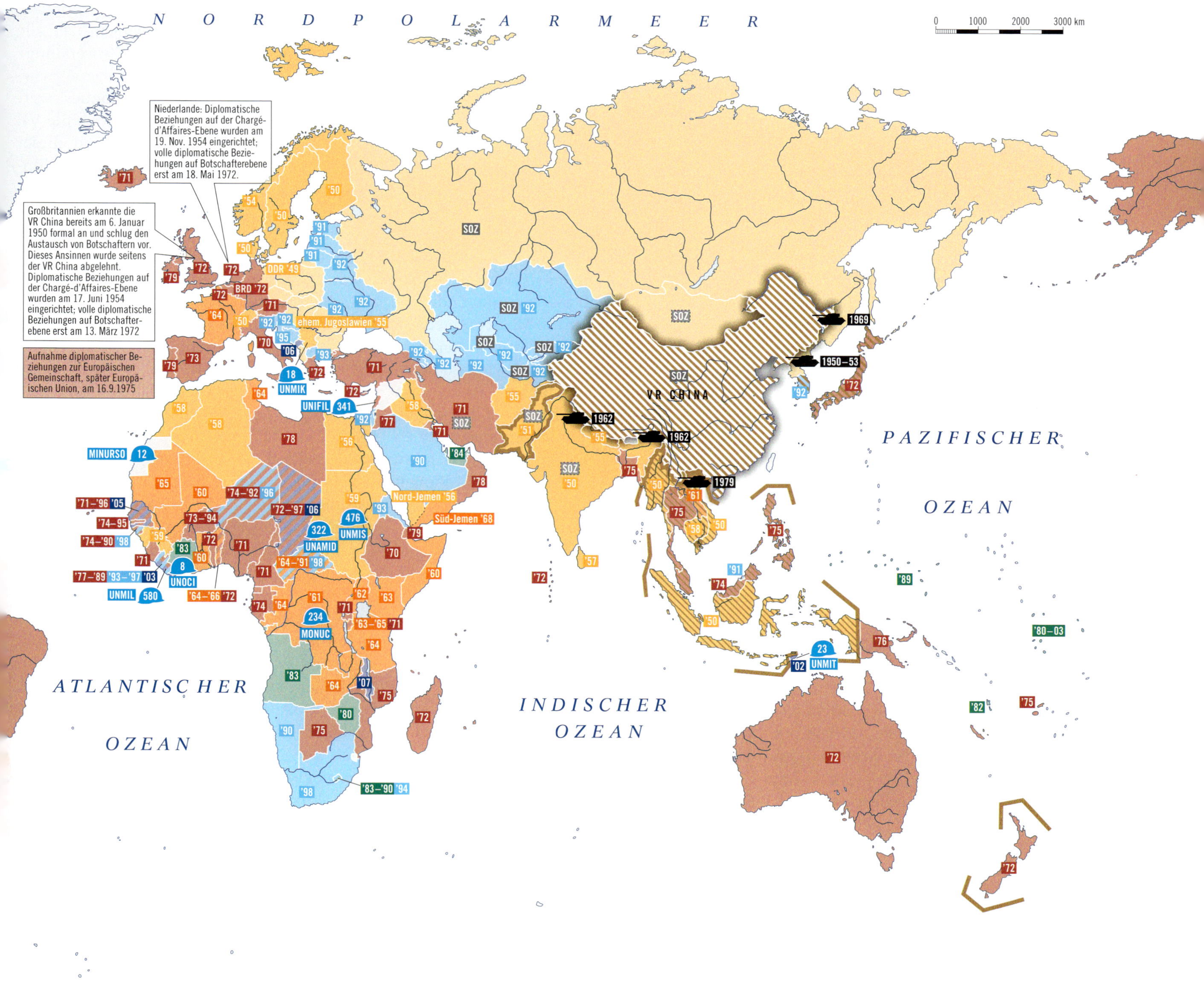

Politisches Leben

Ba yi

Die auf dem Banner der VBA befindlichen Schriftzeichen **ba yi** (acht eins) erinnern an den Nanchang-Aufstand. Unter Führung von Zhu De, Zhou Enlai und Liu Bocheng erhoben sich am 1. August 1927 in Nanchang, Provinz Jiangxi, den Kommunisten nahe stehenden Truppen gegen die nationalistische Führung der Guomindang. Nachdem die Aufständischen die Stadt mehrere Tage gehalten hatten, mussten sie Guomindang-Truppen weichen und zogen sich in Südchina und insbesondere dem Jinggang-Gebirge in den Untergrund zurück. Der 1. August 1927 gilt heute offiziell als Gründungstag der Volksbefreiungsarmee.

Unten (von links nach rechts): Banner der Landstreitkräfte, der Marine und der Luftstreitkräfte der VBA.

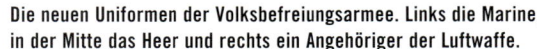

Die neuen Uniformen der Volksbefreiungsarmee. Links die Marine, in der Mitte das Heer und rechts ein Angehöriger der Luftwaffe.

Die Volksbefreiungsarmee

Die Volksbefreiungsarmee stellt neben der KPCh und dem Staatsapparat die dritte Säule des chinesischen Staates dar. Dabei ist sie – wie auch die Regierung – in ihren Führungsorganen vollständig mit Mitgliedern der KPCh besetzt. Diese Kongruenz von KPCh und Militär war in der Vergangenheit noch stärker: So war die kommunistische Bewegung während der Jahrzehnte der bewaffneten Auseinandersetzungen mit Bürgerkriegsgegnern und japanischen Truppen faktisch identisch mit der Roten Armee, der Vorläuferorganisation der Volksbefreiungsarmee.

Die Volksbefreiungsarmee ist im Verlauf der Geschichte der VR China mehrfach zu politisch-ideologischen Zwecken missbraucht worden. So wurde sie von Lin Biao und Mao Zedong im Kontext der Kulturrevolution zu Zwecken der binnenpolitischen Machtentfaltung instrumentalisiert, während die Führungsgruppe um Deng Xiaoping 1989 den Tian'anmen-Protest durch Einheiten der Volksbefreiungsarmee niedermetzeln ließen. Diese Ereignisse haben letztlich dem Ruf der Volksbefreiungsarmee im Land massiv geschadet. Heute hat sie sich weitgehend aus der (politischen) Öffentlichkeit zurückgezogen und agiert aus der zweiten Reihe.

Ausgelöst durch das Desaster des verlustreichen Vietnam-Feldzugs 1979 und angesichts der von Seiten der USA in zwei Golfkriegen der Weltöffentlichkeit präsentierten modernen Hightechkriegsführung befindet sich die Volksbefreiungsarmee seit den 1980er-Jahren inmitten einer umfassenden strukturellen Neuausrichtung. Während sie bis zum Ende der maoistischen Ära noch als Massenarmee organisiert und technologisch weit hinter dem globalen Standard zurück war, wird sie heute zu einer »kleinen, aber feinen« Armee von Spezialisten umgebaut. »Klein« ist hier relativ zu sehen. Die Volksbefreiungsarmee hatte zu ihren Spitzenzeiten Anfang der 1980er-Jahre eine Truppenstärke von gut 4,5 Millionen Mann. Heute verfügt sie über 2,5 Millionen Mann aktives Personal. Dieser Modernisierungsprozess wird durch überproportional zur Wirtschaft und dem Staatshaushalt insgesamt ansteigende Budgetzuweisungen alimentiert. Dessen ungeachtet wird das konventionelle Leistungsprofil der Volksbefreiungsarmee auch heute noch als eingeschränkt bewertet. Eine militärische Eroberung Taiwans liegt auch im ersten Jahrzehnt des 21. Jahrhunderts noch außerhalb ihrer Möglichkeiten.

Außenbeziehungen und Außenpolitik im 21. Jahrhundert

Die VR China hat ihre in den 1970er-Jahren eingeleitete Politik der Annäherung an den Westen in den letzten Jahrzehnten konsequent weitergeführt.

Dessen ungeachtet bleibt die Außenpolitik der VR China auch nach der Jahrtausendwende hochkomplex und basiert auf der Unterscheidung dreier spezifischer Adressatengruppen.

Gegenüber den kleineren Staaten im unmittelbaren geopolitischen Umfeld agiert die VR China überaus großzügig und gönnerhaft, seien es nun Kambodscha und Laos oder Nepal und Bhutan. Hier setzte sie »soft power« ein.

Der zweite Adressatenkreis, dem gegenwärtig hauptsächlich öl- und rohstofffördernde Länder der Dritten Welt angehören, wird dagegen nach strikt geoökonomischen Gesichtspunkten behandelt. So verschieden Staaten wie Venezuela, Angola, Moçambique, Sudan, Iran oder Birma auch sein mögen, sie alle erfahren die »freundschaftliche Zuwendung« Chinas, das sich selbst durch massive Vorwürfe, mit denen diese Länder konfrontiert werden, nicht beirren lässt. Im Gegenteil, die VR China hat wiederholt Verurteilungen dieser Staaten durch die Vereinten Nationen verhindert (z. B. auch des Sudan).

Was schließlich die Staaten und Staatenverbände »auf gleicher Augenhöhe« anbelangt, so geht die Politik der VR China mittlerweile von der Existenz einer »fünfpoligen« Welt aus, die sich aus den Mitspielern EU, USA, Russland, Japan und China zusammensetzt. Verhältnismäßig unkompliziert erscheint das Verhältnis zur EU, mit der es zwar immer wieder zu außenwirtschaftlichen Problemen (u.a. wegen Lizenzrechtsverletzungen sowie Marken- und Produktpiraterie), kaum aber zu außenpolitischen Konflikten kommt. Ganz anders die Beziehungen zu Moskau und zu Washington. So galt die Sowjetunion beispielsweise noch in den frühen 1950er-Jahren als Lernmodell und engster Verbündeter, später als »hegemonistischer und sozialimperialistischer« Erzfeind und, seit dem Zerfall der UdSSR, wieder als Verbündeter, der Partner im antiterroristischen Kampf sowie Öl-, Rohstoff- und Waffenhauptlieferant geworden ist. Auch der einstige »imperialistische Hauptfeind« USA ist inzwischen wichtiger Wirtschaftspartner und Verbündeter im Kampf gegen den Terrorismus geworden, gilt aber wegen seiner Taiwan-, Irak-, Japan- und Indienpolitik sowie wegen seiner Dauerkritik an Chinas Menschenrechtspolitik weiterhin als problematisch. Die Nachbarländer Japan sowie (das im »Fünferkonzept« nicht explizit ausgewiesene) Indien gelten als Rivalen, gegenüber denen die chinesische Außenpolitik eine Eindämmungsstrategie verfolgt.

Wirtschaftsleben

Wirtschaftsleben

Seit Beginn der von Deng Xiaoping eingeleiteten Reform- und Öffnungspolitik ausgangs der 1970er-Jahre hat die chinesische Volkswirtschaft einen historisch einzigartigen Wachstums- und Entwicklungsprozess durchlaufen. Zwischen 1978 und 2007 ist das Bruttoinlandsprodukt (BIP) im Jahresdurchschnitt um über 10 % angestiegen. Die wirtschaftliche Leistungserbringung des Landes insgesamt ist während dieser 30 Jahre um das Fünfzehnfache angewachsen, das BIP pro Einwohner um mehr als das Elffache. Bis zum Jahr 2007 ist die VR China somit von einem armen, unterentwickelten Land zur (in Kaufkraftparitäten gemessen) zweitgrößten Volkswirtschaft der Erde, der drittgrößten Handelsnation mit einem Anteil von gut 8 % an den Weltexporten und einem der wichtigsten Gastländer für Direktinvestitionen avanciert. Keine andere Volkswirtschaft hat je zuvor eine derartig dynamische und lang anhaltende Entwicklung durchlaufen. Die »Wirtschaftswunder« in Deutschland, Japan und Südostasien werden durch den chinesischen Aufschwung klar in den Schatten gestellt.

»Vom Plan zum Markt«

Der Startpunkt des modernen chinesischen »Wirtschaftswunders« liegt letztlich in dem ultimativen Scheitern des maoistischen Entwicklungsmodells begründet. Zum Ausgang der 1970er-Jahre befand sich die chinesische Volkswirtschaft in einem weitgehend dysfunktionalen Zustand und war nicht mehr in der Lage, das ökonomische Fundament bereitzustellen, um Staat und Gesellschaft in die Zukunft zu führen. China partizipierte auch

Teilweise wurde mit einfachsten Mitteln in Volkskommunen produziert. Der Bau eines Hochofens zur Stahlproduktion erfolgte noch per Hand. Der aus solchen Anlagen gewonnene Stahl genügte allerdings in der Qualität nicht einmal geringen Anforderungen, sodass die Parteiführung in Beijing gezwungen war, diese Produktion weitgehend einzuschränken.

Durch den rasant wachsenden Export werden auch die Häfen Chinas immer wichtiger. Der Containerhafen Waigaoqiao in Shanghai hat an Umschlag mittlerweile Rotterdam eingeholt.

nicht an den wohlfahrtsfördernden Effekten der internationalen Arbeitsteilung und war faktisch kein konstituierender Bestandteil der Weltwirtschaft.

Nachdem bereits mit dem katastrophalen Fehlschlag des »Großen Sprungs nach vorn« (1959–1961) die Volkswirtschaft nachhaltig geschwächt worden war, war sie anschließend im Rahmen der »Dritte-Front-Strategie« (1964–1979) in Strukturen überführt worden, die in keiner Weise geeignet waren, die der Volkswirtschaft zur Verfügung stehenden Ressourcen in effizienter Weise einer produktiven Verwendung zuzuführen. Über ein gutes Jahrzehnt hinweg war Chinas Kapitalstock nach Maßgabe eines militärstrategischen Kalküls gebildet worden und hatte Ende der 1970er-Jahre schließlich jeglichen Bezug zu den bestehenden gesamtwirtschaftlichen Knappheitsrelationen verloren. China befand sich zu diesem Zeitpunkt weit entfernt von dem *best practice* der Weltwirtschaft und wies somit substanzielles Potenzial zur Erschließung einer Entwicklungslücke im Sinne des Konzepts »nachholenden Wachstums« auf. Um diese Potenziale aber auch wirklich umsetzen zu können, musste zunächst ein radikaler Bruch mit den grundlegenden Wertvorstellungen und Überzeugungen der maoistischen Leitideologie vollzogen werden.

Diese elementare Weichenstellung wurde schließlich Ende des Jahres 1978 vollzogen. In Anbetracht des im Scheitern begriffenen Versuchs Hua Guofengs, die bestehenden ökonomischen Probleme abermals durch einen Rückgriff auf maoistische Entwicklungsvorstellungen zu lösen, übernahmen Ende des Jahres 1978 reformorientierte Kräfte innerhalb der Kommunistischen Partei die Macht. Unter der Führung Deng Xiaopings wurde nun das die Entfaltung der Wirtschaft behindernde politisch-ideologische Korsett gelockert und wurden immer weiter reichende unternehmerische Freiräume eröffnet. Dabei bestand ursprünglich lediglich die Absicht, durch einen partiellen Einbau marktwirtschaftlicher Institutionen die Leistungsfähigkeit der Volkswirtschaft zu steigern. Ein Systemwechsel von der

Größer als die deutsche Wirtschaft

Es ist früher passiert als erwartet: Bereits im Jahr 2007 hat die chinesische Volkswirtschaft Deutschland überholt und den Rang der weltweit drittgrößten Volkswirtschaft erklommen (nach marktbestimmten Wechselkursen). Bekannt geworden ist dies erst durch die Revision der offiziellen Werte durch das Statistische Amt im Frühjahr 2009. Nach den neuen Daten betrug das Wachstum im Jahr 2007 13 % (zuvor war man von 11,9 % ausgegangen), womit sich ein BIP von 25,731 Billionen Yuan RMB ergibt. In Euro umgerechnet entspricht dies einer Wirtschaftsleistung von ca. 2,8 Billionen Euro – ca. 400 Milliarden mehr, als Deutschland erreicht hatte. Faktisch dürfte China Deutschland im Hinblick auf die Erstellung von Wirtschaftsgütern bereits Jahre vorher überholt haben und der Abstand zwischen beiden Ökonomien heute deutlich größer sein, als die Statistik angibt. Der Grund liegt in der Schattenwirtschaft, also der von Statistik (und Finanzamt) nicht erfassten wirtschaftlichen Leistungserbringung. Diese liegt in China deutlich über den ca. 15 % des offiziellen BIP, die in Deutschland Jahr für Jahr »heimlich« erwirtschaftet werden.

Wirtschaftsleben

Schwarze Katze – weiße Katze

»Egal, ob die Katze weiß oder schwarz ist – Hauptsache, sie fängt Mäuse!« Dieser Satz Deng Xiaopings ist zum Symbol der Reformbewegung und des Bruchs des »modernen China« mit den ideologischen Exzessen der maoistischen Ära geworden. Er steht für die pragmatische Nutzung markt- und privatwirtschaftlicher Prinzipien innerhalb eines sozialistisch geprägten Wirtschafts- und Gesellschaftssystems.

Trotzdem ist diese Parole von Deng Xiaoping keineswegs erstmals zu Beginn der Reformperiode zum Ende der 1970er-Jahre ausgegeben worden. Sie geht vielmehr auf das Jahr 1962 zurück, in dem Deng Xiaoping angesichts des durch die Kampagne des »Großen Sprungs nach vorn« hervorgerufenen ökonomischen Desasters und der weitreichenden Hungersnot nach unorthodoxen Wegen zur schnellen Steigerung der landwirtschaftlichen Produktion suchte.

Deng Xiaoping. »Vater« der Reformbewegung und verantwortlich für das Massaker auf dem Tian'anmen-Platz

Plan- zur Marktwirtschaft war nicht vorgesehen. Dieser ergab sich dann allerdings »spontan« aus der Logik des institutionellen Wandels und der sich aufzeigenden Möglichkeiten, durch weiterführende Reformen immer neue gesamtgesellschaftliche Wohlfahrtspotenziale – und individuelle Einkommensquellen – zu erschließen.

Reformverlauf

Startpunkt der Reformbewegung war zum einen der ländliche Sektor, in dem den Bauern bedeutsame Freiräume für die eigenverantwortliche Bewirtschaftung kleiner Landparzellen gewährt wurden, zum anderen die Einrichtung von hermetisch vom Rest der Volkswirtschaft abgeschotteter Sonderwirtschaftszonen, in denen speziell für den Export produziert werden sollte. Erst als in diesen Bereichen unerwartet große Erfolge erzielt worden waren, wurde die Reformbewegung Mitte der 1980er-Jahre auch auf die Kernbereiche der chinesischen Volkswirtschaft ausgedehnt. Es wurden nun u. a.

- die Reformbewegung auf den industriellen Sektor und damit die städtischen Regionen ausgeweitet,
- ein zweistufiges Bankensystem mit der *People's Bank of China* als Zentralbank eingerichtet,
- die Einrichtung eines knappheitsorientierten Marktpreissystems beschleunigt vorangetrieben (»duales Preissystem«),
- die Entscheidungskompetenzen lokaler Regierungsorgane ausgeweitet
- und das Außenhandelssystem grundlegend liberalisiert.

Diese Reformmaßnahmen waren richtungsweisend für den weiteren graduellen Systemwechsel des chinesischen Wirtschaftssystems. Hiermit wurde ein Prozess institutioneller Erneuerung angestoßen, der starke Eigendynamik entwickelte und, sich über die gesamte Volkswirtschaft ausbreitend, letztlich auf eine vollständige Transformation der bestehenden Zentralverwaltungswirtschaft in eine marktwirtschaftliche Ordnung hinausgelaufen ist.

Marktpreise waren bereits Mitte der 1990er-Jahre fest etabliert, und mit dem 10. Fünfjahresplan (gültig für die Jahre 2001–2005) ist die Verwendung von administrativen Planvorgaben als Instrument der gesamtwirtschaftlichen Steuerung und Koordination schließlich vollständig aufgegeben worden. Die aktuelle, die Jahre 2006–2010 umfassende, wirtschaftspolitische Konzeption hat sogar den Namen »Plan« verloren und kommt nun offiziell als »11. Fünfjahresprogramm zur wirtschaftlichen und sozialen Entwicklung« daher. Die VR China verfügt heute über eine zwar weiterhin in hohem Maße von politischen Organen

Deng bricht mit dem Ideal der »Gleichheit«

Ein zentraler Bestandteil der Reformagenda Deng Xiaopings war der Aufruf zu größerer Eigenverantwortlichkeit und zur Zulassung von »Ungleichheit« innerhalb der Gesellschaft. In seiner zentralen Rede auf der 3. Plenartagung des XI. Zentralkomitees der KP China legte er hierfür das Fundament und brach damit entscheidend mit der maoistischen Ideologie:

Wir müssen durch die Stärkung des Verantwortlichkeitssystems und durch richtige Entscheidung hinsichtlich Auszeichnungen und Bestrafungen eine Atmosphäre des freundschaftlichen Wettbewerbs in allen Branchen schaffen, in der jeder danach strebt, zu den Besten zu gehören, hart zu arbeiten und sich hohe Ziele zu setzen. In der Wirtschaftspolitik sollten wir meiner Meinung nach einigen Regionen und Betrieben sowie einem Teil der Arbeiter und Bauern gestatten, mehr zu verdienen und höhere Vergütungen zu beziehen als andere, wenn sie durch harte Arbeit größere gesellschaftliche Beiträge geleistet haben. Wenn man zunächst den Lebensstandard eines Teils der Menschen hebt, wird dies automatisch zu einem eindrucksvollen Vorbild für ihre »Nachbarn« werden und Leute in anderen Regionen oder Einheiten anregen, von ihnen zu lernen. Das wird dazu beitragen, die gesamte Volkswirtschaft ständig voranzutreiben und das ganze Volk in relativ kurzer Zeit zum Wohlstand zu führen.

Offizielle Übersetzung des Verlags für fremdsprachige Literatur, Beijing.

Die People's Bank of China in Beijing. Chinas Zentralbank ist keineswegs unabhängig; sie untersteht dem Staatsrat.

Wirtschaftsleben
Wirtschaftleistung (BIP) – Wirtschaftskraft in regionaler Perspektive

Chinas Wirtschaftsleistung beeindruckt die Weltbevölkerung: seit Jahren beständig hohes Wirtschaftswachstum, der (Wieder-)Aufstieg zu einer Wirtschaftsweltmacht und glitzernde Städte wie Beijing und Shanghai. Doch China ist ein immens großes Land und tatsächlich profitieren vor allem die Küstenregionen sowie einige Großstädte besonders von dem wirtschaftlichen Aufschwung. Bei genauer Betrachtung müssen immer mindestens zwei Unterscheidungen getroffen werden: diejenige zwischen Stadt und Land und diejenige zwischen Küstenregion und Hinterland beziehungsweise westlichen Provinzen. Während die Küstenprovinzen und Großstädte boomen, herrscht in weiten Teilen des Landes bis heute Armut. Zwar konnte der Lebensstandard für den Großteil der Bevölkerung in den vergangenen Jahren verbessert werden, aber gleichzeitig konnte eine Verringerung der Armutsschere nicht erreicht werden. Im Gegenteil: Die Ungleichverteilung des Wohlstands zwischen Küste und Hinterland und zwischen Stadt und Land steigt stetig an.

Für die gesamtwirtschaftliche Entwicklung des Landes spielt der Dienstleistungssektor eine immer wichtigere Rolle. Die Industrie konnte seit 1978 mit einigen schwächeren Jahren fast immer zwischen 45 und 49 % zum Bruttoinlandsprodukt beisteuern. Heute spielt der Dienstleistungssektor mit rund 40 % an der Gesamtwirtschaftsleistung Chinas eine tragende Rolle (1978: 24 %) – während der Anteil der Landwirtschaft nur noch auf rund 12 % geschrumpft ist (1978: 28 %). Dabei bestehen große regionale Unterschiede zwischen den einzelnen Provinzen.

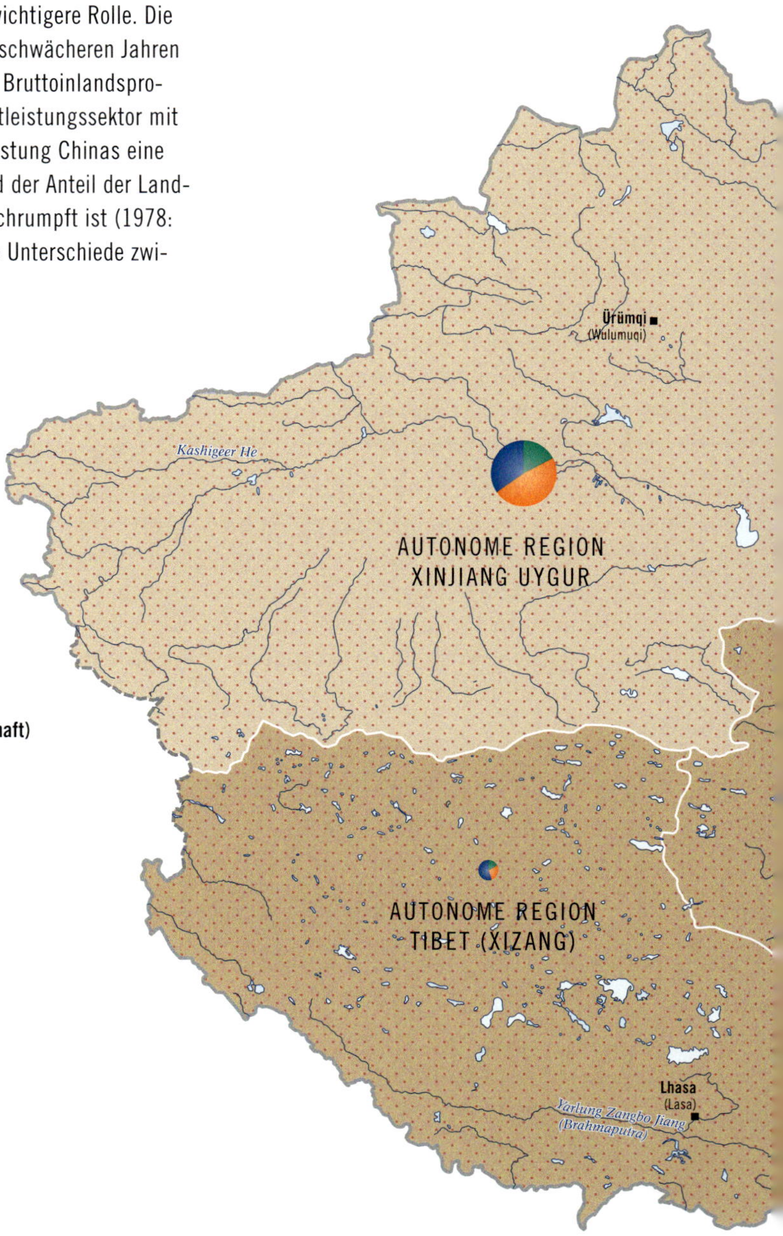

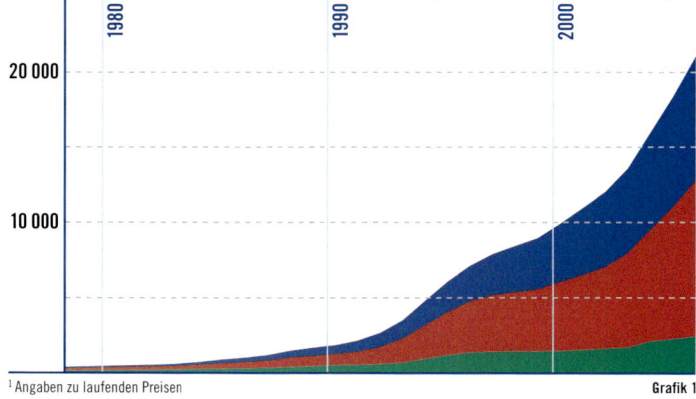

Bruttoinlandsprodukt (BIP)[1] 1978 bis 2006, in Mrd. Yuan RMB

- Primärsektor (Land- und Forstwirtschaft)
- Sekundärsektor (Industrie)
- Tertiärsektor (Dienstleistungen)

[1] Angaben zu laufenden Preisen

Grafik 1

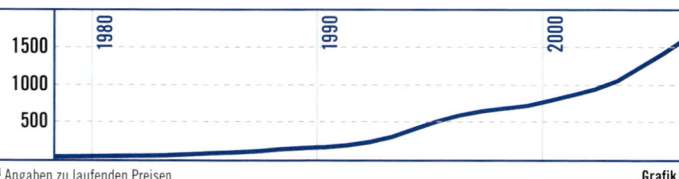

Bruttoinlandsprodukt pro Kopf[1] in Yuan RMB

[1] Angaben zu laufenden Preisen

Grafik 2

Wirtschaftswachstum in regionaler Perspektive – Bruttoregionalprodukt 2006 2005 = 100

Region	Index	Region	Index	Region	Index
Beijing	112,8	Zhejiang	113,9	Chongqing	112,2
Tianjin	114,5	Anhui	112,8	Sichuan	113,3
Hebei	113,4	Fujian	114,8	Guizhou	111,6
Shanxi	111,8	Jiangxi	112,3	Yunnan	111,9
Innere Mongolei	118,7	Shandong	114,8	Tibet	113,3
		Henan	114,4	Shaanxi	112,8
Liaoning	113,8	Hubei	113,2	Gansu	111,5
Jilin	115,0	Hunan	112,2	Qinghai	112,2
Heilongjiang	112,1	Guangdong	114,6	Ningxia	112,7
Shanghai	112,0	Guangxi	113,6	Xinjiang	111,0
Jiangsu	114,9	Hainan	112,5		

Grafik 3

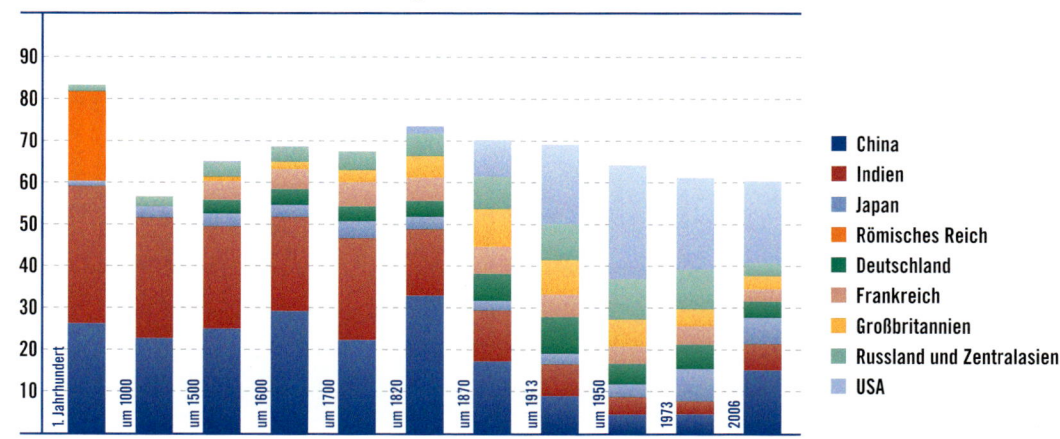

Anteile an der Weltwirtschaftsleistung in %, bereinigt nach Kaufkraft

- China
- Indien
- Japan
- Römisches Reich
- Deutschland
- Frankreich
- Großbritannien
- Russland und Zentralasien
- USA

Grafik 4

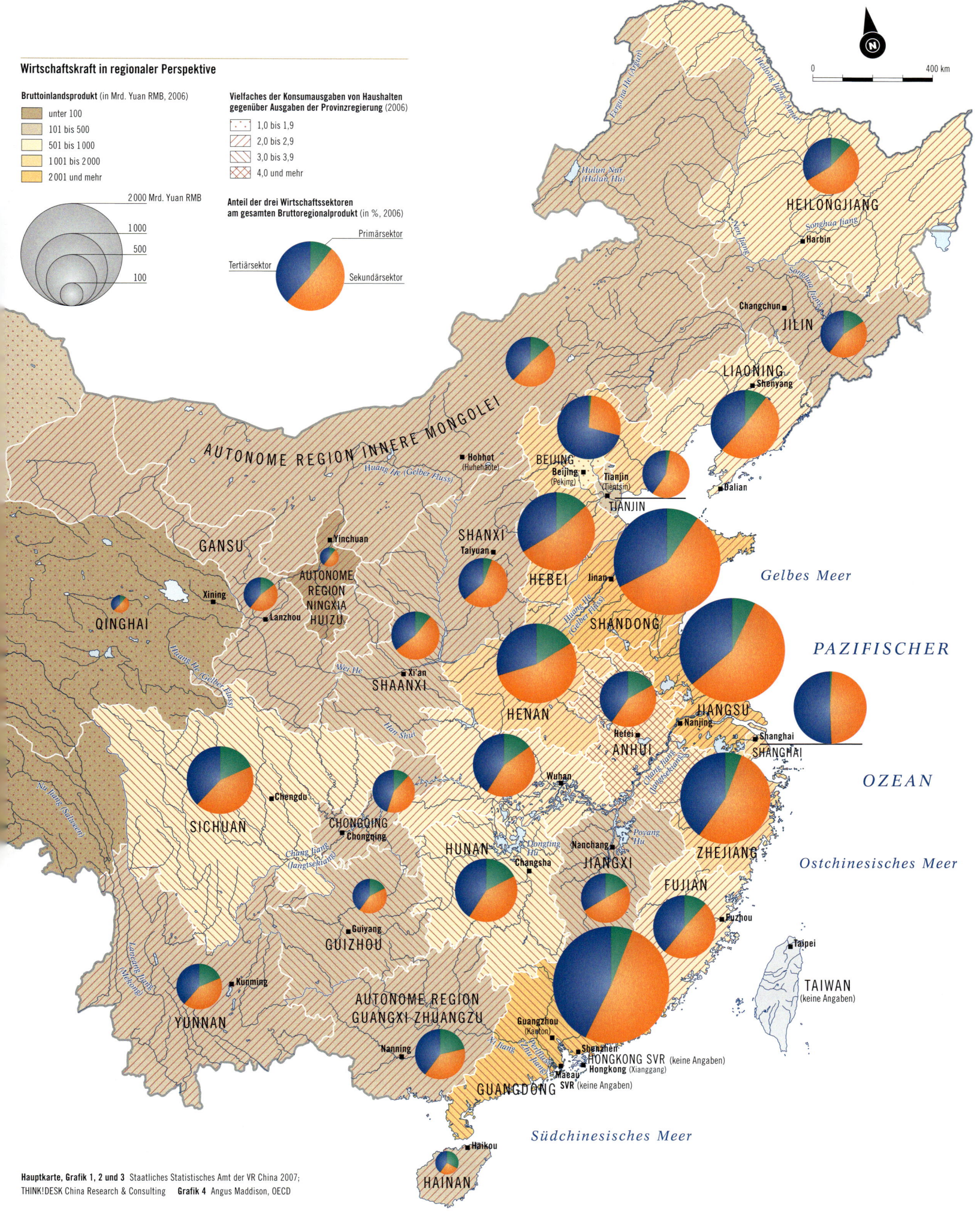

Wirtschaftsleben
Staatshaushalt und Steuerwesen

Dank des dynamischen Wachstums der chinesischen Volkswirtschaft verfügt die chinesische Regierung über eine Haushaltslage, für die sie die meisten Industriestaaten der Erde beneiden könnten. Mit einer Gesamthaushaltsverschuldung von offiziell 17,3 % des BIP und einer jährlichen Neuverschuldung von 0,7 % des BIP (2006) erfüllt die VR China die Maastrichtkriterien und wäre somit in der Lage, dem Euro-Raum beizutreten.

Ein genauerer Blick auf die chinesische Haushaltssituation zeigt allerdings, dass die chinesische Regierung auf einem Berg versteckter Verbindlichkeiten sitzt. Umfangreiche Ausgabenposten stehen außerhalb des offiziellen Haushalts, während gleichzeitig aus den im staatlichen Bankensektor aufgehäuften »faulen Krediten« und nicht eingezahlten Sozialversicherungsbeiträgen des staatlichen Unternehmenssektors massive Forderungen an den Staat bestehen.

Unabhängige Schätzungen gehen von daher von einem ›wahren‹ Wert der chinesischen Staatsverschuldung in der Größenordnung von 75 % – 115 % des BIP aus.
Das Steueraufkommen macht 90 % der chinesischen Haushaltseinnahmen aus. Diese Steuereinnahmen werden zwischen der Zentralregierung und den Lokalregierungen aufgeteilt, wobei die einzelnen Steuerarten entweder direkt dem Haushalt der Zentralregierung bzw. denen der Lokalregierungen zugewiesen sind oder aber die speziellen Steueraufkommen nach einem festen Schlüssel verteilt werden.

Dem Staatshaushalt formal nicht zugerechnet werden Extrabudgetäre Fonds, die i.d.R. aus lokal erhobenen Gebühreneinnahmen resultieren. Diese Einnahmen weisen durchaus substanzielle Volumina auf. Im Jahr 2006 weiteten sie den formalen Haushalt um ca. 15 % aus.

Der Staatshaushalt in Mrd. Yuan RMB

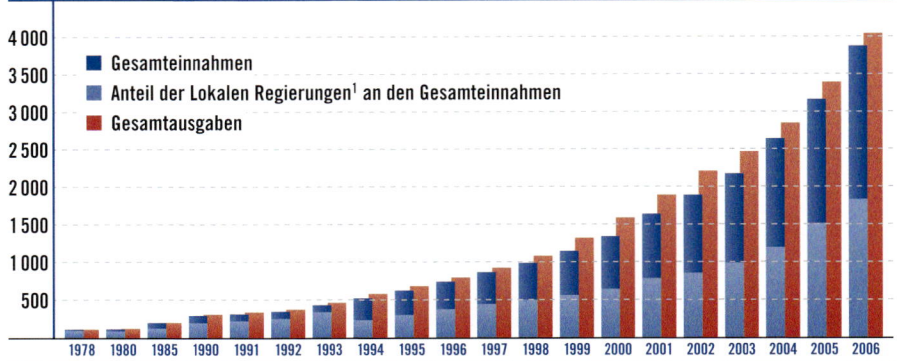

- Gesamteinnahmen
- Anteil der Lokalen Regierungen[1] an den Gesamteinnahmen
- Gesamtausgaben

[1] Einnahmen, die den Lokalen Regierungen direkt aus dem Steuer- und Gebührenaufkommen zufließen.

Grafik 1

Steueraufkommen der Zentralen und Lokalen Regierungen nach Steuerart 2006, in Mrd. Yuan RMB

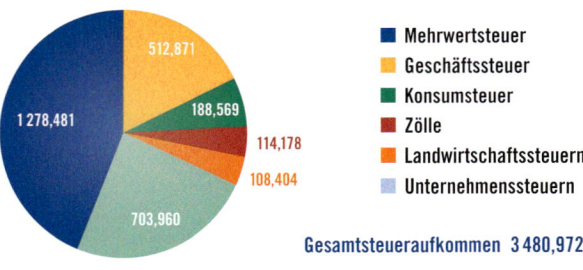

- Mehrwertsteuer: 1 278,481
- Geschäftssteuer: 512,871
- Konsumsteuer: 188,569
- Zölle: 114,178
- Landwirtschaftssteuern: 108,404
- Unternehmenssteuern: 703,960

Gesamtsteueraufkommen 3 480,972

Grafik 2

Wichtigste Ausgabenposten der Zentralen und Lokalen Regierungen 2006, in Mrd. Yuan RMB

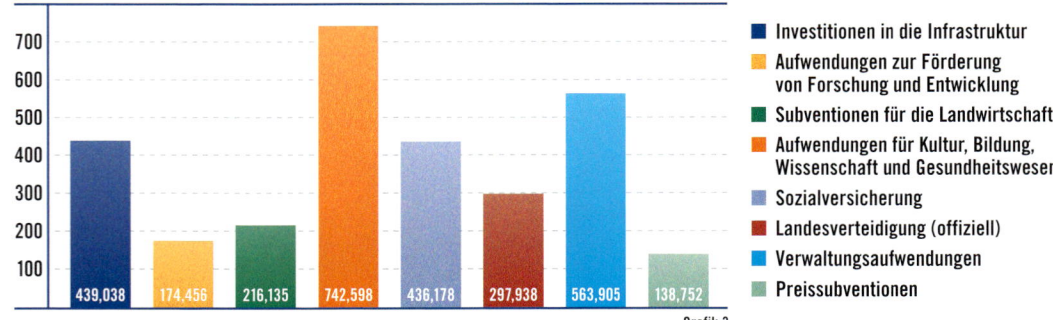

- Investitionen in die Infrastruktur: 439,038
- Aufwendungen zur Förderung von Forschung und Entwicklung: 174,456
- Subventionen für die Landwirtschaft: 216,135
- Aufwendungen für Kultur, Bildung, Wissenschaft und Gesundheitswesen: 742,598
- Sozialversicherung: 436,178
- Landesverteidigung (offiziell): 297,938
- Verwaltungsaufwendungen: 563,905
- Preissubventionen: 138,752

Grafik 3

Nationaler Gesamtwert
- **1 830,4** Haushaltseinnahmen (in Mrd. Yuan RMB)
- **19,0** Haushaltsaufwendungen für Bildung und Gesundheitswesen (in % der Gesamtausgaben)
- **14,7** Haushaltsaufwendungen für den Verwaltungsapparat (in % der Gesamtausgaben)

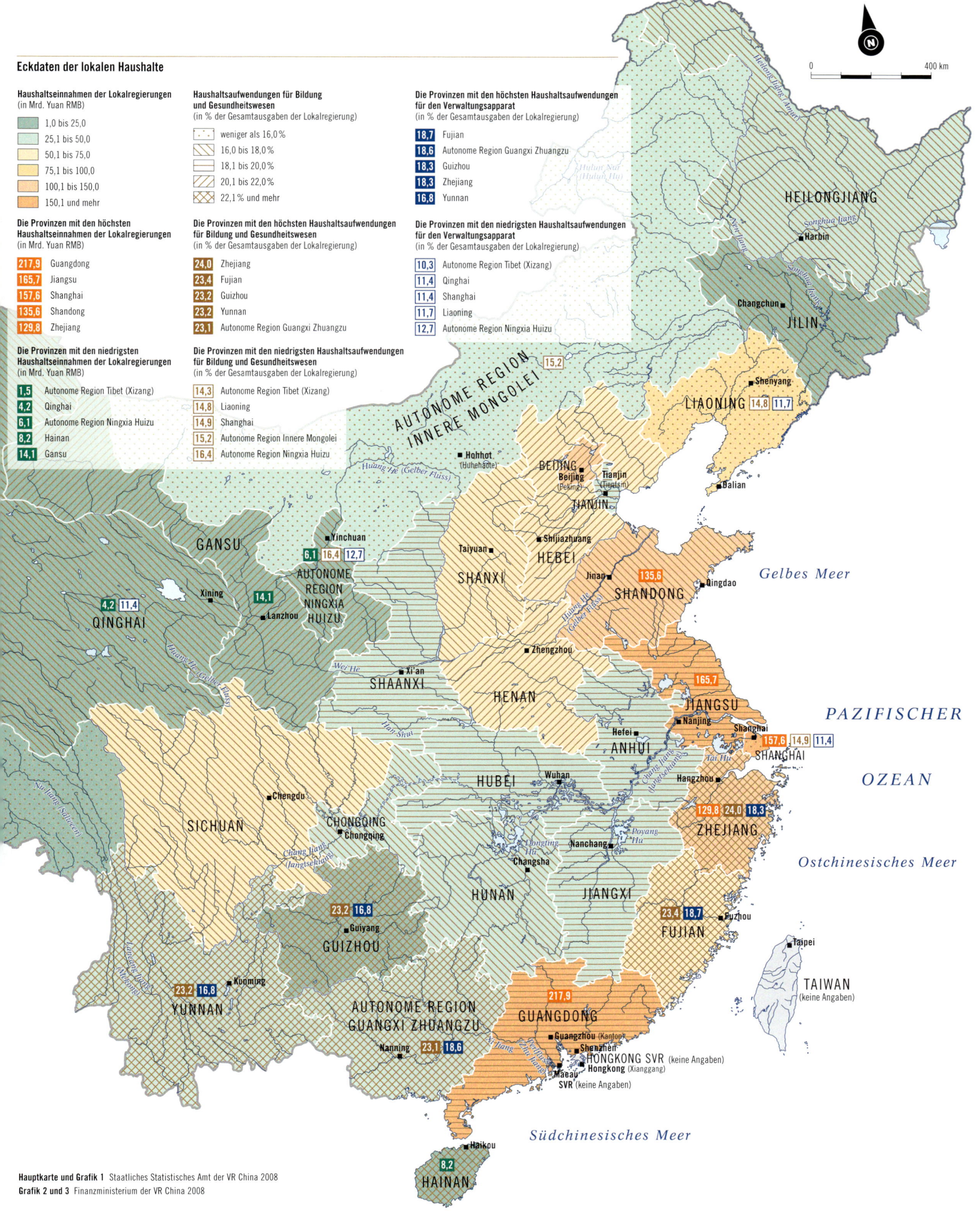

Wirtschaftsleben
Transformationsprozess – Sonderwirtschaftszonen und Industrieparks

Der Zeitpunkt der Öffnung Chinas für ausländische Unternehmen und der Beginn des wirtschaftlichen Reform- und Transformationsprozesses von einer Plan- zur Marktwirtschaft werden allgemein auf das Jahr 1978 gelegt. Unter der Führung von Deng Xiaoping wurde bereits 1979 die Einrichtung der ersten »Sonderwirtschaftszonen« (SWZ) im Land beschlossen und 1980 umgesetzt: Xiamen, Shenzhen, Zhuhai und Shantou sowie 1988 die gesamte Insel Hainan waren nun ausgewählte Gebiete, die für ausländische Investitionen geöffnet waren und in denen eine exportorientierte Industriewirtschaft auf der Basis marktwirtschaftlicher Mechanismen umgesetzt wurde.

Der Erfolg der isolierten »kapitalistischen Experimente« führte nicht zuletzt dazu, dass 1984 14 Städte zu »Offenen Städten« erklärt wurden und ähnliche Privilegien bieten konnten, wie die SWZ. Zu diesen Vorzügen zählten nicht nur ein hohes Maß an lokaler Entscheidungskompetenz, sondern auch Freiheiten z.B. bei der Bestimmung von Preisen und Löhnen.

Neben den National High-Technology Industrial Development Zones (NHTIDZ) zählen u.a. die National Economic and Technological Development Zones (NETDZ), mit deren Errichtung 1984 begonnen wurde und die über das ganze Land verteilt sind, zu den wichtigsten Formen von Industriezonen. Insbesondere in der Frühphase wurden die Entwicklungszonen wegen der vermeintlichen Ausbeutung der Beschäftigten durch niedrige Löhne und lange Arbeitszeiten innerhalb Chinas und seitens internationaler Gewerkschaftsbewegungen kritisiert.

Die National Economic and Technological Development Zones (NETDZ) 2007

	32 NETDZ im Osten	9 NETDZ in Zentralchina	13 NETDZ im Westen
Bruttoinlandsprodukt (Mrd. Yuan RMB)	1 007,9	167,4	94,3
Bruttoproduktionswert (Mrd. Yuan RMB)	3 172,1	459,5	211,0
Produktionswert von Hightechunternehmen (Mrd. Yuan RMB)	1 565,1	241,4	83,3
Steuereinnahmen (Mrd. Yuan RMB)	166,6	22,6	14,4
Exporte (Mrd. US-$)	169,6	5,4	3,1
Importe (Mrd. US-$)	145,4	5,5	1,9
Realisierte Auslandsinvestitionen (Mrd. US-$)	14,0	2,1	1,1
Akkumulierte Zahl von Hightechunternehmen	3 127	583	383
Beschäftigte zum Jahresende	4 093 900	684 900	571 500

Grafik 1

Hightechunternehmen in den NETDZ 2007

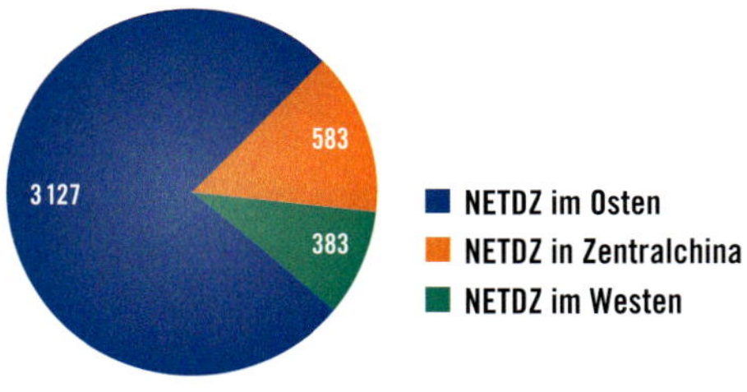

- NETDZ im Osten: 3 127
- NETDZ in Zentralchina: 583
- NETDZ im Westen: 383

Grafik 2

Ranking der NETDZ und Zustrom ausländischer Direktinvestitionen in den NETDZ 2007, in Mio. US-$

	NETDZ (Lage)	Wert		NETDZ	Wert
1	Tianjin (O)	1931	44	Wulumuqi (W)	46
2	Suzhou Industrial Park (O)	1818	45	Minhang (O)	42
			46	Lanzhou (W)	31
3	Dalian (O)	1074	47	Hainan Nanpu (O)	25
4	Qingdao (O)	998			
5	Guangzhou (O)	927	48	Dongshan (O)	21
6	Kunshan (O)	879	49	Zhanjiang (O)	20
7	Changchun (Z)	705	50	Xining (W)	20
8	Nantong (O)	682	51	Shihezi (W)	14
9	Shenyang (O)	664	52	Nanning (W)	14
10	Ningbo (O)	602	53	Guiyang (W)	13

Grafik 3

ausländische Direktinvestitionen in den NETDZ 2007, in Mio. US-$

- NETDZ im Osten: 14 127
- NETDZ in Zentralchina: 2 132
- NETDZ im Westen: 1 142

Grafik 4

Anmerkung zu Grafik 3 und 4 Alle Angaben zu ausländischen Direktinvestitionen beziehen sich auf tatsächlich realisierte Investitionsströme (im Gegensatz zu lediglich vertraglich avisierten Investitionen) im betreffenden Jahr.

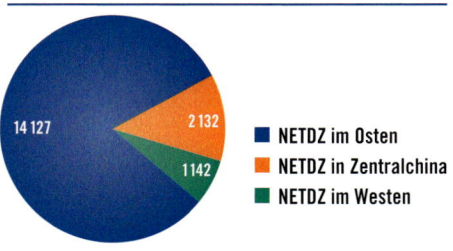

Wirtschaftsleben

Vor allem in der Bekleidungsindustrie wurden schon früh Aufträge nach China vergeben, da dort die Lohnkosten weit unter dem Niveau des Westens liegen.

gesteuerte, aber im Prinzip voll funktionsfähige marktwirtschaftliche Wirtschaftsordnung.

Privatisierung

Im Zuge des marktwirtschaftlichen Transformations- und Öffnungsprozesses hat sich in der chinesischen Volkswirtschaft eine besondere Gemengelage von unterschiedlichen Eigentumsformen herausgebildet, die mit zunehmender Dauer allerdings immer stärker auf privatwirtschaftliche Eigentumsverhältnisse hinausläuft. Derzeit werden bereits ca. drei Viertel des chinesischen BIP in privatwirtschaftlich geführten Unternehmen erwirtschaftet.

Ausgehend von einer absoluten Dominanz staatlicher (Industrie) bzw. kollektiver (Landwirtschaft) Eigentumsverhältnisse lassen sich seit Ende der 1970er-Jahre grundsätzlich drei Entwicklungslinien einer »Privatisierung« identifizieren. Die klassische *Top-down*-Privatisierung, der gemäß Staatseigentum über verschiedene Verfahren (Auktion, Belegschaftsüberschreibung, Management-Buy-Out etc.) in private Hände überführt wird, ist dabei erst Ende der 1990er-Jahre konsequent betrieben worden. Bis dahin kamen die wichtigsten Impulse zur Etablierung neuer Eigentumsstrukturen von der *bottom-up*-betriebenen Gründung zahlreicher neuer Unternehmungen durch private Unternehmer. Einen sehr wichtigen Beitrag haben auch *horizontal* auf das gesamtwirtschaftliche Geschehen einwirkende ausländische Direktinvestitionen geleistet, die in bedeutendem Maße neue Geschäftsmodelle eingeführt haben.

Seit den 1980er-Jahren hat sich insbesondere aber auch eine beachtliche Anzahl von hybriden Eigentumsformen ausgebildet, in denen sich private, kollektive und/oder staatliche Eigentumsstrukturen vermischen. Beispiele hierfür sind die verschiedenen Erscheinungsformen ländlicher Industriebetriebe, gelistete und ungelistete Aktiengesellschaften sowie Joint Ventures zwischen staatlich geführten Unternehmen und ausländischen Investoren. Mit der zunehmenden Spezifikation von Verfügungsrechten und dem Bedeutungsverlust von »verhandlungsökonomischen« Strukturen verlieren derartige Hybridformen gegenwärtig aber zunehmend an Bedeutung und machen rein privaten Eigentumsformen Platz.

»Rote Unternehmer« – Eine Fallstudie

Die Unternehmensgruppe Hengdian ist heute ein außerordentlich erfolgreicher chinesischer Konzern, der in den verschiedensten Geschäftsbereichen – von Automobilindustrie bis Kinofilmproduktion – Milliardenumsätze erwirtschaftet. Ihr Gründer und langjähriger Konzernlenker Xu Wenrong gehört heute zu den reichsten Personen Chinas.

Die Ursprünge des Unternehmens reichen zurück in die Wirren der Kulturrevolution. Die in den von Armut charakterisierten Bergregionen Zhejiangs gelegene Volkskommune Hengdian hatte sich seit Ende der 1960er-Jahre auf die Zucht von Seidenraupen konzentriert, die sie zur Weiterverarbeitung an staatliche Textilbetriebe lieferte. In den 1970er-Jahren musste die Volkskommune aber erkennen, dass sie ihre Produktion nicht mehr absetzen konnte, da der staatliche Unternehmenssektor durch kulturrevolutionäre Kampagnen gelähmt wurde. Zur Sicherung ihrer materiellen Basis musste die Volkskommune somit versuchen, ihre Seidenraupenproduktion selbst weiterzuverarbeiten.

An dieser Stelle beginnt die Unternehmerkarriere von Xu Wenrong, seines Zeichens Parteisekretär der Volkskommune Hengdian. Entgegen massivem Widerstand übergeordneter Parteigremien setzte er es letztlich durch, dass die Volkskommune eine Fabrik zur Seidenraupenverarbeitung errichten konnte. Die für die Anfangsinvestitionen notwendigen Gelder wurden in der Volkskommune aufgebracht. Die 39 Brigaden der Volkskommune brachten 50 400 Yuan RMB – umgerechnet waren das 2,40 Yuan RMB pro Mitglied – als Darlehen ein. Ein weiterer Kredit von 2 000 Yuan RMB kam von der Volkskommune selbst und weitere 245 000 Yuan RMB wurden seitens der lokalen Kreditkooperative zur Verfügung gestellt. Interessant an dieser Konstellation ist, dass zu keinem Zeitpunkt Eigenkapital bereitgestellt wurde, sodass, als die Kredite zurückgezahlt worden waren, keine Eigentumsansprüche an dem Unternehmen definiert waren. Das Unternehmen existierte stattdessen als ein unklar definiertes Gemeinschaftsprojekt, in dem allerdings einige Pro-

Links: Seidenproduktion hat in China eine lange Tradition. Über die Seidenstraße wurden die edlen Produkte in der ganzen Welt gehandelt. Stahlstich von J. Davies nach Thomas Allom (1804–1872).
Rechts: Auf dem Seidenmarkt in Beijing werden jahrhundertealte Seidenmarken aus China angeboten. Gegen Fälschungen ging man mittlerweile vor, da man sich Sorgen um den Ruf des Marktes machte.

jektmitglieder – insbesondere der Geschäftsführer und Exparteisekretär Xu Wenrong – deutlich mehr zu sagen hatten als andere. Bis in die 1990er-Jahre barg diese Konstellation keine Nachteile, denn letztlich entscheidend für den Erfolg des Unternehmens war in erster Linie die Güte der Beziehungen der Unternehmensführung zu Partei und Regierung. Xu Wenrong konnte seine politischen Kontakte in die Waagschale werfen und sicherte dem Konzern Zugang zu Elektrizitätskontingenten, Krediten und Geschäftslizenzen sowie politische Protektion. Auch die Masse der ehemaligen Volkskommunenmitglieder partizipierte insofern, als Mitte der 1990er-Jahre 70% der erwachsenen Mitglieder der Gemeinde Hengdian im »Konzern« beschäftigt waren und von diesem ihr Einkommen bezogen.

Die Transformation des »Gemeinschaftsprojektes« Hengdian erfolgte erst, als das Unternehmen eine derartige Komplexität erreicht und das Umfeld so weit marktwirtschaftliche Formen erhalten hatte, dass juristisch belastbare Strukturen geschaffen werden mussten. In mehreren Schritten wurde nun eine Aktiengesellschaft geschaffen, wobei jedoch keineswegs das Eigentum an dem Milliardenkonzern Hengdian in gleichen Teilen auf die ehemaligen Kommunarden verteilt wurde. Der Großteil der Eigentumstitel wurde der Unternehmensführung zugesprochen und Xu Wenrong wurde dadurch zu einem sehr reichen Mann.

Die neue Elite ist die alte Elite

Das Beispiel des Aufstiegs Hengdians und Xu Wenrongs beleuchtet zwei zentrale Charakteristika des modernen chinesischen Kapitalismus: Zum einen war während der ersten zwanzig Jahre des Reformprozesses unternehmerischer Erfolg unabdingbar an die Existenz guter Kontakte zu Partei und Politik gebunden. In einem Umfeld »grauer Märkte«, in dem Lokalpolitiker und Parteiorgane »diskretionär« entscheiden konnten, welches Unternehmen Zugang zu bestimmten Geschäftslizenzen, Strom und Wasser, Landnutzungsrechten etc. erhielt, waren marktorientierte Managementkompetenzen nicht hinreichend, um ein Unternehmen zum Erfolg zu führen. Nur wer sich die Unterstützung der lokalen Partei- und Regierungsvertreter sichern konnte, konnte auch auf geschäftlicher Ebene reüssieren. Von daher ist die erste Unternehmergeneration der

Zan Shengda (rechts) gehört mit zu den Aufsteigern in China. Als Mann vom Lande absolvierte er die Eliteuniversität Tsinghua und ist heute ein erfolgreicher IT-Unternehmer. Beispielhaft für viele ist die neue Elite gerne in der Partei gesehen.

chinesischen Neuzeit in großem Maße im Parteiapparat verankert und in politischen Allianzen verwoben. Es handelt sich keineswegs um eine Gegenbewegung gegen die alten kommunistischen Herrscher, sondern vielmehr um eine (welt)marktorientierte Weiterentwicklung aus deren eigenen Kreisen.

Zum anderen ist im Verlauf des chinesischen Transformationsprozesses bei der Umwandlung von Staatsvermögen in individuell zugewiesene, exklusive Eigentumsrechte kein Wert auf eine möglichst »faire« Verteilung des Staatseigentums auf deren nominale Besitzer, die Bevölkerung gelegt worden. Während in Osteuropa mit Voucher-, Fonds-, Auktions- und ähnlichen Verfahren versucht wurde, möglichst große Teile der Bevölkerung zu beteiligen, ist in China kein derartiger Versuch unternommen worden. Stattdessen ist der überwiegende Teil des staatlichen bzw. kollektiven Eigentums an Unternehmen deren Führungskräften übereignet worden. Dies geschah zumeist im Zuge undurchsichtiger Aktienanteilszuweisungen oder aber *Management-Buy-outs* (Unternehmensverkäufe an deren Topmanager) zu Konditionen, die die Unternehmenswerte massiv unterbewerteten.

In einem besonders eklatanten Fall wurde das Unternehmenseigentum dem Management überschrieben »für den Gegenwert der Gehälter, die das Management in der Vergangenheit erhalten hätte, wenn es nach westlichen Maßstäben bezahlt worden wäre«. Mit anderen Worten, die neuen Eigentümer mussten gar nichts bezahlen. Von den ebenfalls nicht nach westlichen Maßstäben bezahlten anderen Mitarbeitern wurde niemand am Unternehmen beteiligt.

Als dominierendes Element des chinesischen Wegs in die Marktwirtschaft und die Privatisierung der Volkswirtschaft ist festzuhalten, dass die Partei- und Regierungselite ihre politische Macht erfolgreich in materielle Pfründe transformiert hat. Die alte Elite ist auch die neue Elite – mit einigen wenigen Neuzugängen.

Lenovo – Die Entstehung eines chinesischen Weltkonzerns

Eines der im Westen bekanntesten chinesischen Unternehmen ist zweifellos der Computerhersteller *Lenovo* (chinesisch: *Lianxiang*). Spätestens als das Unternehmen im Jahr 2005 die PC-Sparte des US-Konzerns IBM übernommen und seitdem zum viertgrößten PC-Hersteller weltweit aufgestiegen ist, genießt *Lenovo* weltweit erhebliche Beachtung.

Die Ursprünge des heutigen Weltkonzerns sind allerdings wenig glanzvoll. Sie gehen zurück auf eine finanzielle Notlage des *Institute of Computing Technology* (ICT) der Chinesischen Akademie der Wissenschaften (CAS). Angesichts drastisch reduzierter Budgetzuweisungen des Staates versuchte das Institut, durch die Ausgründung eines kommerziellen Arms, neue Finanzquellen zu erschließen. Lenovo ist so als eine nur vage definierte Unternehmung entstanden, die einerseits im Markt unternehmerisch aktiv sein sollte, andererseits aber noch fest in den Institutsstrukturen verankert war. Die elf Gründungsmitglieder wurden zunächst weiterhin als Mitarbeiter ihrer ursprünglichen Arbeitseinheit, d.h. ICT/CAS, geführt und erhielten die üblichen Sozialleistungen. Zudem stellte das Institut ihnen Startkapital, Büros, Forschungseinrichtung und freien Zugang zu dem technischen Know-how des ICT zur Verfügung. Erst nachdem das Unternehmen eigenes Geld erwirtschaftete, zahlte es Miete für die genutzten Räumlichkeiten und überwies eine »Dividende« an das Institut, die jährlich ausgehandelt wurde.

Die geschäftlichen Aktivitäten des Unternehmens konzentrierten sich zunächst auf die Vermarktung chinesischer Textverarbeitungs-

Das Hauptgebäude der Lenovo Group Ltd. in Beijing, des viertgrößten Computerherstellers der Welt

Wirtschaftsleben

programme und wurden erst nach mehrjähriger Kooperation mit Hongkonger Partnern auf die Produktion von Computerkomponenten (*motherboards*) und letztlich eigene PCs und Laptops ausgeweitet. Mit dem wirtschaftlichen Erfolg kamen die Konflikte zwischen der Unternehmensführung und der Mutterorganisation ICT/CAS. Die Unternehmensführung stellte den Beitrag von ICT/CAS zum Unternehmenserfolg zunehmend infrage und forderte eine eindeutige Klärung der Eigentumsrechte an dem Unternehmen.

Nachdem sich das Management mit dem Börsengang einzelner Unternehmensbereiche in Hongkong 1994 auch die Unterstützung auswärtiger Aktionäre gesichert hatte, wurde auch das Mutterunternehmen im Jahr darauf in ein Aktienunternehmen umstrukturiert: Das CAS-Hauptquartier erhielt 20%, das *Institute of Computing Technology* 45% und die Mitarbeiter des Unternehmens 35% der Anteile. Allerdings waren die Anteile zu diesem Zeitpunkt weder individualisiert noch fungibel. Erst als die politische Führung Chinas Ende der 1990er-Jahre eine Privatisierung ausdrücklich unterstützte, wurden die Aktien des Unternehmens übertragbar. Die ursprünglichen Unternehmer erhielten in diesem Zuge insgesamt 35% der Mitarbeiteraktien zugesprochen – und stiegen unmittelbar in die Spitzengruppe der chinesischen Superreichen auf.

Die Öffnung zum Weltmarkt

Eine der für die Entfaltung des chinesischen »Wirtschaftswunders« wichtigsten, aber wohl auch eine der schwierigsten Dimensionen des Reformprozesses bildete die Öffnung der chinesischen Volkswirtschaft zum Weltmarkt.

Bis zum Anheben der Reformbewegung Ende der 1970er-Jahre war die chinesische Volkswirtschaft faktisch vollständig vom weltwirtschaftlichen Geschehen isoliert. Faktorallokation und Güterströme erfolgten losgelöst von den auf dem Weltmarkt herrschenden Knappheitsrelationen auf der Grundlage eines hierarchisch *vertikal* durchorganisierten Planungssystems. Die verbliebenen rudimentären Kontakte zur Außenwelt wurden durch eine Reihe von »Adapter«-Organisationen abgewickelt, die als »Luftschleusen« zu den *horizontalen* Interaktionsstrukturen der Weltwirtschaft fungierten und jegliche Übertragung von systemfremden Informationen und Signalen verhinderten. Nur so konnte der Ordnungszusammenhang des Binnenmarktes aufrechterhalten werden. – In diesem Umfeld mussten Experimente mit einer Öffnung der Volkswirtschaft zum Weltmarkt wie ein Hantieren mit hochtoxischen Giften wahrgenommen werden.

Tatsächlich waren die ersten Schritte zur Durchbrechung der binnenwirtschaftlichen Isolation denn auch von größter Vorsicht und dem Bestreben geprägt, diese Experimente gegebenenfalls ohne größere Kosten wieder rückgängig machen zu können. Diese Interessen konnten am besten durch die Ausweisung von Enklaven erfolgen, d.h. Industriezonen auf dem Territorium der VR China, die zum Weltmarkt hin geöffnet und gleichzeitig vom Rest der Volkswirtschaft abgeschottet wurden. Die Gründung von vier Sonderwirtschaftszonen im Jahr 1980 erfüllte genau diesen Zweck.

Die aufstrebende Wirtschaftsmetropole Shenzhen in der Provinz Guangdong

Es handelte sich hierbei um Territorien in den Regierungsbezirken Shantou, Shenzhen und Zhuhai in der Provinz Guangdong sowie Xiamen in der Provinz Fujian. Von der Binnenwirtschaft abgeschottet, wurden sie zu Zollfreigebieten erklärt und mit weitreichenden Sonderbestimmungen zur Attraktion ausländischer Investoren ausgestattet.

Die Befähigung derartiger Arrangements, Entwicklungs- und Wachstumsimpulse aus der Weltwirtschaft in die Binnenwirtschaft zu tragen, war allerdings zwangsläufig sehr beschränkt. Erst mit der sukzessiven Ausweitung der zum Weltmarkt hin geöffneten Teilbereiche der Volkswirtschaft und einer Liberalisierung des Außenhandelsregimes wurde es möglich, die entwicklungsfördernde Funktion der internationalen Arbeitsteilung allmählich zu erschließen. Dies geschah zunächst durch die Ausweisung von 14 sogenannten »geöffneten Küstenstädten« im Jahr 1984 und die Ausweisung immer größerer Teile des Perlflussdeltas zu einer »geöffneten Wirtschaftsregion« zwischen 1985 und 1988. In den Folgejahren wurden dann immer größere Teile der Volkswirtschaft sukzessive zum Weltmarkt hin geöffnet.

Triebkräfte des Wachstums und der Glücksfall »Hongkong«

Die den chinesischen Wachstumsprozess vorantreibenden Faktoren waren und sind vielfältiger Natur. Schon alleine durch die institutionelle Umgestaltung der Wirtschaftsordnung sind erhebliche Effizienzverbesserungen bei der Allokation und Kombination der der Volkswirtschaft zur Verfügung stehenden Produktionsfaktoren (Arbeit, Kapital, »Naturressourcen«) ermöglicht worden. In diesem Kontext

Chronik der Öffnung zum Weltmarkt

Zeitpunkt	Maßnahme
Januar 1979	Einrichtung einer Export-Produktionszone in Shekou
Mai 1980	Die Provinzen Guangdong und Fujian werden mit Sonderrechten in Hinblick auf Außenhandel und die Attraktion ausländischer Direktinvestitionen ausgestattet
August 1980	Einrichtung der vier Sonderwirtschaftszonen Shantou, Shenzhen, Zhuhai und Xiamen
April 1984	Deklaration von 14 »geöffneten« Küstenstädten sowie der »Öffnung« der Insel Hainan, Einrichtung von »Economic and Technological Development Zones«
Februar 1985	Umfassende Öffnung der drei Deltaregionen Perlflussdelta, Chang-Jiang-Delta (Jangtse-Delta) und Süd-Fujian-Delta für ausländische Investoren und Außenhandelsgeschäfte
März 1988	Ausweitung der 1985 geöffneten Küstenregion
April 1988	Die Insel Hainan wird aus der Provinz Guangdong herausgelöst und zur fünften Sonderwirtschaftszone erhoben
März 1991	Einrichtung von 21 »High-Technology Industrial Development Zones«
1992	Einrichtung von 18 »Economic and Technological Development Zones«
Juni 1992	Der Shanghaier Stadtteil Pudong wird geöffnet Öffnung von 28 Hafenstädten entlang des Chang Jiang (Jangtsekiang) Öffnung von 14 inländischen Grenzstädten
März 1993	Einrichtung von 27 »High-Tech Development Zones«
1994–1996	Inländische Regionen erhalten größere Gestaltungsfreiheiten im Hinblick auf ihre Außenwirtschaftsbeziehungen
März 2000	Im Kontext des »Great Western Development Programs« erhalten westchinesische Provinzen größere Entscheidungsgewalten im Hinblick auf ihre Außenwirtschaftsbeziehungen
Dezember 2001	China tritt der Welthandelsorganisation (WTO) bei. Beginn der Umsetzung weitreichender Liberalisierungsmaßnahmen und volkswirtschaftlicher Öffnungsschritte

Quelle: Offizielle Bekanntmachungen des Staatsrats der VR China, des Wirtschaftsministeriums (MOFCOM) sowie der Nationalen Entwicklungs- und Reformkommission (NDRC).

Wirtschaftsleben

Blick auf die Provinzhauptstadt Haikou auf der Insel Hainan, eine der jüngeren Sonderwirtschaftszonen.

ist u.a. ein umfassender Strukturwandel vollzogen worden, im Zuge dessen Sektoren mit relativ geringer Arbeitsproduktivität (Landwirtschaft) an Gewicht verloren und solche mit einer höheren Produktivität (Industrie, Dienstleistungen) gewonnen haben. D.h., allein dadurch, dass Arbeitskräfte von der Landwirtschaft in die Industrie und letztlich den Dienstleistungssektor gewandert sind, ist es gelungen, die gesamtwirtschaftliche Leistungserbringung zu steigern.

Neben diesen »intensiven« Wachstumsimpulsen ist in den vergangenen 30 Jahren aber auch die Quantität der der Volkswirtschaft absolut zur Verfügung stehenden Produktionsfaktoren erheblich angestiegen. Zwischen 1980 und 2007 ist die Altersgruppe der »erwerbsfähigen Bevölkerung« (im Alter von 16 bis 65 Jahren) von 600 Millionen auf 920 Millionen Personen angestiegen und wurde das Angebot des Produktionsfaktors »Arbeit« erheblich ausgebaut. Auch der Produktionsfaktor »Kapital« war bei einer Sparquote von 30 bis 40% in mehr als hinreichendem Maße vorhanden. Kapital war in der jüngeren Geschichte faktisch niemals ein Engpass für die wirtschaftliche Entwicklung in China.

Um all die hier angesprochenen grundlegenden Wachstumstreiber aber auch wirklich mobilisieren zu können, bedurfte China findiger Unternehmer, die renditeträchtige Projekte aufspürten, die vorhandenen Ressourcen in solchen zusammenführten, das ökonomische Geflecht immer weiter ausdehnten und den Strukturwandel vorantrieben. Derartige Unternehmerpersönlichkeiten sind nach dem ideologischen Neuanfang und dem Beginn der Reformpolitik in bedeutender Zahl zutage getreten. Und viele von ihnen haben ihr Handwerk von ausländischen und insbesondere Hongkonger Managern erlernt.

De facto konnte die chinesische Volkswirtschaft während der allerersten Phase ihrer weltwirtschaftlichen Öffnung von einem historischen »Glücksfall« profitieren. Zeitgleich mit der Öffnung des südchinesischen Perlflussdeltas hatte die Hongkonger Volkswirtschaft aufgrund steigenden Kostendrucks ein Entwicklungsstadium erreicht, das einen grundlegenden Strukturwandel erzwang. D.h., die exportorientierte Leichtindustrie Hongkongs suchte genau zu jenem Zeitpunkt neue Entwicklungsperspektiven, als sich mit der Öffnung des direkt angrenzenden festlandchinesischen Perlflussdeltas ein kostengünstiger Produktionsstandort anbot. Im Ergebnis konnte so eine *Win-win*-Konstellation erzielt werden, die es einerseits Hongkonger Unternehmern ermöglichte, ihre bestehenden, grundsätzlich erfolgreichen Geschäftsmodelle mit neuen, deutlich verbesserten Kostenstrukturen fortzuführen, und es andererseits festlandchinesischen Akteuren ermöglichte, innerhalb kürzester Zeit einen tiefen Einblick in den Weltmarkt, seine Strukturen und Usancen zu nehmen.

Die Lehrfunktion Hongkongs für die Ausbildung einer neuen Generation weltmarktorientierter Unternehmer in China kann nicht hoch genug eingeschätzt werden, sind es doch gerade die fehlenden Kenntnisse über die Bedarfsstrukturen, Kaufgewohnheiten, spezifischen administrativen Anforderungen an technische Standards und Qualitätsanforderungen etc. in den OECD-Märkten, die Unternehmern aus Entwicklungsländern einen eigenständigen – nicht von ausländischen Investoren angeleiteten – Einstieg in diese erschweren. Vor diesem Hintergrund haben Hongkonger Investoren eine entscheidende Funktion für die Einbindung Chinas in die Weltwirtschaft gespielt.

Einer der wichtigsten Flughäfen Asiens, der von Sir Norman Robert Foster geplante Flughafen Chek Lap Kok in Hongkong

Chinas »passive« Einbindung in die Weltwirtschaft

Das von Hongkonger Unternehmern im Perlflussdelta angestoßene Modell der »passiven« Einbindung Chinas in die Weltwirtschaft hat letztlich Modell gestanden für zwei Jahrzehnte exportorientierten Engagements ausländischer Investoren in China. Kern dieses Modells ist die Führungsrolle ausländischer Unternehmen, die den Standort China aufgrund seiner Produktionskostenvorteile in ihre Wertschöpfungsketten integriert haben, gleichzeitig aber die Kontrolle über die im Produktionsprozess eingesetzten Technologien, die Vertriebsstrukturen in den Absatzmärkten, die Markenpositionierung etc. in ihren Händen behalten wollen. Absatzseitig ist der exportorientierte Charakter der in diesem Kontext aufgebauten Industriekapazitäten zu betonen. Angesichts der geringen Kaufkraft auf dem chinesischen Binnenmarkt hätte dieser eine entsprechende Angebotsausweitung nicht absorbieren können. China musste sich somit Kaufkraft aus dem Ausland »ausleihen«, um die massive Expansion der einheimischen Industrie realisieren zu können.

Im Rahmen dieses Modells ist China zur »Werkbank« der Welt aufgestiegen, wobei sich drei zentrale Strukturphänomene mit letztlich globalen Implikationen herausgebildet haben:
- massive (Netto-)Zuflüsse ausländischer Direktinvestitionen nach China;
- rapide ansteigende Exporte von Fertigprodukten aus China in die OECD-Märkte, gepaart mit hohen und weiter ansteigenden Handelsbilanzüberschüssen Chinas;
- massiv anwachsende Importe von Vorprodukten insbesondere aus Südostasien, gepaart mit schnell anwachsenden Handelsbilanzdefiziten Chinas gegenüber diesen Staaten.

Wirtschaftsleben
Infrastruktur – Straßennetz und Schiffbarkeit der Flüsse und Kanäle

Das Unterfangen, Menschen und Waren von einem Ort zum anderen zu transportieren, war und ist in China nicht unproblematisch. Nach Jahrzehnten der Vernachlässigung ist die chinesische Verkehrs- und Transportinfrastruktur erst seit den späten 1980er-Jahren in den Fokus der Wirtschaftspolitik gerückt und wird derzeit mit großem Nachdruck ausgebaut. Ein großes Problem besteht darin, dass die den chinesischen Wirtschaftsaufstieg befeuernden Rohstoffe, hier insbesondere Kohle, zumeist weit entfernt von den boomenden Küstenregionen abgebaut und dann über weite Strecken transportiert werden müssen. Diese Rohstofftransporte absorbieren einen Großteil der Transportkapazitäten des Landes.

Nachdem zum Jahrhundertwechsel bereits ein alle Provinzhauptstädte umspannendes Netz von Autobahnen errichtet worden ist, liegt derzeit ein Schwerpunkt auf dem Ausbau des vollkommen unzureichenden Eisenbahnnetzes. Dieses umfasste 2007 eine Streckenlänge von lediglich ca. 80 000 km, also nur etwa doppelt so viel wie das der erheblich kleineren Bundesrepublik Deutschland. Bis zum Jahr 2020 soll das chinesische Schienennetz auf 100 000 km ausgeweitet und der Anteil der elektrifizierten Strecken von 30 % auf 50 % ausgeweitet werden.

Die Schifffahrt auf Flüssen und Kanälen war traditionell das wichtigste Transportsystem für China, insbesondere in Hinblick auf den Gütertransport. Auch heute noch werden rund 12 % der inländischen Güterbewegungen über Flüsse und Kanäle abgewickelt. Mit einer Länge von ca. 123 000 km hat das Netz der schiffbaren Binnenwasserstraßen aber derzeit wohl ein Maximum erreicht. Der zunehmende Wassermangel insbesondere in Nordchina macht die Nutzung von Flüssen für den Gütertransport immer schwieriger.

Schiffbarkeit chinesischer Flüsse und Kanäle Auswahl, in km

	Gesamtlänge	ganzjährig schiffbar	zeitweise schiffbar		Gesamtlänge	ganzjährig schiffbar	zeitweise schiffbar
Chang Jiang (Jangtsekiang)	3234	2813	276	Heilong Jiang	1892		1892
Min Jiang	348	162		Wusuli Jiang (Ussuri)	495		495
Jialing Jiang	739	320	73	Songhua Jiang	1890	58	1554
Wu Jiang	456	238	162	Nen Jiang	707		573
Han Shui	1554	1145	114	Mudan Jiang	417		
Xiang Jiang	732	156	460	Huang He (Gelber Fluss)	3794	241	1602
Zi Shui	578	26	363	Min Jiang	422	246	176
Yuan Jiang (Roter Fluss)	982	253	603	Lancang Jiang (Mekong)	308		137
Gan Jiang	611	611		Irtisch (Eerqisi He)	161		161
Xi Jiang	868	868					

Grafik 1

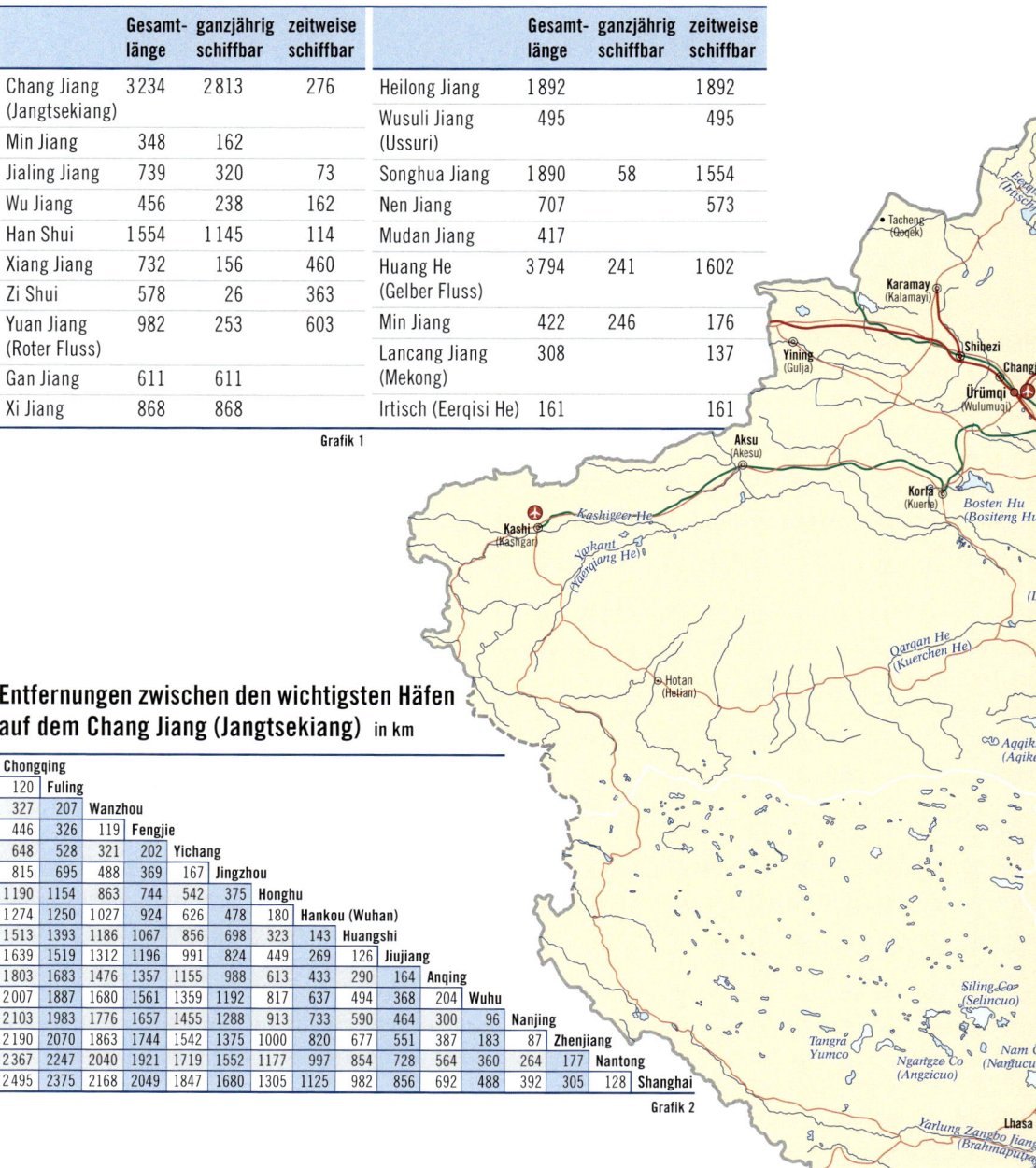

Entfernungen zwischen den wichtigsten Häfen auf dem Chang Jiang (Jangtsekiang) in km

Chongqing													
120	Fuling												
327	207	Wanzhou											
446	326	119	Fengjie										
648	528	321	202	Yichang									
815	695	488	369	167	Jingzhou								
1190	1154	863	744	542	375	Honghu							
1274	1250	1027	924	626	478	180	Hankou (Wuhan)						
1513	1393	1186	1067	856	698	323	143	Huangshi					
1639	1519	1312	1196	991	824	449	269	126	Jiujiang				
1803	1683	1476	1357	1155	988	613	433	290	164	Anqing			
2007	1887	1680	1561	1359	1192	817	637	494	368	204	Wuhu		
2103	1983	1776	1657	1455	1288	913	733	590	464	300	96	Nanjing	
2190	2070	1863	1744	1542	1375	1000	820	677	551	387	183	87	Zhenjiang
2367	2247	2040	1921	1719	1552	1177	997	854	728	564	360	264	177 Nantong
2495	2375	2168	2049	1847	1680	1305	1125	982	856	692	488	392	305 128 Shanghai

Grafik 2

Entfernungstabelle in Straßenkilometer

	Beijing																											
Tianjin	118	Tianjin																										
Shenyang	717	704	Shenyang																									
Changchun	1032	1019	315	Changchun																								
Harbin	1392	1379	675	360	Harbin																							
Jinan	457	347	1051	1366	1726	Jinan																						
Hefei	1106	996	1700	2015	2375	649	Hefei																					
Nanjing	1141	1031	1735	2050	2410	684	162	Nanjing																				
Shanghai	1490	1380	2084	2399	2759	1033	511	349	Shanghai																			
Hangzhou	1493	1383	2087	2402	2762	1036	514	352	213	Hangzhou																		
Nanchang	1609	1499	2203	2518	2878	1152	503	665	837	624	Nanchang																	
Fuzhou	2257	2147	2851	3166	3526	1800	1172	1116	1107	894	725	Fuzhou																
Shijiazhuang	279	333	996	1311	1671	314	954	989	1338	1341	1406	2131	Shijiazhuang															
Zhengzhou	722	734	1438	1753	2113	434	649	746	1095	1098	963	1688	443	Zhengzhou														
Wuhan	1253	1193	1897	2212	2572	893	512	374	875	3618	4306	4074	4799	3618	4347	3902	4030	3302	2805	2114	1890	2050	Lhasa					
Changsha	1645	1585	2289	2604	2964	1285	904	1066	1223	1010	405	1130	1366	923	392	Changsha												
Guangzhou	2478	2374	3078	3393	3753	2027	1378	1540	1653	1440	875	985	2199	1756	1225	833	Guangzhou											
Nanning	2657	2597	3301	3616	3976	2297	1861	2023	2195	1982	1358	1724	2378	1935	1404	1012	729	Nanning										
Xi'an	1224	1276	1941	2256	2616	976	987	1149	1498	1501	1297	2023	945	542	866	1200	2033	2073	Xi'an									
Lanzhou	1782	1837	2499	1814	3122	1667	1678	1840	2189	2192	1989	2724	1504	1233	1557	1891	2724	2439	691	Lanzhou								
Xining	2006	2061	2723	3038	3346	1891	1902	2064	2413	2416	2213	2938	1728	1457	1781	2115	2948	2663	915	224	Xining							
Ürümqi	3820	3875	4537	4852	5160	3705	3916	3878	4227	4230	4027	4752	3542	3271	3595	3929	4762	4477	2729	2038	1824	Ürümqi						
Lhasa	3896	3951	4613	4928	5236	3781	3792	3954	4306	4074	4799	3618	3347	3902	4030	3302	2805	2114	1890	2050	Lhasa							
Chengdu	2161	2213	2878	3193	3553	1319	2004	2166	2411	2367	1924	2649	1882	1479	1492	1572	2200	1491	937	1084	1308	3122	2150	Chengdu				
Chongqing	2136	2188	2853	3168	3528	1888	1743	1905	2150	2106	1760	2485	1857	1454	1231	1355	1870	1161	912	1278	1502	3316	2547	397	Chongqing			
Guiyang	2618	2630	3334	3649	4009	2270	1806	1968	2121	1908	1303	2028	2339	1896	1377	957	1359	650	1423	1789	2013	3827	2956	841	511	Guiyang		
Kunming	3228	3280	3945	4260	4620	2907	2471	2633	2786	2573	1968	2691	2949	2506	2014	1622	1706	977	2004	2178	2402	4216	2325	1094	1092	724	Kunming	
Taiyuan	503	557	1220	1535	1895	538	1144	1213	1562	1565	1458	2183	224	495	1026	1468	2251	2430	721	1280	1504	3318	3808	1658	1632	2144	2725	Taiyuan
Hohhot	578	696	1295	1610	1918	1035	1684	1719	2068	2071	2047	2772	813	1084	1615	2007	2840	3019	1152	1204	1428	3242	4239	2089	2064	2575	3156	589 Hohhot
Yinchuan	1253	1371	1970	2285	2593	1433	1167	1829	2178	2181	1978	2703	1119	1106	1546	1880	2713	2753	680	529	753	2567	2643	1613	1592	2103	2684	895 675 Yinchuan

Grafik 3

Fahrzeuge in Privatbesitz 1985–2006, in Mio.

Grafik 4

Wirtschaftsleben
Energie – Produktion und Verbrauch

Das Wachstum der chinesischen Volkswirtschaft basiert grundsätzlich auf der hinreichenden Verfügbarkeit von Energie. Insgesamt gesehen ist es der chinesischen Regierung durch eine massive Investitionstätigkeit weitestgehend gelungen, den im Verlauf der letzten drei Jahrzehnte rapide ansteigenden Bedarf zu befriedigen. Dennoch bleiben zyklisch wiederkehrende Unterversorgungen der Volkswirtschaft ein akutes Problem. Es kommt dann zu einer rationierten Stromverteilung, der gemäß Fabriken an bestimmten Wochentagen schließen müssen und es Privathaushalten verboten wird, besonders stromintensive Geräte, dazu gehören vor allem Klimaanlagen, zu benutzen. Im Unternehmenssektor hat es sich vor diesem Hintergrund als sinnvoll erwiesen, eigene Stromgeneratoren vorzuhalten.

Chinas Energiehaushalt ist zu rund 70 Prozent von Kohle abhängig; der weltweite Durchschnitt beträgt etwa 40 Prozent.

Über die Hälfte der Kohle wird für die Stromgewinnung eingesetzt, während allein die Stahl-, Bau- und Chemieindustrie über ein Drittel der Gesamtförderung verbrauchen. Der größte Energiebedarf besteht nicht in den Fördergebieten Nordchinas, sondern in den Industriezentren an der Küste und im Süden des Landes. Um das Problem der Energieknappheit zu lösen, setzt China verstärkt auf erneuerbare Energien. So konnten seit 2005 allein die Windkraftkapazitäten jährlich um mehr als 100 % gesteigert werden. Die chinesische Regierung plant darüber hinaus, dass das Land im Jahr 2020 zu 15 % aus Energiequellen versorgt wird, die kein CO_2 produzieren; seit 2008 ist China weltweit größter Produzent von CO_2. Bei der Höhe der Neuinvestitionen in erneuerbare Energien liegt China weltweit hinter Deutschland und vor den USA, Spanien und Indien an zweiter Stelle.

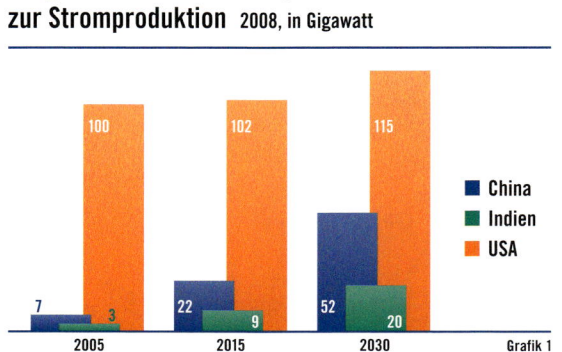

Prognose der Kernkraftkapazitäten zur Stromproduktion 2008, in Gigawatt

Top-Ten-Länder bezüglich Windkraftkapazitäten 2008, in %

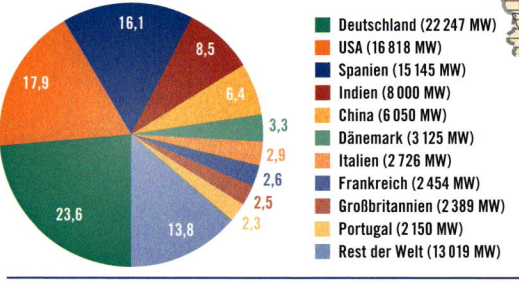

Energieproduktion und Energiekonsum 1980–2006

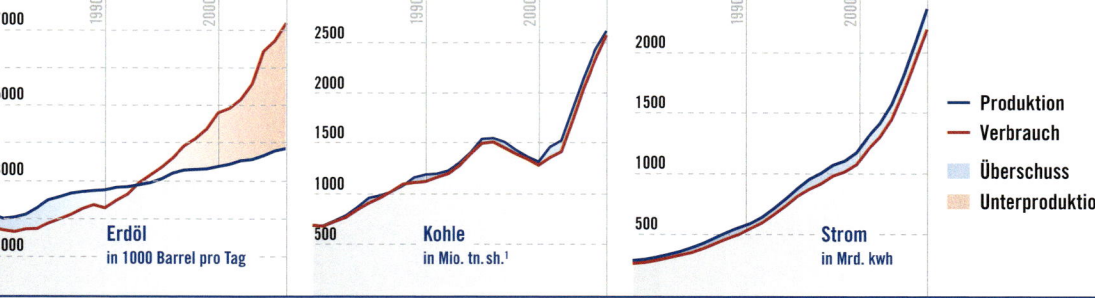

[1] Amerikanische Tonnen (short ton sh)

Durchschnittlicher täglicher Energiekonsum nach Energieträger 1990–2006

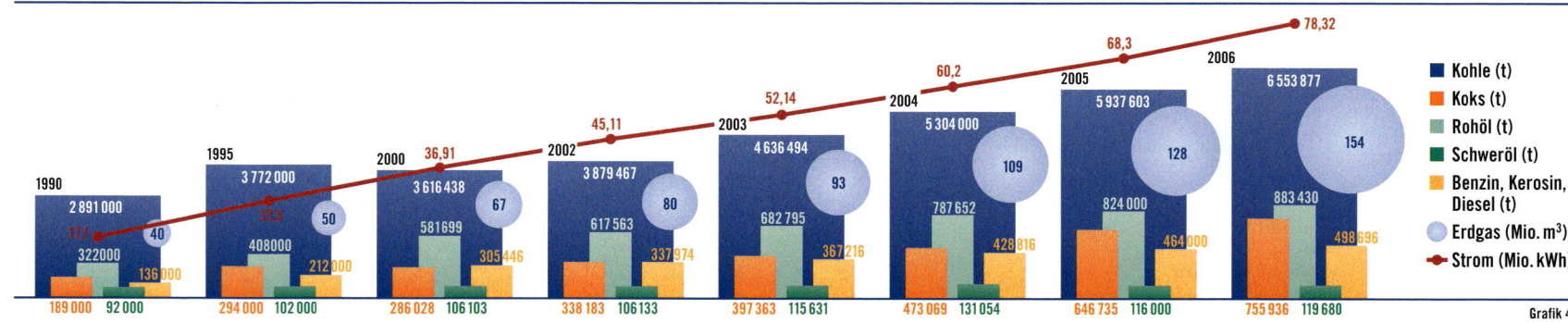

Wirtschaftsleben

Energie – Energieproduktion und Energieverbrauch

Chinas Stromnetze
— Grenze der Stromnetze

Atomkraftwerke (Anzahl)
- in Betrieb
- im Bau
- geplant

Entwicklung des Stromverbrauchs je Provinz (in 100 Mio. kWh, 2007)

Energieverbrauch pro Einheit BRP[1]
(in Tonnen SKE[2]/10 000 Yuan RMB, 2006)
- unter 1,000
- 1,000 bis 1,500
- 1,501 bis 2,000
- 2,001 bis 3,000
- 3,001 bis 4,000
- 4,001 und mehr

Stromverbrauch pro Einheit BRP[1]
(in kWh SKE[2]/10 000 Yuan RMB, 2006)
- unter 1000,0
- 1000,0 bis 1250,0
- 1250,1 bis 1500,0
- 1500,1 bis 2000,0
- 2000,1 bis 3000,0
- 3000,1 und mehr

[1] Bruttoregionalprodukt
[2] Steinkohleneinheit

Windkraftpotenzial im Küstenbereich

Windkraft-klassifikation	Ressourcen-potenzial	Windkraftdichte bei 50 m Höhe in W/m²	Windgeschwindigkeit bei 50 m Höhe in m/s
1	schwach	unter 200	unter 5,6
2	gering	200 bis 299	5,6 bis 6,4
3	mittel	300 bis 399	6,5 bis 7,0
4	gut	400 bis 499	7,1 bis 7,5
5	hervorragend	500 bis 599	7,6 bis 8,0
6	hervorragend	600 bis 799	8,1 bis 8,8
7	hervorragend	800 und mehr	8,9 und mehr

Hauptkarte The Industrial Map of China – Energy (2006–2007); United Nations Environment Programme (UNEP);
United Nations Environment Programme (UNEP); World Nuclear Association; China Statistical Yearbook 2007
Grafik 1 und 3 Energy Information Administration (US Dept. of Energy) (EIA) **Grafik 2** Global Wind Energy Council (GWEC)
Grafik 4 Staatliches Statistisches Amt der VR China; THINK!DESK China Research & Consulting

Wirtschaftsleben
Internetverbreitung und Internetnutzung

Aus dem Leben vieler junger Chinesen ist das Internet nicht mehr wegzudenken. Sie verbringen viele Stunden damit, online zu spielen, sich mit (Internet-)Freunden auszutauschen und Nachrichten über Stars und Sternchen der chinesischen Pop- und Filmindustrie zu lesen. Über 200 Millionen Menschen surfen inzwischen von China aus im »World Wide Web«. Die meisten Internetnutzer leben in den Großstädten des Landes, wo auch die besseren infrastrukturellen Bedingungen für einen Internetzugang bestehen. Viele von ihnen stammen aus Ein-Kind-Familien.

Die Verbreitung des Internets wird gezielt von der chinesischen Regierung gefördert. Ein klares Ziel dabei ist, Handel über das Netz zu betreiben und so die Wirtschaft des Landes weiter zu modernisieren.

Darüber hinaus wird das Internet auch von Regierungseinheiten selbst genutzt, gebloggt wird etwa von Parteikongressen, politische Kampagnen werden veröffentlicht etc. Allerdings wird das Internet streng kontrolliert. Es ist nicht erlaubt, Nachrichten einzustellen, solange diese nicht aus der staatlichen chinesischen Nachrichtenagentur und deren Medien stammen. Internetforen und -chats werden auf »ungesunde« – so die offizielle Bezeichnung – Inhalte überprüft und gefiltert. Und jedem chinesischen Internetsurfer wird es recht einfach gemacht, Inhalte, die er für kritisch hält, per Klick an die vermutlich mehr als 30 000 Mitarbeiter umfassende »Cyberpolice« zu melden.

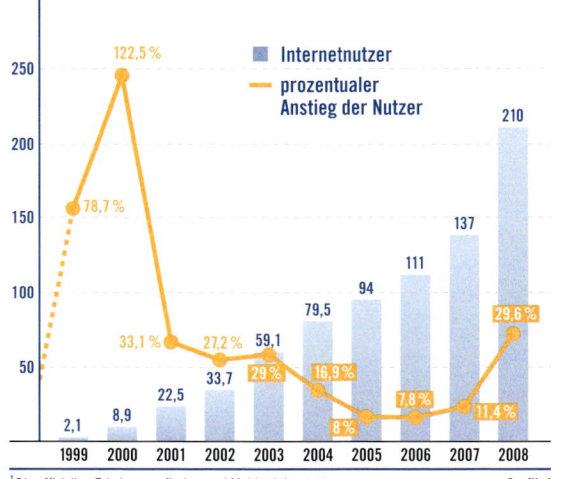

Internetnutzer in China[1] Nutzer in Mio., Zuwächse in %

[1] Die offiziellen Erhebungen finden zwei Mal im Jahr statt; die Grafik basiert auf den Daten aus den Januar-Erhebungen.

Grafik 1

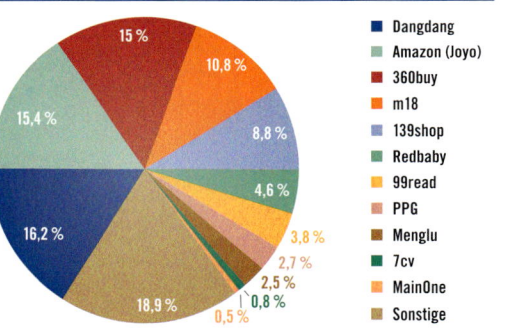

Marktanteile der wichtigsten Onlineshops 2008

Grafik 2

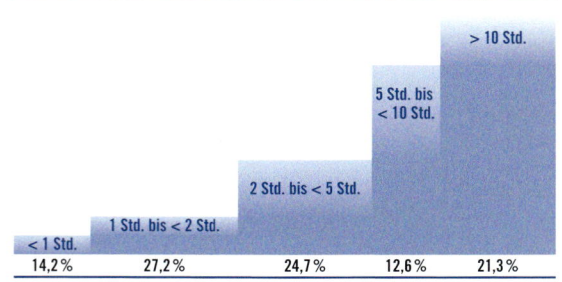

Onlinespiele – Spielzeiten pro Woche % Internetnutzer

Grafik 3

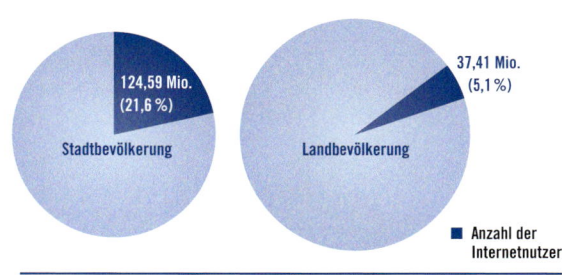

Internetverbreitungsgrad Stadt und Land 2006

Grafik 4

210,03 Mio. Internetnutzer

Nationaler Gesamtwert
Internetnutzungsgrad (%): **16,0**

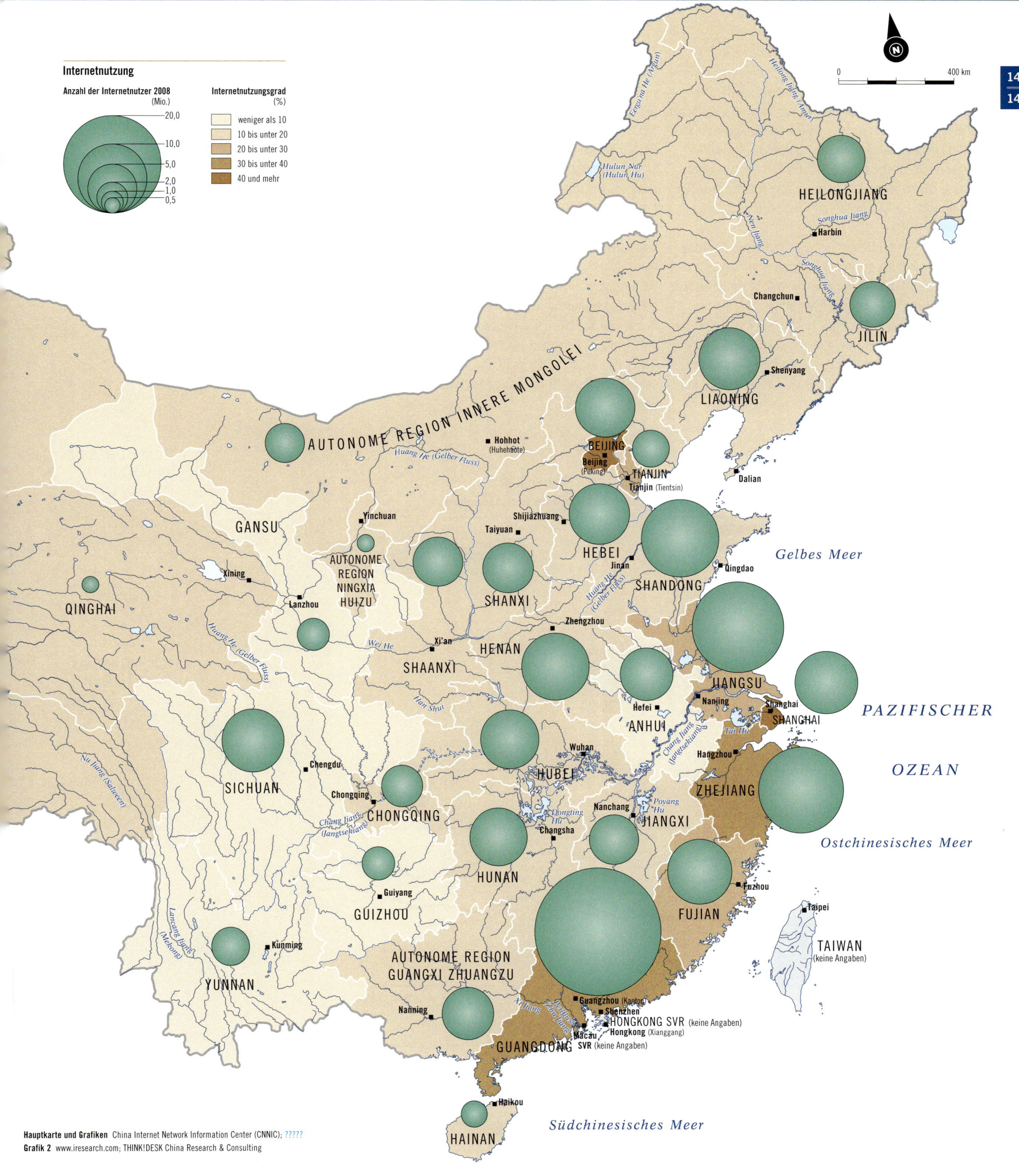

Wirtschaftsleben
Landwirtschaft I – Ackerbau und Viehzucht

Trotz der gewaltigen Ausdehnung verfügt China nur über eine vergleichsweise geringe Fläche, die landwirtschaftlich genutzt werden kann. Die Verfügbarkeit an landwirtschaftlicher Nutzfläche pro Einwohner ist in China deutlich geringer als in Nordamerika oder auch in den europäischen Industriestaaten. Nicht zuletzt aufgrund dieses Sachverhalts wurde China in der Vergangenheit immer wieder von Hungersnöten heimgesucht – zuletzt in der Folge des »Großen Sprungs nach vorn« (1959–1961).

Während die Landwirtschaft in der maoistischen Ära lediglich eine Versorgung der Bevölkerung nahe am Subsistenzminimum sicherstellen konnte, ist im Verlauf der Reformära die Produktivität deutlich angestiegen und hat zu einer behaglichen »Überversorgung« geführt, die Raum lässt für eine vermehrte Produktion von »Luxusgütern« wie Fleisch, Obst und Gemüse. Allein die durch den Reformprozess ermöglichte verbesserte Ausstattung der Landwirtschaft mit technischem Gerät und neuen Maschinen hat hierzu einen entscheidenden Beitrag geleistet.

Um eine adäquate Versorgung der Bevölkerung sicherstellen zu können, werden in China intensivste Anbauformen eingesetzt. Im Süden gibt es bis zu drei Ernten im Jahr. Mittels Terrassenbau werden dem Hügelland auch kleinste Anbauflächen abgetrotzt. China experimentiert intensiv mit genmanipuliertem Saatgut. In weiten Gebieten sind exzessive Düngung und Übernutzung der Böden zu beobachten, die zwar Ausbringungsrekorde ermöglichen, mittelfristig aber nachhaltigen Anbauerfolgen entgegenstehen. In einigen Regionen sind bereits aufgrund der exzessiven Bodennutzung lokale Wüstenbildungen zu verzeichnen.

Bei knapp 50 landwirtschaftlichen Gütern ist China weltweit der größte Produzent. Darunter befinden sich neben Reis, Weizen und Kartoffeln unter anderem auch Äpfel – China ist der wichtigste Produzent von Apfelsaftkonzentrat –, grüne Chilis, Knoblauch, Honig und Tabak. Die Mehrzahl der chinesischen Männer sind begeisterte Raucher.

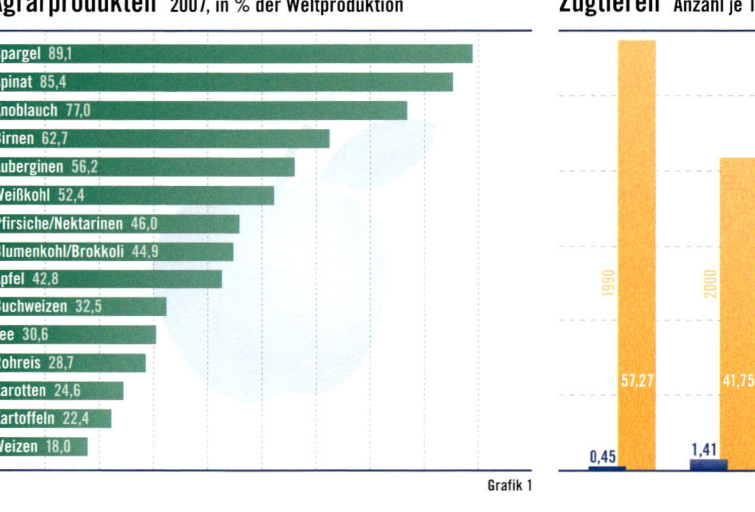

China als Produzent von Agrarprodukten 2007, in % der Weltproduktion

- Spargel 89,1
- Spinat 85,4
- Knoblauch 77,0
- Birnen 62,7
- Auberginen 56,2
- Weißkohl 52,4
- Pfirsiche/Nektarinen 46,0
- Blumenkohl/Brokkoli 44,9
- Äpfel 42,8
- Buchweizen 32,5
- Tee 30,6
- Rohreis 28,7
- Karotten 24,6
- Kartoffeln 22,4
- Weizen 18,0

Grafik 1

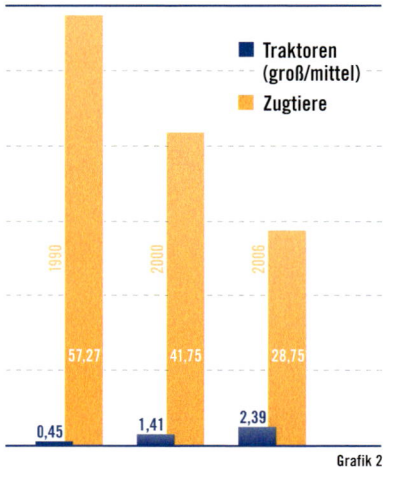

Bestand an Traktoren und Zugtieren Anzahl je 100 ländliche Haushalte

Grafik 2

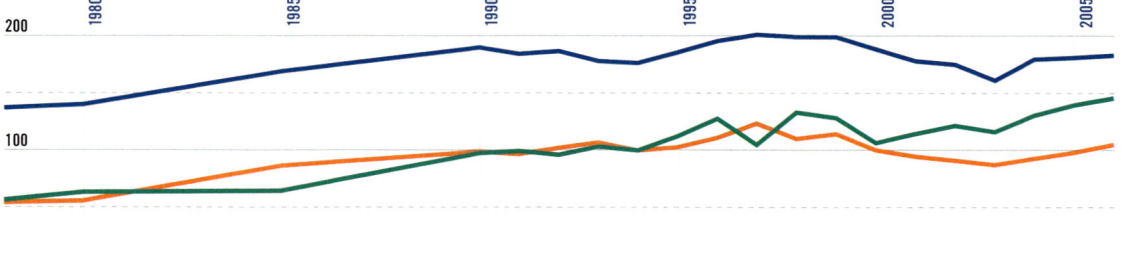

Reis-, Weizen- und Maisproduktion seit 1978, in Mio. t

Grafik 3

Produktion pro Einwohner in kg

- Getreide
- Ölpflanzen
- Milch
- Schweine-, Rind- und Hammelfleisch

Grafik 4

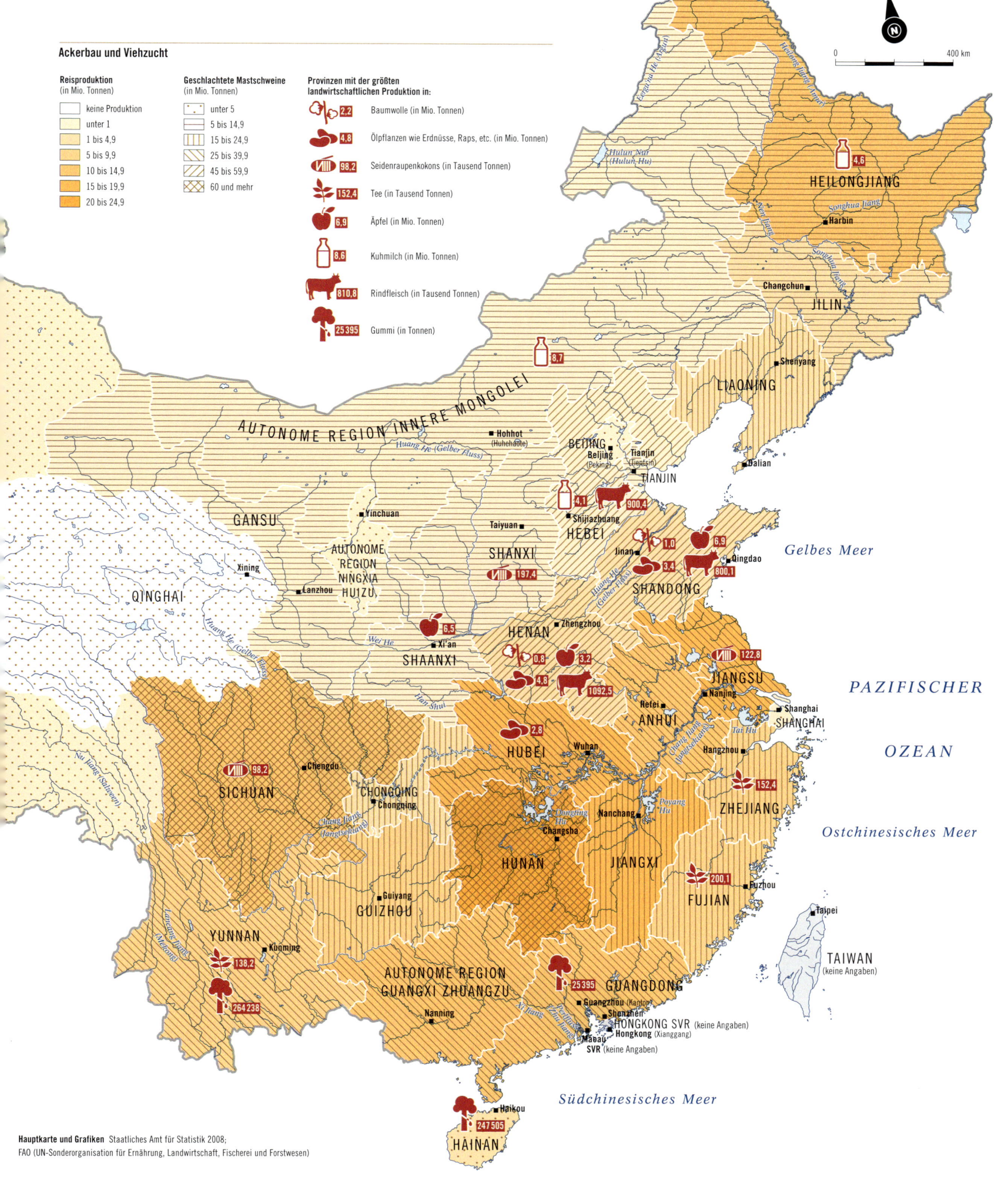

Wirtschaftsleben
Landwirtschaft II – ökologische Lebensmittel

China hat für ein Fünftel der Weltbevölkerung lediglich ein Zehntel der weltweiten landwirtschaftlichen Nutzfläche zur Verfügung. Unter Mao spielten Landwirtschaft und Bauern noch eine zentrale Rolle. Nach der Revolution 1949 war sämtliches Ackerland verstaatlicht worden. Während zwischenzeitlich kleine Parzellen wieder für die individuelle Bearbeitung freigegeben worden waren, wurden auch diese schnell wieder dem kollektiven Eigentum in Form der bekannten »Volkskommunen« zugeführt. Die ersten freien Märkte Chinas entstanden bereits recht früh während der Reformphase auf dem Land. Dort konnten Bauern einen Teil ihrer Produktion zu Marktpreisen verkaufen. Nach und nach wurden immer mehr Preisbeschränkungen für landwirtschaftliche Produkte gelockert und den Bauern eine größere Autonomie bei der Bepflanzung ihrer Felder und Äcker eingeräumt. Heute investiert die chinesische Regierung viel in die Forschung zur effizienteren Nutzung der Anbauflächen. Die Produktivität pro Fläche konnte in den vergangenen Jahren deutlich erhöht werden. Allerdings geht die gesamtwirtschaftliche Bedeutung der Landwirtschaft für ganz China immer weiter zurück.

Eine Errungenschaft der letzten Jahre ist die Herstellung ökologischer Lebensmittel, sie sind inzwischen in allen großen Supermärkten zu finden. Das sogenannte »Green Food« erhält ein Zertifikat, das durch ein vom Chinesischen Green Food Development Center (CGFDC) einberufene Komitee zugeteilt wird, vorausgesetzt die festgelegten Anforderungen sind erfüllt. Dazu gehören z.B., dass die Rohmaterialien aus ökologischem Anbau kommen, dass Verpackung und Transport den festgelegten Hygienestandards entsprechen und dass die Verwendung chemischer Pflanzenschutzmittel, Dünger, Hormone und Futterzusätze den Rahmen der festgelegten Grenzwerte einhalten.

Auch wenn ein steigendes Gesundheitsbewusstsein, v.a. der städtischen Bevölkerung, die Popularität der Ökolebensmittel unterstützt, so ist der Markt angesichts der nicht ausreichenden Kontrollen noch klein und unsicher. Dennoch liegt China heute – bezogen auf die Größe der Bioanbaufläche – nach Australien bereits auf dem zweiten Platz. Sesam, Leinsamen und Sonnenblumenkerne in deutschen Bioläden kommen bereits heute zum Großteil aus China.

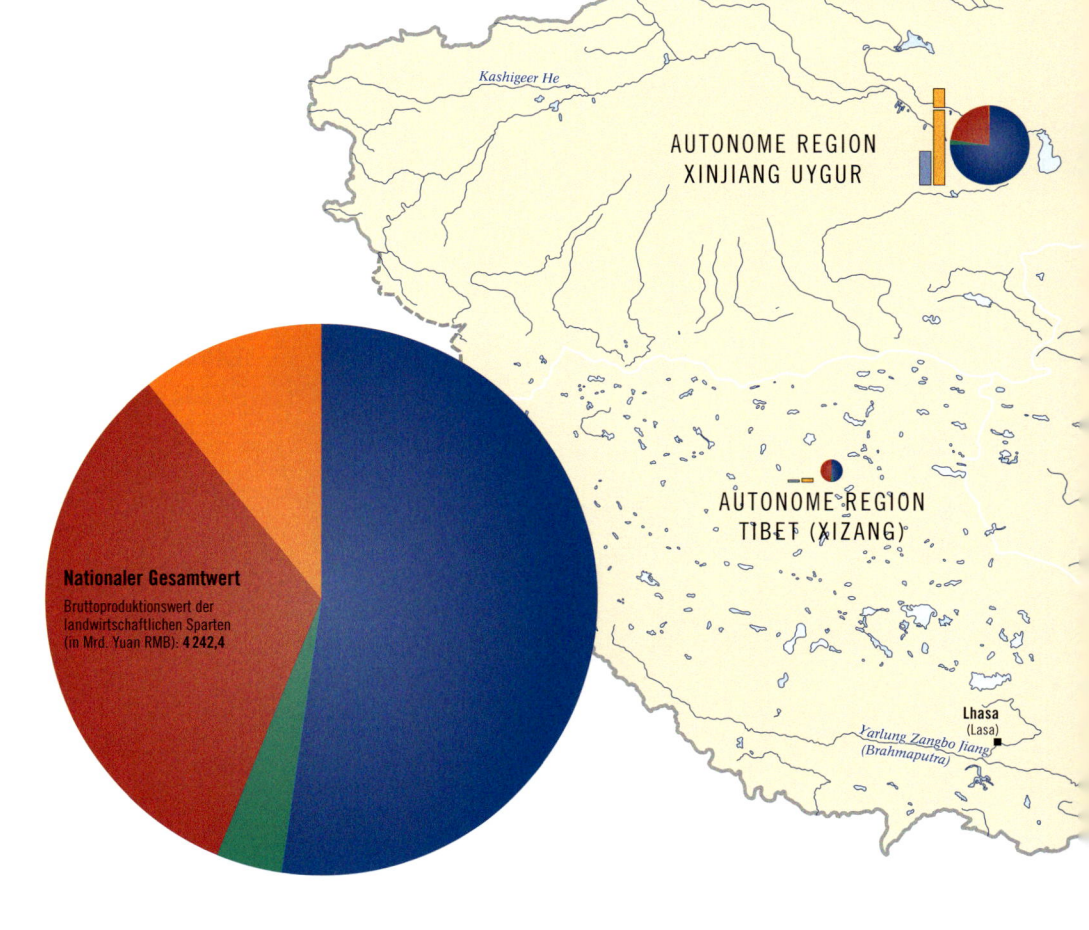

Export der wichtigsten Ökolebensmittel 2007

Exportprodukt	Menge (in 1000 t)	Wert (in Mio. US-$)	Anteil an Gesamtsumme
Reis	66,0	51,9	2,4 %
Maisprodukte	91,0	19,3	0,9 %
Speiseöl	23,0	42,4	2,0 %
ölhaltige Lebensmittel	62,0	104,4	4,9 %
Getreide[1]	28,0	21,5	1,0 %
Gemüse	340,0	298,7	14,0 %
Gemüseprodukte	170,0	13,5	0,6 %
Tiefkühlkost	95,0	89,5	4,2 %
Frischobst	464,0	16,6	0,8 %
Pilzprodukte	10,0	12,9	0,6 %
weiterverarbeitetes Obst	65,0	36,7	1,7 %
Schweinefleisch	9,0	40,5	1,9 %
Geflügel	47,0	381,2	17,8 %
Rindfleisch	135,0	50,3	2,3 %
Eier	4,0	11,0	0,5 %
Honig	1,0	18,0	0,8 %
Produkte aus Aquakulturen	61,0	78,6	3,7 %
weiterverarbeitete Produkte aus Aquakulturen	8,0	116,9	5,5 %
Schnaps	0,3	15,6	0,7 %
Gesamt		**1 419,5**	

[1] exklusive Reis und Weizen

Grafik 1

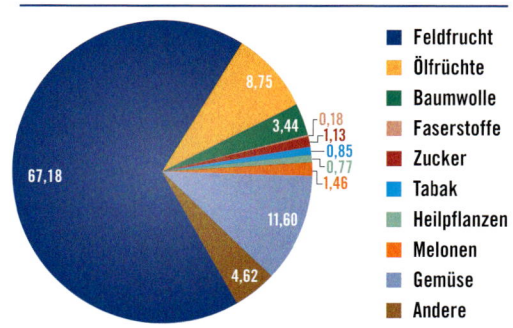

Anbau der wichtigsten landwirtschaftlichen Produkte nach Saaten 2006, in %

- Feldfrucht: 67,18
- Ölfrüchte: 8,75
- Baumwolle: 3,44
- Faserstoffe: 0,18
- Zucker: 1,13
- Tabak: 0,85
- Heilpflanzen: 0,77
- Melonen: 1,46
- Gemüse: 11,60
- Andere: 4,62

Grafik 2

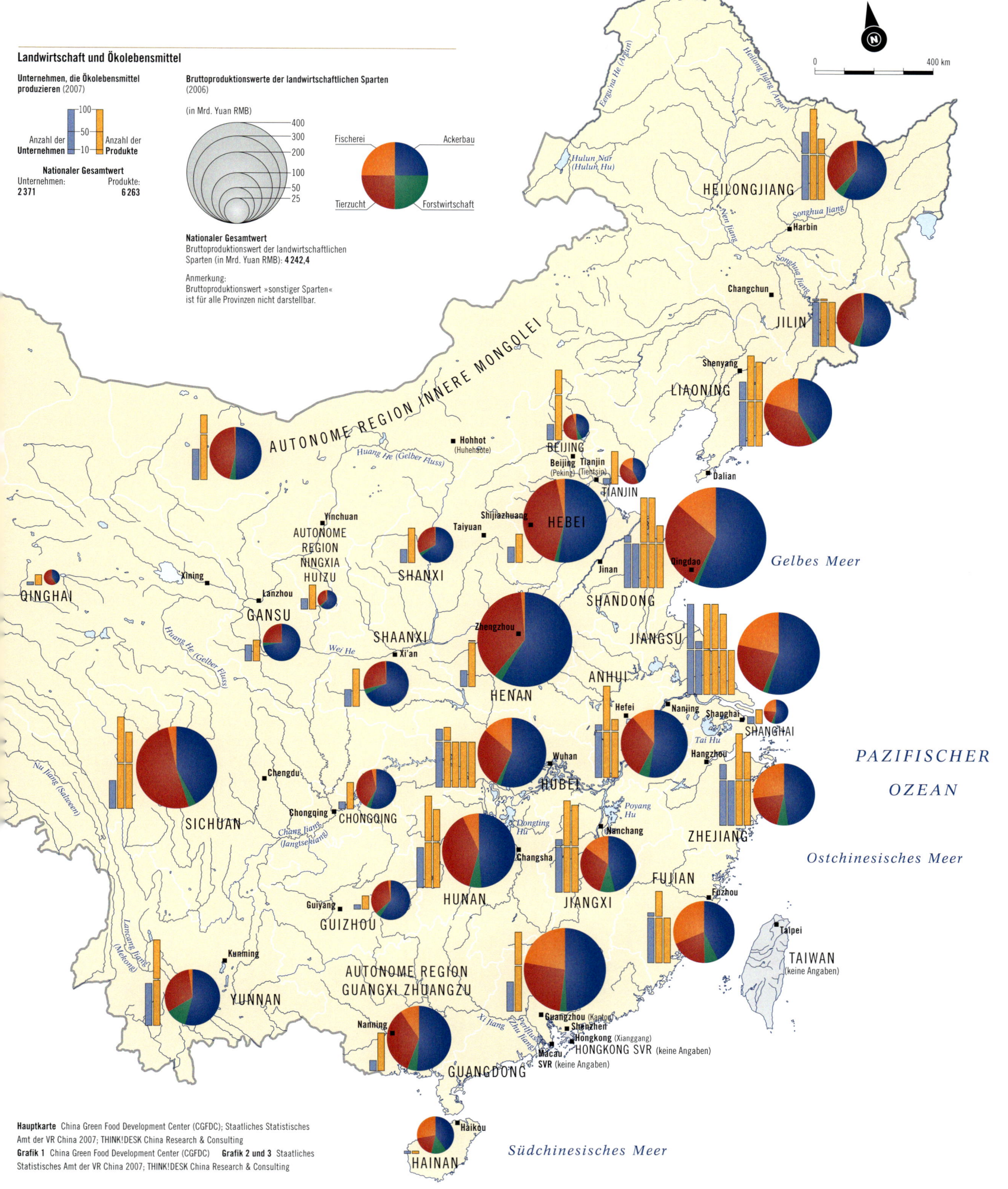

Wirtschaftsleben

In Beijing, im Distrikt Dongzhmen, befindet sich das Deutsche Zentrum für Industrie und Handel. Seine Aufgabe besteht vor allem in der Außenwirtschaftsförderung mittelständischer Unternehmen.

In China selber war der Aufstieg zur »Werkbank« der Welt zum einen verbunden mit dem Aufbau substanzieller Produktionskapazitäten, die an den Bedarfsstrukturen des Weltmarktes ausgerichtet waren und von ausländischen Unternehmungen gesteuert und kontrolliert wurden, und zum anderen, qua hohen Vorprodukteinfuhren, einem zunächst vergleichsweise geringen chinesischen Wertschöpfungsanteil an den chinesischen Fertigproduktexporten in die OECD-Märkte.

Wenn die ausländischen Unternehmungen als prozesssteuernde Akteure zumeist in beachtlichem Maße von der – durch sie betriebenen! – Integration Chinas in die internationale Arbeitsteilung profitieren konnten, so hat die chinesische Volkswirtschaft trotz ihrer eher »passiven« Rolle noch deutlich stärker von dieser Konstellation profitiert. Chinesische Unternehmungen haben durch die Vermittlung ausländischer Investoren Kenntnis von und Zugang zu Geschäftsmodellen und Produktionsverfahren erhalten, die zuvor nicht bekannt waren. Die im Zeitablauf über 600 000 in China gegründeten Unternehmungen mit ausländischem Kapitalanteil haben nicht nur Arbeitsplätze für Dutzende von Millionen Arbeitskräften bereitgestellt, sondern auch eine neue Generation von Managern, Ingenieuren und Fachkräften ausgebildet, die mittelfristig auch und gerade der einheimischen Industrie zur Verfügung stehen.

Die Bereitstellung technologischen Knowhows seitens ausländischer Investoren ist demgegenüber keineswegs immer freiwillig erfolgt, sondern wurde (und wird) seitens der chinesischen Regierung durch ein umfassendes Bündel von Maßnahmen erzwungen. Auf diese Weise ist es China gelungen, in überproportionalem Maße technologisches Know-how aus dem Ausland einheimischen Unternehmen zugänglich zu machen und zum Aufbau eigener Technologieträger und *national champions* zu nutzen.

Dessen ungeachtet bezeichnen die Anreicherung der chinesischen Volkswirtschaft durch Unternehmen mit ausländischem Kapitalanteil und die rasche Einbindung Chinas in die internationale Arbeitsteilung keineswegs eine ungetrübte Erfolgsgeschichte. Grund hierfür ist in erster Linie die nur unzureichende Integration ausländischer Unternehmen in den nationalen Wirtschaftsverband. Stattdessen hat sich eine duale Struktur herausgebildet, die durch stark divergierende Leistungsparameter bei Unternehmen mit ausländischem Kapitalanteil und rein chinesisch kapitalisierten Unternehmen geprägt ist.

Unternehmen mit ausländischem Kapitalanteil (und hier insbesondere solche mit Investoren aus den OECD-Staaten) stellen die zentrale Stütze der chinesischen Wirtschaft dar. Diese Unternehmensgruppe erwirtschaftet ca. 20 % des chinesischen BIP, ca. 30 % der industriellen Wertschöpfung, und steht für über 55 % der gesamten chinesischen Exportleistung. Ihr Anteil an den chinesischen Exporten von Gütern der Hochtechnologie ist noch deutlich höher und erreicht in einzelnen Produktgruppen 100 %. Wichtiger als diese Größenindikatoren sind aber relative Leistungsindikatoren. Und auch hier erweist sich der Sektor der ausländisch kapitalisierten Unternehmungen dem inländischen Unternehmenssektor weit überlegen. Die Wachstumsdynamik Ersterer liegt um das Dreifache über Letzteren, was dazu führt, dass ausländische Unternehmungen in den letzten Jahren bis zu 40 % zum chinesischen Wirtschaftswachstum beigetragen haben. In Hinblick auf die Arbeitsproduktivität stehen ausländisch kapitalisierte Unternehmungen in einem Leistungsverhältnis von 9 zu 1 zum chinesischen Unternehmenssektor insgesamt bzw. von 4 zu 1, wenn nur Unternehmen des industriellen Sektors betrachtet werden.

Diese offensichtliche Zweiteilung der chinesischen Unternehmenslandschaft weist letztlich darauf hin, dass trotz der staatlichen Anstrengungen zur Erzwingung eines Technologietransfers ein substanzieller *Spill-over* von Know-how und eine dadurch induzierte Angleichung der Produktivitätsniveaus beider Unternehmensgruppen nur höchst unzureichend stattgefunden haben. Chinas »passive« Einbindung in die Weltwirtschaft würde von daher auch einhergehen mit einem vom Ausland »geborgten« Wachstumsimpuls, der ohne aus-

Links: Arbeiterinnen in der Xinmao Science and Technology Company Limited in Shenzhen (Provinz Guangdong). Xinmao ist ein Hersteller von Platinen für die Elite Computer System in Taiwan.
Rechts: Die Bauma China, eine Messe für Baumaschinen, wurde zum ersten Mal 2002 in China abgehalten und wurde zum großen Erfolg. Mancher Aussteller ist sich durchaus bewusst, dass seine Produkte mittlerweile in China nachgebaut werden.

China als Empfänger von Entwicklungshilfe

Der atemberaubende wirtschaftliche Aufstieg Chinas hat in den vergangenen Jahrzehnten wichtige Impulse durch die Entwicklungshilfezahlungen der in der OECD zusammengefassten Industriestaaten erfahren. Deutschland war bislang einer der größten Entwicklungshilfegeber, stellt die finanziellen Leistungen nun jedoch angesichts der mittlerweile erreichten Entwicklungserfolge und der hohen dem chinesischen Staat zur Verfügung stehenden Finanzmittel ein. In beratender Form wird sich Deutschland jedoch gemeinsam mit der Europäischen Union, der Weltbank und anderen Organisationen weiter in China engagieren. Im Zentrum stehen hierbei Projekte, die über China hinaus globale Implikationen haben, wie z.B. die Förderung des Umweltschutzes und der Artenvielfalt, die institutionelle Sicherung des Schutzes Geistigen Eigentums, der Aufbau einer stabilen Rechts-, Finanz- und Wirtschaftsordnung, etc.

Nettozufluss von Entwicklungshilfe nach China 2000–2007

Jahr	2000	2001	2002	2003	2004	2005	2006	2007
Mio. US-$	1728	1473	1471	1333	1685	1803	1238	1439

Quelle: OECD-DAC 2008.

Links: Die Olympischen Spiele zivilisiert und im Sinne einer »harmonischen Gesellschaft« zu begehen, so war es sinngemäß in der Metro-Station in Shanghai zu lesen. Für China war dieses Großereignis eine einmalige Chance, die Welt und damit auch potenzielle Investoren willkommen zu heißen.
Rechts: Der Hauptsitz der Baosteel Gruppe in Shanghai, der größte Stahlproduzent Chinas

ländische Unternehmungen und insbesondere einen beständigen Zustrom neuer Direktinvestitionen nicht aufrechtzuerhalten wäre.

China als »aktiver« Gestalter der Weltwirtschaft

Die oben skizzierte »passive« Einbindung Chinas in die Weltwirtschaft erfährt in jüngster Zeit – jenseits der weiterhin bestehenden starken Abhängigkeit von leistungsstarken ausländisch kapitalisierten Unternehmungen – weitreichende Veränderungen, die dazu beitragen können, den chinesischen Wachstumsprozess auch in den kommenden Jahren zu verstetigen. Dieser Wandlungsprozess wird durch zwei größere Entwicklungslinien gekennzeichnet:
■ Das Modell der Werkbank Chinas, die die Welt mit leichtindustriellen Gütern versorgt, diese aber nur dank massiver Vorproduktimporte herstellen kann und letztlich nur geringe eigene Wertschöpfungsanteile beisteuert, wird sukzessive abgelöst durch eine neue Exportstruktur. Diese wird nun gekennzeichnet durch wachsende Wertschöpfungsanteile am Endprodukt, eine breitere Nutzung inländischer Vorleistungen und eine immer geringere Abhängigkeit von Vorprodukten aus Südostasien und anderen Weltregionen.
■ Einzelne chinesische Unternehmungen emanzipieren sich von der Führungsrolle ausländischer Konzerne und schreiten nun erstmals eigenständig, mit eigenen Geschäftsmodellen, patentierten Technologien und Marken auf die Weltmärkte hinaus. D.h., dem bisher zu verzeichnenden einseitigen Strom von Direktinvestitionen nach China hinein wird nun ein zweiter danebengestellt, der aus China herausführt und es chinesischen Unternehmungen ermöglicht, in bislang nicht gekannter Form aktiv und selbstbestimmt auf den Weltmärkten aufzutreten.

Während die erstere der hier angeführten Entwicklungslinien noch stark mit der Präsenz ausländischer Investoren in China korreliert und durch diese in erheblichem Maße vorangetrieben wird, scheint die neuerlich in schnell wachsenden Volumina (18,7 Milliarden US-$ im Jahr 2007) zu beobachtende eigenständige Investitionstätigkeit chinesischer Unternehmungen im Ausland eine neue Ära in der Einbindung Chinas in die Weltwirtschaft einzuläuten.

Die Motive chinesischer Unternehmungen, sich im Ausland zu engagieren, sind vielgestaltig und tatsächlich nur zum Teil als Ausdruck von »Stärke« zu interpretieren. Ein wichtiger Beweggrund, den Sprung ins Ausland zu wagen, liegt letztlich nämlich auch in dem Bestreben, dem exzessiven Wettbewerb im chinesischen Heimatmarkt zu entfliehen, wo in zahlreichen Branchen massive Überkapazitäten das Marktumfeld prägen und einen enormen Kosten- bzw. Preisdruck ausüben, was letztlich zu einer unterdurchschnittlichen Rentabilität führt. Von größerer Bedeutung sind insgesamt allerdings proaktive, strategische Beweggründe, die die Elite der chinesischen Unternehmen dazu veranlassen, den Sprung in die Weltwirtschaft zu wagen. Es handelt sich dabei um:
■ die Etablierung chinesischer Markennamen auf den OECD-Märkten und somit Erschließung der für Markenwaren erschließbaren Gewinnmargen;
■ die Förderung von Vertriebsaktivitäten und Umgehung von Handelsbarrieren in einem Umfeld weltweit eskalierender Handelsdispute;
■ die Verlagerung von Produktionsstätten im Kontext einer allmählichen Aufwertung der chinesischen Währung und damit einhergehenden Verschlechterung der preislichen Wettbewerbsfähigkeit chinesischer Exportprodukte;
■ den Erwerb von Forschungs- und Entwicklungskapazitäten (F&E) und Innovationskompetenz zur Stärkung der mittel- bis langfristigen Wettbewerbsfähigkeit;
■ die Sicherung des Zugangs zu Rohstoffen und Ressourcen zur Aufrechterhaltung der mittelfristigen Versorgungssicherheit.

Übergeordnetes Ziel dieser Aktivitäten ist der Einzug chinesischer Unternehmungen in die die wichtigsten Gütermärkte der Weltwirtschaft beherrschenden Oligopole. Der Shanghaier Joint-Venture-Partner von Volkswagen, SAIC, hat so z.B. bereits kommuniziert, dass das Unternehmen innerhalb der nächsten 10 bis 15 Jahre zu einem der sechs größten Automobilkonzerne aufsteigen und die etablierte »6+3«-Struktur der globalen Automobilindustrie aufbrechen will. Unternehmen wie Baosteel (Stahl), Haier (»weiße Ware«), Huawei (IuK-Technologien), Lenovo (Computer), TCL (TV-Geräte, »braune Ware«) verfügen bereits heute in ihren spezifischen Gütermärkten – auch global – über beachtlichen Einfluss und sind auf dem besten Weg, die bestehenden globalen Oligopolstrukturen neu zu gestalten.

Die chinesische Regierung, die in starken einheimischen Unternehmen eine wichtige Voraussetzung für die Durchsetzung chinesischer Interessen auf der internationalen,

Fortsetzung Seite 160

Wirtschaftsleben
Industrien – produzierendes Gewerbe

Chinas Industrielandschaft hat sich mit der Reformbewegung und insbesondere der Öffnung zum Weltmarkt und der Entfaltung der Exportwirtschaft massiv verändert. Angetrieben durch die Entledigung ideologischen Ballastes, die Etablierung marktbasierter Anreizsysteme sowie die Übernahme immer leistungsfähigerer Organisationsstrukturen und Technologien hat die chinesische Industrie eine explosionsartige Entwicklung ihrer Produktionsleistung – und in vielen Bereichen auch ihrer Produktivität – erfahren. Das maoistische Modell mit seinen zumeist schwerindustriell ausgerichteten Staatsunternehmen ist mittlerweile abgelöst worden von einer Vielzahl von unterschiedlichen – und mittlerweile überwiegend privatwirtschaftlich organisierten – Unternehmenstypen. Im exportorientierten Küstenstreifen dominieren zudem Unternehmen, die leichtindustrielle Konsumgüter produzieren.

Die entscheidende Innovation in der chinesischen Industrie während der vergangenen drei Jahrzehnte waren die Zulassung ausländischer Investoren und die Gründung von Unternehmen mit ausländischer Kapitalbeteiligung (inkl. Hongkong, Macau, Taiwan). Diese Unternehmen haben die chinesische Industrielandschaft in zahlreichen Aspekten bereichert: Sie haben neue Technologien, Produktions- und Managementmethoden eingeführt, wettbewerbsstarke Geschäftsmodelle übertragen, zudem ihre globalen Kundenkreise und Vertriebsstrukturen nach China transferiert und somit insgesamt China in die Weltwirtschaft eingeführt. Bis zum heutigen Tag stellen sie die produktivsten und leistungsstärksten Unternehmen in der chinesischen Industrie. Eine tragende Rolle spielen in der chinesischen Volkswirtschaft mittlerweile aber auch die während der letzten Jahre von agilen Unternehmern auf der grünen Wiese hochgezogenen Privatunternehmen. Seien dies Computer (Lenovo), Turnschuhe (Li-Ning) oder Handelsketten (Gome), Chinas moderne Privatunternehmer leisten wichtige Beiträge zur Entfaltung des chinesischen »Wirtschaftswunders«.

Große, mittlere und kleine Unternehmen 2006

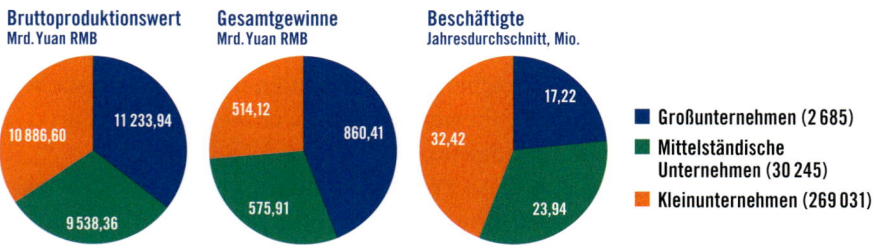

Grafik 1

Unternehmensindikatoren nach Herkunft der Kapitaleigner 2006

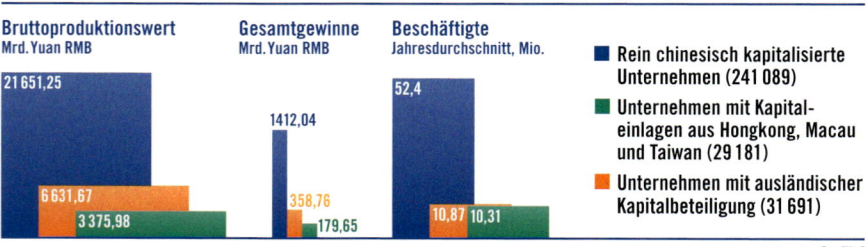

Grafik 2

Output ausgewählter Industriegüter 1978–2006

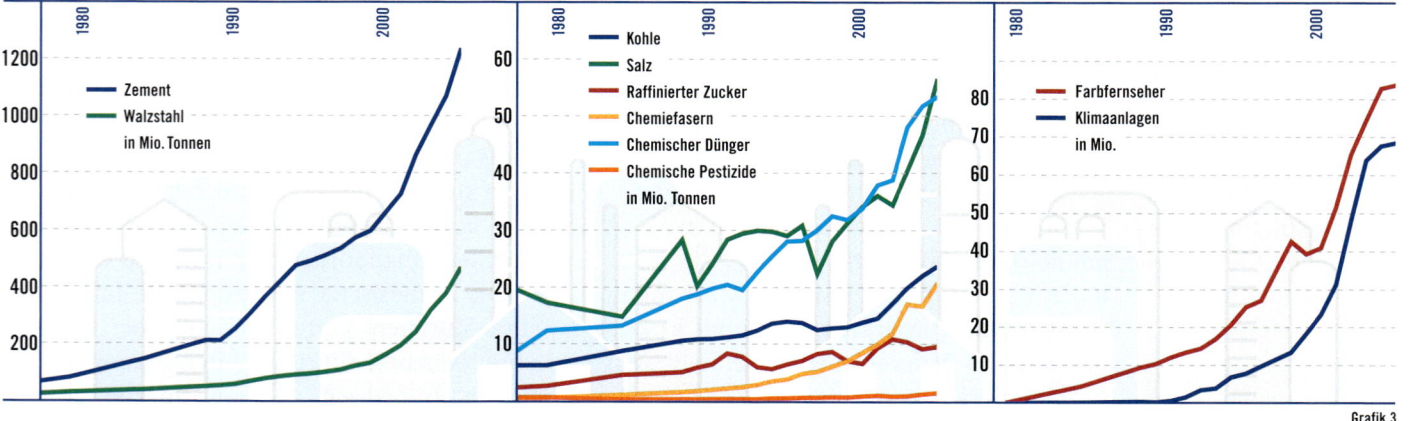

Grafik 3

Bruttoproduktionswert
Die höchsten Werte (in Mrd. Yuan RMB)

Staatliche Unternehmen
Shandong 922,92
Guangdong 738,84
Shanghai 692,94
Liaoning 644,98
Jiangsu 593,19

Private Unternehmen
Jiangsu 1 120,1
Zhejiang 1 059,2
Shandong 1 043,7
Guangdong 604,06
Henan 377,95

Unternehmen mit Kapitalbeteiligung aus Hongkong, Taiwan, Macau oder dem Ausland
Guangdong 2 696,82
Jiangsu 1 701,15
Shanghai 1 169,37
Zhejiang 760,11
Shandong 720,91

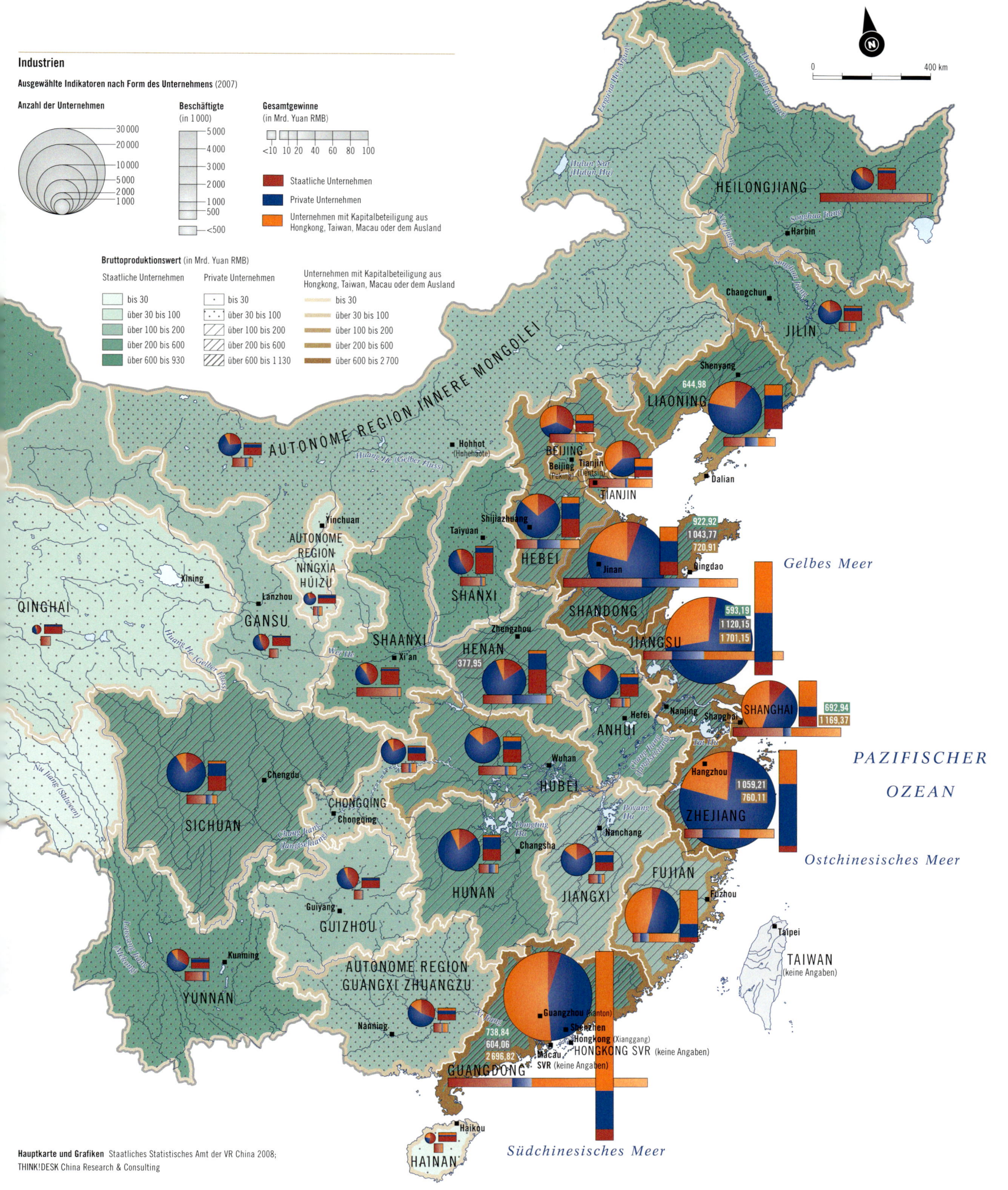

Wirtschaftsleben
Industriefokus I – die Automobilindustrie

Der chinesische Automobilmarkt hat im Verlauf der Reformperiode eine dramatische Entwicklung durchlaufen. Während ausgangs der 1970er-Jahre die chinesische Automobilindustrie technologisch noch Jahrzehnte dem Weltmarkt hinterherhinkte und nur eine geringe Anzahl von Automobilen produzierte, steht China heute im Mittelpunkt der globalen Automobilindustrie: Das Land verfügt mittlerweile über eine kleine Gruppe leistungsfähiger und sehr aggressiv expandierender Herstellern. Als Produktionsstandort ist China 2008 zum drittgrößten Land aufgestiegen. In Hinblick auf die verkauften Fahrzeugen ist es mit gut 10 Millionen Einheiten in 2008 zum nach den USA zweitgrößten Markt avanciert. Der Aufstieg der chinesischen Automobilindustrie wäre ohne das Engagement ausländischer Automobilhersteller und Zulieferer nicht möglich gewesen. Ohne den – nicht immer freiwilligen – Technologietransfer und allgemeinen Know-how-Transfer in puncto Produktionsorganisation, Kostenmanagement, Automobildesign, Marketing, etc. hätte die chinesische Automobilindustrie im globalen Wettbewerb keine Überlebenschance gehabt. Gerade auch deutsche Unternehmen haben wichtige Impulse für die Entwicklung der chinesischen Automobilindustrie geliefert – und dabei auch gutes Geld auf dem chinesischen Markt verdient. Dem Volkswagenkonzern war es in den 1990er Jahren gelungen, gemeinsam mit seinem Joint-Venture-Partner SAIC einen Anteil von über 50 % am chinesischen Pkw-Markt zu erobern. Nach dem Beitritt Chinas zur WTO hat sich der Wettbewerbsdruck auf dem chinesischen Automobilmarkt erheblich verschärft. Zahlreiche Joint Ventures zwischen chinesischen und ausländischen Herstellern ebenso wie einige eigenständige chinesische Hersteller werben um die Gunst der Kunden. Diese sind heute zu gut zwei Dritteln Privathaushalte. Der chinesische Staat hat als Abnehmer deutlich an Bedeutung verloren. Damit verändert sich auch der bevorzugte Automobiltyp. War es früher die statusorientierte »Kaderkutsche« mit verlängertem Fonds und komfortabler Ausstattung im Bereich der Rückbank bei eher einfacher Ausstattung im Fahrerbereich, so richtet sich heute das Angebot in erster Linie an die Bedürfnisse von Privatpersonen, die kleinere Modelle bevorzugen, ihr Auto selber fahren und praktische Leistungsmerkmale stärker gewichten.

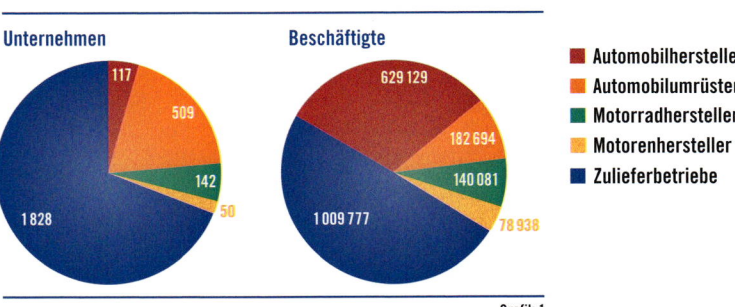

Grafik 1

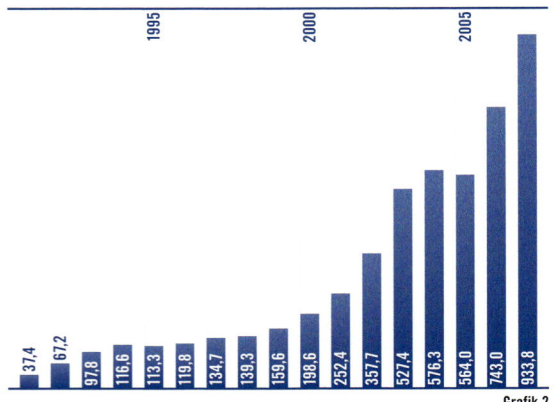

Grafik 2

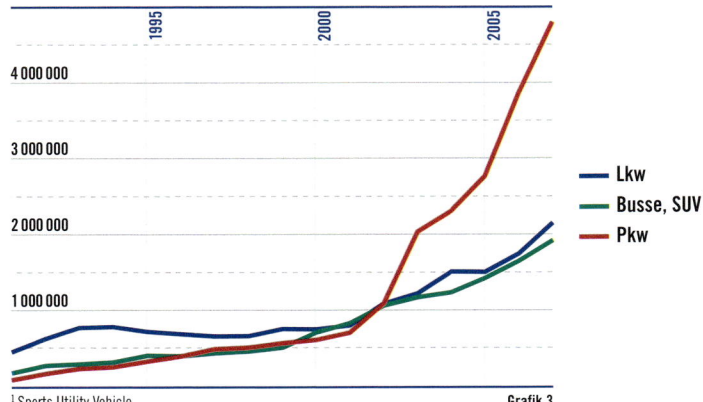

¹ Sports Utility Vehicle

Grafik 3

Wirtschaftsleben

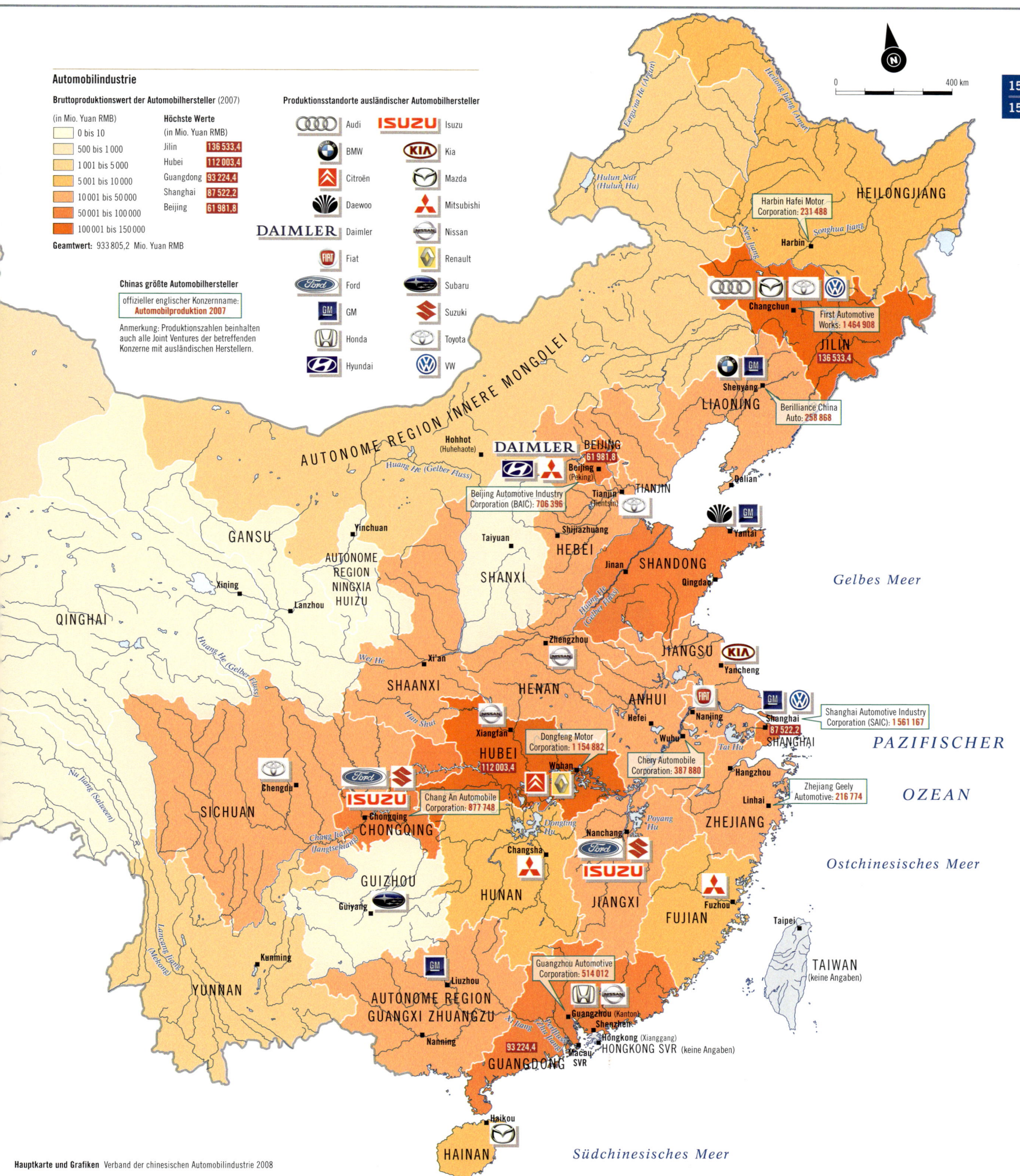

Hauptkarte und Grafiken Verband der chinesischen Automobilindustrie 2008

Wirtschaftsleben
Industriefokus II – die Stahlindustrie

Die Stahlindustrie nimmt in der chinesischen Volkswirtschaft – bzw. in der Anschauung der politischen Entscheidungsträger und zentralen Wirtschaftslenker Chinas – traditionell eine herausragende Position ein. Aber gehemmt durch ineffiziente zentralstaatliche Steuerung und kontraproduktive individuelle Anreizstrukturen, konnte die chinesische Stahlindustrie bis Ende der 1970er-Jahre keine signifikante Entwicklungsdynamik entfalten. Erst mit dem Beginn der Reform- und Öffnungspolitik erlebt sie einen bedeutsamen Entwicklungsschub und verzeichnet in puncto Kapazitätsaufbau und Produktionsausbringung zuletzt geradezu exponenzielle Steigerungsraten. Das Ergebnis: In China wird heute mehr als ein Drittel der Weltstahlproduktion erzeugt, wobei die führenden chinesischen Stahlkonzerne heute zu den größten und profitabelsten Unternehmen ihrer Branche weltweit gehören. Innerhalb weniger Jahre ist China nicht nur zum größten Produzenten, sondern auch zu einem der wichtigsten Exporteure von Stahlprodukten geworden. Dieses Phänomen ist als ein Indikator für die deutlich gestiegene Qualität der Produktion zu werten, wird andererseits aber auch durch wettbewerbsverzerrende staatliche Förderungsmaßnahmen bedingt.

Das traditionelle Zentrum der chinesischen Stahlindustrie liegt in der Provinz Hebei. Genau diese lange Tradition gereicht der Provinz derzeit allerdings zum Nachteil, da andernorts modernste Anlagen auf der »grünen Wiese« errichtet werden können, während zahlreiche Stahlproduzenten in Hebei noch mit veralteter Technologie arbeiten.

Um die chinesische Stahlindustrie noch schlagkräftiger zu machen, ineffiziente Strukturen zu überwinden und veraltete Kapazitäten auszulesen, betreibt die chinesische Regierung derzeit ein Programm der regionalen Konzentration von Stahlunternehmungen. Insgesamt sollen fünf Cluster entstehen, in denen ausgewählte Konzerne eine Führungsfunktion übernehmen sollen.

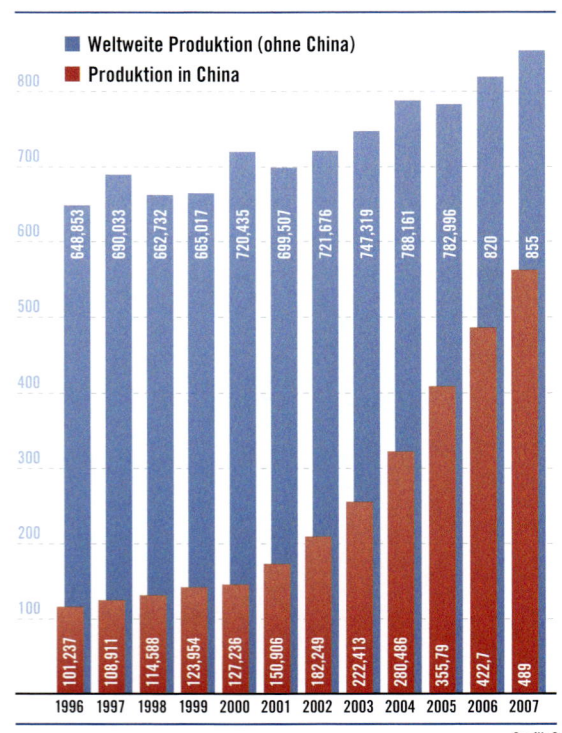

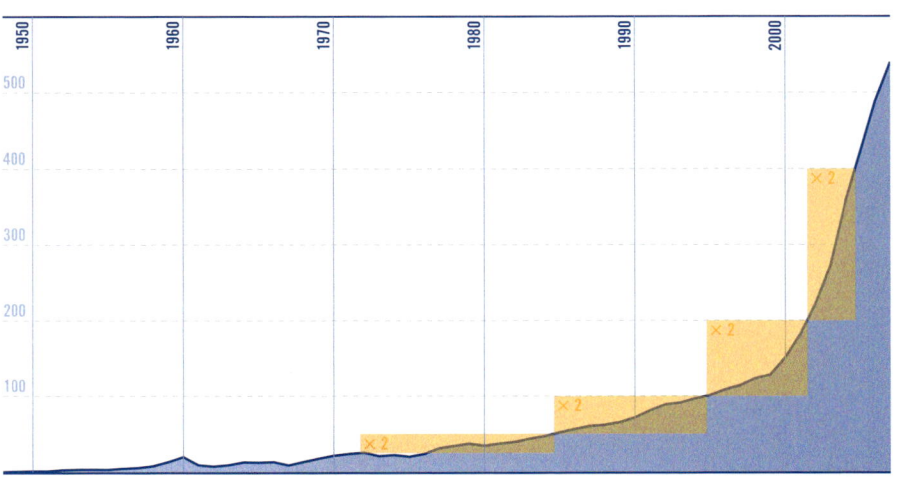

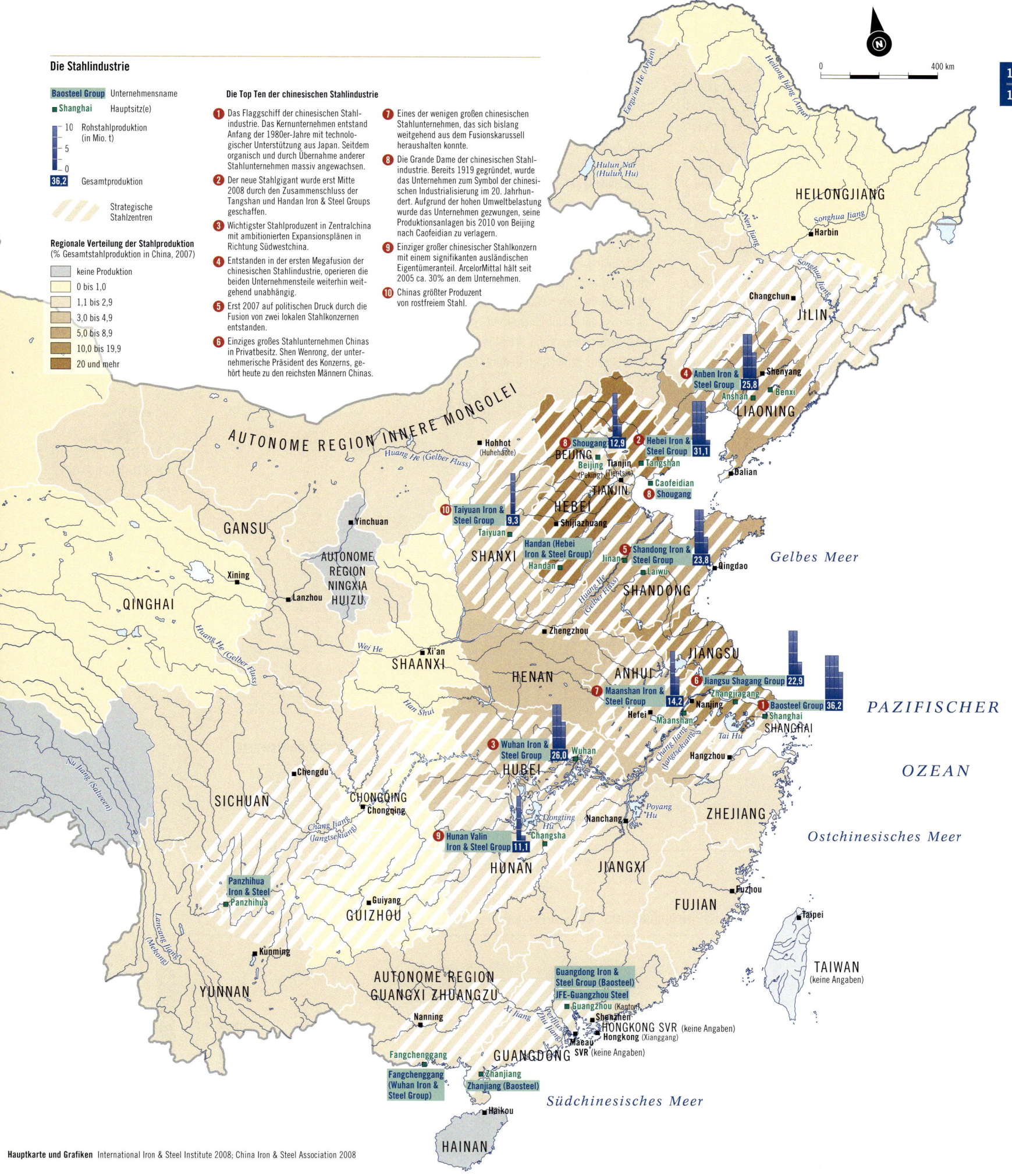

Wirtschaftsleben
Industriefokus III – die Bauwirtschaft

Eine der zentralen Kräfte hinter dem chinesischen Wirtschaftsboom ist die Bauindustrie. Diese war und ist gefordert, die notwendigen Infrastruktureinrichtungen für das Land bereitzustellen, seien dies Straßen, Staudämme, Einkaufszentren oder Bürotürme. Einen besonderen Boom hat die chinesische Bauwirtschaft aber durch die gestiegenen Ansprüche der chinesischen Bevölkerung hinsichtlich ihrer Wohnqualität erfahren. Die Erstellung neuer Wohnkomplexe in den urbanen Ballungszentren ist eines der wichtigsten Betätigungsfelder der chinesischen Bauwirtschaft insgesamt.

Die chinesische Bauwirtschaft hat seit Beginn der Reform- und Öffnungsperiode einschneidende Veränderungen erfahren. Das technische Know-how ist erheblich angestiegen und der Einsatz komplexer Maschinen hat massiv zugenommen. Dessen ungeachtet müssen wichtige Prestigeobjekte mit besonders komplexen baulichen Aufgaben noch immer in erster Linie von ausländischen Baugesellschaften ausgeführt werden.

Die Veränderungen in der chinesischen Bauwirtschaft werden auch in der Eigentumsstruktur der Bauunternehmen deutlich. Die den Sektor traditionell beherrschenden staatlichen und kollektiv geführten Unternehmen stellen heute nur noch eine Minderheit dar, während privatwirtschaftlich geführte Unternehmen – darunter eine beträchtliche Anzahl mit ausländischen Investoren – den Markt eindeutig dominieren.

Die Bauwirtschaft ist ein wichtiger Arbeitgeber für Chinas Wanderarbeiter, die aus den ärmeren, wirtschaftlich rückständigen Provinzen West- und Zentralchinas in die Ballungszentren strömen, um dort Arbeit zu finden. Diese »billigen« Arbeitskräfte leben und arbeiten auf den Baustellen unter oftmals sehr schlechten Bedingungen.

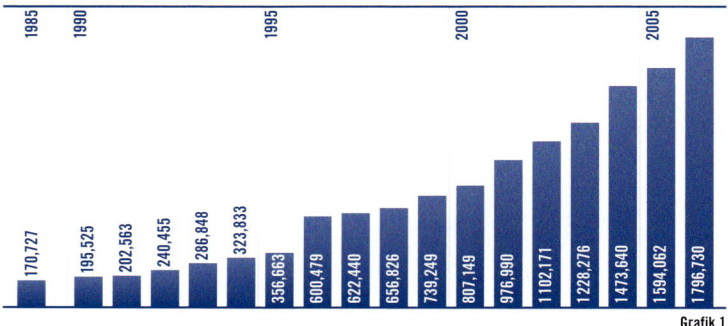

Fertiggestellte Wohn- bzw. Bürofläche 1985–2006, in Mio. km²

Grafik 1

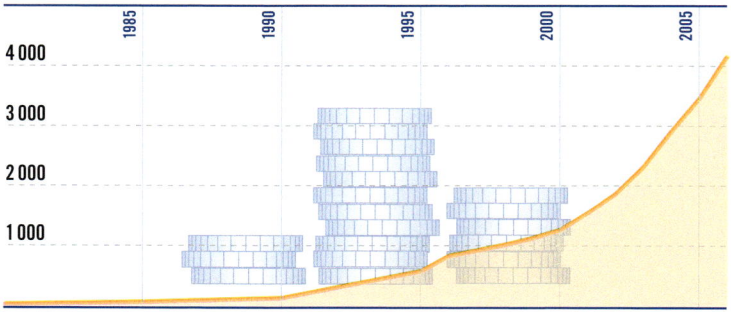

Bruttoproduktionswert der Bauindustrie 1980–2006, in Mrd. Yuan RMB

Grafik 2

Nationale Gesamt- bzw. Durchschnittswerte

Fertiggestellte Wohn- bzw. Büroflächen	1 796,730 km²
Beschäftigte in Bauunternehmen	28 781 591
Durchschnittswert der eingesetzten Maschinen	9 109 Yuan RMB
Bruttoproduktionswert	4 155 Mrd. Yuan RMB

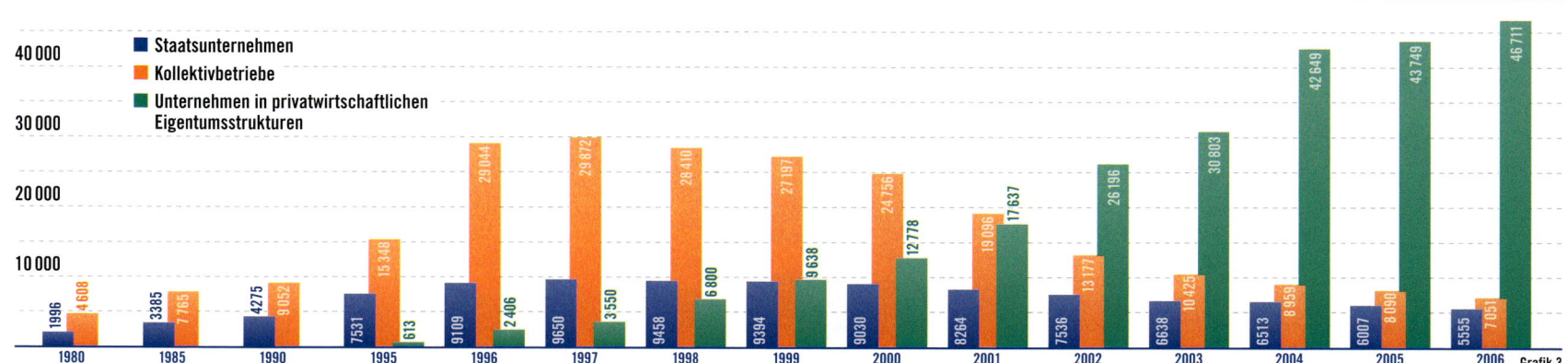

Eigentumsverhältnisse in der chinesischen Bauwirtschaft 1985–2006, in Unternehmen

- Staatsunternehmen
- Kollektivbetriebe
- Unternehmen in privatwirtschaftlichen Eigentumsstrukturen

Grafik 3

Wirtschaftsleben

Bauwirtschaft

Fertiggestellte Wohn- bzw. Büroflächen (in km²)
- 10 und weniger
- 10,1 bis 25,0
- 25,1 bis 50,0
- 50,1 bis 100,0
- 100,1 und mehr

Die Provinzen mit den größten fertiggestellten Wohn- bzw. Büroflächen
- 291,5 Zhejiang
- 287,2 Jiangsu
- 135,4 Shandong
- 106,3 Guangdong
- 91,8 Sichuan

Die Provinzen mit den geringsten fertiggestellten Wohn- bzw. Büroflächen
- 1,5 A. R. Tibet (Xizang)
- 1,6 Qinghai
- 3,2 Hainan
- 5,8 A. R. Ningxia Huizu
- 11,1 Guizhou

Beschäftigte in Bauunternehmen (Zuweisung nach Ort der Registration des Unternehmens)
- 100 000 und weniger
- 100 001 bis 250 000
- 250 001 bis 500 000
- 500 001 bis 750 000
- 750 001 bis 1 000 000
- 1 000 001 bis 1 500 000
- 1 500 001 bis 2 500 000
- 2 500 001 und mehr

Wert der eingesetzten Maschinen (in Yuan RMB je Beschäftigtem)
- unter 5000
- 5000 bis 7500
- 7501 bis 10 000
- 10 001 bis 12 500
- 12 501 bis 15 000
- 15 001 bis 20 000
- 20 001 und mehr

Bruttoproduktionswert (in Mrd. Yuan RMB)
- unter 50,0
- 50,1 bis 100,0
- 100,1 bis 150,0
- 150,1 bis 200,0
- 200,1 bis 300,0
- 300,1 und mehr

Hauptkarte und Grafiken Staatliches Statistisches Amt der VR China, 2008

Wirtschaftsleben

Der Bau des EXPO-Geländes in Pudong, Shanghai. 2010 findet hier die Weltausstellung statt und bietet China die Möglichkeit, sich der ganzen Welt zu präsentieren.

politischen wie ökonomischen Bühne sieht, ist gerne bereit, die auf eine Stärkung ihrer globalen Positionierung ausgerichteten Aktivitäten chinesischer Unternehmer zu unterstützen. Das breite Spektrum staatlicher Unterstützungsmaßnahmen umfasst u. a. folgende Bereiche:
- Befreiung von administrativen Auflagen im Außenwirtschaftsverkehr
- Zugang zu subventionierten Kreditlinien
- umfassende Steuererleichterungen
- bevorzugten Zugang zu Geschäftslizenzen
- materielle und institutionelle Unterstützung bei der Etablierung eigener Markennamen
- materielle und institutionelle Unterstützung bei der Entfaltung eigenständiger F&E-Aktivitäten
- Protektion vor ausländischen Konkurrenten
- Unterstützung von Direktinvestitionsprojekten durch komplementäre Entwicklungshilfeleistungen an Drittländer

Diese Allianz zwischen sehr ehrgeizigen Unternehmen und noch ambitionierteren Regierungsorganisationen – die mittlerweile auch über substanzielle finanzielle Mittel verfügen – weckt zuweilen den Eindruck, dass hier eine neu gegründete »China AG« sehr aktiv darum bemüht ist, sich die Welt zu erschließen und diese nach den eigenen Bedürfnissen (um)zugestalten. Tatsächlich hat China in den letzten Jahren durch die Kombination von Entwicklungshilfe und kommerziellen Investitionen in Afrika und Südamerika in einem Maße strukturierend auf die Weltwirtschaft eingewirkt, wie es bislang nur den USA und westeuropäischen Staaten möglich schien. So wurden z. B. Investitionen von Baosteel in brasilianische Eisenerzvorkommen seitens der chinesischen Regierung mit Entwicklungshilfeprojekten zum Bau einer transkontinentalen Eisenbahntrasse und dem Ausbau eines peruanischen Tiefseehafens komplementiert. Durch diese Maßnahmen wird – im Vorhof der USA – eine neue Infrastruktur geschaffen, die an den Rohstoffbedürfnissen einer expandierenden chinesischen Volkswirtschaft ausgerichtet ist. Ähnliche Aktivitäten sind in Afrika zu beobachten, wo China insbesondere in Angola und im Sudan ökonomische Interessen mit üppigen »Entwicklungshilfeleistungen« untermauert und eine auf seine eigenen langfristigen Rohstoffbedürfnisse und Exportinteressen ausgerichtete Infrastruktur schafft.

China als Entwicklungshelfer in Afrika

Die chinesische Regierung veröffentlicht bislang keine genauen Zahlen zum Umfang der von ihr bereitgestellten Entwicklungshilfe. Aus individuellen Pressemitteilungen kann jedoch ein recht konkretes Bild dieser Aktivitäten gezeichnet werden. Im Mittelpunkt der chinesischen Entwicklungshilfe steht zweifelsohne der afrikanische Kontinent, der nach Angaben der Weltbank allein gut 2 Mrd. US-$ pro Jahr an chinesischer Entwicklungshilfe empfängt.

Bei näherer Betrachtung erscheint die chinesische Entwicklungshilfe keineswegs altruistisch oder durch globale Entwicklungsziele motiviert zu sein, sondern in erster Linie den politischen, ökonomischen und auch militärstrategischen Zielen der chinesischen Regierung zu folgen. Afrika ist für China außerordentlich attraktiv: Der Kontinent besitzt nicht nur üppige Vorkommen an Erdöl und Rohstoffen (Eisenerz, Kupfer, Platin, Holz, etc.), sondern auch insgesamt 53 Stimmen in supranationalen Organisationen wie z. B. der UNO, die China benötigt, um seinen steilen Aufstieg in der Weltwirtschaft und der globalen politischen Arena weiter voranzutreiben.

Die chinesische Entwicklungshilfe-Offensive gilt vor diesem Hintergrund auch weniger den breiten Bevölkerungsmassen, die zu erheblichen Teilen noch immer in bitterer Armut leben, sondern richtet sich vielmehr direkt an die herrschenden Eliten. Dabei hat die politische Führung in Beijing von vornherein klargestellt, dass es den Begriff der *rogue states* nicht kennt. Was die OECD-Staaten als Menschenrechtsverletzungen, Korruption, Klientelismus etc. geißeln, wird von Beijing als innere Angelegenheit betrachtet und hat von daher keinen Einfluss auf die bilateralen Beziehungen und die Bereitstellung von Entwicklungshilfe, subventionierten Krediten und Schuldenerlassen. Als Gegenleistung kommen die semistaatlichen Investoren aus China bei den

Links: Chinas Präsident Hu Jintao zusammen mit Abdoulaye Wade bei seinem Besuch im Senegal im Februar 2009. Vor allem die bilateralen Beziehungen sollen weiter ausgebaut werden.
Rechts: Die Erdölförderung im eigenen Land deckt bei Weitem nicht den steigenden Bedarf des Landes nach dem flüssigen Gold (hier in Daqing in der Provinz Heilongjiang).

Wirtschaftsleben

staatlich kontrollierten Erdölfeldern und Rohstofflagerstätten Afrikas in den Genuss von Lizenzen und Konzessionen, die anderen Akteuren verwehrt bleiben.

Mit dieser kompromisslosen Fokussierung von Diplomatie und entwicklungspolitischem Instrumentarium auf die Erdöl- und Rohstoffversorgung des Landes ist es China gelungen, innerhalb weniger Jahre ein festes Standbein auf dem afrikanischen Kontinent zu errichten. Bereits heute wird ein gutes Drittel des chinesischen Erdölbedarfs aus afrikanischer Förderung gedeckt und stammen 15 % der afrikanischen Ölexporte aus Quellen, die mit chinesischer Kapitalbeteiligung erschlossen worden sind – beides mit steigender Tendenz.

Die chinesische Charme-Offensive in Afrika offenbart sich so als eine überaus geschickte Strategie. In einer nach Jahrzehnten glückloser Entwicklungsdiplomatie der OECD-Staaten weltpolitisch verwaisten Region wird so das Fundament für die langfristige Erdöl- und Rohstoffversorgung der chinesischen Volkswirtschaft gelegt und zudem signifikanter Einfluss auf das Abstimmungsverhalten afrikanischer Staaten in supranationalen Gremien erlangt.

Inwiefern Afrika aber mittelfristig von dem chinesischen Geldsegen profitieren kann, sei dahingestellt. Nicht nur stützt China eine Reihe diktatorischer Regime, auch lassen die von China mit Macht vorangetriebene Erdöl- und Rohstoffexploration das Gespenst der *dutch disease*, das Afrika zwischen den 70er- und 90er-Jahre im Griff hatte, wieder am Horizont erscheinen. Durch den Aufbau exportorientierter Monostrukturen im Rohstoffbereich und daraus resultierende reale Wechselkursaufwertungen besteht in vielen Staaten die Gefahr einer neuerlichen Atrophie der gerade erst wieder aufkeimenden einheimischen Industrie.

Dieses Szenario wird derzeit noch weiter befördert durch die Praxis, chinesische Entwicklungshilfe zwar auf der politischen Ebene unkonditioniert zu vergeben, auf der Geschäftsebene jedoch 70 % aller durch chinesische Entwicklungshilfe finanzierten Bauprojekte an chinesische Bauunternehmungen zu vergeben. Diese Unternehmungen verdrängen somit aber nicht nur afrikanische Anbieter, sondern bringen zudem noch ihre eigenen Arbeitskräfte aus China mit. Gleiches tun im Übrigen auch chinesische Industriebetriebe, die sich in Afrika niederlassen, um von hier aus auf die amerikanischen und europäischen Märkte zu exportieren, die feste Quoten für Direkteinfuhren aus China erlassen haben. In Afrika profitieren von diesen Projekten weder Unternehmen noch Arbeitskräfte.

Chinas Volkswirtschaft im 21. Jahrhundert

Insgesamt gesehen hat die chinesische Volkswirtschaft in den vergangenen drei Jahrzehnten einen außerordentlich erfolgreichen Wachstums- und Entwicklungsprozess durchlaufen. Dabei haben sich die chinesische Volkswirtschaft insgesamt und ihre Unternehmungen im Speziellen immer wieder von Neuem an Modellen und Vorbildern ausrichten können, die ihnen im Rahmen ihrer Einbindung in die globalen Wirtschaftsstrukturen vorgestellt wurden. Inwiefern dieses Modell auch in Zukunft das Wachstum der chinesischen Wirtschaft wird antreiben können, erscheint allerdings zunehmend fraglich. Mit stetig ansteigender Komplexität der anliegenden institutionellen Strukturen, der Geschäftsmodelle und der technologischen Grundlagen und Interaktionsmuster wird die Ausrichtung an von außen vorgegebenen Modellen immer schwieriger. Allein schon die Identifikation geeigneter Vorbilder gestaltet sich immer problematischer; die Adaptation externer Modelle an lokale Gegebenheiten verlangt immer größere Anpassungsleistungen.

Eine Fortsetzung der chinesischen »Erfolgsgeschichte« verlangt eine stärkere Hinwendung zu einem bislang weit untergewichteten potenziellen Wachstumsparameter: dem inländischen Konsum. Chinas ca. 20 % der Weltbevölkerung repräsentieren heute nur 3 % des globalen Konsums. Eine »Normalisierung« dieser Relation hätte einschneidende Bedeutung für die chinesische Volkswirtschaft. Dieser Wachstumsfaktor könnte vergleichsweise schnell mobilisiert werden, wenn es gelingt, private Kaufkraft freizusetzen, die derzeit noch in Ersparnissen gebunden ist, welche aus Unsicherheit über die Versorgung im Falle von Alter, Arbeitslosigkeit oder Krankheit gehalten werden. Die Etablierung eines verlässlichen Sozialversicherungssystems könnte von daher entscheidende Bedeutung für die Entfaltung der chinesischen Volkswirtschaft in der nächsten Dekade besitzen.

Mit der Ablösung der bisherigen Wachstums- und Entwicklungsmuster wird China in den kommenden Jahren große Anstrengungen zur Stärkung eigener Innovationskapazitäten und zur Erlangung »chinesischer« Schlüsseltechnologien und Patente unternehmen müssen. Die Wirtschaftspolitik hat sich dieser Aufgabenstellung bereits angenommen und mit einer Ausbildungsoffensive sowie dem *Medium to Long-term Program on Technological and Scientific Development* ein durchaus schlagkräftiges Rahmenprogramm eingerichtet, das dazu beitragen soll, den Beitrag des technologischen Fortschritts zum Wirtschaftswachstum auf bis zu 60 % hinaufzuführen und gleichzeitig die Abhängigkeit von ausländischen Technologieimporten auf unter 30 % zu senken. Bis zum Jahr 2020 soll China außerdem im Hinblick auf die Anzahl der in chinesischer Hand befindlichen Patentrechte und auf die Zahl der internationalen Veröffentlichungen zu den fünf führenden Nationen gehören. Diese Ziele erscheinen überambitioniert, zeigen aber an, dass die Herausforderungen eines Wachstums jenseits der Ära des »Nachholens« sehr wohl verstanden worden sind.

Chinas Einbindung in die Weltwirtschaft wird im Zuge der Neuausrichtung der gesamtwirtschaftlichen Entwicklung an relativer Bedeutung für den Wachstumsprozess verlieren.

Innovation an der Grenze zur Kopie

Das **Medium to Long-term Program on Technological and Scientific Development** erhebt »eigenständige Innovation« zum zentralen Prinzip und Leitthema der aktuellen chinesischen Forschungsinitiative. Dabei wird »eigenständige Innovation« allerdings als Dreiklang verschiedener Formen wissenschaftlicher Erkenntnisgewinnung verstanden:
- der »völlig eigenständigen Innovation«
- der »integrierten Innovation«, d. h. der Verwendung bekannter Technologie auf neue Weise
- der »Re-Innovation«, d. h. der Aufnahme und Verbesserung importierter Technologien.

Insbesondere die beiden letzten der hier genannten Komponenten dürften bei den westlichen Technologieführern so manches Stirnrunzeln hervorrufen. Der Euphemismus »Re-Engineering« scheint hier neue Synonyme erhalten zu haben.

Unter wirtschaftlichen Aspekten für den Export konzipiert, befürchtet man nun, dass der Einkauf des Transrapids für die Chinesen hauptsächlich dem Technologietransfer diente.

Fortsetzung Seite 168

Wirtschaftsleben
Innovationsleistungen – Technologieimport, Patente, Forschung und Entwicklung

Die chinesische Kulturgeschichte feiert die Erfindungen des Papiers, Schießpulvers, Magnetkompasses und der Druckkunst als die »Vier Großen Erfindungen« des Landes. Diese vier Erfindungen hatten nicht nur großen Einfluss auf die gesellschaftliche Entwicklung Chinas, sondern auch eine weitreichende, weltweite Bedeutung. Zuletzt stellten sie sogar bei der Eröffnungszeremonie der Olympischen Spiele 2008 in Beijing ein zentrales Element dar.

Während China allerdings in den vergangenen Jahrzehnten keine Erfindungen von annähernd ähnlicher Bedeutung mehr hervorgebracht hat, ist es heute das erklärte Ziel der chinesischen Forschungspolitik, das Land bis zum Jahr 2020 in eine innovationsorientierte Gesellschaft zu transformieren und bis 2050 zum Weltführer in Wissenschaft und Technik aufzubauen. Mithilfe indigener, also heimischer, Innovationsleistungen soll China eine führende Position in den neuen, wissenschaftsbasierten Industrien einnehmen. Zu diesem Zweck sollen die nationalen Investitionen in Forschung und Entwicklung von 1,34 % des BIP in 2005 auf über 2,5 % des BIP in 2020 angehoben werden (Mitte der 1990er-Jahre waren es gerade einmal 0,5 %). Der Beitrag des technologischen Fortschritts zum Wirtschaftswachstum soll auf bis zu 60% ansteigen, während die Abhängigkeit von ausländischen Technologieimporten auf unter 30 % gesenkt werden soll. Bis zum Jahr 2020 soll China außerdem in Hinblick auf die Anzahl der in chinesischer Hand befindlichen Patentrechte und in der Zahl der internationalen Veröffentlichungen von Forschungsberichten zu den fünf führenden Nationen gehören.

Während die chinesische Patentlawine im Ausland für Aufsehen sorgt, entpuppt sie sich bei näherer Betrachtung als weniger eindrucksvoll. Der Großteil der »chinesischen« Patentanträge im Ausland stammt letztlich von in China niedergelassenen Zweigen ausländischer Unternehmungen. Die Liste der »chinesischen« Empfänger von USPTO-Patenten im Zeitraum 2001–2005 wird mit 342 gewährten Patenten von Hon Hai Precision Ind. Co. Ltd., einem taiwanischen Unternehmen, angeführt. Es folgt das US-amerikanische Unternehmen Microsoft Corp. mit 46 Patenten. Erst mit der China Petrochemical Development Corp. (41 Patente) und der China Petroleum and Chemical Corp. (30 Patente) folgen die im engeren Sinne rein chinesischen Unternehmungen.

Empfänger von USPTO-Patenten[1] 2001–2005

Unternehmen	Patente	Sitz
Hon Hai Precision Ind. Co., Ltd.	342	Taiwan
Microsoft Corp.	46	USA
China Petrochemical Development Corp.	41	China
China Petroleum and Chemical Corp.	30	China
Tsinghua-Universität	17	China
Huawei Technologies Co., Ltd.	15	China
Changchun Institute of Applied Chemistry	12	China
Chinese Academy of Science (CAS)	12	China
Shenzhen STS Microelectronics Co., Ltd.	8	China
Xinjiang Shengsheng Co., Ltd.	7	China
SINOPEC	6	China
China Academy of Telecommunications Technology	5	China

[1] USPTO = das dem amerikanischen Handelsministerium unterstellte Patent- und Markenamt der Vereinigten Staaten von Amerika

Grafik 1

Innerchinesische Patentanträge und Patentgenehmigungen in Tausend

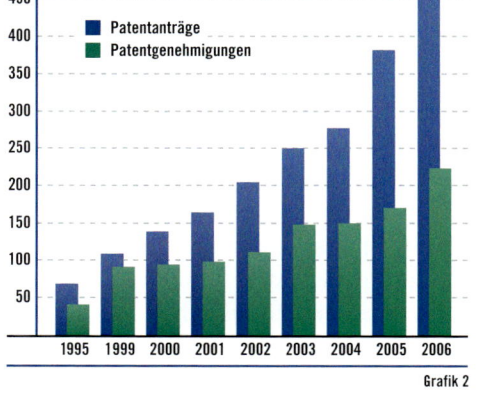

Grafik 2

Beschäftigte in Forschung und Entwicklung 2006

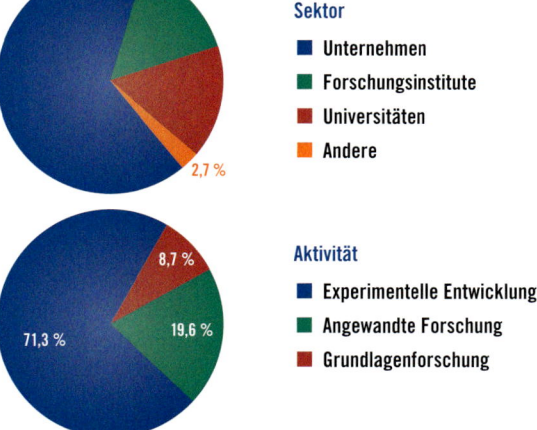

Sektor: Unternehmen, Forschungsinstitute, Universitäten, Andere

Aktivität: Experimentelle Entwicklung, Angewandte Forschung, Grundlagenforschung

Grafik 3

Forschungsberichte nach Zitationsindex[1]

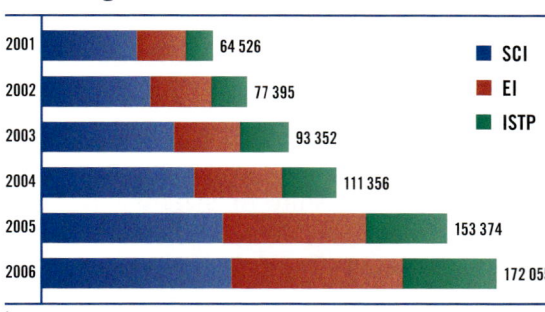

Jahr	Anzahl
2001	64 526
2002	77 395
2003	93 352
2004	111 356
2005	153 374
2006	172 055

SCI / EI / ISTP

[1] SCI = Science Citation Index, eine wissenschaftliche Zitationsdatenbank, begründet vom Institute for Scientific Information; EI = Engineering Index. Datenbank für Ingenieurswesen; ISTP = Index to Scientific & Technical Proceedings, enthalten sind Informationen über internationale Konferenzen zu Natur-/Biowissenschaften und Technik und bibliografische Angaben, Konferenztitel, -ort, -zeitraum, Deskriptoren, Referenzen und Abstracts.

Grafik 4

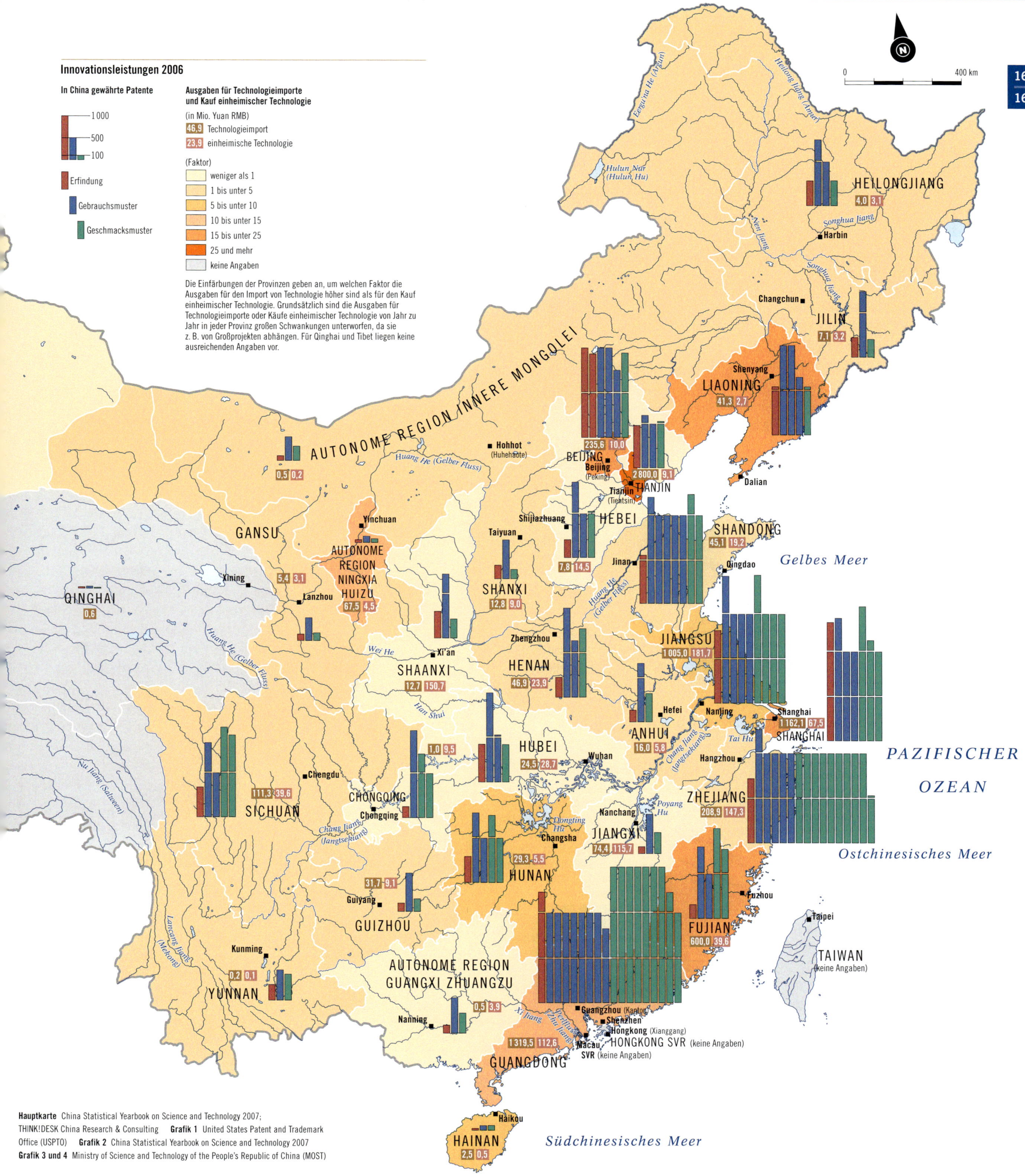

Hauptkarte China Statistical Yearbook on Science and Technology 2007; THINK!DESK China Research & Consulting **Grafik 1** United States Patent and Trademark Office (USPTO) **Grafik 2** China Statistical Yearbook on Science and Technology 2007 **Grafik 3 und 4** Ministry of Science and Technology of the People's Republic of China (MOST)

Wirtschaftsleben
Beschäftigung und Löhne

Im Zuge des wirtschaftlichen Aufschwungs des Landes hat sich die chinesische Arbeitswelt radikal gewandelt. Zu Beginn der Reformperiode war die Mehrheit der Bevölkerung in der Landwirtschaft tätig und wurde nur knapp über dem Subsistenzminimum entlohnt. Die in den Städten in der Industrie beschäftigten Bevölkerungsteile galten als eine Elite, die besser als alle anderen Gruppen entlohnt wurde. Arbeitslosigkeit war in diesem System offiziell nicht bekannt. In der Landwirtschaft war sie qua Definition nicht möglich, da jeder irgendwie auf dem Feld eingesetzt werden konnte. Und in den Städten sprach man zwar von »auf Arbeit wartenden« Schulabgängern, sobald jedoch jemand in eine Arbeitseinheit aufgenommen war, war er/sie faktisch unkündbar und wurde bis zum Lebensende versorgt. Eine »versteckte Arbeitslosigkeit« war allerdings omnipräsent. In einzelnen Regionen wird berichtet, dass die faktische Arbeitszeit im staatlichen Unternehmenssektor nur bei einem Drittel der formalen Arbeitszeit lag – zwei Drittel der Belegschaft wären demnach faktisch überflüssig gewesen.

Im gegenwärtigen China hat sich dies radikal gewandelt. Die Landwirtschaft ist zwar immer noch der wichtigste Arbeitgeber, aber die Industrie und insbesondere der Dienstleistungssektor haben ihre Bedeutung entscheidend ausgeweitet. Sie waren in den vergangenen drei Jahrzehnten die wichtigsten Produzenten neuer Arbeitsplätze. In diesem Prozess sind die Löhne in allen Sektoren und Branchen massiv angestiegen und erlauben heute vielen Chinesen ein Leben in »bescheidenem Wohlstand«. Auf der anderen Seite der Medaille findet sich allerdings auch eine einschneidende Verschlechterung der Arbeitsbedingungen, gepaart mit zum Teil exzessiven Arbeitszeiten, für diejenigen, die Arbeit haben. Besonders betroffen sind hiervon die stark unterprivilegierten Wanderarbeiter aus den ländlichen Regionen West- und Zentralchinas. Aber auch die umfassende Arbeitsplatzgarantie ist beim Aufbau des modernen China verloren gegangen. Im Zuge der gesamtwirtschaftlich unabdingbaren Erhöhung der Mobilität der Arbeitskräfte und der »Befreiung« der Betriebe von ihren überzähligen Arbeitskräften ist die »offene Arbeitslosigkeit« zu einem gewichtigen Problem geworden. Die »fürsorgliche« Betreuung der Arbeitskräfte einer Arbeitseinheit ist heute nur zu oft einer skrupellosen Hire-and-fire-Politik gewichen.

Anzahl der Beschäftigten
in den Wirtschaftssektoren zum Jahresende in Mio.

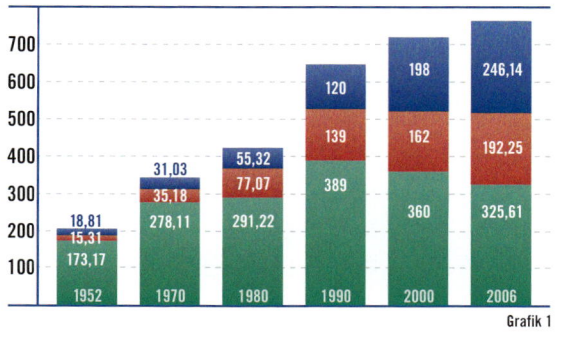

Grafik 1

Durchschnittliches Einkommen eines Beschäftigten
nach Art des Unternehmens in Yuan RMB

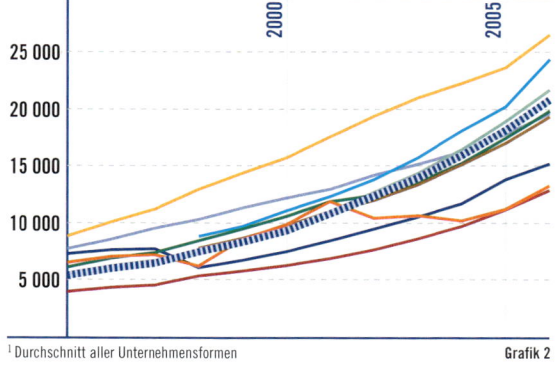

¹ Durchschnitt aller Unternehmensformen · Grafik 2

Arbeitslosenzahlen und Arbeitslosenrate in den Städten¹

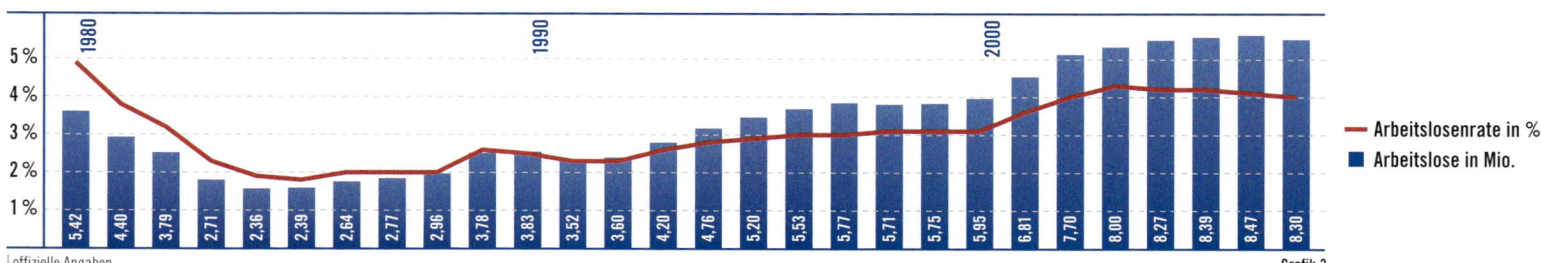

¹ offizielle Angaben · Grafik 3

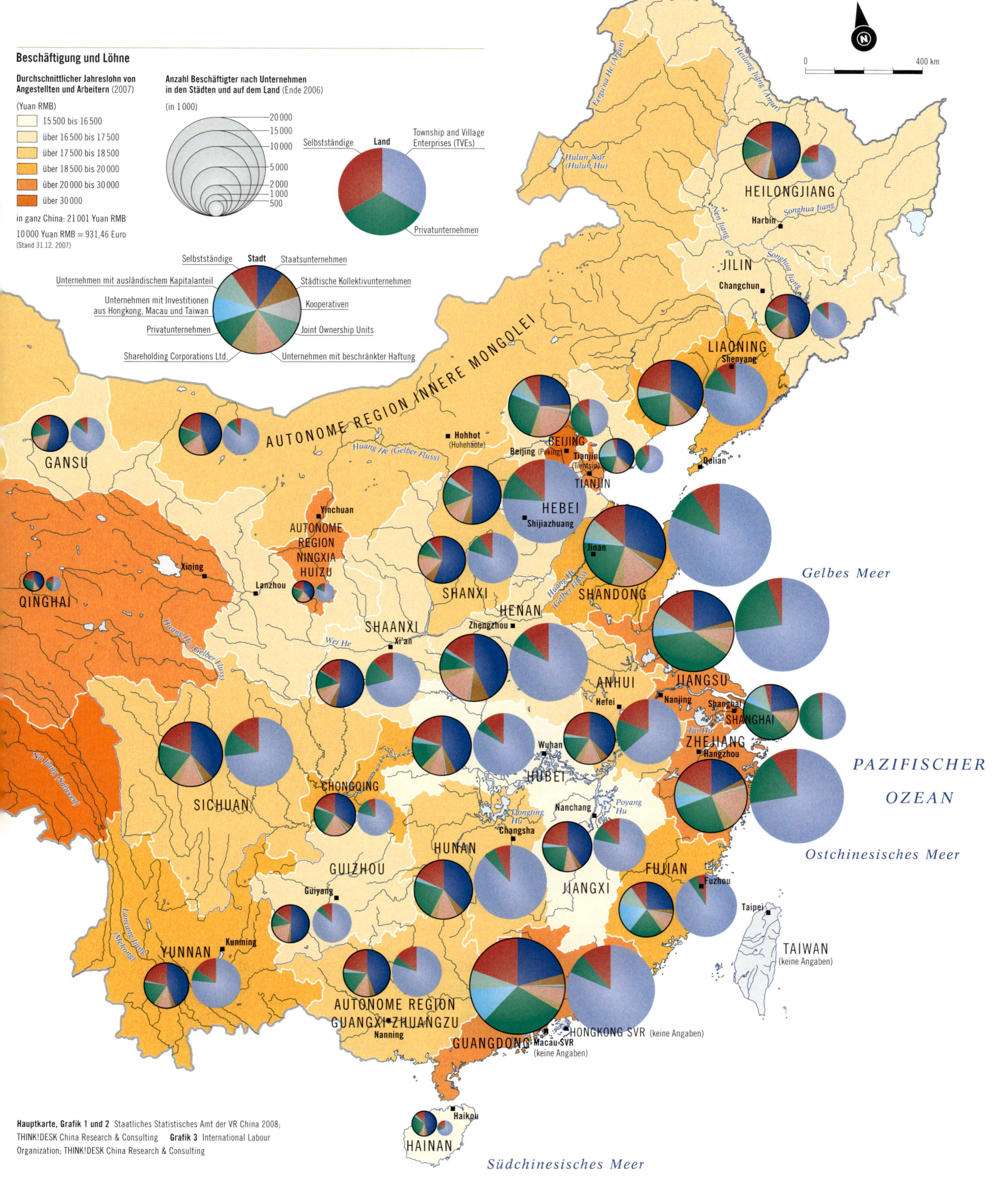

Wirtschaftsleben
Konsum und Marken

»China, das Land der 1,3 Milliarden Zahnbürstenkäufer.« Von jeher träumen westliche Unternehmen von China als riesigem Markt für ihre Produkte. 1,3 Milliarden Chinesen benötigen schließlich 1,3 Milliarden Zahnbürsten und viele Millionen Haushaltsgeräte und viele Tausend Luxusautos. In der Tat haben sich die Konsumausgaben der chinesischen Bevölkerung in den vergangenen Jahren deutlich erhöht: Während ein städtischer Haushalt 1990 noch 1 279 Yuan RMB ausgab, waren es 2006 schon 8 697 Yuan RMB. Ein Haushalt auf dem Land hatte 1990 noch Lebenshaltungskosten in Höhe von 585 Yuan RMB und 2006 waren es schon 2 829 Yuan RMB. Doch insgesamt betrachtet sind die Konsumausgabemöglichkeiten recht beschränkt.

Tatsächlich wächst in China eine Mittel- und Oberschicht heran, die – wenn auch in kleinerer Einheit – die Möglichkeit besitzt, immer mehr für hochwertige Konsumgüter auszugeben. Während Chinas Reiche auf Marken achten, sind weite Teile der Bevölkerung von der neuen Markenvielfalt eher verwirrt. Viele sind der Meinung, dass ausländische Marken an den Bedürfnissen der Chinesen vorbeikonzipiert sind. Ein Beispiel dafür sind importierte Handys, mit denen man keine SMS auf Chinesisch schreiben konnte.

Neben den neuen Konsumenten gibt es allerdings auf dem Land und auch in den Städten noch viele Millionen Menschen, die über sehr wenig Geld verfügen. Noch im Jahr 2001 verfügten 594 Millionen Chinesen über 2 US-Dollar pro Tag – und 212 Millionen hatten nur einen US-Dollar oder weniger pro Tag zur Verfügung. Marken und ausländische Produkte spielen dann keine Rolle.

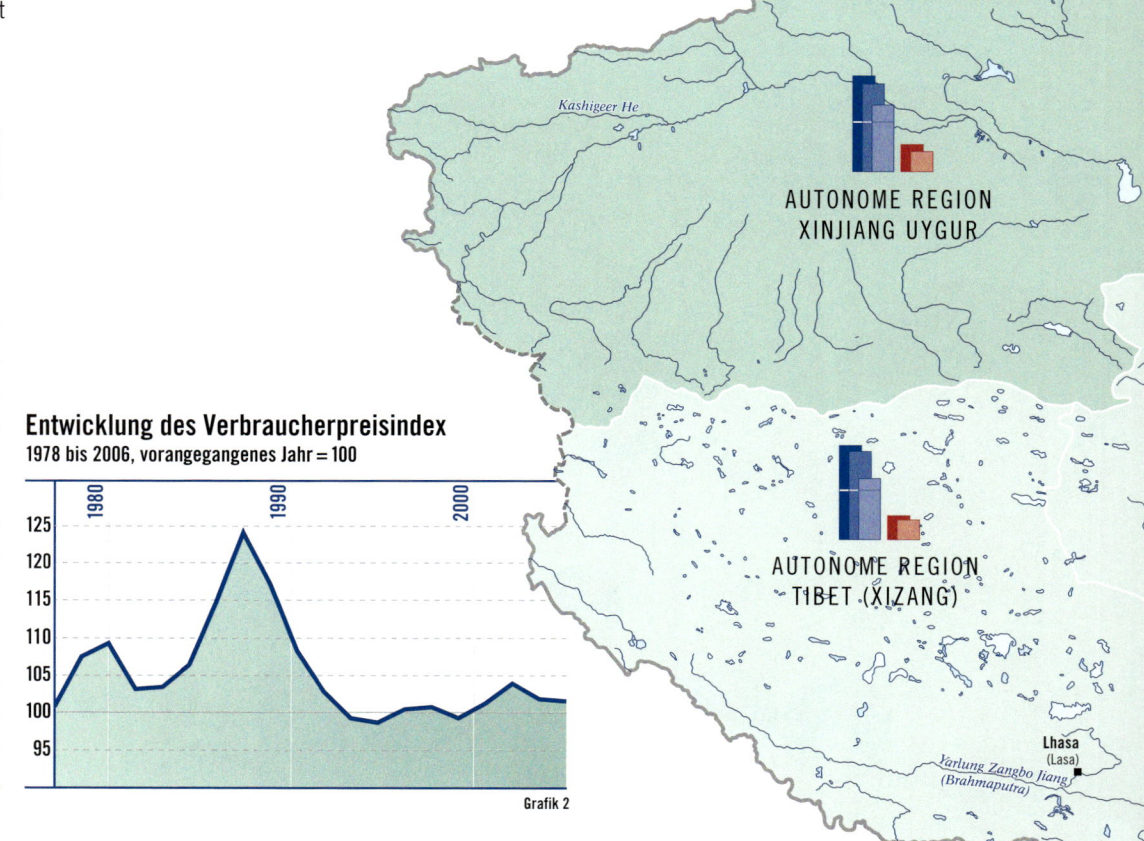

Werte chinesischer Marken 2007, in Mrd. Yuan RMB

Position 2007	2006	Marke	Industrie	Markenwert
1	1	China Mobile	Telekommunikation	313,0
2	3	China Construction Bank	Finanzdienstleistungen	83,0
3	2	Bank of China	Finanzdienstleistungen	82,0
4	5	China Life	Versicherung	64,0
5	-	ICBC	Finanzdienstleistungen	46,0
6	4	China Telecom	Telekommunikation	30,0
7	6	Ping An	Versicherung	21,0
8	7	China Merchants Bank	Finanzdienstleistungen	13,0
9	8	Moutai	Alkohol	13,0
10	-	China Unicom	Telekommunikation	12,0
11	10	Lenovo	IT	9,7
12	9	Bank of Communications	Finanzdienstleistungen	9,3
13	11	Netease	Internet	5,5
14	-	CITIC Bank	Finanzdienstleistungen	5,3
15	-	PICC	Versicherung	5,3

Grafik 1

Entwicklung des Verbraucherpreisindex
1978 bis 2006, vorangegangenes Jahr = 100

Grafik 2

Anzahl langlebiger Gebrauchsgüter
pro 100 städtische Haushalte zum Jahresende

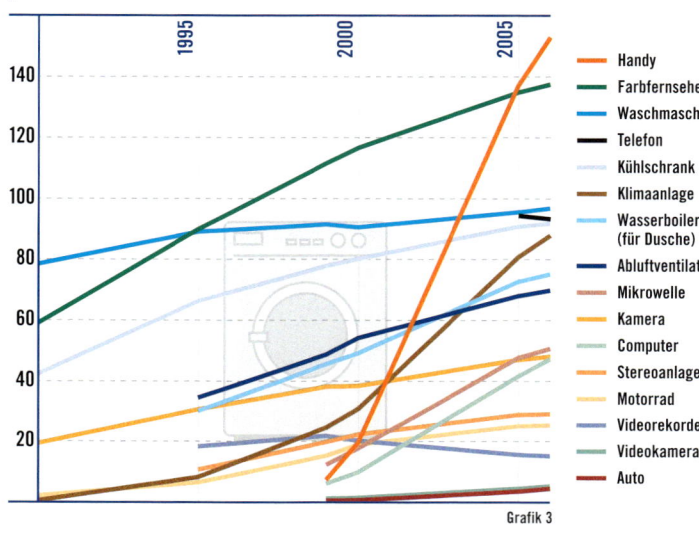

Grafik 3

Zusammensetzung der Konsumausgaben pro Kopf in ländlichen Haushalten in %

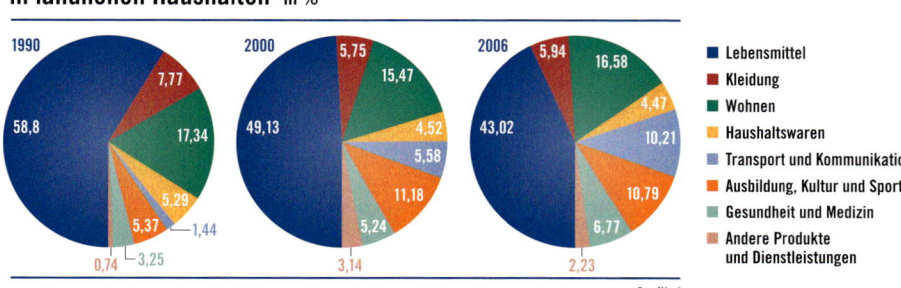

Grafik 4

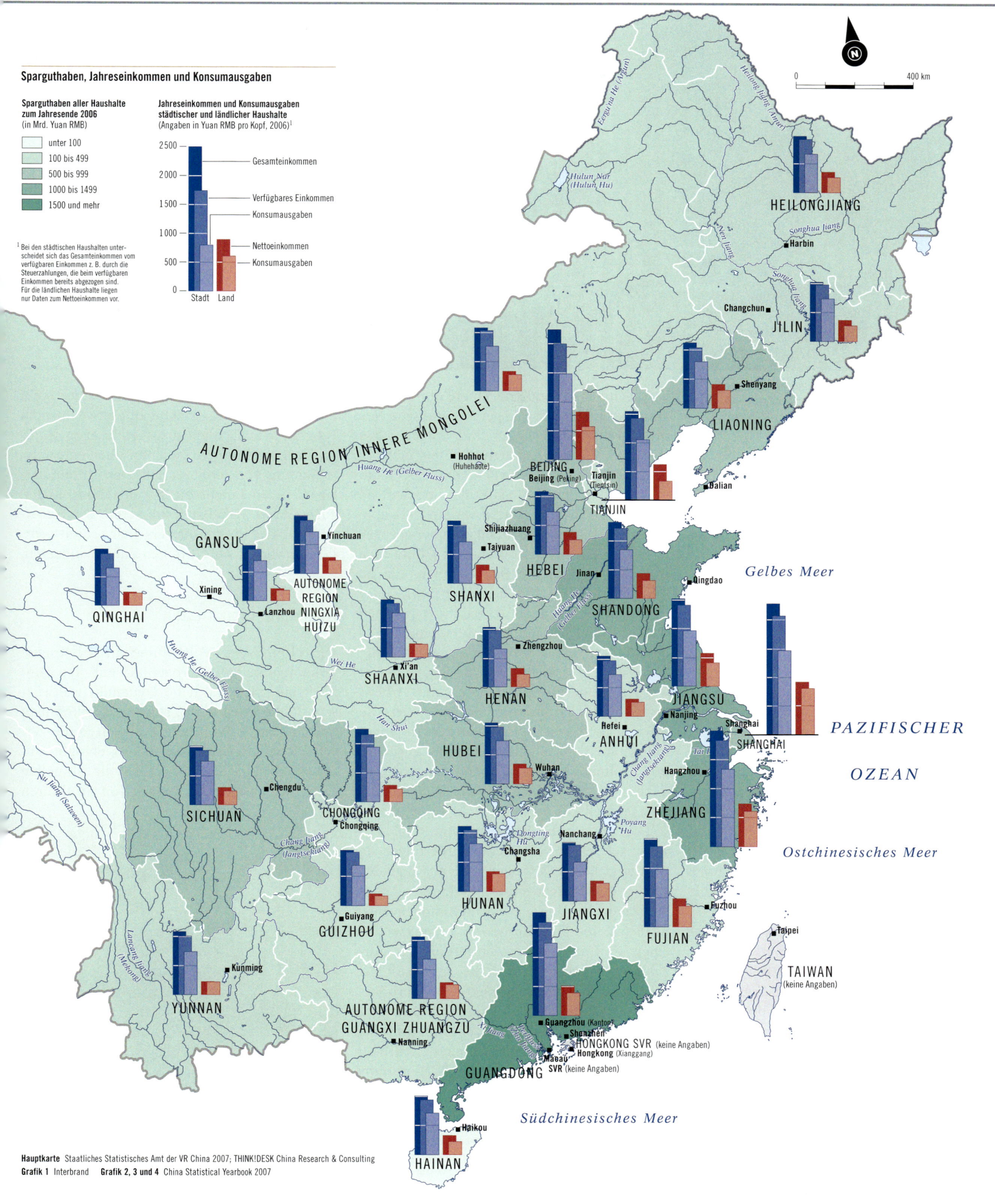

Wirtschaftsleben

Inländischer Konsum findet in größerem Umfang nur in den Ballungszentren statt. Die Landbevölkerung kann aufgrund mangelnder Absicherung kaum zur Wachstumssteigerung beitragen.

Das 4-Billionen-Yuan-RMB-Konjunkturprogramm

Die Gelder des chinesischen Konjunkturprogramms sollen in verschiedenen Wirtschaftsbereichen zum Einsatz kommen. Im Einzelnen handelt es sich um:

280 Mrd. Yuan RMB	öffentlicher (sozialer) Wohnungsbau
370 Mrd. Yuan RMB	ländliche Infrastruktureinrichtungen
1 800 Mrd. Yuan RMB	Transportinfrastruktur (Luft, Schiene, Straße) und Elektrizitätsnetze in ländlichen Regionen
40 Mrd. Yuan RMB	Bildung und Gesundheit, inkl. Errichtung von Schulen und Krankenhäusern
350 Mrd. Yuan RMB	Umweltschutzmaßnahmen (Klärwerke, Rückbau etc.)
160 Mrd. Yuan RMB	Ausbau des nationalen Innovationssystems
1 000 Mrd. Yuan RMB	Wiederaufbau von Infrastruktur in Erdbebengebieten

In absoluten Größen ist allerdings davon auszugehen, dass Chinas Partizipation an der globalen Wirtschaft sich weiter intensivieren wird. Gerade im Zuge der aktuellen Ausbildung einer neuen Klasse von in China beheimateten multinationalen Unternehmen erfährt dieser Prozess derzeit wichtige neue Impulse.

China in der globalen Finanz- und Wirtschaftskrise

Die globale Finanz- und Wirtschaftskrise, die 2007/08 ihren Ausgangspunkt in der US-amerikanischen Immobilienkrise hatte, erschüttert auch die chinesische Volkswirtschaft bis ins Mark. Dabei wird China weniger durch den Zusammenbruch der globalen Finanz- und Geldmärkte direkt getroffen als vielmehr durch die in deren Folge entstandene realwirtschaftliche Rezession. Der Verlust an realer wie »wahrgenommener« Kaufkraft in den OECD-Staaten trifft den chinesischen Exportsektor mit voller Wucht. Denn der Nachfrageausfall in Chinas wichtigsten Exportmärkten ist zu einem denkbar ungünstigen Zeitpunkt eingetreten.

Die in der ersten Hälfte des Jahres 2008 unter gänzlich anderen Rahmenbedingungen initiierten Maßnahmen zur Abkühlung einer sich überhitzenden (!) Volkswirtschaft haben nach dem Schock des Zusammenbruchs des Investmenthauses Lehman Brothers den Prozess einer zunehmenden »Unterkühlung« zusätzlich verschärft. Hinzu kommt, dass im Zuge akzelerierender Kostenstrukturen und der Verschärfung der Arbeitsgesetzgebung zum 1. Januar 2008 bereits erste industrielle Abwanderungstendenzen in Gang gesetzt worden waren. In der Folge standen Anfang 2009 plötzlich ganze Industriegebiete ohne Exportaufträge und immer weniger ausländische Neuinvestoren da. Als Folge sind immer größer werdende Überkapazitäten in immer mehr Industriebranchen entstanden, die die Gefahr hervorrufen, dass Chinas Volkswirtschaft aus der Inflationsspirale direkt in einen deflationären Verdrängungswettbewerb überwechselt.

Die größten Verlierer sind in China nicht die Reichen und die Superreichen, die zuschauen mussten, wie der Wert ihrer Unternehmensbeteiligungen kollabierte, sondern vielmehr die Dutzende von Millionen an Wanderarbeitern, die von ihren nun ohne Aufträge dastehenden Betrieben auf die Straße gesetzt worden sind. Ohne Anspruch auf Arbeitslosenhilfe und zumeist auch ohne andere Sozialversicherungsansprüche stehen sie unvermittelt vor dem Nichts. Sie reisen zurück in ihre Heimatdörfer, aus denen sie zuvor geflüchtet waren, da es dort keine Arbeit für sie gab. Jetzt gibt es dort erst recht keine Arbeit.

Die chinesische Regierung hat vergleichsweise schnell auf die Herausforderungen der Weltwirtschaftskrise reagiert. Bereits am 9. November 2008 wurde ein Konjunkturbelebungsprogramm im Umfang von 4 Billionen Yuan RMB (ca. 460 Mrd. Euro) verkündet, das über einen Zeitraum von zwei Jahren zur Auszahlung kommen und dazu beitragen soll, den Ausfall an globaler Nachfrage abzufedern. Insgesamt beläuft sich das Paket auf knapp ein Siebtel der Jahresleistung der chinesischen Volkswirtschaft von 2007. Es handelt sich somit um eine sehr beachtliche Größenordnung. Ein genauerer Blick auf die in dem Programm aufgeführten konkreten Maßnahmen weckt allerdings Zweifel, welche Impulse von dem Programm tatsächlich ausgehen können. Zahlreiche Investitionen scheinen eher eine Umschichtung von bereits veranlagten Mitteln darzustellen und nicht die Bereitstellung neuer, zusätzlicher Mittel zu implizieren. Die Hebelwirkung des Programms erscheint somit deutlich schwächer, als die reinen Zahlen andeuten.

Regionale Disparitäten

Die chinesische Volkswirtschaft weist eine hohe regionale Heterogenität auf. Im Hinblick auf wirtschaftliche Dynamik, weltwirtschaftliche Integration, Haushaltseinkommen und materielle Wohlfahrt etc. weisen die verschiedenen Regionen stark ausgeprägte Unterschiede auf. Dabei werden die aktuellen Entwicklungslinien z.T. stark von Strukturen

Die Wirtschaftskrise erreichte Ende 2008 auch China. Viele der Wanderarbeiter verloren ihre Anstellungen und werden so gezwungen, das Überleben auf anderen Wegen zu sichern, vielleicht wie hier ein Kleinunternehmer aus dem Recyclinggewerbe in Shanghai.

Wirtschaftsleben

Der Stadtbezirk Tiexi in Shenyang im Nordosten Chinas ist ein gutes Beispiel für die Veränderungen in den letzten Jahrzehnten. In den 1950er-Jahren noch bedeutender Standort für Schwerindustrie und anschließend durch Planwirtschaft heruntergewirtschaftet, erlebte die Stadt Anfang des 21. Jahrhunderts eine neue Blüte.

geprägt, die in den vorangegangenen Jahrzehnten etabliert wurden.

Zu Beginn der 1950er-Jahre wies die chinesische Volkswirtschaft drei klar differenzierte Wirtschaftsregionen auf. Der Nordosten des Landes war dank seines Ressourcenreichtums im Zuge der japanischen Besatzung zu einem schwerindustriellen Zentrum ausgebaut worden. Diese Industriekapazitäten fielen zwar nach Kriegsende in Form von Reparationszahlungen zu gut 50 % an die UdSSR und standen der VR China somit nicht zur Verfügung, doch gelang es in den 1950er-Jahren, an die angelegten Strukturen anzuknüpfen und in dieser Region ein schwerindustrielles Ballungszentrum zu errichten. Eine zweite eigenständige Wirtschaftsregion bildeten die ehemaligen Vertragshäfen, also Städte wie Shanghai und Guangzhou, in denen in der Vergangenheit ausländischen Geschäftsleuten Sonderrechte zugebilligt worden waren. Diese Gebiete wiesen in erster Linie leichtindustrielle Strukturen auf und waren als einzige in der chinesischen Volkswirtschaft weltmarktorientiert. Die dritte Wirtschaftsregion bildete schließlich der große restliche Teil des Landes, der landwirtschaftlich geprägt war und keine industriellen Strukturen aufwies.

Dieses ökonomische Grundmuster ist bis heute prägend.

Dritte-Front-Strategie

Ein Versuch der Ablösung von dieser grundlegenden regionalen Wirtschaftsstruktur wurde lediglich in der zweiten Hälfte der 1960er-Jahre im Kontext der sogenannten Dritte-Front-Strategie betrieben, mit der im Hinterland eine neue industrielle Basis errichtet werden sollte, die nach einer möglichen Besetzung des Küstenstreifens durch feindliche Truppen einen lang gezogenen Guerillakrieg ermöglichen sollte. Zu diesem Zweck wurde mit enormem finanziellem und personellem Aufwand in Zentral- und Westchina eine neue Infrastruktur aufgebaut, die allerdings mangels Güterverfügbarkeit z. T. durch den Abbau bestehender Eisenbahntrassen etc. in anderen Landesteilen versorgt werden musste. In ähnlicher Art und Weise wurden auch bestehende Unternehmungen in Ostchina angehalten, unter Abstellung eines Teils ihres Maschinenparks und ihrer Belegschaft Zweigfabriken in den *Dritte-Front-Regionen* zu errichten.

Die Dritte-Front-Strategie verlor mit der politischen Annäherung an den Westen in der ersten Hälfte der 1970er-Jahre ihre wirtschaftspolitische Sonderstellung, wurde jedoch erst 1979 endgültig aufgegeben. Die Dritte-Front-Strategie hat der anschließenden Reformära ein schweres Erbe hinterlassen. Bedingt durch das militärstrategische Primat konnten keine betriebs- oder volkswirtschaftlich sinnvollen Wirtschaftsstrukturen in Zentral- und Westchina erschaffen werden. Stattdessen wurden diese Regionen mit einem übermäßigen Bestand an unrentablen Staatsunternehmen belastet, die mit dem Tempo einer sich dynamisch reformierenden und öffnenden Volkswirtschaft nicht mithalten konnten.

Boomender Osten versus armer Westen

Heute schließt die regionale Strukturierung der Volkswirtschaft wieder an die traditionellen Grundstrukturen an. Diese werden jedoch durch das regional differenzierende Muster des Reform- und Öffnungsprozesses akzentuiert. Derzeit ist eine einseitige Konzentration von industrieller Wertschöpfung, Humankapital, technologischer Innovation, ausländischen Direktinvestitionen sowie Außenhandelsaktivitäten in einem relativ schmalen Küstengürtel zu beobachten. Das zentral- und westchinesische Hinterland partizipiert demgegenüber weitaus weniger an der Industrialisierung und Modernisierung der chinesischen Volkswirtschaft und verharrt in weniger zukunftsweisenden Strukturen.

Diese in Ostchina zu beobachtende Ansammlung von – primär leichtindustriellen – Industriekapazitäten steht im Zusammenhang mit der Ausbildung von Gravitationszentren, die einen Großteil der chinesischen Volkswirtschaft zur Verfügung stehenden Wachstumsfaktoren auf sich vereinen. Jene Regionen im Küstenstreifen, die zu Beginn der 1980er-Jahre zuerst dazu autorisiert wurden, sich dem Weltmarkt zu öffnen und die entsprechende nationale Infrastruktur bereitzustellen, sind in der Folge zu Nutznießern positiver, sich selbst verstärkender Effekte geworden. Unterstützt durch unternehmerisch gesinnte Lokalverwaltungen, die die Gunst der Stunde ergriffen und einen forcierten Aufbau marktwirtschaftlicher Institutionen sowie geeigneter industrieller Infrastruktur betrieben haben, haben sich Industriecluster und Agglomerationszentren entwickelt, die immer neue Investoren aus dem In- und Ausland anziehen.

Komplementär zu diesem Zustrom an in- und ausländischem Kapital wird aber auch die intellektuelle, marktorientierte Elite des Landes von diesen Clustern angezogen, da hier die attraktivsten Arbeitgeber und Karrieremöglichkeiten zu finden sind. Darüber hinaus arbeiten mehr als 150 Millionen unqualifizierte Arbeitskräfte aus dem unterentwickelten Hinterland in diesen Ballungszentren. Vor allem sie sind es, die dafür sorgen, dass die Löhne (für unqualifizierte Arbeit) auf einem niedrigen Niveau verharren und die nationale und internationale Wettbewerbsfähigkeit dieser industriellen Ballungszentren langfristig bestehen bleiben kann. Die derzeitige regionale Ungleichverteilung von Produktionsfaktoren innerhalb Chinas ist somit marktkonform und unter den gegebenen Rahmenbedingungen ein bestandskräftiges Phänomen.

Im Gegensatz zu der Frühphase des chinesischen Reform- und Öffnungsprozesses, in der eine ungleichgewichtige Entwicklungsdynamik der verschiedenen Landesteile akzeptiert und sogar aktiv eingefordert wurde, hat die einseitige Konzentration von Wachstumsfaktoren im Küstenstreifen mittlerweile eine Dimension

Wirtschaftsleben

Links: Große Landstriche Chinas bestehen aus landwirtschaftlicher Nutzfläche und verharren mehr in alten Strukturen, als dass sie wie die Küstenregionen am rasanten wirtschaftlichen Aufschwung teilhaben (Gemüse- und Reisfelder im Autonomen Gebiet Guangxi Zhuangzu im Süden des Landes).

Rechts: Zu Beginn des 21. Jahrhunderts wird vor allem in neue Verbindungs- und Transportwege investiert; das Bild zeigt den Brückenbau bei Qingdao, einer Boomregion an der Küste in der Provinz Shandong.

erreicht, die politisch nicht mehr erwünscht ist. Die chinesische Regierung hat daher im Jahr 2000 das *Great Western Development Program* aufgelegt, mit dem Wachstums- und Entwicklungsimpulse in die bislang am wenigsten dynamischen Regionen in Westchina übertragen werden sollen. Mittels großzügiger Finanztransfer- und besonders günstiger Anreizpakete für in- und ausländische Investoren sollen diese Regionen in die Lage versetzt werden, Anschluss an die ostchinesischen Wachstumszentren zu finden und eigenständige, selbsttragende Industriestrukturen aufzubauen. Bislang konnten jedoch keine substanziellen Erfolge erzielt werden. Im Gegenteil, der Entwicklungsvorsprung der Küstengebiete hat sich weiter ausgedehnt.

Ausländische Unternehmen in China

Seit Beginn der Reform- und Öffnungspolitik hat China eine magische Anziehungskraft auf ausländische Unternehmungen ausgeübt. Ein Engagement galt und gilt bis heute als ein »Muss« für viele Unternehmen, die in einem internationalen Konkurrenzkampf stehen. Zentrale Überlegung ist dabei, dass die Rückkehr Chinas auf die Weltmärkte die Marktstrukturen und Wettbewerbskonstellationen, die sich dort in Chinas Abwesenheit ausgebildet haben, aus dem Gleichgewicht wirft. Der chinesische Gigant mit einem guten Fünftel der Weltbevölkerung bietet nicht nur potenziell einen riesigen zusätzlichen Absatzmarkt, er stellt dem Weltmarkt auch ein riesiges Heer an zusätzlichen »billigen« Arbeitskräften zur Verfügung. Jene Unternehmen, die zuerst und am besten in der Lage sind, diese neu in der Kalkulation auftauchenden »China-Faktoren« in ihre Geschäftsmodelle zu integrieren, z.B. indem sie Teile der Produktion an den Billiglohnstandort China verlagern und/oder China als Absatzmarkt erschließen, erhöhen damit ihre globale Wettbewerbsfähigkeit. Jene Unternehmen hingegen, die dies nicht schnell genug oder nicht mit hinreichendem Erfolg umsetzen, verlieren an Wettbewerbskraft.

Ein Engagement in China ist somit spätestens seit der ultimativen Hinwendung des Landes zum Weltmarkt im Jahr 1992 zu einer Art »Schicksalsfrage« für alle global operierenden Unternehmen geworden. Das China-Geschäft kann der Schlüssel zu neuer Wettbewerbskraft und hohen Gewinnen sein. Im Umkehrschluss kann der »China-Faktor« aber auch zum Verlust der globalen Marktstellung führen und in einem finanziellen Debakel enden.

Formen ausländischen Engagements
Die im Verlauf der vergangenen 30 Jahre seitens ausländischer Investoren für ihr Engagement in der VR China gewählten Unternehmensformen sind letztlich ein Spiegelbild (a) der langsamen Evolution eines Sicherheit gewährleistenden Rechtssystems in China und (b) der Liberalisierung und Dezentralisierung des Wirtschaftssystems. In den 1980er-Jahren waren einfache Repräsentanzen und Contractual Joint Ventures die dominierende Rechtsform für das Engagement ausländischer Investoren in der VR China.

Contractual Joint Ventures stellen eine (aus juristischer Sicht) vergleichsweise einfache Form der Kooperation dar und gehen nicht zwingend mit der Gründung einer juristischen Person einher. Stattdessen basieren sie auf einem flexibel zu gestaltenden Vertragswerk zwischen den Vertragspartnern und bieten somit einen hohen Grad an Freiheit für die Gestaltung der Kooperationsbeziehung. Diese Unternehmensform erschien den Investoren insbesondere in der Frühphase des chinesischen Reform- und Öffnungsprozesses als geeignet, ihre Geschäftstätigkeit zu organisieren. In dieser Periode war die rechtliche Grundlage der verschiedenen Unternehmensformen noch sehr intransparent und der mit einer komplexeren Unternehmensform wie dem Equity Joint Venture einhergehende bessere juristische Schutz nicht klar ersichtlich. Demgegenüber boten Contractual Joint Venture aber einen sehr viel größeren Gestaltungsspielraum.

Equity Joint Ventures stellen eigenständige juristische Personen dar, deren Gesellschafter gemäß ihren Kapitaleinlagen anteilig an Gewinnen und Verlusten beteiligt sind. Die Gründung und Führung von Equity Joint Ventures ist an umfassende Auflagen und Genehmigungsverfahren gebunden. Diese Unternehmensform ermöglicht somit zwar eine grundsätzlich größere juristische Absicherung des Investitionsengagements, bietet andererseits aber auch eine deutlich geringere Gestaltungsfreiheit bei Organisation und Geschäftstätigkeit als z.B. das Contractual Joint Venture.

Vor diesem Hintergrund erklärt sich der Aufstieg von Equity Joint Ventures als bevorzugte Unternehmensform ausländischer Investoren zu Beginn der 1990er-Jahre letztlich durch die

Die Einkaufsstraße Nanjing Road in Shanghai. Durch die Sonderstellung fand die Stadt schnell Anschluss an westliche Standards.

Wirtschaftsleben

Volkswagen war der erste ausländische Autohersteller, der im großen Stil in die Produktion von Fahrzeugen in China investierte.

Marktzugang im Tausch für Technologie

Maßnahmen, mit denen die chinesische Regierung den Technologietransfer erzwingt:
- »Local-Content«-Auflagen – beinhalten z.B. den Zwang zur Weitergabe von Produktions-Know-how auf vorgelagerte Produktionsstufen;
- Einfuhrverbot »veralteter« Maschinen und Anlagen - Höchstalter von im Rahmen von Direktinvestitionen eingeführten Maschinen ist 8 Jahre;
- sektorspezifischer Zwang zur Joint-Venture-Bildung mit z.T. explizit ausgewiesenen chinesischen Partnern;
- konditionale Lizenzgewährung – Lizenzerteilung nur unter der Auflage, F&E-Einrichtungen aufzubauen;
- Technologietransferleistungen als Voraussetzung für den Import technologieintensiver Kapitalgüter (Industrieanlagen, Transportsysteme etc.);
- mangelhafte Durchsetzung von Gesetzen und Bestimmungen zum Schutz geistigen Eigentums.

bessere faktische Rechtsdurchsetzung und die allgemeine Liberalisierung des geschäftlichen Umfeldes in China, wodurch die relative Vorteilhaftigkeit von Contractual Joint Ventures reduziert wurde. Diese Entwicklung geht zudem einher mit einem stärkeren Engagement von Investoren aus den Triade-Ökonomien, die für ihr Engagement höhere formale Rechtssicherheitsanforderungen hatten als die bis dato die ausländische Investitionstätigkeit dominierenden auslandschinesischen Unternehmen. Letztere hatten die mangelhafte juristische Absicherung in erster Linie durch persönliche Beziehungen und informelle Netzwerkstrukturen substituieren können.

Mit der fortschreitenden Etablierung eines westlichen Standards entsprechenden Rechtssystems, der Liberalisierung der chinesischen Volkswirtschaft, der Öffnung von immer mehr Geschäftsfeldern für hundertprozentige Niederlassungen ausländischer Unternehmungen und letztlich auch entstanden aus den z.T. enttäuschenden Erfahrungen bei Kooperationen mit chinesischen Joint-Venture-Partnern sind seit dem Ende der 1990er-Jahre Niederlassungen im 100%igen Eigentum ausländischer Investoren, bekannt unter der englischen Bezeichnung »Wholly Foreign Owned Enterprise« (WFOE), nun zur dominierenden Form des Engagements ausländischer Investoren in China aufgestiegen.

Aktienbasierte Unternehmensformen und Joint-Exploration-Unternehmen, die auf die Erschließung von Rohstoffvorkommen spezialisiert sind, spielen für ausländische Direktinvestitionen in China nur eine marginale Rolle.

Freiwilliger und unfreiwilliger Technologietransfer
Obwohl der Preis, den ausländische Investoren für den Zugang zum chinesischen Markt bezahlen müssen, sehr hoch und nicht für jeden lohnenswert ist, ist China heute einer der beliebtesten Standorte für ausländische Investoren. Dabei hat die chinesische Regierung durch ein komplexes System von Fördermaßnahmen, Auflagen und Restriktionen auch dafür Sorge getragen, dass die in das Land strömenden Direktinvestitionen mit einem umfassenden Transfer von Technologie und F&E-Kapazitäten einhergehen. De facto stellen Direktinvestitionen ausländischer Unternehmen die wichtigste Quelle für das *industrial upgrading* und die Technologisierung der chinesischen Volkswirtschaft dar.

Als Leitmotiv der Maßnahmen zur Sicherung von Technologietransfer wird die Maxime »Marktzugang im Tausch für Technologie« kommuniziert. Aus diesem Verständnis der chinesischen Regierung und breiter Kreise der chinesischen Bevölkerung ist es legitim, von ausländischen Investoren die – weitestgehend kostenlose – Bereitstellung technologischer Expertise zu verlangen, wenn man diesen gestattet, den chinesischen Binnenmarkt für ihre Produkte zu erschließen und unternehmerische Profite einzufahren. Dass das chinesische »Wirtschaftswunder« ohne die Katalysatorfunktion und permanente Stimulierung ausländischer Investoren gar nicht erst zustande gekommen wäre, wird dabei verdrängt.

Ungeachtet dessen scheint dieses Tauschgeschäft für zahlreiche ausländische Unternehmungen hinreichend attraktiv, um massiv in China zu investieren und dort auch vermehrt F&E-Einrichtungen zu errichten. Ein Gutteil des Technologietransfers ausländischer Unternehmen nach China erfolgt jedoch mit Sicherheit unfreiwillig. Der ungenehmigte Nachbau von Produkten und Anlagen ebenso wie auch der explizite Diebstahl von Betriebsgeheimnissen sind ein immer wiederkehrendes Phänomen im Chinageschäft.

Die europäische Kommission geht davon aus, dass 10 % der auf dem Weltmarkt gehandelten Produkte Fälschungen und Plagiate sind. Diese verursachen allein in der EU Jahr

Die größte Börse des Landes in Shanghai. Aktionäre verfolgen im Herbst 2007 die rasante Kursentwicklung. Auch die Deutsche Börse investierte im Indexgeschäft und verkündete eine Kooperation mit der China Securities Index Company. Sie bildet die Performance der 300 größten chinesischen A-Klasse-Aktien ab. Der sogenannte CSI 300 gilt als Leitindex der inländischen chinesischen Aktienmärkte.

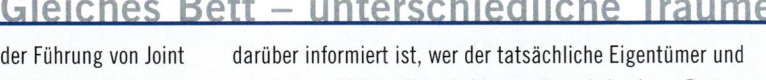 Gleiches Bett – unterschiedliche Träume

Die Herausforderungen, die sich bei der Führung von Joint Ventures zwischen westlichen und chinesischen Unternehmen einstellen, werden unter westlichen Managern in China oft mit dem Satz »Wir schlafen im selben Bett, haben aber unterschiedliche Träume« charakterisiert. Hiermit soll ausgedrückt werden, dass auch nach intensivsten Vertragsverhandlungen und jahrelanger Zusammenarbeit die beiden Partner oftmals immer noch im Dunkeln darüber tappen, was die grundlegenden Ziele, Motive und Triebkräfte des jeweils anderen betrifft. So ist zum Beispiel immer wieder zu beobachten, dass der westliche Partner nicht hinreichend darüber informiert ist, wer der tatsächliche Eigentümer und damit der wirkliche Entscheidungsträger bei seinem Partner ist – der chinesische General Manager oder eine Person im Hintergrund (Muttergesellschaft, Lokalregierung etc.). Hieraus ergibt sich ein breites Spektrum an Fehldeutungen bezüglich der vom chinesischen Partner mit dem Joint Venture tatsächlich verfolgten Ziele: Gewinnmaximierung, Sicherung der Marktstellung, Beschäftigung möglichst vieler Personen, Auffüllen der lokalen Sozialversicherungskassen, Know-how-Akquisition oder schlicht die Erfüllung eines Wunsches der Lokalregierung.

Wirtschaftsleben
Kapitalmärkte – Aktiengesellschaften und ihre Aktionäre

Im Zuge ihrer marktwirtschaftlichen Transformation hat die VR China seit Anfang der 1990er-Jahre zwei Börsen eingerichtet, die zunächst als experimentelle »Pilotprojekte« nebeneinander standen, heute aber eine klare Hierarchie aufweisen. Die Shanghaier Börse ist die Leitbörse des Landes, während die Börse in Shenzhen nur eine nachgeordnete Rolle als Markt für Technologieunternehmen und Start-ups spielt. Die Börse in der SVR Hongkong hingegen spielt bis zum heutigen Tage eine wichtige Vorbildfunktion für den Aufbau des festlandchinesischen Kapitalmarktes.

Die Börsen in Shanghai und Shenzhen gelten in zahlreichen Aspekten noch immer als nicht internationalen Standards genügend. Insbesondere der unzureichende Schutz von Minderheitsaktionären, immer wieder publik werdende Insidergeschäfte und Kursabsprachen haben diesen Börsen den Ruf von »Casinos« eingebracht. Dessen ungeachtet sind zahlreiche chinesische Privatpersonen – sobald sie denn eine gewisse Einkommens- und Vermögensgrenze überschritten haben – an den Börsen aktiv und spekulieren intensiv mit den einheimischen Aktien. Ausländische Portfolio-Investoren dürfen bislang nur in stark eingeschränktem Maße mit Eigentumstiteln chinesischer Aktiengesellschaften spekulieren. Der Zugang zu den in Yuan RMB gehandelten A-Shares, die den dominierenden Aktientyp darstellen, ist streng reglementiert und auf geringe Volumina beschränkt. Ausländische Investoren müssen stattdessen auf die in US-$ bzw. HK-$ notierten B-Shares respektive die in Hongkong gehandelten H-Shares ausweichen.

Der chinesische Kapitalmarkt weist somit eine zweigeteilte Struktur auf, in der der einheimische und der globale Markt weitestgehend getrennt voneinander existieren. Diese administrative Trennung verhindert, dass die chinesischen Kapitalmärkte ihr volles Potenzial zur Steuerung der volkswirtschaftlichen Kapitalallokation realisieren können. Dessen ungeachtet erfüllen sie aber eine wichtige Rolle bei der Privatisierung des chinesischen Unternehmenssektors. Sie ermöglichen es dem Staat, sich sukzessive aus den »Staatsunternehmen« zurückzuziehen und deren Eigentumstitel an Privatpersonen zu veräußern.

SSE-180-Index
Der SSE 180 ist das wichtigste Börsenbarometer der Börse Shanghai. Erstmals am 1. Juli 2002 ermittelt, erfasst der SSE 180 die Marktbewertungen der 180 wichtigsten in Shanghai notierten Aktiengesellschaften. Im SSE erfasst sind u. a. die börsennotierten Gesellschaften der Air China, Bank of China, Baosteel Group, COSCO Shipping, Jiangxi Copper, Ping An Insurance, Haier, SAIC Motor Corp., Tsingtao Brewery.

Die 10 größten Unternehmen im Shanghai SSE-180-Index in HK-$, Stand 30.9.2008

Unternehmen	Marktkapitalisation
China Construction Bank Corporation	1 132 432 983 360
Industrial and Commercial Bank of China Co., Ltd.	380 398 778 986
Bank of China Co., Ltd.	224 259 741 244
China Life Insurance Co., Ltd.	212 445 546 250
PetroChina Co., Ltd.	168 791 200 000
Bank of Communications Co., Ltd.	159 836 764 182
Ping An Insurance (Group) Co. of China, Ltd.	112 452 390 527
China Petroleum & Chemical Corporation	101 186 342 640
China Shenhua Energy Co., Ltd.	62 873 776 250
China Merchants Bank Co., Ltd.	48 501 640 000

Grafik 1

Aktiengesellschaften nach ausgegebenen Aktientypen 2007

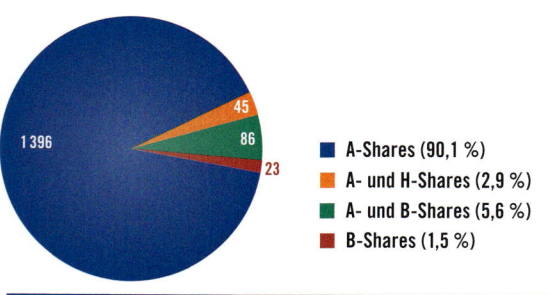

- A-Shares (90,1 %): 1 396
- A- und H-Shares (2,9 %): 45
- A- und B-Shares (5,6 %): 86
- B-Shares (1,5 %): 23

Grafik 2

Aktiengesellschaften und Aktien-Handelsvolumen an der Börse Shanghai und der Börse Shenzhen in Mrd. Yuan RMB

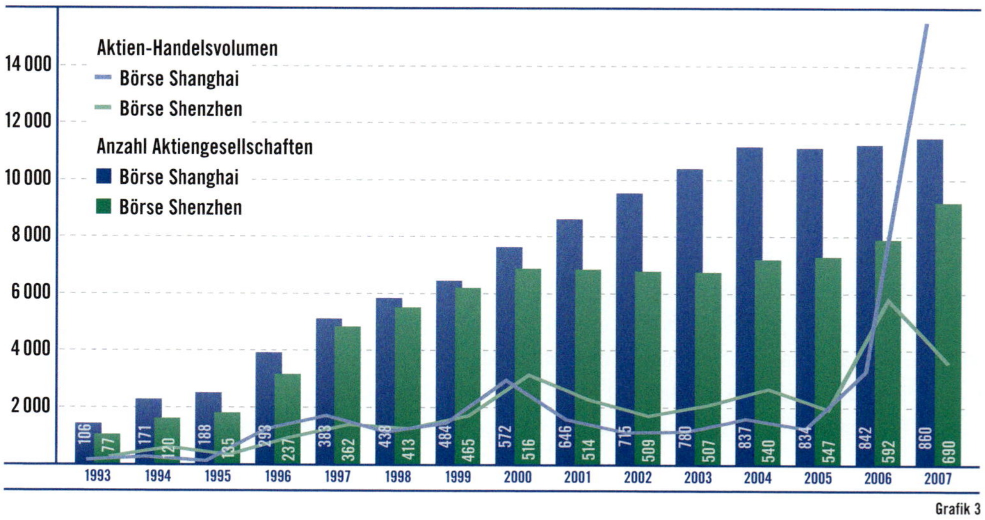

Aktien-Handelsvolumen: Börse Shanghai, Börse Shenzhen
Anzahl Aktiengesellschaften: Börse Shanghai, Börse Shenzhen

Jahr	Shanghai	Shenzhen
1993	106	77
1994	171	120
1995	188	135
1996	293	237
1997	383	362
1998	438	413
1999	484	465
2000	572	516
2001	646	514
2002	715	509
2003	780	507
2004	837	540
2005	834	547
2006	842	592
2007	860	690

Grafik 3

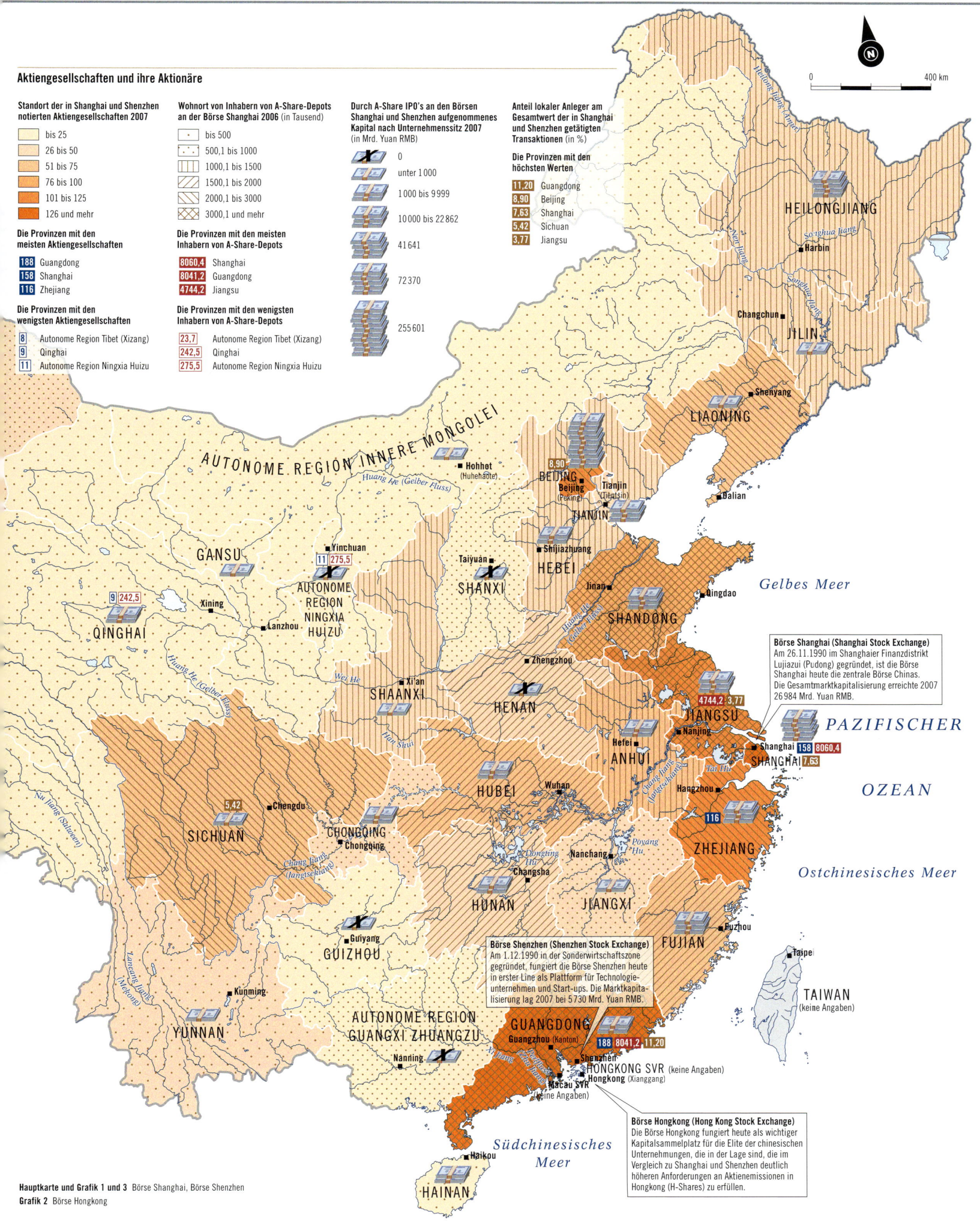

Wirtschaftsleben
Welthandel – Außenhandel der Provinzen

China zählt heute zu den wichtigsten Handelsnationen der Welt. Seit den 1990er-Jahren und insbesondere nach dem WTO-Beitritt im Jahr 2001 verzeichnen vor allem die Exporte einen erheblichen Auftrieb. Seit 1994 verfügt China Jahr für Jahr über einen Außenhandelsbilanzüberschuss, was nicht zuletzt die Anhäufung der weltweit höchsten Devisenreserven eines einzelnen Landes ermöglichte.

Bei einer genauen Betrachtung des Landes fällt allerdings auf, dass bei Weitem nicht alle Provinzen gleichermaßen von dem Boom im Handel mit anderen Ländern profitieren. Werden die Importwerte der Waren nach Zielort bzw. die Exportwerte der Waren nach Ursprungsort in China zugrunde gelegt, so zeigt sich, dass auch hier Guangdong, Jiangsu, Zhejiang – die, bezogen auf die Öffnung Chinas, schon fast »klassischen Gewinnerprovinzen« – und der Großraum Shanghai profitieren, während das Hinterland zum Teil weit abgeschlagen liegt.

Auch in anderer Perspektive lohnt sich ein zweiter Blick auf die Exportzahlen Chinas: Landesweit stammen knapp 60 % der Exporte des Landes aus Unternehmen mit ausländischem Kapitalanteil. Während also außerhalb Chinas immer wieder von einer Bedrohung der heimischen Wirtschaft durch in China produzierte Waren gesprochen wird, wird umgekehrt in China immer wieder von einer Bedrohung der heimischen Wirtschaft durch ausländische Unternehmen und Konzerne gesprochen, die chinesische Unternehmen und Märkte übernehmen.

Exportvolumen der Provinzen (Auswahl)[1] 2007, in Mio. US-$

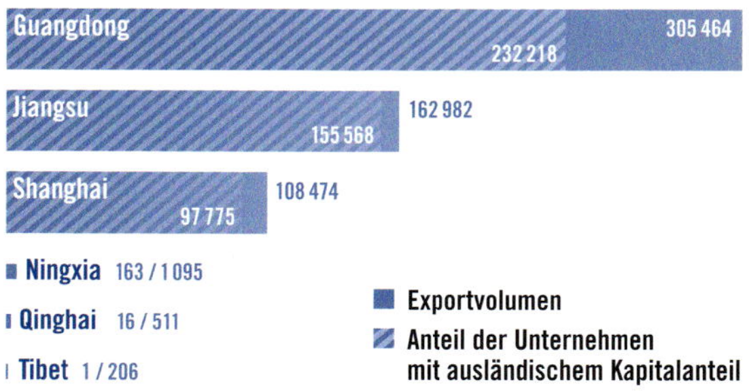

Provinz	Exportvolumen	Anteil der Unternehmen mit ausländischem Kapitalanteil
Guangdong	305 464	232 218
Jiangsu	162 982	155 568
Shanghai	108 474	97 775
Ningxia	1 095	163
Qinghai	511	16
Tibet	206	1

[1] Aufgeführt sind jeweils die drei Provinzen mit dem höchsten bzw. mit dem geringsten Exportvolumen.

Grafik 1

Außenhandelsvolumen 2006, in Mio. US-$

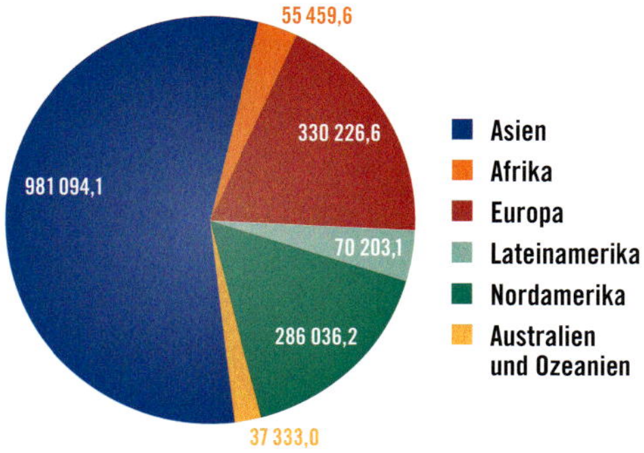

- Asien: 981 094,1
- Afrika: 55 459,6
- Europa: 330 226,6
- Lateinamerika: 70 203,1
- Nordamerika: 286 036,2
- Australien und Ozeanien: 37 333,0

Grafik 2

AUTONOME REGION XINJIANG UYGUR
Ürümqi (Wulumuqi)
Kashigeer He

AUTONOME REGION TIBET (XIZANG)
Lhasa (Lasa)
Yarlung Zangbo Jiang (Brahmaputra)

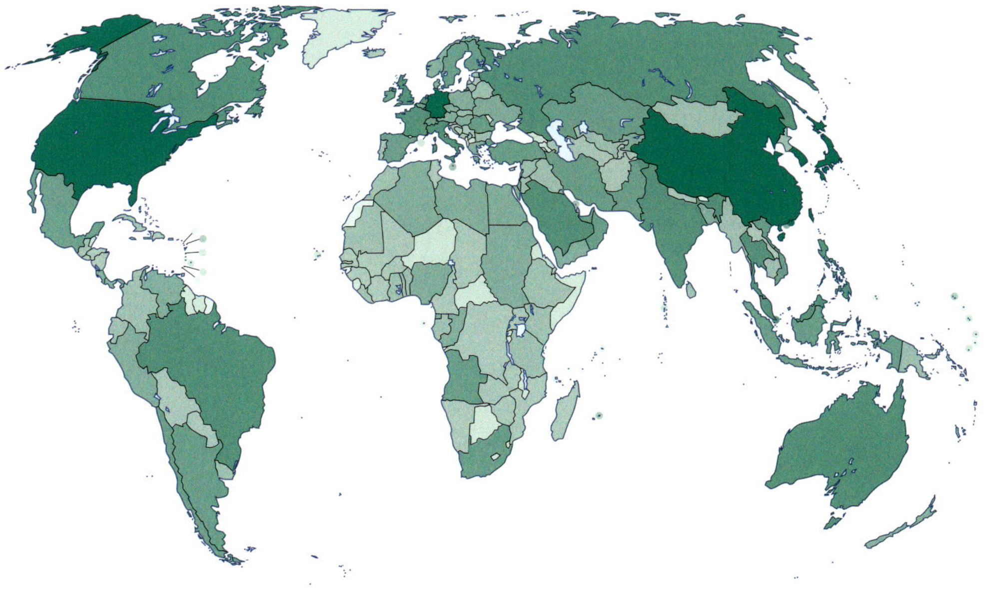

Chinas Außenhandelsvolumen mit anderen Ländern (2006)
(Mio. US-$)

- 0,1 bis 10,0
- 10,1 bis 100,0
- 100,1 bis 500,0
- 500,1 bis 2 000,0
- 2 000,1 bis 5 000,0
- 5 000,1 bis 20 000,0
- 20 000,1 bis 41 000,0
- über 73 000,0

Höchste Werte (Mio. US-$)
- 262 659,5 Vereinigte Staaten von Amerika
- 207 295,3 Japan
- 166 088,8 Hongkong
- 134 246,3 Süd-Korea
- 107 831,7 Taiwan

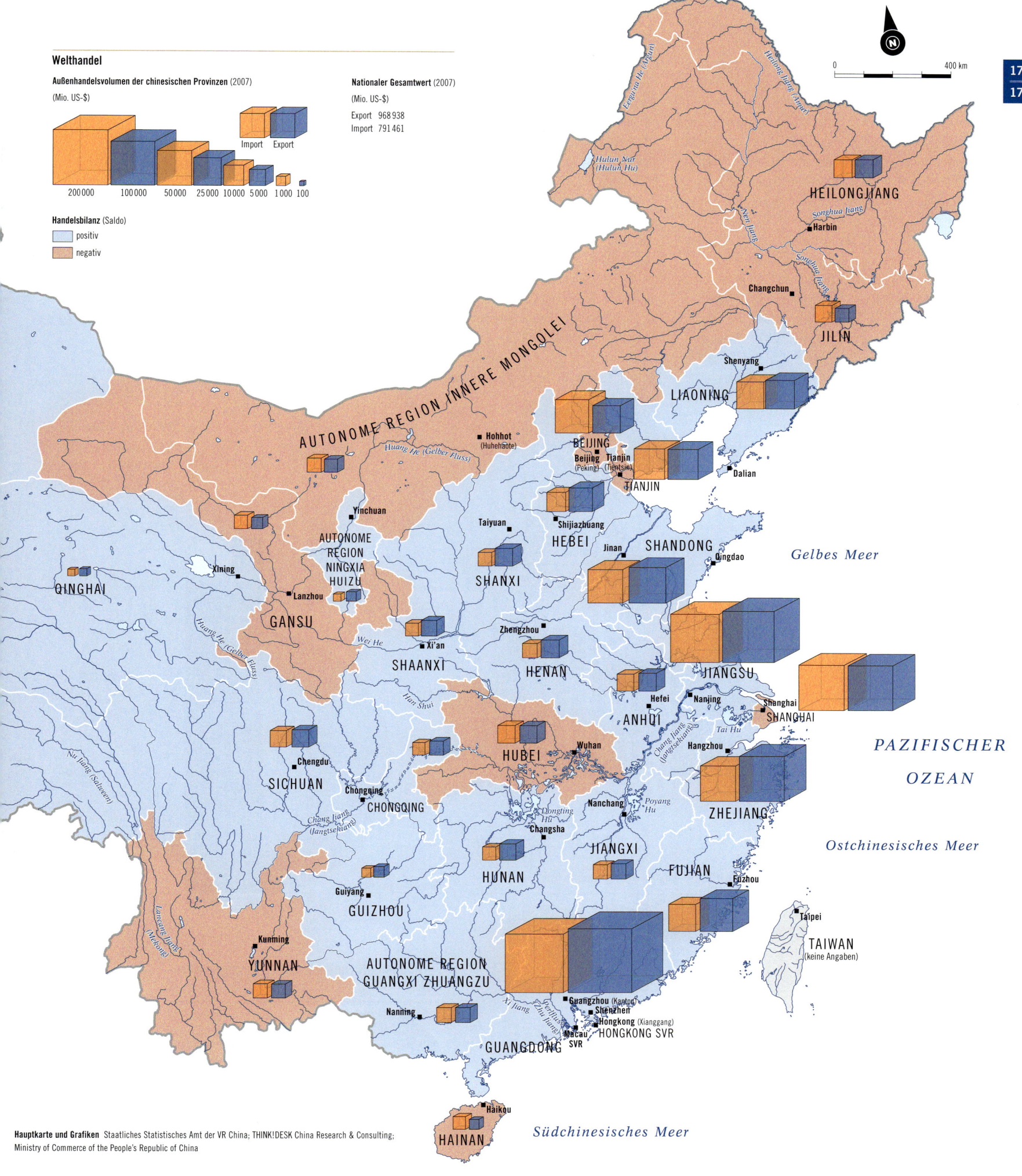

Wirtschaftsleben
Direktinvestitionen in China

Der wirtschaftliche Aufstieg Chinas in den vergangenen Jahrzehnten wäre ohne das massive Engagement ausländischer Investoren nicht möglich gewesen. Ausländische Unternehmungen haben China aus der in der maoistischen Ära anliegenden Isolierung herausgeführt und in die wohlfahrtssteigernden Strukturen der internationalen Arbeitsteilung integriert. Chinesische Unternehmungen haben durch die Vermittlung ausländischer Investoren Kenntnis von und Zugang zu Geschäftsmodellen und Produktionsverfahren erhalten, die zuvor nicht bekannt waren. Die im Zeitablauf über 600 000 in China gegründeten Unternehmen mit ausländischem Kapitalanteil haben nicht nur Arbeitsplätze für Dutzende von Millionen Arbeitskräften bereitgestellt, sondern auch eine neue Generation von Managern, Ingenieuren und Fachkräften ausgebildet, die mittelfristig auch und gerade der einheimischen Industrie zur Verfügung stehen. Unternehmen mit ausländischem Kapitalanteil (und hier insbesondere solche mit Investoren aus den OECD-Staaten) stellen die zentrale Stütze der chinesischen Wirtschaft und ihres bisherigen Wachstumserfolges dar. Diese Unternehmensgruppe erwirtschaftet ca. 20% des chinesischen BIP, knapp 30% der industriellen Wertschöpfung, und steht für über 55% der gesamten chinesischen Exportleistung. Ihr Anteil an den chinesischen Exporten von Hochtechnologiegütern ist noch deutlich höher und erreicht in einzelnen Produktgruppen 100%.

Die Wachstumsdynamik ausländisch kapitalisierter Unternehmungen liegt um das Dreifache über der des rein chinesisch kapitalisierten Unternehmenssektors, was dazu führt, dass ausländische Unternehmungen in den letzten Jahren bis zu 40% zum chinesischen Wirtschaftswachstum beigetragen haben. In Hinblick auf die Arbeitsproduktivität stehen ausländisch kapitalisierte Unternehmungen in einem Leistungsverhältnis von 9 zu 1 zum chinesischen Unternehmenssektor insgesamt bzw. 4 zu 1, wenn nur Unternehmen des industriellen Sektors betrachtet werden.

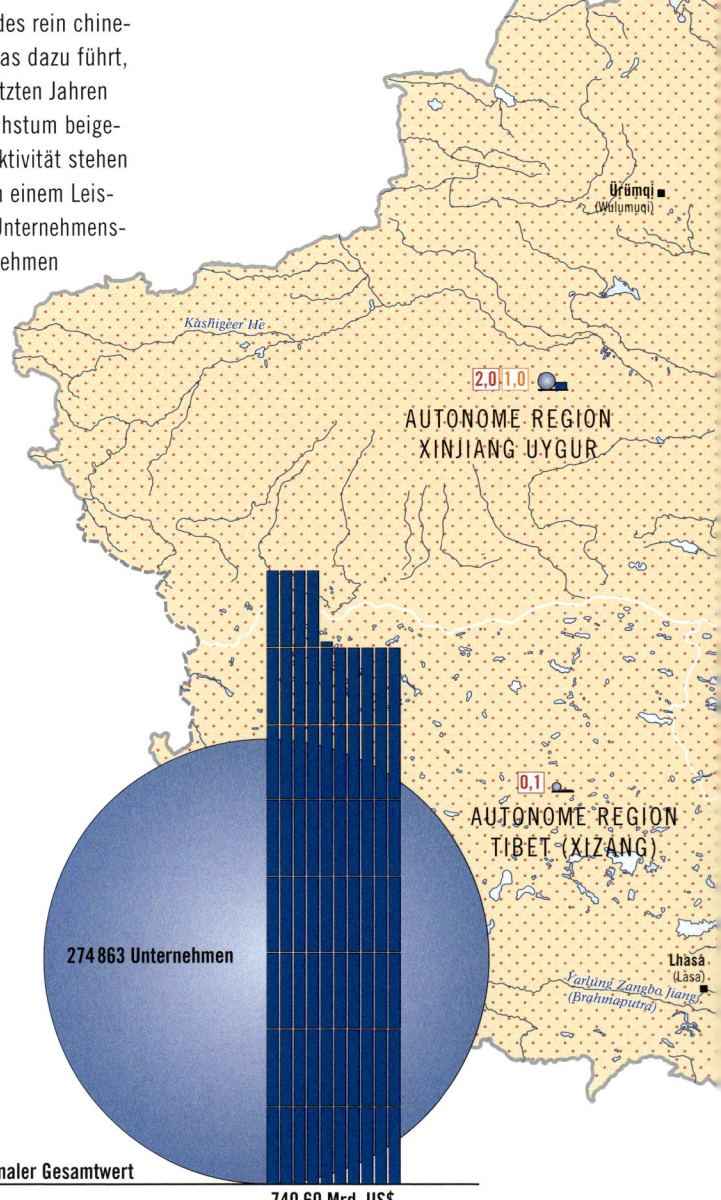

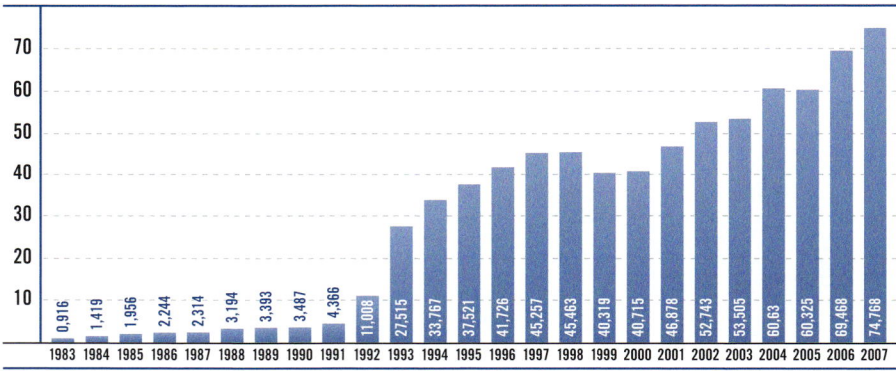

Ausländische Direktinvestitionen in China in Mrd. US-$[1]

Jahr	Mrd. US-$
1983	0,916
1984	1,419
1985	1,956
1986	2,244
1987	2,314
1988	3,194
1989	3,393
1990	3,487
1991	4,366
1992	11,008
1993	27,515
1994	33,767
1995	37,521
1996	41,726
1997	45,257
1998	45,463
1999	40,319
2000	40,715
2001	46,878
2002	52,743
2003	53,505
2004	60,63
2005	60,325
2006	69,468
2007	74,768

[1] inklusive Investoren aus Hongkong, Macao und Taiwan   Grafik 1

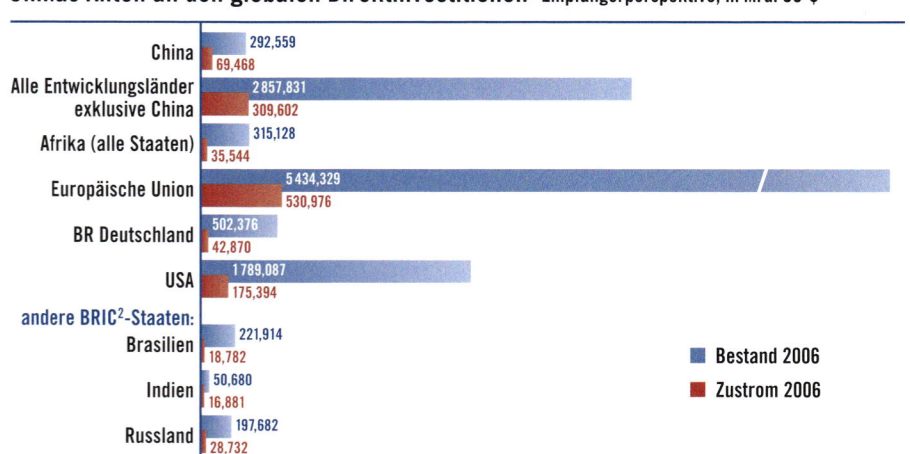

Chinas Anteil an den globalen Direktinvestitionen Empfängerperspektive, in Mrd. US-$[1]

	Bestand 2006	Zustrom 2006
China	292,559	69,468
Alle Entwicklungsländer exklusive China	2 857,831	309,602
Afrika (alle Staaten)	315,128	35,544
Europäische Union	5 434,329	530,976
BR Deutschland	502,376	42,870
USA	1 789,087	175,394
andere BRIC[2]-Staaten: Brasilien	221,914	18,782
Indien	50,680	16,881
Russland	197,682	28,732

[1] inklusive Investoren aus Hongkong, Macau und Taiwan; [2] Mit der Abkürzung BRIC werden die vier größten Nicht-OECD-Mitgliedsstaaten (Brasilien, Russland, Indien, China) erfasst. Aufgrund der Größe dieser Staaten können die sich dort entfaltenden raschen Wachstums- und Entwicklungsprozesse die Strukturen der Weltwirtschaft verändern.   Grafik 2

Form des unternehmerischen Engagements
2007, in Mrd. US-$[1]

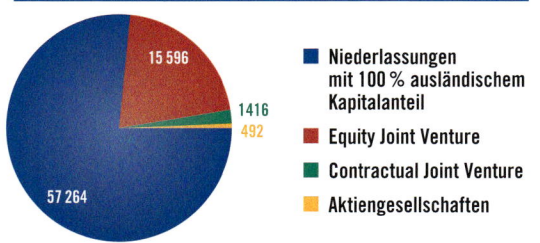

- **Niederlassungen mit 100% ausländischem Kapitalanteil**: 57 264
- **Equity Joint Venture**: 15 596
- **Contractual Joint Venture**: 1416
- **Aktiengesellschaften**: 492

[1] inklusive Investoren aus Hongkong, Macao und Taiwan   Grafik 3

Anmerkung zu Grafik 1, 2 und 3
Alle Angaben zu ausländischen Direktinvestitionen beziehen sich auf tatsächlich realisierte Investitionsströme (im Gegensatz zu lediglich vertraglich avisierten Investitionen) im betreffenden Jahr.

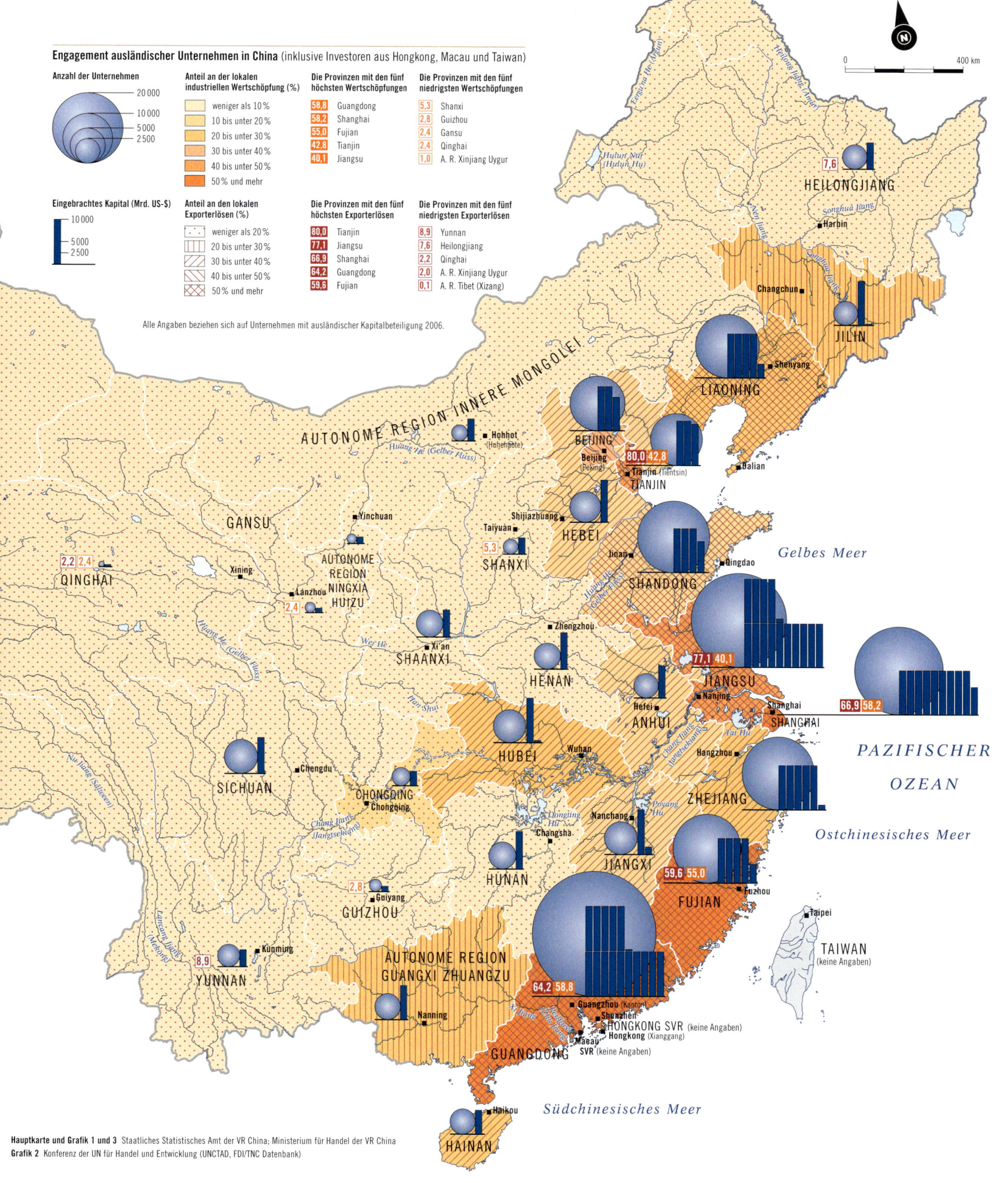

Wirtschaftsleben
Deutsche Unternehmen und Entsandtkräfte

Deutschlands Unternehmen haben die Chancen wie auch Herausforderungen des aufstrebenden China längst angenommen. Nachdem die ersten Unternehmen bereits in den frühen 1980er-Jahren in China investiert haben, sind heute nicht nur fast alle DAX-Unternehmen, sondern auch viele mittelständische Unternehmen in China aktiv. China wird dabei von zahlreichen Unternehmen als kostengünstiger Produktionsstandort genutzt. Motto: Design in Deutschland – Produktion in China – Verkauf in der Welt. Mit steigender Kaufkraft seiner Bürger hat China in den letzten Jahren aber auch immer stärker als sehr attraktiver Absatzmarkt für Konsumgüter die Aufmerksamkeit der Investoren geweckt. Deutschlands Maschinenbauindustrie dagegen kennt China schon seit Jahrzehnten als wichtigen Absatzmarkt für ihre Kapitalgüter: Deutsche Hersteller haben den industriellen Aufschwung Chinas mit ihren Maschinen und Anlagen in weiten Bereichen überhaupt erst möglich gemacht.

Deutsche Unternehmen sind grundsätzlich im ganzen Land verteilt, konzentrieren sich allerdings in der politischen Hauptstadt Beijing, der Geschäftsmetropole Shanghai bzw. insgesamt im Delta des Jangtsekiang (Chang Jiang) und dem leichtindustriell ausgerichteten Perlflussdelta in Südchina.

Die Wahl für oder gegen einen bestimmten Standort in China erfolgt nicht allein aus der Abwägung »harter« betriebswirtschaftlicher Parameter, sondern wird zu einem guten Teil auch durch »weiche« Kriterien entschieden. Einer der wichtigsten »weichen« Erfolgsfaktoren des China-Engagements betrifft die Lebensbedingungen, die ausländische Entsandtkräfte (Expatriates, kurz Expats) und ihre Familien in China antreffen. Von hervorgehobener Bedeutung sind dabei eine medizinische Versorgung nach westlichen Standards (in China keineswegs selbstverständlich) und die Möglichkeit, Kinder in deutsche oder internationale Kindergärten bzw. Schulen schicken zu können. Letzterer Faktor entscheidet oft darüber, ob qualifizierte Fachkräfte, die ihre Familien mitnehmen möchten, bereit sind, sich für ihr Unternehmen in China zu engagieren. Aber auch die Möglichkeit, sich

Standort Taicang

In den letzten Jahren hat sich Taicang, 45 km nordöstlich des Stadtzentrums von Shanghai, zu einem sehr beliebten Standort für deutsche Investoren entwickelt. In dem Industriegebiet Taicang Economic Development Area sind mittlerweile knapp 100 mittelständische Unternehmen aus Deutschland angesiedelt. Die für chinesische Verhältnisse kleine Stadt mit 500 000 Einwohnern bietet neben »harten« Standortfaktoren, wie z.B. einem Deutschen Ausbildungszentrum, das junge chinesische Fachkräfte in Anlehnung an das deutsche Berufsbildungssystem ausbildet, auch eine gute »weiche« Infrastruktur – jährliches Bierfest inklusive.

mit anderen Expat-Familien auszutauschen, bayrisch oder italienisch essen gehen, deutsches Brot und Wurst einkaufen zu können, ist von großer Wichtigkeit zum Abbau von »Alltagsfrust« und für das längerfristige Wohlfühlen – insbesondere für den Ehepartner, der in China i.d.R. keine Arbeitsgenehmigung erhält und »zu Hause« bleiben muss. Stimmen diese »weichen« Faktoren nicht, so können nicht nur Ehen zerbrechen, auch das ganze China-Engagement eines Unternehmens kann in Gefahr geraten.

Vor diesem Hintergrund erweisen sich vermeintlich teure, aber mit einer guten »weichen« Infrastruktur ausgestattete Orte in Ostchina oftmals letztlich doch als die attraktiveren Investitionsstandorte als die vergleichsweise weniger kostenintensiven westchinesischen Regionen.

Nationaler Gesamtwert 3283 15 759

Wichtigste Geschäftsbereiche deutscher Unternehmen in China[1] exkl. Taiwan

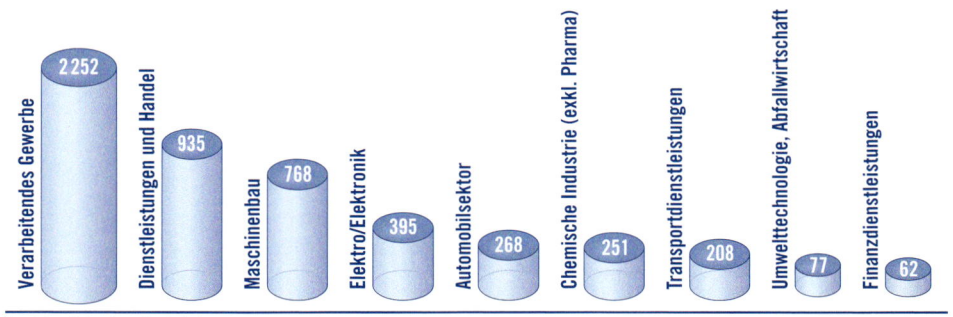

[1] nach Anzahl der einem Geschäftsbereich gewidmeten Standorte

Grafik 1

Dax-Unternehmen mit der größten Präsenz in China exkl. Taiwan

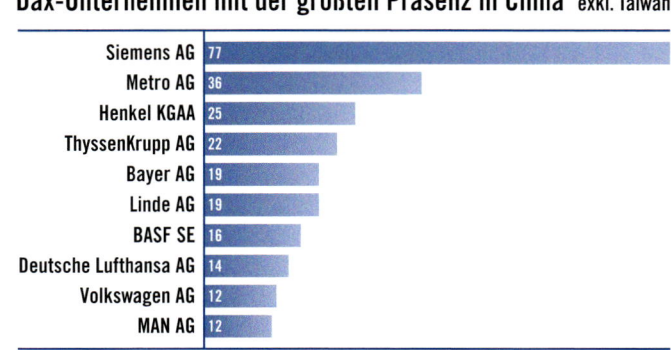

Grafik 2

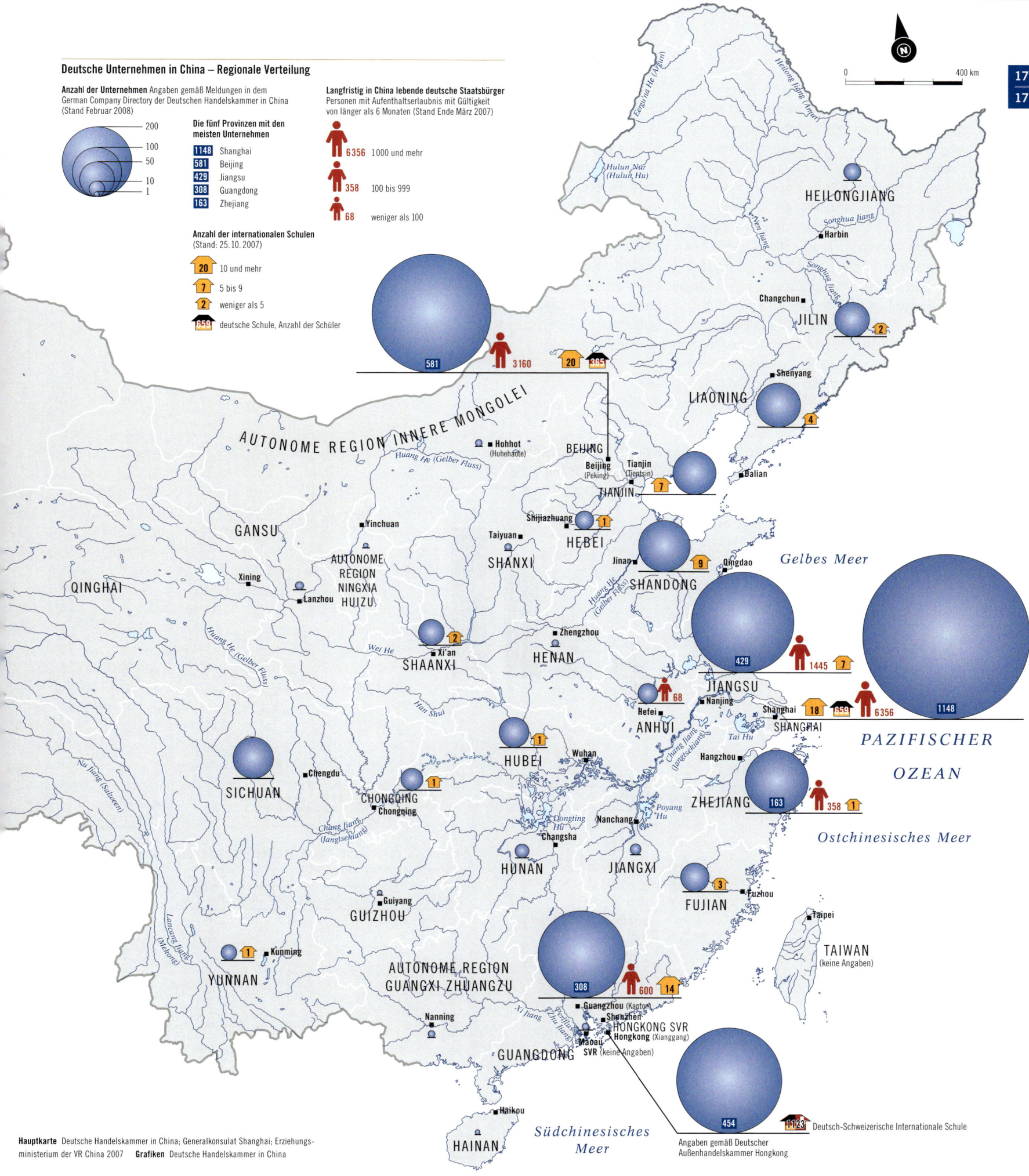

Wirtschaftsleben
Chinas neue multinationale Konzerne

Chinesische Unternehmungen emanzipieren sich immer stärker von der Führungsrolle ausländischer Konzerne und schreiten seit Anfang des 21. Jahrhunderts immer stärker eigenständig, mit eigenen Geschäftsmodellen, patentierten Technologien und Marken auf die Weltmärkte hinaus: Neben dem bislang zu verzeichnenden einseitigen Strom von Direktinvestitionen nach China hinein ist so nun ein zweiter Investitionsstrom entstanden, der aus China herausführt und es chinesischen Unternehmen ermöglicht, in bislang nicht gekannter Form aktiv und selbstbestimmt auf den Weltmärkten aufzutreten. Zum Ende des Jahres 2006 waren bereits über 5 000 chinesische Unternehmungen in 172 Ländern und Regionen der Erde mit knapp 10 000 Niederlassungen und Joint Ventures präsent. Inklusive der Direktinvestitionstätigkeit des Finanzdienstleistungssektors belief sich der Bestand chinesischer Direktinvestitionen im Ausland Ende 2006 bereits auf über 90 Mrd. US-$.

Übergeordnetes Ziel dieser Aktivitäten ist der Einzug chinesischer Unternehmungen in die die wichtigsten Gütermärkte der Weltwirtschaft beherrschenden Oligopole. Der Shanghaier Joint-Venture-Partner von Volkswagen, Shanghai Automotive Industry Corporation (SAIC), hat bereits kommuniziert, dass das Unternehmen innerhalb der nächsten 10 bis 15 Jahre zu einem der sechs größten Automobilkonzerne der Welt aufsteigen und die etablierte Führungsgruppe der globalen Automobilindustrie aufbrechen will. Unternehmen wie Baosteel (Stahl), Haier (»weiße Ware«), Huawei (IuK-Technologien), Lenovo (Computer), TCL (TV-Geräte, »braune Ware«) verfügen bereits in ihren spezifischen Gütermärkten – auch global – über beachtliches Gewicht und Einfluss und sind auf dem besten Weg, die Weltmärkte neu zu gestalten.

Die Top Ten der Zielländer chinesischer Direktinvestitionen
2006, kumulierter Wert in Mio. US-$

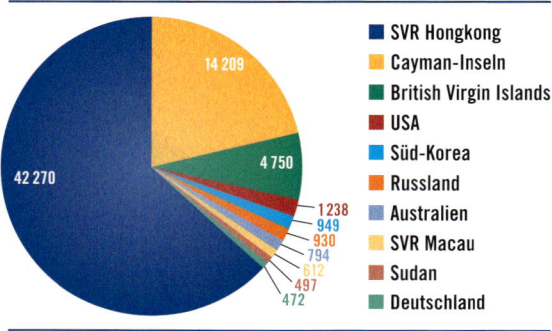

- SVR Hongkong: 42 270
- Cayman-Inseln: 14 209
- British Virgin Islands: 4 750
- USA: 1 238
- Süd-Korea: 949
- Russland: 930
- Australien: 794
- SVR Macau: 612
- Sudan: 497
- Deutschland: 472

Grafik 1

Realisierte chinesische Direktinvestitionen
in Mio. US-$

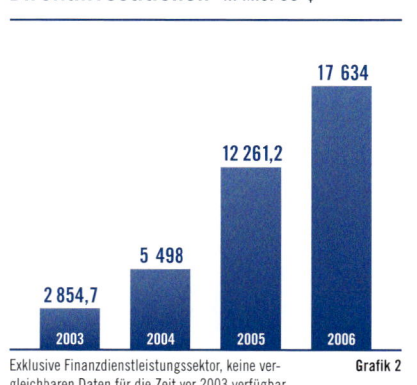

- 2003: 2 854,7
- 2004: 5 498
- 2005: 12 261,2
- 2006: 17 634

Exklusive Finanzdienstleistungssektor, keine vergleichbaren Daten für die Zeit vor 2003 verfügbar.

Grafik 2

Die 30 größten multinationalen Konzerne Chinas
2007, nach Bestand der ausländischen Direktinvestitionen

Rang	Unternehmen	Rang	Unternehmen
1	China Petrochemical Corporation	16	GDH Limited
2	China National Petroleum Corporation	17	China Power Investment Corporation
3	China National Offshore Oil Corporation	18	Shanghai Automotive Industry Corporation
4	China Resources (Holdings) Co,, Ltd,	19	China National Chemical Corporation
5	China Mobile Communications Corporation	20	China Minmetals Corporation
6	China Ocean Shipping (Group) Company	21	Legend Holdings Ltd. (besser bekannt durch die Tochter »Lenovo«)
7	CITIC Group		
8	China National Cereals, Oils & Foodstuffs Corp,	22	Shum Yip Holdings Company Limited
		23	China National Foreign Trade Transportation (Group) Corporation
9	China Merchants Group		
10	Sinochem Corporation	24	Huawei Technologies
11	China State Construction Engineering Corporation	25	Shanghai Baosteel Group Corporation
		26	China Huaneng Group
12	China National Aviation Holding Corporation	27	SinoSteel Corporation
13	China Telecommunications Group Corporation	28	China Poly Group Corporation
14	China Shipping (Group) Company	29	China Nonferrous Metal Mining & Construction (Group) Co., Ltd,
5	China Network Communications Group Corporation		
		30	Haier Group

Grafik 3

Sektorale Verteilung chinesischer Direktinvestitionen[1]
2006, Bestandsgrößen in Mio. US-$

Branche	Mio. US-$	Branche	Mio. US-$
Land-, Forst-, Viehwirtschaft, Fischerei	816,70	Immobilien	2 018,58
		Leasing und Businessdienstleistungen	19 463,60
Bergbau	17 901,62	Wissenschaft und geologische Erkundung	1 121,29
Erzeugendes Gewerbe	7 529,62		
Energie- und andere Versorgungsdienstleistungen	445,54	Wasser-, Umweltmanagement	918,39
		Wohn- und andere Dienstleistungen	1 174,20
Baugewerbe	1 570,32	Bildung	2,28
Transportwesen, Lagerung und Postdienstleistungen	7 568,19	Öffentliche Gesundheit und soziale Wohlfahrt	2,81
IT	1 449,88	Kultur, Sport und Unterhaltung	26,14
Groß- und Einzelhandel	12 955,20	Öffentliches Management und gesellschaftliche Organisationen	k. A.
Gastronomie	61,18		
Finanzdienstleistungssektor	15 605,37	**Gesamt**	**90 630,91**

[1] inklusive Finanzdienstleistungssektor

Grafik 4

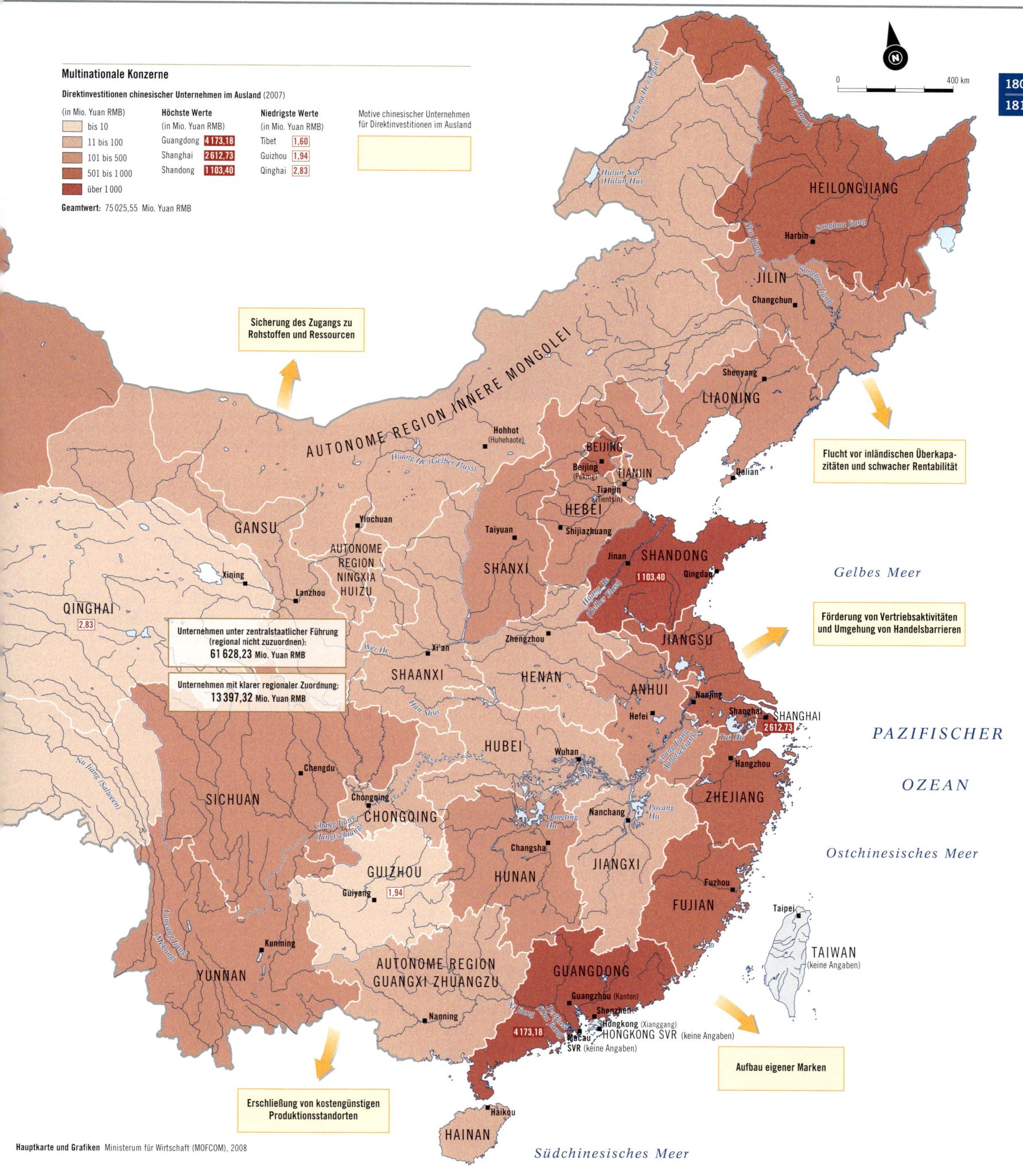

Wirtschaftsleben

für Jahr einen Schaden von 200 bis 300 Milliarden € und kosten mehr als 200 000 Arbeitsplätze. Dabei führt China als Vertreiber und Produzent von Plagiaten die Statistik an: 64 % aller in der EU entdeckten Einfuhren von gefälschten Produkten stammen aus China. Die chinesische Fälschungsindustrie ist breit aufgestellt. Über klassische Markenfälschungen, Markenmissbrauch, Produktfälschungen bzw. Produktnachahmung bis hin zu unerlaubten Kopien von Verpackungen sind sämtliche Varianten von Markenrechtsverletzungen in China zu verzeichnen. Und auch im Hinblick auf die gefälschten Produkte bietet Chinas Fälschungsindustrie das volle Spektrum von Hühnereiern über Dinosaurierfossilien, Parfüm und Designerkleidung bis hin zu Automobilen und komplexen Maschinen.

Der Erfolg des China-Engagements ausländischer Unternehmen hängt vor diesem Hintergrund zu einem bedeutenden Maße davon ab, inwiefern es gelingt, den unfreiwilligen Abfluss von Know-how zu begrenzen, kritische Kerntechnologien zu schützen und die Werthaltigkeit eigener Markennamen zu bewahren und vor Verwässerungseffekten durch niederqualitative Plagiate zu schützen.

Der Fall Li-Ning – Konkurrenz, Kopie oder Markenpiraterie?
Ein Beispiel für die zweifelhaften Geschäftspraktiken vieler chinesischer Unternehmen bietet der chinesische Sportartikelhersteller Li-Ning. Das Unternehmen ist heute der größte chinesische Produzent von Sportausrüstung und auf dem besten Weg, nun auch die Weltmärkte zu erobern. Das Unternehmen wurde 1990 vom ehemaligen mehrfachen olympischen

Der Unternehmensgründer Li Ning, ehemaliger Weltklasseturner und Olympiasieger 1984, entzündete zur Eröffnung der Olympischen Spiele 2008 in Beijing das olympische Feuer.

Ausgleich und Ablenkung vom hektischen Arbeitsalltag in Zeiten des rasanten Aufschwungs bringt das traditionelle Brettspiel, das gerne auch mal in der kurzen Pause gespielt wird.

Goldmedaillengewinner Li Ning gegründet – jenem Li Ning, der im Sommer 2008 nach einem spektakulären »Wandlauf« das olympische Feuer entzünden durfte. Die Anfänge des Unternehmens gehen zurück auf die Produktion von Nike-Plagiaten in einer Hinterhof-Produktionslinie. Erst sehr viel später wurden dann auch mehr oder minder eigenständige Produkte entwickelt.

Es sind aber nicht nur die Produkte, die Erinnerungen an die großen, etablierten Markenführer Nike und Adidas wecken. Betrachtet man das Logo, so zeigen sich verblüffende Ähnlichkeiten zum Konkurrenten Nike. So ist der gewählte Farbton – vor allem auf den verkauften Produkten – nahezu identisch, auch das Gesamtdesign des Logos weist deutliche Parallelen auf und erinnert stark an das rote »Swoosh« des Rivalen Nike. Auch das »Li-Ning Swoosh« steht dabei für Dynamik, Moderne, aber auch für Schönheit und Auserlesenheit. Darüber hinaus wurde der Claim, mit dem Adidas weltweit wirbt: »Nothing is impossible«, als durchaus brauchbar empfunden und »abgewandelt übernommen« als »Anything is possible«. Insgesamt ist die Positionierung, unterstützt durch verschiedene (inner-chinesische) Marketingkampagnen, deutlich an die beiden Hauptkonkurrenten angepasst.

Dessen ungeachtet sieht Li-Ning, trotz aller Parallelen, den eigenen Markenauftritt als gänzlich eigenständig und ohne Verbindung zu den Konkurrenten. Das Logo steht laut dem Unternehmenssprecher für ein stilisiertes »L« und »N« – für Li-Ning eben. Außerdem seien hier klassisch chinesisch-sozialistische Symbole inkorporiert worden: die wehende rote Fahne als Symbol für Jugend und die flammende Fackel als Symbol für Leidenschaft. Ob eigenständiges Design oder ähnliche Kopie, die Strategie, die Marke eng an erfolgreiche ausländische Unternehmen anzulehnen und dabei gleichzeitig die Wettbewerbsvorteile eines einheimischen Unternehmens zu nutzen, scheint aufzugehen. So kann Li-Ning seine Produkte um etwa 30–50 % preiswerter anbieten als die Konkurrenz. Außerdem verfügt Li-Ning über ein Vertriebsnetzwerk, das sich nicht nur über die größten Städte des Landes erstreckt, sondern auch die Second- und Third-Tier-Städte erreicht. Damit ist die Marktabdeckung deutlich besser als bei allen Konkurrenten.

Insgesamt scheint Li-Ning damit für eine neue Generation chinesischer Konsumgüterproduzenten zu stehen, die das Beste aus zwei Welten vereinen: Marken- und Produktauftritt auf internationalem Standard – gerade bezogen auf Design und Marketing – und enger Kontakt zum chinesischen Markt, in Logistik und Vertrieb ebenso wie in Bezug auf Konsumentennähe. Der Konzern hat sich bei den chinesischen Konsumenten erfolgreich als eine Marke positioniert, die für moderne, qualitativ gute Sportartikel aus China steht. Vor allem Konsumenten, die nicht bereit sind, einen Premium-Aufschlag für die ausländischen Größen Nike und Adidas zu zahlen, greifen auf Li-Ning-Produkte zurück.

Logo von Li-Ning (links) und von Nike

Kulturelles Leben

Kulturelles Leben

Die chinesische Mauer gehört mit zu den größten Leistungen der Menschheit.

China gilt als eines der ganz großen Kulturländer der Erde. Und tatsächlich ist jeder Chinese stolz auf die 5 000 Jahre währende Kulturgeschichte des Landes und die großen Errungenschaften chinesischer Gelehrter und Erfinder. Eine andere Wahrheit ist aber auch die, dass China jenseits der Begeisterung für die Leistungen der alten Meister seit über einem Jahrhundert in einer kulturellen Identitätskrise gefangen ist.

Tradition und Moderne

Der rapide Niedergang des chinesischen Reichs bis hin zu seiner Quasiaufteilung unter den fremden Kolonialmächten im 19. und frühen 20. Jahrhundert hat das Selbstvertrauen massiv erschüttert. Fragen werden aufgeworfen: Was ist das Chinesische an China? Sind die alte Kultur und Tradition heute noch zukunftsfähig oder sind sie ein Ballast, der abgeworfen werden muss, um China in der Weltgemeinschaft wieder zu neuer Größe erstarken zu lassen? Das Misstrauen gegenüber der eigenen Kultur ging teilweise so weit, dass sogar die Schriftsprache Chinas zur Disposition gestellt wurde: Kann sich die chinesische Gesellschaft zu einer modernen Gesellschaft entwickeln, wenn eine derartig komplexe und zeitaufwendig zu erlernende Schrift verwendet wird?

Die Antwort der »Kulturrevolution« auf die große »Kulturfrage« war radikal und übermäßig einfach. Die »Roten Garden« zogen in Such- und Zerstörungsfeldzügen durch die Straßen, um die schädlichen »vier Alten« zu vernichten: alte Ideen, alte Kultur, alte Sitten und alte Gewohnheiten. Am Ende von Monaten der Raserei hatte China einen substanziellen Teil seines kulturellen Erbes verloren. Dabei waren Mao Zedong und die »Viererbande« ihrem Ideal von einem chinesischen Volk, das kulturell ein »weißes Blatt« sein sollte, auf dem die neuen Ideen des maoistischen Kommunismus neu geschrieben werden könnten, einen großen Schritt näher gekommen.

Elegie vom Gelben Fluss
Eine sehr viel differenziertere Auseinandersetzung mit der Kulturfrage wurde in der zweiten Hälfte der 1980er-Jahre von den Reformkräften um Zhao Ziyang angestoßen. In der sechsteiligen Fernsehsendung »Heshang« (Elegie vom Gelben Fluss) wurde in großen Bildern und mit beachtlichem Pathos die These von der Notwendigkeit einer (kulturellen) Öffnung Chinas zum Westen hin vorgetragen. Die nordchinesische »gelbe Kultur«, geprägt von den Lösslandschaften des Huang He (Gelber Fluss), sei letztlich bereits untergegangen und könne mit ihrer rückwärtsgewandten, introvertierten Grunddisposition China keine neuen Impulse mehr geben. Die Zukunft liege in einer in die Welt hinausschreitenden, offenen »blauen Kultur« (westlichen). Nur der Austausch mit dem Rest der Welt könne der chinesischen Kultur wieder neues Leben einhauchen und China erneut zu neuen kulturellen Höhen führen.

Die von ihrer frühzeitigen Integration in die Weltwirtschaft in hohem Maße profitierenden ost- und südchinesischen Küstenregionen sahen sich durch diese Darstellung in ihrem liberalen, weltoffenen Kurs bestätigt. Die Stadt Guangzhou ging sogar so weit, »blaue Wochen« zu veranstalten. Den linkskonservativen Kräften in der Partei gingen die in »Heshang« gemachten Aussagen viel zu weit. Nachdem sie im Zuge der Geschehnisse auf dem Tian'anmen im Jahr 1989 ihre Machtbasis deutlich ausweiten konnten, wurde der Film verboten, mehrere an der Herstellung beteiligte Personen wurden verhaftet und die Autoren Su Xiaokang und Yuan Zhiming gingen ins amerikanische Exil. Seitens der Parteiführung wurde erneut der Versuch gestartet, traditionelle Werte (die sogenannte »gelbe Kultur«) zu fördern, um so einer fortschreitenden Zersetzung von Gesellschaft – und Herrschaftsanspruch! – durch liberale westliche Werte entgegenzuwirken.

Der Diskurs um die kulturelle Identität des modernen China ist keineswegs abgeschlossen. Wichtig ist nun aber, dass dieser Diskurs

Links: Alte Schriften der buddhistischen Mönche lagern im Potala Palast in Lhasa. Heute zählt der Palast zum UNESCO-Weltkulturerbe.
Rechts: Im September 2006 besiegelten die Städte Hamburg und Shanghai ein Memorandum zur Vertiefung der Städtepartnerschaft. Unter anderem wurde auch die Gründung eines Konfuzius-Instituts in der Hansestadt beschlossen (im Bild links Shanghais Vizebürgermeister Yang Xiong und Hamburgs Oberbürgermeister Ole von Beust).

Kulturelles Leben

Die Hauptgeschäftsstraße Nanjing Lu in Shanghai. Die Komplexität der chinesischen Schriftzeichen ist nicht zu übersehen und für Nichtkundige sind sie kaum zu unterscheiden.

in China selbst in die Intellektuellenzirkel hineingetragen und dort unzensiert diskutiert wird. Die Ideologen der Partei haben ihre Beiträge geleistet; die Meinungsbildung zu diesem Thema sollte nun von anderer Seite erfolgen.

Die Konfuzius-Institute

In dem Bestreben, weltweit das Verständnis und die Rezeption der chinesischen Kultur zu fördern, hat die chinesische Regierung um das Jahr 2005 ein neues Programm aufgelegt, das mittelfristig die Gründung von weltweit ca. 500 Kultur-Instituten vorsieht. Unter dem Namen Konfuzius-Institute sollen sie in den Gastländern breiten Bevölkerungsschichten die chinesische Sprache und diverse Ausdrucksformen der chinesischen Kultur (Film, Malerei, Kalligrafie, Küche, Taijiquan etc.) nahebringen. In Deutschland sind bislang unter anderem in den Städten Berlin, Düsseldorf, Duisburg, Frankfurt am Main, Hamburg, Heidelberg, Nürnberg, München Konfuzius-Institute gegründet worden. Die Institute sind in der Regel an Universitäten angehängt und werden von einem Team deutscher und chinesischer Kodirektoren gemeinsam geführt. Die Finanzierung erfolgt in der Regel zur Hälfte durch chinesische Mittel.

Sprache und Schrift

Zu den zentralen kulturellen Säulen gehören die Sprache und das Schriftsystem. Dabei ist allerdings zu beachten, dass *die* chinesische Sprache doch eher amorph konzipiert ist. Das Chinesische kann nur insofern als eine einheitliche Sprache verstanden werden, als sich die Einwohner benachbarter Dörfer in China alle miteinander verständigen können. Liegen jedoch 30 Dörfer zwischen den Sprechern, so können bereits ernsthafte Kommunikationsprobleme auftreten. *Das* Chinesische kennt unzählige Dialekte, die teilweise so weit voneinander abweichen wie die romanischen Sprachen in Europa.

Um diese babylonische Sprachverwirrung zu überwinden, wurde seit Ende des Kaiserreichs versucht, eine nationale Standardsprache zu entwickeln. Diese ist in Taiwan als *Guoyu*, auf dem Festland als *Putonghua* bekannt. Strukturell bestehen kaum Unterschiede, da sie auf denselben Wurzeln aufbauen. Die *Putonghua* wurde seitens der kommunistischen Regierung definiert als eine Sprache, die den Norddialekt zur Basis hat, sich im Hinblick auf die Lautung an der Beijinger Aussprache ausrichtet und sich in der Grammatik an bestimmten Werken der modernen Literatur *(baihua)* orientiert. Hiermit ist das Hochchinesische als eine Sprache definiert worden, deren Silben – mit bedeutungsdefinierender Wirkung – in vier unterschiedlichen Tonhöhen sowie einer tonal neutralen Form ausgesprochen werden. Die südchinesischen Dialekte weisen im Vergleich hierzu bis zu neun unterschiedliche Töne auf.

Insgesamt gibt es im Hochchinesischen lediglich 416 unterschiedliche Silben, die – zum Teil in den verschiedenen Tönen ausgesprochen – unterschiedliche Bedeutungen erlangen. Letztendlich existieren so im Hochchinesischen gut 1500 bedeutungsdifferenzierende

Chinas »andere Weltkultur«

Der große Universalgelehrte Gottfried Wilhelm Leibniz sah in China eine »andere Weltkultur«, von der Europa lernen könne, wie auch China von intensivem Austausch mit Europa profitieren könne.

Aber wer hätte einst geglaubt, dass es auf dem Erdkreis ein Volk gibt, das uns, die wir doch nach unserer Meinung so ganz und gar zu allen feinen Sitten erzogen sind, gleichwohl in den Regeln eines noch kultivierteren Lebens übertrifft? Und dennoch erleben wir dies jetzt bei den Chinesen, seitdem jenes Volk uns vertrauter geworden ist. Wenn wir daher in den handwerklichen Fertigkeiten ebenbürtig und in den theoretischen Wissenschaften überlegen sind, so sind wir aber sicherlich unterlegen – was zu bekennen ich mich beinahe schäme – auf dem Gebiet der praktischen Philosophie, ich meine: in den Lehren der Ethik und Politik, die auf das Leben und die alltäglichen Gewohnheiten der Menschen ausgerichtet sind. [...] Jedenfalls scheint mir die Lage unserer hiesigen Verhältnisse angesichts des ins Unermessliche wachsenden moralischen Verfalls so zu sein, dass es beinahe notwendig erscheint, dass man Missionare der Chinesen zu uns schickt, die uns Anwendung und Praxis einer natürlichen Theologie lehren könnten [...].

Gottfried Wilhelm Leibniz, »Das Neueste von China« (1697). Novissima Sinica, herausgegeben, übersetzt und erläutert von Heinz Günther Nesselrath und Herman Reinbote, Deutsche China-Gesellschaft, Köln 1979.

Silben. – Das Kantonesische verfügt über ca. 1900 solcher Silben. Der Kontext, in dem diese Silben stehen, ihre Kombination, ist von entscheidender Bedeutung für das Verständnis des gesprochenen Wortes. Einsilbige Begriffe oder Begriffe mit nur wenigen Silben sind besonders anfällig für Missverständnisse, was dazu geführt hat, dass sich gerade in diesem Bereich der Sprache in besonderem Maße feststehende Idiome ausgebildet haben. Heute sind allerdings die meisten Begriffe zwei- oder mehrsilbig.

Auch wenn weite Teile der chinesischen Bevölkerung über Jahrhunderte hinweg nicht in der Lage waren, direkt miteinander zu sprechen, gab es mit der Schrift – zumindest für die Schriftkundigen – ein gemeinsames Medium des Austauschs und der Kommunikation. Die chinesischen Schriftzeichen werden in allen chinesischen Dialekten einheitlich verwendet, unabhängig von der spezifischen Aussprache derselben in den verschiedenen Regionen. Eine Ausnahme bildet lediglich das Kantonesische, das starke Idiosynkrasien aufweist.

Die chinesische Schrift ist nicht aus einem »Alphabet« aufgebaut, sondern weist für ein jedes in der Sprache definiertes Bedeutungs-

Fortsetzung Seite 194

Kulturelles Leben
Kulturelle Stätten, UNESCO-Welterbe und Tourismus

Trotz der rücksichtslosen Zerstörungen der Kulturrevolution, die zu unwiederbringlichen Verlusten an Kulturgütern sowohl der chinesischen als auch der nationalen Minderheiten (z.B. der Tibeter) geführt haben, weist China auch heute eine gewaltige Vielfalt kultureller Höhepunkte und touristischer Attraktionen auf.

Die klassischen Stationen von zehn- bis vierzehntägigen Rundreisen umfassen die Hauptstadt Beijing mit dem Kaiserpalast, die Grabanlage des ersten Kaisers Qin Shi Huangdi bei Xi'an, die Landschaften des Drei-Schluchten-Stausees am Oberlauf des Chang Jiang und die Karsthügel von Guilin. Der Tourismus hat sich in China erst in den 1980er- und 1990er-Jahren entwickelt, stellt heute aber einen wichtigen Wirtschaftsfaktor dar. Insbesondere der Binnentourismus hat in den letzten Jahren einen enormen Aufschwung erfahren, seitdem sich nun auch der chinesische Mittelstand dank steigender Einkommen den Luxus von Urlaubsreisen zu gönnen begonnen hat. Mit Ausnahme der voll erschlossenen Hauptattraktionen ist die touristische Infrastruktur allerorten noch im Aufbau begriffen und versucht die z.T. doch sehr unterschiedlichen Wünsche chinesischer und ausländischer Reisender gleichermaßen zu bedienen.

Besondere Bedeutung für den chinesischen Tourismus haben »Überseechinesen«, deren Familien vor Generationen das chinesische Festland verlassen haben und die nun auf der Suche nach ihren »Wurzeln« nach China reisen. Auch die meisten Bewohner Hongkongs haben enge verwandtschaftliche Beziehungen im chinesischen Kernland. Sie reisen regelmäßig zu Familienbesuchen – und aus handfesten geschäftlichen Motiven – über die Grenze der Sonderverwaltungsregion in das chinesische Kernland.

Besucher in der VR China 2006, Anzahl der Einreisen

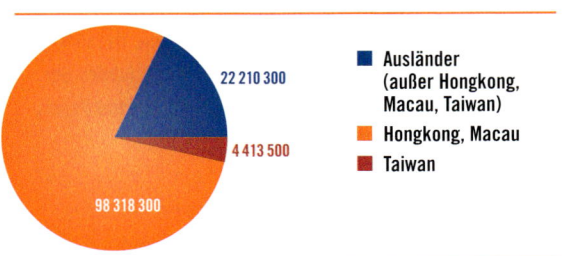

- Ausländer (außer Hongkong, Macau, Taiwan): 22 210 300
- Hongkong, Macau: 98 318 300
- Taiwan: 4 413 500

Grafik 1

Herkunftsländer von Besuchern 2006, Anzahl der Einreisen

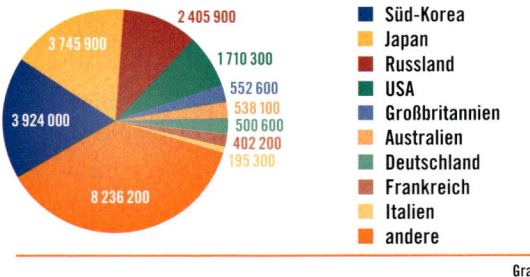

- Süd-Korea: 3 924 000
- Japan: 3 745 900
- Russland: 2 405 900
- USA: 1 710 300
- Großbritannien: 552 600
- Australien: 538 100
- Deutschland: 500 600
- Frankreich: 402 200
- Italien: 195 300
- andere: 8 236 200

Grafik 2

Besucher aus Deutschland 1998–2006

Jahr	Anzahl der Einreisen	Jahr	Anzahl der Einreisen	Jahr	Anzahl der Einreisen
1998	191 900	2001	253 400	2004	365 300
1999	217 600	2002	281 800	2005	454 900
2000	239 100	2003	222 000	2006	500 600

Grafik 3

Entwicklung des einheimischen Tourismus 1994–2006

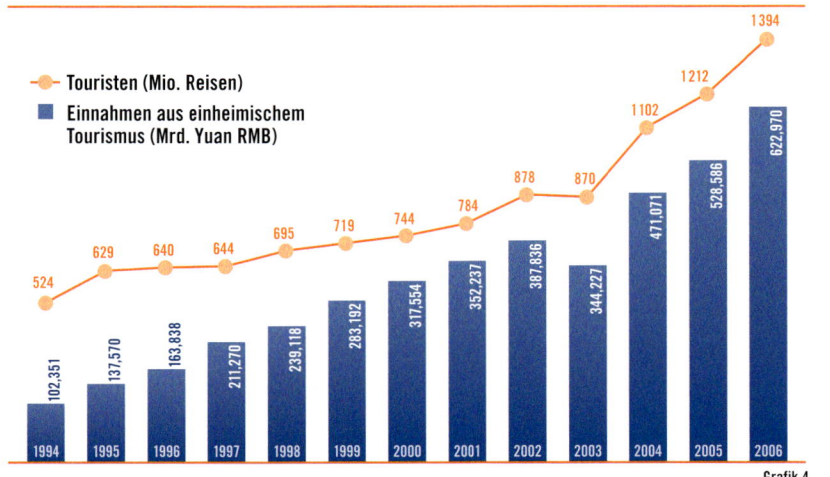

- Touristen (Mio. Reisen): 524 (1994), 629 (1995), 640 (1996), 644 (1997), 695 (1998), 719 (1999), 744 (2000), 784 (2001), 878 (2002), 870 (2003), 1102 (2004), 1212 (2005), 1394 (2006)
- Einnahmen aus einheimischem Tourismus (Mrd. Yuan RMB): 102,351 (1994), 137,570 (1995), 163,838 (1996), 211,270 (1997), 239,118 (1998), 283,192 (1999), 317,554 (2000), 352,237 (2001), 387,836 (2002), 344,227 (2003), 471,071 (2004), 528,586 (2005), 622,970 (2006)

Grafik 4

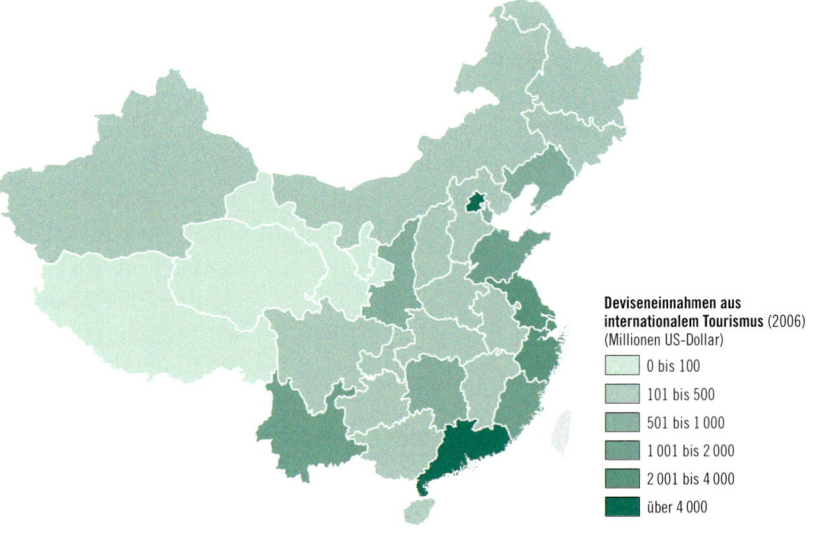

Deviseneinnahmen aus internationalem Tourismus (2006) (Millionen US-Dollar)
- 0 bis 100
- 101 bis 500
- 501 bis 1 000
- 1 001 bis 2 000
- 2 001 bis 4 000
- über 4 000

Kulturelles Leben
Nationale Naturparks, Weltbiosphärenreservate und Geologische Parks

Blick auf den Wuzhi Shan

China verfügt über eine große Anzahl von Naturparks und Reservaten, die über das gesamte Land verstreut eine Vielzahl von einzigartigen Naturphänomenen, Tieren und Pflanzen schützen. Insgesamt weist China über 2 500 Naturparks auf, davon haben 303 den Status eines Nationalen Naturparks und werden direkt durch den Staatsrat geschützt und verwaltet. Zudem gibt es noch Tausende weiterer Reservate und Schutzgebiete, die sich dem Schutz und der Bewahrung spezifischer Landschaftsformationen, Tier- und Pflanzenarten sowie der wissenschaftlich geleiteten Erforschung und Konservierung und didaktisch aufbereiteten Präsentation von Fossilien (u.a. Frühmenschen und Dinosaurier) bzw. geologischen Besonderheiten (insbesondere Erdbeben) widmen.

Unter den 531 von der UNESCO anerkannten Weltbiosphärenreservaten befinden sich 28 in China. Darunter befinden sich z.B. die Region um den Mt. Everest (seit 2004), der Xingkai-See (seit 2007), das Jiuzhaigou-Tal (seit 1997) ebenso wie die Shankou-Mangrovenwälder (seit 2000). Ziel dieser Weltbiosphärenreservate ist es, die Natur dieser Gebiete zu schützen und mit der verträglichen Nutzung durch den Menschen in Einklang zu bringen.
In Europa sind in jüngster Zeit insbesondere die Landschaften des Jiuzhaigou-Nationalparks bekannt geworden, die u.a. für den Kinofilm »Hero« von Zhang Yimou als Kulisse dienten. Bereits seit Jahren touristisch erschlossen und Teil der meisten Reisen, die auch in die Provinz Yunnan führen, ist der Steinwald »Shilin« in der Nähe Kunmings.

Im Jiuzhaigou-Nationalpark verteilen sich über drei dicht bewaldete Hochtäler Kalksinterterrassen mit Wasserfällen.

Der Hukou-Wasserfall verdeutlicht, welche enorme Menge an Schwebstoffen der Huang He mit sich führt.

Blick auf den stark vergletscherten Shengli Feng, er liegt auf der Grenze zwischen China und Kirgistan.

Kulturelles Leben
Museen und historische Stadtanlagen

Die Leitideologie der KPCh muss insbesondere in den ersten Jahren ihres Bestehens und bis hin zu den desaströsen Exzessen der Kulturrevolution als in hohem Maße traditionskritisch bzw. -feindlich eingestuft werden. Vor diesem Hintergrund kann es nicht verwundern, dass in der VR China die Sammlung von kulturellen Gütern und deren didaktisch-wissenschaftliche Aufbereitung in Museen lange Zeit vernachlässigt wurde. Erst seit Beginn der Entideologisierung des politischen und gesellschaftlichen Lebens unter Deng Xiaoping ist eine neuerliche, kritische Aufarbeitung der eigenen kulturellen Traditionen zu beobachten. In diesem Kontext ist auch ein neuerliches Aufleben von Museen der verschiedensten Ausrichtungen zu beobachten. Diese Museen sind heute nach modernen wissenschaftlichen Kriterien organisiert und haben weitestgehend ihr ideologisches Pathos verloren. Erstmals tauchen nun außerhalb der Metropolen Beijing und Shanghai erstrangige Kunstschätze und Sammlungen auf, die bislang öffentlich nicht zugänglich waren. Eines der besten Museen der chinesischen Kulturgeschichte befindet sich in Taipei (Taiwan). Das »Nationale Palastmuseum« beherbergt den Großteil der Kunstschätze, der unter der Qing-Herrschaft zusammengetragen und dann von den flüchtenden Guomindang-Truppen nach Taiwan geschafft wurde. Hinzu kommen zahlreiche Schenkungen und Neuerwerbungen, mittels deren die Sammlung seit den 1950er-Jahren weiter vervollständigt und erweitert werden konnte.

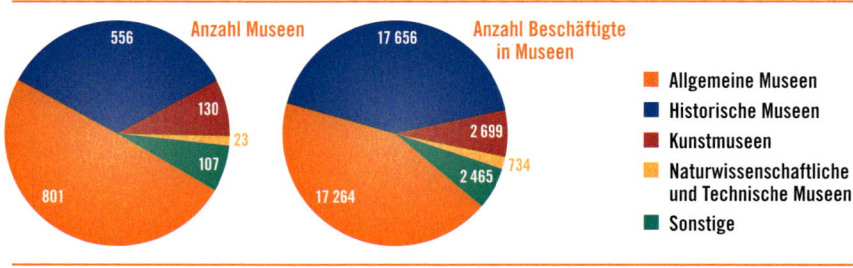

Museen als Arbeitgeber 2006

Grafik 1

Museen

Grafik 2

1 Die Altstadt der ehemaligen Handels- und Finanzmetropole Pingyao ist seit 1997 UNESCO-Welterbe.

2 Das Palastmuseum in Beijing ist das bedeutendste Museum der VR China, es wurde 1925 in den Gebäuden des ehemaligen Kaiserpalastes eröffnet.

3 Höhle bei Zhoukoidian, Fundort des Pekingmenschen

Kulturelles Leben
Sprache, Dialekte und Schriftzeichen

Die unter dem Sammelbegriff »Chinesisch« zusammengefassten Sprachen und Dialekte gehören zu den meistgesprochenen Sprachen weltweit. Kern des »Chinesischen« ist zum einen die standardisierte »Hochsprache« Mandarin (Putonghua, Guoyu), die in den chinesischen Schulen vermittelt wird und zumindest theoretisch allen Chinesen eine allgemein verständliche Kommunikationsebene bietet, und zum anderen die Schriftsprache. Aufgrund der in der VR China durchgeführten Vereinfachungen des Schriftbildes ist heute allerdings keine weltweit allgemeingültige chinesische Schriftsprache mehr existent. Es existieren stattdessen ein Satz »vereinfachter« Schriftzeichen (»Kurzzeichen«), der insbesondere in der VR China verwendet wird, und der traditionelle Satz von Schriftzeichen (»Langzeichen«), der insbesondere auf Taiwan und unter den Auslandschinesen Verwendung findet. Vom klassischen Schriftzeichenrepertoire abweichende Sonderzeichen und Sonderschreibungen sind zudem in verschiedenen chinesischen Sprachen und Dialekten, wie z. B. im Kantonesischen und im Minnan, zu verzeichnen.

Chinesische Schriftzeichen sind während verschiedener Epochen ihrer 5 000-jährigen Entwicklung immer wieder von anderen Völkern und Nationen (z. B. Japan, Korea) übernommen, adaptiert und in ihre eigenen Schriftsysteme integriert worden. Alle drei Schrifttypen des Japanischen (Kanji, Hiragana, Katagana) basieren zum Beispiel auf chinesischen Schriftzeichen, die zu unterschiedlichen Epochen und in unterschiedlichen Schreibstilen (Kalligrafie) rezipiert wurden. »Chinesisch« galt lange Zeit für Europäer als quasi unerlernbar. Dieser Mythos ist mittlerweile widerlegt. Während das Erlernen bzw. Einüben der ungewohnten (bedeutungsdifferenzierenden!) unterschiedlichen Tonhöhen sowie der mehr oder minder komplexen Schriftzeichen zwar viel Zeit und Energie beanspruchen, sind die grammatikalischen Strukturen vergleichsweise einfach und schnell zu erlernen. Seit 1947 ist die chinesische Hochsprache eine der sechs Amtssprachen der Vereinten Nationen.

Sprachen und Dialekte

Mandarin	7 Dialekte, 42 Subdialekte
Jin	8 Dialekte
Hui	5 Dialekte
Wu	6 Dialekte, 13 Subdialekte
Xiang	3 Dialekte
Gan	11 Dialekte
Min	6 Dialekte, 9 Subdialekte
Hakka	8 Dialekte
Kantonesisch	8 Dialekte
Pinghua	2 Dialekte

Grafik 2

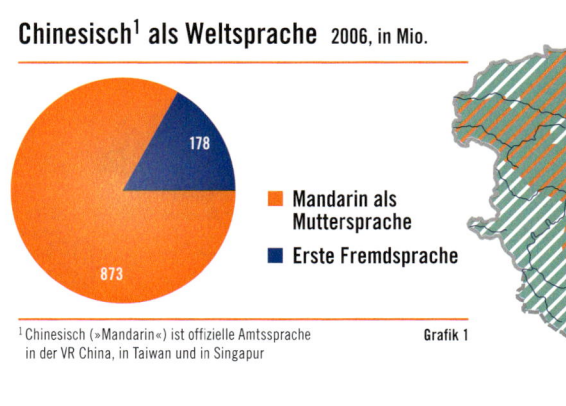

Chinesisch[1] als Weltsprache 2006, in Mio.

- Mandarin als Muttersprache: 873
- Erste Fremdsprache: 178

[1] Chinesisch (»Mandarin«) ist offizielle Amtssprache in der VR China, in Taiwan und in Singapur

Grafik 1

Anzahl der Sprecher in der VR China[1] 2006, in Mio.

- Mandarin: 867
- Wu[2]: 77
- Kantonesisch: 52
- Jinyu: 45
- Xiang: 36
- Hakka: 26
- Gan: 21
- Minbei: 10
- Mindong: 9
- Minnan[3]: 26
- Tibetisch: 3
- Gebärdensprache: 3

[1] Schätzwert; [2] inklusive Shanghai-Dialekt; [3] ohne Taiwan

Grafik 3

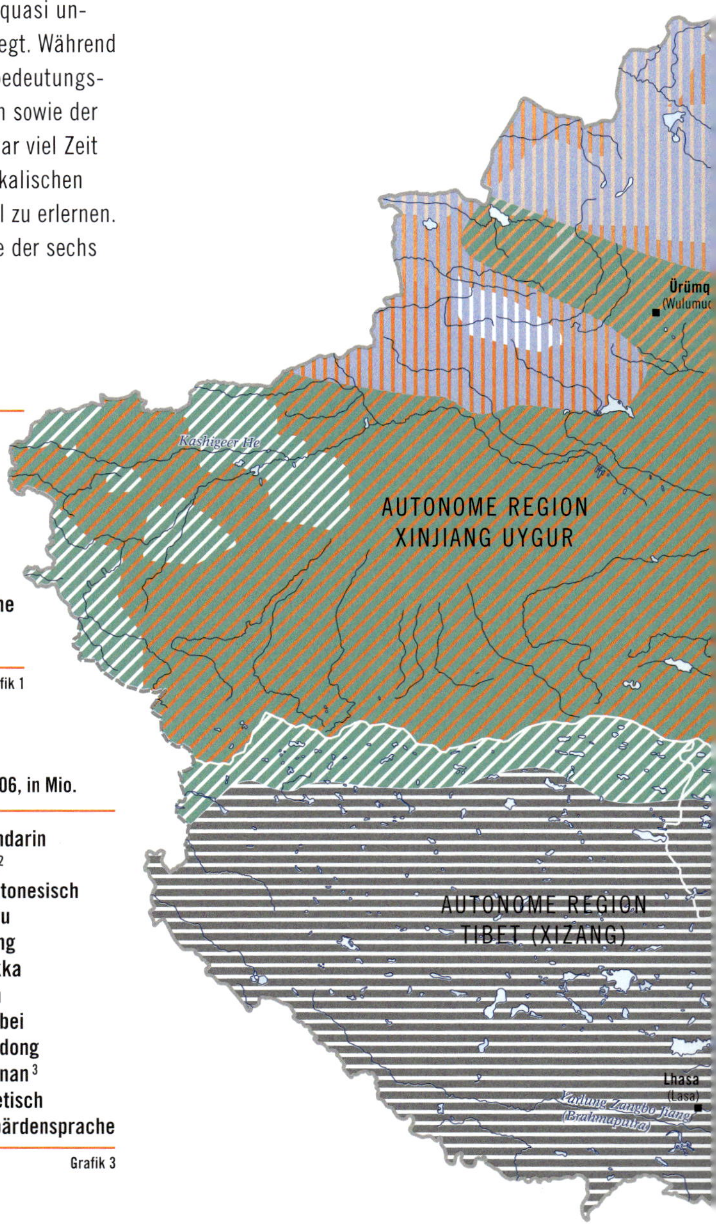

Aufbau chinesischer Schriftzeichen (Langzeichen)

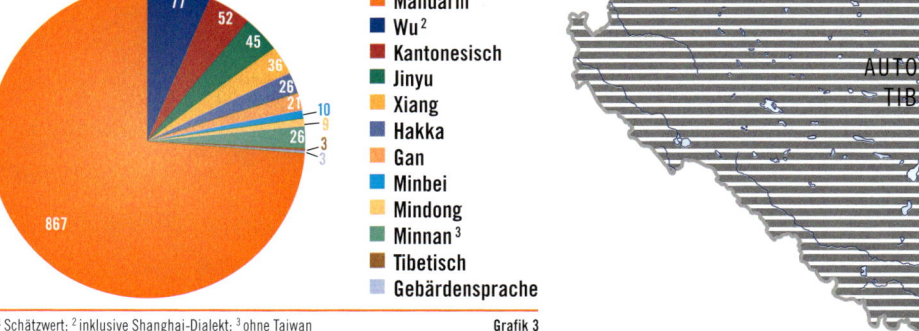

Schriftzeichen	Radikal	Zusatz[1]	Schriftzeichen	Radikal	Zusatz[1]	Schriftzeichen	Radikal	Zusatz[1]
鯉 Karpfen	魚 Fisch	里	説 sprechen	言 Wort	兌	游 schwimmen	氵 Wasser	斿
安 Frieden	宀 Dach	女	袖 Ärmel	衤 Kleid	由	遊 wandern	辶	斿 schreiten
唱 Singen	口 Mund	昌	悦 fröhlich	忄	兌 Herz	雪 Schnee	雨 Regen	ヨ

[1] phonetisch/ideografisch

Grafik 4

Sprachen und Dialekte auf Taiwan[1]

Sprache/Dialekt	Sprecher	Sprache/Dialekt	Sprecher
Ami	138 000	Paiwan	66 000
Atayal	84 000	Puyuma	8 500
Bunun	37 000	Rukai	10 500
Hakka	2 366 000	Saisiyat	4 800
Mandarin (Guoyu)	4 323 000	Taroko	4 800
Minnan (Taiwanesisch)	15 000 000	Tsou	2 100
		Yami	3 400

[1] Schätzwerte

Grafik 5

Kulturelles Leben

element ein spezifisches Schriftzeichen auf. Dies bedeutet allerdings nicht, dass für jedes Wort ein eigenes Schriftzeichen verwendet wird. Das moderne Chinesisch basiert auf zumeist zweisilbigen Wörtern, bei denen zwei bedeutungstragende Silben kombiniert werden. Insbesondere für moderne Begriffe und solche, die aus ausländischen Sprachen entlehnt sind, werden auch Wörter mit mehr als zwei Silben gebildet. Durch diese Silbenkombinationen reduziert sich der für eine Lese- und Schreibbefähigung notwendige Satz an Schriftzeichen erheblich. Aus einer Gesamtzahl von über 60 000 Schriftzeichen, die im Verlauf der Jahrhunderte kreiert wurden, müssen heute rund 2 500 beherrscht werden, um Zeitungen und populäre Literatur lesen zu können. Mit einer Kenntnis von etwa 8 000 Schriftzeichen gehört man in China heute zu dem Kreis der Intellektuellen.

Gwoyeu Romtzyh und Latinxua Sin Wenz – Versuch einer Sprachreform
Eine Reihe einflussreicher chinesischer Intellektueller und zeitweise auch einflussreiche Kreise in der KPCh strebten in der ersten Hälfte des 20. Jahrhunderts eine radikale Reform der chinesischen Schriftsprache an, bei der die komplizierten Schriftzeichen vollständig aufgegeben werden sollten. Hintergrund war zum einen die von diversen Intellektuellen vertretene Überzeugung, dass die komplexe chinesische Schriftsprache China im Wettstreit mit den modernen Industriemächten benachteilige. Zum anderen glaubte man, nur so das Analphabetentum bei den Menschen bekämpfen zu können, die nicht wie die Oberschicht Jahre ihres Lebens für das Erlernen der Schriftsprache aufwenden konnte.

Die Arbeiten des Künstlers und Kalligrafen Shu Tong zeugen auch heute noch von der hohen Kunst im Umgang mit den chinesischen Schriftzeichen (Ausstellung in Beijing).

An die Stelle der Schriftzeichen sollte ein auf lateinischen Buchstaben basierendes Alphabet treten, mittels dessen die chinesische Silbensprache (einzelne Schriftzeichen) in ihrer Aussprache mit oder ohne Tonflektierung wiedergegeben werden sollte. Die wichtigsten dieser neuen Schriftsprachen waren zum einen das *Gwoyeu Romtzyh*, das die vier Töne des Hochchinesischen durch spezifische Buchstabenfolgen wiederzugeben versuchte. Das Ergebnis war allerdings ein hochkomplexes System von Silben, das kaum eine Verbesserung zur alten Schriftsprache mit sich brachte und wieder aufgegeben wurde. Einziges bis heute erhaltenes Relikt der *Gwoyeu Romtzyh* ist die offizielle lateinische Schreibung der Provinz Shaanxi mit zwei »a«. Diese von der Pinyin-Umschrift abweichende Schreibung wurde aufrechterhalten, da sonst eine Unterscheidung der beiden Provinzen Shanxi (Hauptstadt Taiyuan) und Shaanxi (Hauptstadt Xi'an) innerhalb des Systems der Pinyin-Umschrift nicht möglich gewesen wäre. Leider ist auch bei zahlreichen anderen geografischen Objekten die offizielle Pinyin-Umschrift identisch, so dass es zum Beispiel gleich mehrere Berge mit dem Namen Heng Shan gibt.

Als eine Alternative zur *Gwoyeu Romtzyh* wurde (von sowjetischen Sinologen) die *Latinxua Sin Wenz* entwickelt, die auf eine Tonflektierung verzichtete und somit deutlich einfacher zu benutzen war. Obwohl es in den kommunistisch kontrollierten Gebieten Nordchinas ausgiebig getestet und auch von der chinesischen Eisenbahn zeitweilig für ihre Telekommunikationstexte genutzt wurde, wurde auch diese Initiative letztlich nicht weiterverfolgt. Seitens der KPCh war hierfür wahrscheinlich auch die Befürchtung ausschlaggebend, dass eine radikale Abschaffung der chinesischen Schriftzeichen bei breiten Bevölkerungsgruppen auf Unverständnis stoßen würde und so die kommunistische Bewegung belasten könnte.

Seit den 1950er-Jahren sind alle Versuche, die chinesischen Schriftzeichen durch eine

Die chinesischen Schriftzeichen

Ein kleiner Teil sehr alter Schriftzeichen, die Bedeutungen tragen wie »Mensch«, »Baum«, »Pferd«, »Fisch« etc., sind als Piktogramme entstanden, mit denen versucht wurde, ein Objekt mehr oder minder stilisiert wiederzugeben.

Eine andere kleine Gruppe von Schriftzeichen basiert auf Abstraktionen, die bestimmte Konnotationen optisch zu erfassen versuchen. Beispiele für diesen Typus sind die Schriftzeichen für »oben«, »unten«, »konkav«, »konvex«. Andere Schriftzeichen sind dadurch gebildet worden, dass zwei sinntragende Einzelzeichen zu einem neuen kombiniert wurden. Ein Beispiel ist etwa das Wort für »gut«, das aus den Elementen »Frau« und »Sohn« zusammengesetzt ist. In diese Kategorie fällt aber auch zum Beispiel der Begriff »Vertrauen«, der aus »Mensch« und »Wort« zusammengesetzt ist.

Die größte Gruppe der chinesischen Schriftzeichen ist aber aus einem bedeutungstragenden und einem lauttragenden Schriftzeichen kombiniert worden. Aus den meisten Schriftzeichen können somit auch ohne unmittelbare Kenntnis derselben die ungefähre Bedeutung (z. B. »eine Art Baum«) und die ungefähre Aussprache (z. B. zur Lautfamilie shi, si, etc. gehörig) herausgelesen werden. Ein Beispiel wäre hier das Schriftzeichen für »Mama« (gesprochen »ma«), das sich aus den Schriftzeichen für »Frau« (gesprochen nü) und »Pferd« (gesprochen »ma«) zusammensetzt. Ersteres gibt den breiteren Bedeutungsgehalt an; Letzteres weist auf die Aussprache hin.

Kulturelles Leben

Alphabetsprache zu ersetzen, eingestellt. Die 1958 seitens des Nationalen Volkskongresses beschlossene Pinyin-Umschrift dient lediglich der Umschrift von Schriftzeichen in ein westliches Schriftsystem und hat nicht den Anspruch, diese zu ersetzen. Sprachpolitisch wird sie allerdings genutzt, um die Hochsprache *Putonghua* gegenüber den lokalen Dialekten zu stärken.

Chinesisch im PC

Sollen chinesische Schriftzeichen in einen Computer oder als SMS-Text in ein Mobiltelefon eingegeben werden, dann wird im ersten Schritt die für das gewünschte Schriftzeichen gültige Pinyin-Umschrift eingegeben. Der Computer zeigt sodann alle Schriftzeichen an, die in der angegebenen Form notiert werden, wobei die am häufigsten aufgerufenen Schriftzeichen an den Anfang der Liste gerückt werden. Der Verfasser kann das gewünschte Schriftzeichen auswählen und es in den Text einbauen. Die meisten Programme bieten auch eine Auswahl der Zeichen an, die erfahrungsgemäß oft nach dem gewählten Zeichen folgen. Damit wird der modernen zweisilbigen Wortstruktur Rechnung getragen. Wählt der Verfasser so zum Beispiel das Schriftzeichen »qi«, bietet der Computer ihm (unter anderem) aus das »che« an, was sich zu »qiche« (Auto) zusammensetzt. Alternative Eingabeformen zur Pinyin-Umschrift basieren auf den Radikalen oder den Eckelementen der gewünschten Schriftzeichen. Diese Eingabemethoden sind grundsätzlich schneller, da sie eine größere Eindeutigkeit aufweisen. Die Pinyin-Umschrift »yi« generiert zum Beispiel über 350 Schriftzeichen, aus denen das gewünschte auszuwählen ist. Diese Systeme verlangen ausgezeichnete Kenntnisse der chinesischen Sprache und haben sich im Markt gegen die Umschriftmethoden nicht durchsetzen können.

Mit etwas Übung kann das Verfassen von chinesischen Texten in akzeptabler Geschwindigkeit erfolgen. Da die Umschriftmethode am PC allerdings nur die passive Wiedererkennung von Schriftzeichen einfordert, schwächt sie tendenziell die aktive Schreibkompetenz mit Stift und Pinsel.

Kalligrafie

Die Kalligrafie gilt in China als eigenständige Kunstform. Im Verlauf der vergangenen 3000 Jahre sind dabei vier große Schreibstile entwickelt worden, die eine je eigene von den anderen stark abweichende Ästhetik aufweisen. Formvollendete Kalligrafie wird in China bis zum heutigen Tag als Ausdruck höchster künstlerischer Fertigkeit geschätzt und oftmals mit Intellektualität gleichgesetzt.

Siegelschriften: Die Siegelschriften basieren auf mit krummen Linien, »wackelig« gezeichneten Schriftzeichen, wobei die Strichdicke kaum variiert wird. Erste Beispiele dieses Schreibstils finden sich bereits auf den Orakelknochen des vordynastischen China.

Reguläre Pinselschriften: Bei diesem Stil werden die verschiedenen Striche, mit denen ein Schriftzeichen konstituiert wird, einzeln umgesetzt. Jeder Strich wird einzeln gemalt, der Pinsel jedes Mal neu an- und abgesetzt. Auf diese Weise entsteht eine breite Varianz von dicken und dünnen Strichen. Dieser Schreibstil liegt den meisten der heute verwendeten Drucktypen zugrunde.

Halbkursiv-Schriften: Dieser Schreibstil basiert auf den regulären Pinselschriften, doch gehen hier im Zuge einer schnelleren Ausführung die einzelnen Striche ineinander über, was dann zu einer leichten Verfremdung der Schriftzeichen führt.

Vollkursiv-Schriften / Gras-Schriften: Dieser Schreibstil kann als eine künstlerisch überhöhte »Stenografie-Schrift« interpretiert werden, bei der im Zuge einer sehr schnellen Ausführung die Strichfolge stark variiert und vereinfacht wird. Diese Schrift kann ohne spezielle Ausbildung nicht gelesen werden. Die in Japan Verwendung findenden Hiragana-Silbenzeichen basieren auf in Gras-Schrift geschriebenen chinesischen Schriftzeichen.

Religiöses Leben

Die chinesische Kultur ist in deutlich geringerem Maße als zum Beispiel die europäische von exklusiven Glaubensbekenntnissen und bis zu totaler Hingabe reichender Gottesverehrung geprägt. Stattdessen ist sie von alters her von einem sehr pragmatischen Zugang zu Religion und ethisch-moralischen Verhaltenskodizes wie denen der konfuzianischen Schule geprägt. Dies führt dazu, dass in der Vergangenheit wie auch heute sowohl buddhistische wie auch daoistische und konfuzianische Bekenntnisse gleichzeitig gepflegt und je nach Lebenssituation und konkretem Bedarf aktiviert werden. Es passt in dieses Bild, dass die zentralen Fragen der religiös-philosophischen Diskurse in China sich traditionell weniger um die großen Sinn- und Existenzfragen des menschlichen Daseins, sondern vielmehr um die konkrete Ausgestaltung dieses Daseins gedreht haben.

Neben den hohen, intellektuell verfeinerten Ausprägungen der verschiedenen Religionsbekenntnisse waren und sind in China insbesondere auch volkstümliche Interpretationen der buddhistischen und daoistischen Lehren verbreitet. In diesen Volksreligionen wird eine Vielzahl von Gottheiten und Schutzheiligen verehrt, die oftmals allerdings nur eine regionale Bekanntheit besitzen. In Kombination mit

Im chinesischen Volksglauben gibt es die Vorstellung einer Unterwelt und eines Jüngsten Gerichts. Diese Miniatur zeigt Guanyin, die Göttin des Mitleids, die sich bei einem Besuch der Hölle der Seelen der Sünder annimmt (Paris, Bibliothèque Nationale de France).

Fortsetzung Seite 198

Kulturelles Leben
Religionen und Philosophie

Brustporträt des Konfuzius. Nicht datiertes Albumblatt eines unbekannten Künstlers vermutlich aus der Qingzeit (1644–1911/12).

Die Aufnahme fremder und die Entwicklung neuer religiöser und philosophischer Inhalte hat über die Jahrhunderte hinweg eine entscheidende Rolle für die Ausgestaltung und Entwicklung der chinesischen Kultur gespielt. Dessen ungeachtet sind vor dem Hintergrund der dem Phänomen »Religion« sehr kritisch gegenüberstehenden Herrschaftsideologie der KPCh während der zweiten Hälfte des 20. Jahrhunderts die religiösen und philosophischen Eckpfeiler der Gesellschaft weitestgehend negiert worden. Insbesondere im Verlauf der Kulturrevolution wurden diese Traditionen massiv bekämpft. Erst seit Beginn der 1980er-Jahre sind wieder Freiräume für ein aktives Religionsleben geschaffen worden, die mittlerweile auch sehr intensiv genutzt werden. Insbesondere in Südchina sind gegenwärtig die buddhistischen Lehren wieder weit verbreitet und wird Religion aktiv gelebt. Tempel und Klöster erfahren beachtlichen Zulauf – nicht nur von Gläubigen, sondern auch von Menschen, die als Mönche bzw. Nonnen einem Orden beitreten möchten.

Neben den großen Religionen des (Chan-)Buddhismus, Daoismus, Islam sowie – mit deutlich geringerer Verbreitung – den beiden großen christlichen Konfessionen spielt insbesondere der Konfuzianismus eine zentrale Rolle für die Ausgestaltung des die chinesische Gesellschaft prägenden Normen- und Wertekonsenses. Der Konfuzianismus ist am besten als philosophisch fundierte Verhaltensethik zu verstehen, mittels derer das irdische Zusammenleben der Menschen Ordnung finden soll. Diese Diesseitsorientierung macht den Konfuzianismus kompatibel mit den wichtigsten Religionen und erlaubt es dem Chinesen früher wie heute, sowohl Konfuzianer als auch Buddhist oder Daoist zu sein.

Staatlich anerkannte Religionen

Als Religionen staatlich anerkannt sind der Daoismus, der Buddhismus, der Islam und das Christentum (katholisches und protestantisches Bekenntnis). Grundlage der staatlichen Religionspolitik ist das am 1. März 2005 in Kraft getretene Religionsgesetz.

Gläubige: offiziell 100 Mio. (geschätzt 300 Mio.)
Anteil Gläubige an der Gesamtbevölkerung in China (geschätzt): 31%
Anzahl Protestanten in China (geschätzt): 18 Mio. (2004)
Mitglieder der Patriotischen Vereinigung der Katholiken Chinas (gegr. 1958): ca. 5 Mio.
Anzahl der Angehörigen der römisch-katholischen Untergrundkirche in China: zwischen 18 und 50 Mio.

Anzahl Muslime in China (geschätzt): 20 Mio.
Jüdische Gemeinde Shanghai: ca. 250 Mitglieder

Anzahl buddhistischer Tempel: 13 000 (offiziell)
Anzahl daoistischer Tempel: 1 500 (offiziell)
Anzahl katholischer Kirchen in China: 5 000 (offiziell)
Anzahl evangelischer Kirchen in China: 50 000 (offiziell)

Religionsbekenntnisse[1]

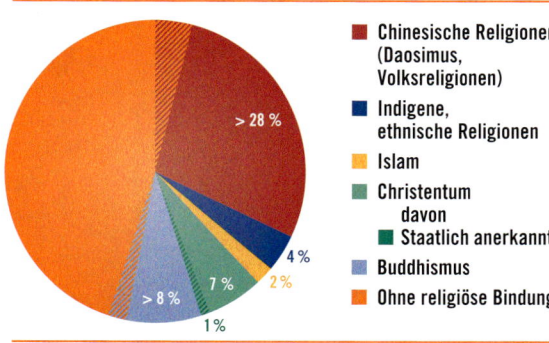

- Chinesische Religionen (Daosimus, Volksreligionen): > 28 %
- Indigene, ethnische Religionen: 4 %
- Islam: 2 %
- Christentum: 7 %
  - davon Staatlich anerkannt: 1 %
- Buddhismus: > 8 %
- Ohne religiöse Bindung

[1] Schätzwerte

Grafik 1

Kulturelles Leben

Mao Zedong 1956 zwischen den beiden wichtigsten geistlichen Führern Tibets, dem Dalai-Lama Tenzin Gyatso (rechts) und dem Pantschen-Lama Tschökyi Gyaltshan.

den konfuzianischen Lehren einer patrilinearen Ahnenverehrung hat sich hier bei weiten Bevölkerungskreisen die Überzeugung durchgesetzt, dass grundsätzlich alle Verstorbenen in guter wie schlechter Weise auf die Geschicke der Lebenden Einfluss nehmen können. Die Macht, mit der dieser Einfluss aus dem Jenseits ausgeübt werden kann, hängt von verschiedenen Parametern ab. Einer der wichtigsten Parameter sind die Macht und der Einfluss, die eine Person bereits zu Lebzeiten hatte. Es wird angenommen, dass Personen, die im Diesseits mächtig waren und über ein starkes »Qi« verfügten, dieses auch im Jenseits aufweisen. Weitere Parameter für die Macht der Verstorbenen über die Geschicke der Lebenden liegen in deren Todesursache und dem Todesort begründet. Gewaltsam ums Leben gekommene Personen üben eine sehr viel stärkere Macht aus als solche, die eines normalen Todes gestorben sind. Gleichermaßen können auch jene, die fernab ihrer Heimat verstorben sind und für die die Totenriten nicht »korrekt« ausgeführt werden können, vergleichsweise stark aus dem Jenseits heraus wirken. Die Lebenden können versuchen, durch Totenriten, Gebete und Opfergaben Einfluss auf die Aktivitäten der Verstorbenen im Diesseits zu nehmen.

Angesichts dieser Überzeugungen kann der neueste Zugang im Pantheon der chinesischen Götterwelt nicht verwundern: Mao Zedong. Der ehemals allmächtige »Große Vorsitzende« war zunächst nur als Schutzpatron der Autofahrer idolisiert worden, wird seit den 1990er-Jahren nun aber auch in veritablen Tempeln verehrt und angebetet. Mittlerweile gibt es eine Reihe von Tempeln, die Mao Zedong gewidmet sind, wobei die Schwerpunkte des Kultes in der Provinz Shaanxi, in der die kommunistische Bewegung in den 1930er- und 1940er-Jahren ihr Stützpunktgebiet um Yan'an unterhielt, und in der Provinz Hunan, der Heimatprovinz Mao Zedongs, zu finden sind.

Die Kosmologie des Daoismus

Der Daoismus bezeichnet die einzige originär »chinesische« Religionsgründung. Ihre Wurzeln liegen im Dunkeln; auch die Existenz ihres bekanntesten Vertreters Lao Zi ist historisch nicht belegt. Die entscheidende Ausformulierung der grundlegenden daoistischen Prinzipien und Schriften dürfte aber zwischen dem vierten Jahrhundert vor unserer Zeit und dem zweiten Jahrhundert der neuen Zeitrechnung erfolgt sein.

Die Lehre des Dao basiert auf einer Lao Zi zugeschriebenen Kosmologie, der gemäß das Universum geprägt wird von den beiden Kräften des *Yin* und des *Yang*, die zueinander gleichzeitig konträr und komplementär stehen. Alle Phänomene des Daseins, das Universum selbst, basieren auf dem dynamischen Zusammenspiel dieser Kräfte und tragen sowohl Elemente des *Yin* und des *Yang* in sich. Diese tragen zu einem ständigen Auf- und Niedergang der spezifischen Erscheinungsformen bei, sie schöpfen und zerstören in einem Zug. Alle Dinge und Wesen stehen aus diesem Verständnis heraus zueinander in Beziehung und beeinflussen sich gegenseitig. Innerhalb dieses allumfassenden Gesamtzusammenhangs ist somit (zumindest in der reinen, hohen Lehre des Daoismus) kein Platz für einen allmächtigen göttlichen Willen oder ein exogen vorgegebenes Schicksal. Alles fließt und bewegt sich mit dem »All«.

Buddhismus

Der Buddhismus erreichte China im ersten Jahrhundert der neuen Zeitenrechnung über jenen Oasengürtel, der später als die nördliche Route der Seidenstraße bekannt werden sollte. Aufgrund der in verschiedenen Wellen erfolgenden Rezeption sind in China zahlreiche verschiedene Schulen aufgenommen und im Kontext der chinesischen Kultur interpretiert worden. Dabei entwickelten sich diverse Zentren buddhistischer Lehren, die zu verschiedenen Zeitpunkten besondere Bedeutung erlangten. Dunhuang am östlichen Ende der Seidenstraße und Luoyang als frühe Metropole Zentralchinas kommt eine besondere Bedeutung für die erste Rezeption buddhistischer Lehren in China zu. Während in Nord- und Zentralchina insbesondere die Schulen des Chan-Buddhismus Fuß fassen konnten, blieb die Rezeption des tibetischen Lamaismus vergleichsweise eingeschränkt. Er erreichte eine größere Verbreitung (in den chinesischen Kerngebieten) nur während der von Fremdvölkern gegründeten Dynastien der Yuan (Mongolen 1271/1279–1368) und der Qing (Mandschu, 1644–1911).

Obwohl grundsätzlich von ihren Glaubenssätzen bzw. moralisch-ethischen Wertevorstellungen her kompatibel, kam es im Lauf der Geschichte immer wieder zu z.T. massiven Auseinandersetzungen zwischen dem konfuzianisch geprägten Staat und der buddhistischen Bewegung. Der Versuch, den Einfluss des Buddhismus in der Bevölkerung einzudämmen, führte zeitweilig zur Verfolgung von einzelnen buddhistischen Sekten und ihren Mönchen. Die Ausbildung vieler der heute bekannten chinesischen Kampfsportarten (so zum Beispiel des »Kung-Fu« [kong fu], übersetzt »leere Hand«) geht auf das Verbot des Tragens von Waffen zurück, mit dem die Macht der Mönche beschränkt werden sollte.

Die Vorstellung von der Seelenwanderung als Kreislauf der Wiedergeburten basiert im Buddhismus nicht auf der Idee einer individuellen Seele, sondern einer Kontinuität des persönlichen Karma. Das »Rad der Existenzen« illustriert die sechs Formen der Wiedergeburt (tibetische Wandmalerei, Kloster Hemis, Ladakh).

Kulturelles Leben

Konfuzianismus

Der Konfuzianismus wird in westlichem Verständnis oftmals als Sinnbild der chinesischen Kultur gesehen, über das sich die Charakteristika des Landes und seines Volkes erschöpfend erklären ließen. Dies ist eine unzulässige Verfälschung und Simplifizierung der Realität. Trotzdem ist der Konfuzianismus einer der wichtigsten Eckpfeiler der chinesischen Kulturgeschichte und war für über zwei Jahrtausende die grundlegende ethisch-philosophische Kraft hinter der spezifisch »chinesischen« Ordnung von Staat und Gesellschaft. Nicht von ungefähr war der Konfuzianismus der zentrale Reibungspunkt für die kommunistische Bewegung in ihrer Auseinandersetzung mit der chinesischen Kultur und Gesellschaft.

Als zentrale Schriften des Konfuzianismus gilt ein Kanon von im Verlauf der Zeit auf 13 Schriften angewachsenen »Klassikern«. Diese umfassen insbesondere das *Yijing* (Buch der Wandlungen), *Liji* (Buch der Riten), *Lunyu* (Worte des Konfuzius) und *Mengzi* (Worte des Menzius). Das *Lunyu* (Worte des Konfuzius) umfasst zwanzig »Bücher« mit insgesamt über 450 Sentenzen bzw. kurzen Lehrdialogen, in denen der Verfasser zu spezifischen Themen Stellung nimmt. Als Begründer des Konfuzianismus gilt die historisch belegte Person des Kong Qiu (551–479 v. Chr.), der im Lateinischen nach der chinesischen Anrede Kong Fuzi (Lehrer »Kong«) als Konfuzius bekannt wurde. Kong Qiu agierte als ein freischaffender Lehrer und Berater, der im Laufe seines Lebens für verschiedene Adelshäuser und Staatsführer tätig war und aus diesen Erfahrungen heraus seine moralisch-ethischen Lehrsätze entwickelte.

Die auf die Erkenntnisse des Kong Qiu aufbauende konfuzianische Lehre hat im Verlauf der Jahrhunderte umfassende Weiterentwicklungen und zeitgenössische Interpretationen erfahren, die es verbieten, die »gelebten« konfuzianischen Lehren des Zeitalters vor der Zeitenwende zum Beispiel mit denjenigen des 18. und 19. Jahrhunderts gleichzusetzen. Dessen ungeachtet ist es möglich, eine Reihe von über die Zeit konstanten Grundelementen der konfuzianischen Bewegung zu identifizieren. An erster Stelle steht hierbei der Primat der individuell gelebten Moral und Ethik. Die Grundlage und ultimative Voraussetzung einer »guten« Ordnung von Staat und Gesellschaft wird in der Selbstkultivierung des Individuums gesehen. Ohne den »Edlen«, der höchste moralisch-ethische Ansprüche erfüllt, kann es keine »Befriedung der Welt« geben. Ein weiteres zentrales Element der konfuzianischen Bewegung ist die Betonung der Pietät gegenüber dem »Alten«, das heißt der Tradition, den Ahnen und der älteren Generation.

Der Konfuzius-Tempel im Zentrum der Provinz Shandong auf dem Berg Tai Shan; dieser galt in China lange als höchster Berg der Erde.

Aus diesen beiden Grundkonstanten des Konfuzianismus folgt zwangsläufig eine antidemokratische und nicht rechtsstaatlich orientierte Grunddisposition, die das Wort des »Edlen« deutlich höher gewichtet als das der breiten, unkultivierten Massen, die durch den »Edlen« geführt werden sollen. Gleichzeitig stehen das rückwärtsgewandte, traditionsorientierte Kulturideal und die Fokussierung auf eine selbstbezogene, vom Alltagsgeschehen entrückte Kultivierung des Individuums im Widerstreit zu einer an materiellen Leistungsparametern ausgerichteten »kapitalistischen« Gesellschaft. Eine calvinistische Leistungsorientierung steht der konfuzianischen Lehre diametral entgegen.

Obwohl die Menschen als in ihrer Grunddisposition, ihrer »Natur« gleich gut (z. B. Mengzi) bzw. schlecht (z. B. Xunzi) betrachtet werden, kennt die konfuzianische Lehre faktisch keine sozialen Beziehungen unter Gleichen. Jede zwischenmenschliche Beziehung ist durch ein hierarchisches Verhältnis bestimmt. Die fünf wichtigsten Rollenbeziehungen *(wu lun)* sind dabei die zwischen Vater und Sohn, Fürst und Untertan, Mann und Frau, Älterer und Jüngerer und Freund zu Freund. Im Rahmen dieser Beziehungen besteht keineswegs eine einseitige Unterordnung und Dienstbarkeit des Letztgenannten gegenüber dem Erstgenannten. Der Höherstehende hat gleichzeitig eine Versorgungs- und Schutzfunktion, sodass im Idealfall eine reziproke Beziehung besteht, von der beide Seiten in gleichem Maße profitieren. In der Realität hat sich allerdings

---

Worte des Meisters Konfuzius

Gesetz und Geist bei der Staatsregierung

Der Meister sprach: »Wenn man durch Erlasse leitet und durch Strafen ordnet, so weicht das Volk aus und hat kein Gewissen. Wenn man durch Kraft des Wesens leitet und durch Sitte ordnet, so hat das Volk Gewissen und erreicht (das Gute).« (Buch II, 3)

Sittlichkeit: Ehrfurcht und Nächstenliebe

Dschung Gung fragte nach (dem Wesen) der Sittlichkeit. Der Meister sprach: »Trittst du zur Tür hinaus, so sei wie beim Empfang eines geehrten Gastes. Gebrauchst du das Volk, so sei wie beim Darbringen eines großen Opfers. Was du selbst nicht wünschest, das tue nicht den Menschen an. So wird es in dem Land keinen Groll (gegen dich) geben, so wird es im Hause keinen Groll (gegen dich) geben.« Dschung Gung sprach: »Obwohl meine Kraft nur schwach ist, will ich mich doch bemühen, nach diesem Wort zu handeln.« (Buch XII, 2)

Die Person des Herrschenden

Der Meister sprach: »Wer selbst recht ist, braucht nicht zu befehlen: und es geht. Wer selbst nicht recht ist, der mag befehlen: doch wird nicht gehorcht.« (Buch XIII, 6)

Zitiert nach der Übersetzung von Richard Wilhelm. Kungfutse. Gespräche – Lun Yü. Köln: Eugen Diederichs Verlag 1955.

Kulturelles Leben

Fest- und Feiertage in China Auswahl[1]

1. Januar	Neujahr
Ende Januar / Anfang Februar	Frühlingsfest, Chinesisches Neujahr[2]
8. März	Weltfrauentag
Früher April	Grabkehrtag (Qing Ming Jie)
1. Mai	Tag der Arbeit
4. Mai	Tag der Chinesischen Jugend
1. Juni	Weltkindertag
5. Tag des 5. Monats nach dem chinesischen Mondkalender	Drachenbootfest
1. Juli	Gründungstag der Kommunistischen Partei Chinas
1. August	Gründungstag der Volksbefreiungsarmee
15. Tag des 8. Monats nach dem chinesischen Mondkalender	Mondfestival
1. Oktober	Chinesischer Nationalfeiertag

[1] Manche Fest- und Feiertage können dabei nach dem gregorianischen Kalender jedes Jahr auf ein anderes Datum fallen. In einigen Fällen erstrecken sich die gesetzlichen Feiertage über mehrere Tage (so sind beispielsweise um den 1. Mai [Tag der Arbeit] weitere Tage frei); [2] Dauer vier Tage

Löwen-Tänzer gestalten die Eröffnungszeremonie einer Tempel-Messe in Beijing in Vorbereitung auf das Neujahrsfest – des höchsten Familienfestes in China.

im klassischen China insbesondere im Verhältnis zwischen Mann und Frau ein wenig ausgeglichenes Verhältnis herausgebildet, das in eine offene Diskriminierung des weiblichen Geschlechts einmündete.

Fest- und Feiertage

Die Feste und Feiertage des modernen China (VR China) basieren auf zwei grundverschiedenen Traditionen. Es sind dies zum einen der alte überlieferte Bauernkalender und zum anderen von der Kommunistischen Partei festgelegte Gedenk- und Feiertage. Der offiziell höchste Feiertag ist der Nationalfeiertag am 1. Oktober, mit dem die Staatsgründung im Jahr 1949 begangen wird. Um diesen Tag ist seit Ende der 1990er-Jahre eine einwöchige Ferienwoche gelegt worden, während derer heute viele Chinesen touristische Ziele ansteuern. Eine ähnliche Ferienwoche ist auch um den 1. Mai, den Tag der Arbeit, gelegt worden. Aus der Tradition heraus ist das über den Mondkalender terminierte Frühlingsfest das größte Fest des Jahres. Je nach Lage der Feiertage kommen im Januar oder Februar die Familien zusammen, um dieses in der Regel dreitägige Fest gemeinsam zu begehen. Das Frühlingsfest ist für viele Wanderarbeiter der einzige Termin im Jahr, zu dem sie von ihren Arbeitsorten zurückkehren in ihre Heimatdörfer und mit ihren Familien zusammenkommen. Der Anfang April begangene »Grabkehrtag« (»Qing Ming Jie«) dient der Erinnerung an die Toten und wird tatsächlich zur ausführlichen Grabpflege genutzt. Dieser Feiertag ist heute insbesondere in den traditionsverbundenen dörflichen Gemeinden ein sehr bedeutsamer Eckpunkt des Jahres.

Ein – entgegen der zugrunde liegenden Legende – eher fröhliches und von der Jugend stark angenommenes Fest ist das Drachenbootfest, mit dem an den patriotischen und loyalen Dichter Qu Yuan erinnert wird, der sich im 3. Jahrhundert v. Chr. in den Fluss Xiang warf und sich das Leben nahm. Durch die Spende (heute den Verzehr) von in Bambusblättern eingewickeltem Klebreis soll der Geist des Selbstmörders versorgt werden – und davon abgehalten werden, die Lebenden zu stören. Die an diesem Tag veranstalteten Drachenbootrennen gehen auf den Wunsch zurück, den Dichter vor dem Ertrinken zu retten.

Mondkalender und Jahreszählung

Im Lauf der Jahrhunderte haben chinesische Gelehrte an die Hundert verschiedene Kalendersysteme entwickelt, die alle auf der Bewe-

---

Chinesische Zahlenmystik

Die chinesische Bevölkerung pflegt bis zum heutigen Tage eine umfassende Zahlenmystik, der gemäß bestimmten Zahlen eine »glückliche« oder aber »unglückliche« Bedeutung zugesprochen wird. Kern der volkstümlichen Zahlenmystik ist die Übereinstimmung der Aussprache von Zahlen oder Zahlenkombinationen mit Wörtern oder Sätzen, die mit anderen Schriftzeichen geschrieben werden. Höchstgradig Unglück verheißend ist so zum Beispiel die Zahl »514«, die unter Unkenntnis der zugrunde liegenden Schriftzeichen auch als »Ich will sterben!« missverstanden werden kann. Besser klingt da schon die Zahlenkombination 135 85 85 85 85, kann sie im Kantonesischen doch auch gelesen werden als »Lass mich reich sein, reich sein, reich sein, reich sein«. Für die entsprechende Telefonnummer wurden in China über eine Million Euro bezahlt. Überhaupt werden Telefonnummern ebenso wie auch Autokennzeichen in China nach der Güte der in ihnen enthaltenen Zahlen verkauft bzw. versteigert. Je mehr Achten, Neunen oder Fünfen enthalten sind, umso teurer werden die Nummern. Der Preis fällt demgegenüber mit der Existenz der Zahl Vier. Für die Telefonnummer 8888 8888 legte so zum Beispiel die Fluggesellschaft Sichuan Airlines 2,33 Millionen Yuan RMB (ca. 230 000 Euro) auf den Tisch. Sie wird nun für eine 24-Stunden-Hotline genutzt.

Viele Ausländer und ausländische Unternehmen sind in China im Übrigen bereits an ihrer Telefonnummer zu erkennen: Aus Unkenntnis oder Sparsamkeit nutzen sie jene Telefonnummern, die sonst kaum ein Chinese verwenden würde. Es gilt also die Faustregel: Je öfter die »Vier« in einer Telefonnummer, desto größer die Wahrscheinlichkeit, dass sich am anderen Ende ein Ausländer meldet.

Königin der Glück verheißenden Zahlen ist die »Acht«, die Glück und Reichtum verheißt. Die chinesische Regierung ließ es sich denn auch nicht nehmen, die Olympischen Spiele am 8.8.2008 um 8.08 Uhr abends in Beijing zu eröffnen.

Kulturelles Leben

Die traditionelle chinesische Garküche ist vielfältig. Neben Gemüse und Nudeln spielt Fleisch in allen Variationen eine große Rolle. Vor allem im Süden kommt auch für Europäer Ungewohntes wie Heuschrecken oder Hund auf den Tisch.

Der chinesische Mondkalender wurde nach dem Sturz der Qing-Dynastie im Jahr 1912 abgeschafft und durch das gregorianische Kalendersystem ersetzt. Als Jahr eins wurde jedoch nicht Christi Geburt, sondern das Jahr 1912 festgelegt. Diese Zählung wird in Taiwan bis zum heutigen Tage beibehalten. Die chinesische Regierung schloss sich nach ihrer Machtübernahme auf dem Festland allerdings der westlichen Praxis an und zählt die Jahre nun wie die Europäer.

Der Mondkalender, obwohl offiziell seit knapp einem Jahrhundert abgeschafft, wird weiterhin berechnet und seitens breiter Volksschichten nicht nur zur Bestimmung der traditionellen Feiertage beachtet. Die Zählung des Mondkalenders beginnt mit dem Herrschaftsantritt des (mythischen) Gelben Kaisers (2697 v. Chr.) und erreicht mit dem Frühlingsfest 2009 bereits das Jahr 4707.

Essenskultur und Regionalküchen

Das Essen besitzt in China einen hohen Stellenwert. Kaum ein Chinese kann sich vorstellen, nicht dreimal am Tag warm zu speisen. Die deutsche Kultur des »belegten Brotes« trifft hier auf Unverständnis. Das Essen ist für die meisten Chinesen Mittelpunkt des sozialen Lebens und einer jener Bereiche des täglichen Lebens, für den man gerne vergleichsweise viel Geld ausgibt. In der traditionellen chinesischen Medizin wird zudem seit alters eine ausgewogene Ernährung als wichtiges Element einer gesunden Lebensweise verstanden. Die Diätetik ist von daher ein wichtiges therapeutisches Instrument der traditionellen chinesischen Medizin. Die Grundelemente derselben kennt wahrscheinlich jeder Chinese von Kindesbeinen an. Die Bedeutung des Essens in der chinesischen Kultur wird aber auch aus den vielen Wortkomposita deutlich, die auf dem Verb »essen« (chi) beruhen.

Die in Europa verbreitete Begeisterung für die ausgefallenen Delikatessen der chinesischen Küche (Ameisen, Fischköpfe, Heuschrecken, Hunde, Innereien jeder Art, Schlangen, Maden, Seegurken, Truthahnfüße etc.) ignoriert zumeist die Herkunft dieses Speiseplans. Die chinesische Küche ist letztlich hervorgegangen aus einer Situation des Mangels und des Hungers. Die heute gerühmte Vielfalt ist daher nichts anderes als das Ergebnis einer verzweifelten Suche nach Essbarem.

Ausgehend von dieser Verwaltung des Mangel ist die chinesische Esskultur in ihrer höchsten Ausprägung durch die Beachtung einer Vielzahl von Parametern bestimmt, die alle zusammenkommen müssen, um ein gelungenes Mahl aufzutischen. Relevant sind dabei insbesondere die verschiedenen Geschmackskomponenten (süß, sauer, bitter, scharf, salzig, jeweils in verschiedenen Ausprägungen), die Konsistenz der Speisen (fest, weich, schleimig, knusprig etc.), die medizinische Wirkung der Speisen (»wärmend«, »kühlend« etc.) sowie andere Aspekte wie die farbliche Gesamtkomposition, die dem Anlass entsprechende Auswahl von Speisen mit besonderer Symbolik. Die Kunst der »richtigen« Bestellung bei einem Bankett bleibt den meisten Ausländern zeitlebens verschlossen.

Die Kultur des Teetrinkens

China besitzt die weltweit wahrscheinlich älteste Teekultur, was nicht zuletzt durch die Existenz einer speziellen »Teesteuer« in Chinas erster Dynastie der Qin (221–207 v.Chr.) belegt wird. Dessen ungeachtet hat die chinesische Teekultur niemals die Verfeinerung und Überhöhung erfahren, die sich in Japan über die Jahrhunderte ausgebildet hat. Während der »Kulturrevolution« wurde das Teetrinken als sozial-kulturelles Erlebnis und Zeremoniell

Die chinesischen Tierkreiszeichen

Seit Urzeiten wird auf der Basis des Mondkalenders ein 60-Jahres-Zyklus verfolgt, der von den zehn »Himmelsstämmen« mit den zwölf »Erdstämmen« ausgeht. Ein 60er-Zyklus entsteht durch die einem spezifischen Regelsystem folgende Paarung der zehn »Himmelsstämme« mit jeweils sechs der »Erdstämme«. (Die Kombination folgt der Folge 1-1, 2-2, 3-3, … 10-10, 1-11, 2-12, 3-1, 4,-2, … 8-10, 9-11, 10-12.) Jedes Jahr ist so durch eine bestimmte Kombination von Elementen, die den »Himmelsstämmen« zugeordnet sind, und Tieren, die den »Erdstämmen« entsprechen, charakterisiert. Jedes Tier kann also mit fünf verschiedenen Elementen auftreten, was bedeutet, dass zum Beispiel ein Jahr des Drachen zwar alle 12 Jahre eintritt, die spezifische Kombination Drache/Feuer aber nur alle sechzig Jahre.

Die »Himmelsstämme« und die ihnen zugeordneten Elemente.
1 Holz 2 Holz 3 Feuer 4 Feuer 5 Erde 6 Erde
7 Metall 8 Metall 9 Wasser 10 Wasser

Die »Erdstämme« und die ihnen zugeordneten Tiere.
1 Ratte 2 Rind 3 Tiger 4 Hase
5 Drache 6 Schlange 7 Pferd 8 Schaf/Ziege
9 Affe 10 Hahn 11 Hund 12 Schwein

Jedem dieser Elemente, Tiere und den Kombinationen derselben sind im Volksglauben spezifische Eigenschaften und Wirkkräfte zugeschrieben worden, die einen riesigen Komplex an astrologischen Deutungen, Weissagungen und Verhaltensanweisungen unterhalten. Auf diesem System gründende abergläubische Praktiken haben sich bis in die Gegenwart erhalten. So gelten zum Beispiel bestimmte Kombinationen mit dem Tierkreiszeichen »Pferd« als für Frauen besonders unglücklich, sodass es – wie demografische Erhebungen beweisen – zu massenhaften Tötungen weiblicher Babys gekommen ist, die an den entsprechenden Tagen geboren wurden.

Fortsetzung Seite 204

Kulturelles Leben
Regionale Küchen – Essen und Trinken

Die chinesische Küche zählt zu den bekanntesten und beliebtesten Landesküchen. Wahrscheinlich sind die meisten Städte der Welt auch Heimat mindestens eines sogenannten China-Restaurants, in dem Speisen der verschiedenen Regionen angeboten werden, die der Einfachheit halber durchnummeriert werden. In China selbst hingegen gibt es solche Restaurants nicht. Die chinesische Küche unterscheidet sich je nach Region innerhalb des Landes sehr stark und lässt sich in die nördliche, die östliche, die westliche und die südliche Schule unterscheiden. Gebräuchlich ist auch die Unterscheidung in die kantonesische Küche, die Sichuan-Küche, die Shanghai-Küche und in die Küche des Nordens oder Pekinger Küche. Dabei verbindet alle Chinesen die Bedeutung, die dem Essen zukommt.

Grundsätzlich sind es auch die Hauptanbauprodukte, die den Speiseplan bestimmen: Im Norden werden zu Weizengerichten Zwiebeln, Schnittlauch, Kohl sowie anderes Gemüse mit Schwein und Lamm gegessen, im Süden hingegen dominiert Reis als wichtigstes Nahrungsmittel. Den Kantonesen sagt man nach, dass sie dazu »alles essen, was Beine hat, außer Tischen, und alles, was Flügel hat, außer Flugzeugen«.

Anteil der Ausgaben für Lebensmittel an den gesamten Konsumausgaben eines Haushalts [1] in %

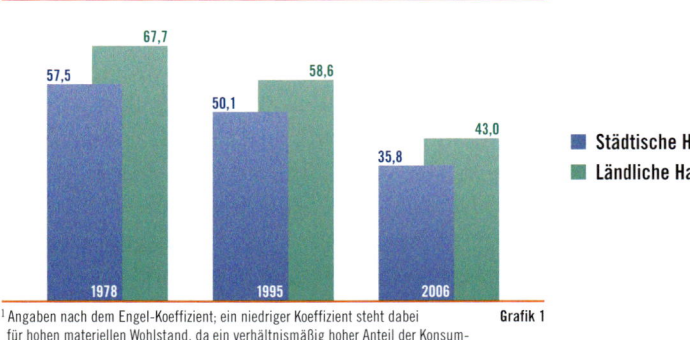

■ Städtische Haushalte
■ Ländliche Haushalte

[1] Angaben nach dem Engel-Koeffizient; ein niedriger Koeffizient steht dabei für hohen materiellen Wohlstand, da ein verhältnismäßig hoher Anteil der Konsumausgaben eines Haushalts für andere Konsumgüter ausgegeben werden kann.

Grafik 1

Bierkonsum pro Kopf in Litern

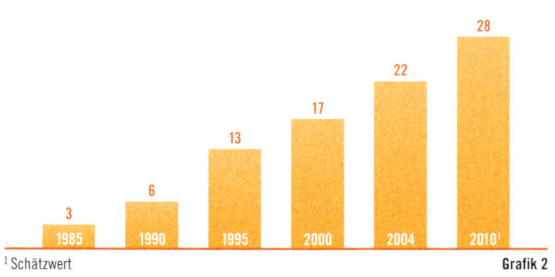

[1] Schätzwert

Grafik 2

Weinproduktion in China in Kilotonnen

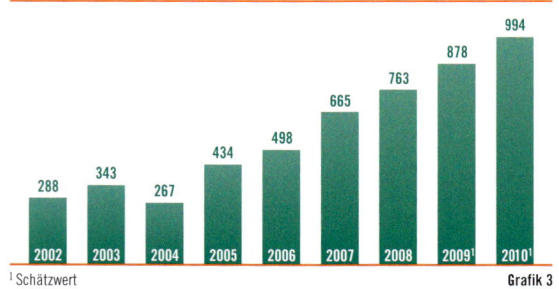

[1] Schätzwert

Grafik 3

Weinbaugebiete

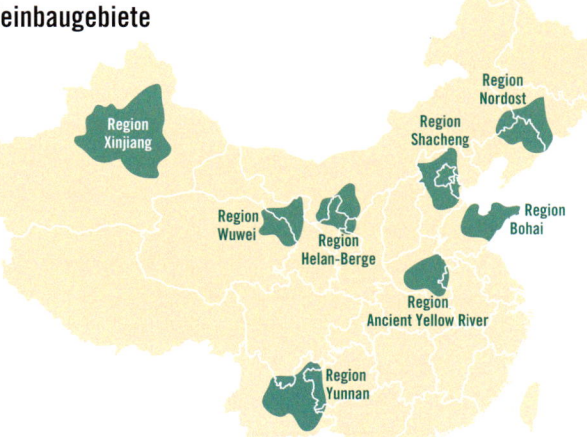

Nationaler Gesamtwert: Anteil der Konsumausgaben für Lebensmittel (%): **35,78**

Kulturelles Leben

Yum Cha und Dim-Sum

Yum Cha, kantonesisch für »Tee trinken«, bezeichnet eine in Südchina und unter Auslandschinesen sehr beliebte Form des geselligen Beisammenseins, bei dem Tee getrunken wird und **Dim-Sum** – warme salzige wie süße Häppchen – gegessen werden. Vielfach kehrt man zum Yum Cha in großen Restaurants ein, die ein lautstarkes und turbulentes Ambiente bieten. Die Dim-Sum werden hier oft auf kleinen Wagen durch die Tischreihen gefahren und auf Wunsch der Gäste portionsweise auf die Tische gestellt. Zum Yum Cha kann man entweder mit Freunden auf einen kleinen Imbiss gehen oder aber mit der Großfamilie zum mehrstündigen Feiertagsbrunch.

geächtet und als eines der »vier alten« weitgehend aus dem gesellschaftlichen Leben verbannt. Erst seit den 1990er-Jahren kommt es in Chinas Städten zu einer Renaissance von traditionellen Teehäusern, die mittlerweile auch regen Zulauf haben. Eine Bedrohung ihrer Existenz erwächst diesen heute in erster Linie durch Kaffeehäuser wie *Starbucks, San Francisco Coffee Company* und deren chinesischen Nachahmer.

Die größte Beliebtheit genießt in China der grüne Tee, der insbesondere in den Provinzen Zhejiang, Anhui und Fujian angebaut wird. Schwarzer Tee wird zumeist in Yunnan hergestellt, während der halbfermentierte Wulong-Tee in erster Linie in Fujian hergestellt wird. Auch in Taiwan gibt es eine bedeutsame Produktion von Wulong-Tee. Wachsende Beliebtheit genießt Tee, der mit Blüten und chinesischen Heilpflanzen versetzt ist.

Zum Alltagsbild gehört in China seit Jahrzehnten ein Einmachglas, das insbesondere Bus- und Taxifahrer, aber auch Universitätsprofessoren und Studenten immer mit sich führen. Es wird morgens mit einer Handvoll Teeblätter gefüllt und dann im Laufe des Tages, wann immer heißes Wasser zur Verfügung steht, immer wieder neu aufgefüllt. Wichtig ist dabei, dass das Glas zwischendurch nicht vollständig geleert wird, sondern die Teeblätter immer mit Wasser bedeckt bleiben. Nur so ist gewährleistet, dass auch die zehnte Befüllung noch Geschmack hat.

Die moderne Literatur

Die moderne chinesische Literaturszene ist geprägt durch ihr unglückliches Verhältnis zur Politik. Bis zum heutigen Tage kann in China kein Schriftsteller ein Werk publizieren, das nicht seitens der staatlichen Zensur als politisch korrekt und »ungefährlich« eingestuft worden ist. Dies führt dazu, dass eine der wichtigsten Funktionen der Literatur-Schaffenden, die künstlerische Verarbeitung gesellschaftlicher Entwicklung und gerade auch die Kontemplation über das menschliche Dasein und dessen politisch-ideologische Einbindung, nur höchst eingeschränkt erfüllt werden kann. Chinas moderne Literaturszene ist nicht apolitisch, aber sie ist – zwangsweise – in bemerkenswertem Maße wenig herrschaftskritisch.

Das in der jüngeren Zeit wichtigste Genre der modernen chinesischen Literatur ist zweifelsohne die sogenannte »Narbenliteratur« in der seit den späten 1970er-Jahren die Traumata der Kulturrevolution aufgearbeitet worden sind. Diese immer von der tagesaktuellen politischen Interpretation der Geschehnisse der Jahre von 1966 bis 1976 geprägte Literatur fokussierte stark auf individuelle Leidenserfahrungen und die während der Kulturrevolution geschlagenen »Narben«. Der intellektuelle und literarische Gehalt der meisten dieser Werke gilt allerdings als wenig überzeugend.

Seit den später 1900er-Jahren ist zu beobachten, dass die »ernste« intellektuell ausgerichtete Literaturszene immer stärker an Boden verliert. Paradoxerweise ist dies nicht darauf zurückzuführen, dass die staatliche Zensur verschärft worden wäre – im Gegenteil. Primäre Ursache ist vielmehr die Kommerzialisierung des Buchwesens, die dazu führt, dass intellektuell tief greifende (aber politisch wenig bissige) literarische Werke kaum noch einen Verlag und ein Publikum finden, während seichte, vollkommen apolitische Unterhaltungsliteratur den Büchermarkt erobert.

Gao Xingjian – Literaturnobelpreisträger 2000
Als erster Chinese wurde 2000 Gao Xingjian der Nobelpreis für Literatur verliehen. Gao Xingjian, geboren in der Provinz Jiangxi am 4.1.1940, hat China 1987 verlassen und lebt seitdem in der Nähe von Paris. Seit 1998 ist er französischer Staatsbürger. Seine jüngsten Werke sind nicht mehr in Chinesisch, sondern in französischer Sprache verfasst. Gao Xingjian verarbeitet in seinen Werken insbesondere persönliche Erlebnisse aus der Kulturrevolution, während der er dazu gezwungen worden war, seine Manuskripte zu verbrennen, und zur Umerziehung und Landarbeit aufs Land geschickt worden war, und setzt sich mit der KPCh in der postmaoistischen Ära auseinander. Die Freiheit des Individuums und der Kampf gegen verblendete Massen, Kritik an der politischen Herrschaft und deren Verfolgung von Kunstschaffenden sind zentrale Themen der Arbeit Gao Xingjians. Seitens der KPCh wird er als ein Literaturschaffender verstanden, der mit seinen Werken staatszerset-

Tee hat in China eine lange Tradition.

Was man alles »isst«

Chinesisch	Übersetzung	Bedeutung
chi bu kai	essen – nicht – öffnen	unbeliebt, Missfallen erregen
chi cu	Essig essen	eifersüchtig
chi de kai	essen – [macht] – öffnen	beliebt, populär, begehrt
chi de shang	essen – [macht] – oben	sich leisten können
chi fan	Reis essen	essen, Mahlzeit einnehmen
chi guo fan, ma?	schon gegessen?	Hallo [Begrüßung, im postmaoistischen China kaum mehr gebräuchlich]
chi jin	Kraft essen	Energie benötigen, sich anstrengen
chi ku	Bitternis essen	Härten ertragen, leiden, Strapazen aushalten
chi kui	Verluste essen	Schaden erleiden, sich in einer ungünstigen Situation befinden

Kulturelles Leben

Gao Xingjian hält seine Rede vor der Schwedischen Akademie am 7. Dezember anlässlich der Verleihung des Literaturnobelpreises.

zend wirke und den Machtanspruch der Partei untergrabe. Er gilt in China seit 1989 als unerwünschte Person.

Nur zwei der Theaterstücke Gaos wurden jemals in der VR China aufgeführt. »Die Busstation« (1983), eine chinesische Interpretation von Becketts »Warten auf Godot«, wurde seitens der KPCh umgehend massiv als politisch verirrt und schädlich kritisiert. Weitere wichtige Werke sind »Das andere Ufer« (1986) und »Flucht« sowie die Romane »Lingshan/Der Berg der Seele« (1992) und »Die Bibel eines einsamen Menschen« (1999).

Die junge Kunstszene

Im Verlauf der Jahrhunderte hat der chinesische Kulturraum in zahlreichen Kunstformen, sei dies in der Malerei, der Plastik, der Musik oder vieler anderer mehr, Kunstwerke und Schulen bzw. Stilrichtungen von Weltgeltung hervorgebracht. Dieses große Erbe ist in den ersten fünfzig Jahren kommunistischer Herrschaft allerdings weitgehend verschüttet worden. Der Primat der Politik über die Kunst, der Zwang, Kunstwerke immer mit (korrekten) politischen Botschaften auszustatten, hat in vielen Kunstrichtungen zu einer Austrocknung der künstlerischen Kreativität und Ausdruckskraft geführt.

Erst in den späteren 1990er-Jahren ist es wieder zum Aufleben einer auch zahlenmäßig gewichtigen Künstlerszene gekommen, die in allen Kunstformen mit aufsehenerregenden Werken an die nationale und internationale Öffentlichkeit tritt. Im 21. Jahrhundert ist die Avantgarde der modernen chinesischen Künstler gar zu einem Liebling der internationalen Kunstszene geworden; ihre Arbeiten werden zu exorbitant hohen Preisen auf den großen Auktionen des internationalen Kunstmarktes gehandelt.

Viele der neuen Künstler verfolgen eine Fusion traditioneller chinesischer mit modernen »westlichen« Stilelementen und schaffen auf diese Weise neue Ausdrucksformen und Perspektiven auf klassische Inhalte.

Chinas neue Filmszene

Über Jahrzehnte hinweg war die chinesische Filmproduktion geprägt von vor Pathos strotzenden Propagandafilmen, in denen politisch-ideologisch korrekte Hauptdarsteller im antijapanischen Krieg, dem Bürgerkrieg gegen die Guomindang oder bei den verschiedenen Produktionsschlachten des »neuen Chinas« heldenhafte Leistungen vollbrachten. Dies hat sich seit den 1980er-Jahren radikal geändert. Es existiert mittlerweile eine vielschichtige Szene von Filmschaffenden, die im Schatten der weiterhin sehr präsenten Zensurbehörden neue Wege beschreiten.

Die neue chinesische Filmszene hat sich von der zuvor dominierenden Aufarbeitung der Schrecken der Kulturrevolution emanzipiert und widmet sich nun stärker den drängenden Problemen und Fragen des Lebens in einem sich rapide verändernden Umfeld, das zwar einerseits ökonomischen Aufschwung, andererseits aber soziale Vereinsamung und Verrohung mit sich bringt. Diese neuen Themen werden sowohl von klassischen Filmemachern aufgegriffen als auch in der für China neuen Form des Dokumentarfilms verarbeitet. An der Spitze des Avantgardefilms steht eine neue Gruppe von Untergrundfilmern, die mit geringen finanziellen Mitteln und jenseits der staatlichen Zensur versuchen, ihr Lebensgefühl auf Film zu bannen.

Ai Weiwei

1957 in Beijing geboren, ist Ai Weiwei einer der führenden chinesischen Konzeptkünstler. Er wuchs unter anderem in der Mandschurei und in Xinjiang auf, wohin sein Vater, der Dichter und Regimekritiker Ai Qing in die Verbannung geschickt worden war. Nach einem Studium an der Filmakademie in Beijing ist er von 1981 bis 1993 in New York. Seit der Rückkehr nach China lebt er im Künstlerviertel Dashanzi in Beijing zuhause. Auf der documenta 12 war Ai Weiwei mit zwei Projekten vertreten. Seine aus antiquarischen Türen und Fenstern erstellte Installation Template wurde kurz nach der Eröffnung durch einen Regensturm zerstört und von Ai Weiwei als sichtbares Zeichen der Kraft der Natur für den Rest der Ausstellung als Ruine gezeigt. Im Rahmen des Projektes Fairytale (Märchen) lud der Künstler 1001 Chinesen in fünf Gruppen für jeweils eine Woche nach Kassel ein. In dem Bestreben, die individuelle Bewusstseinsbildung und das Verständnis für grundlegende globale Zusammenhänge zu fördern, ließ der Künstler die Chinesen, documenta-Besucher und Einwohner Kassels im öffentlichen Raum aufeinandertreffen. Als Symbol der Aktion wurden 1001 Holzstühle aus der Qing-Dynastie über die drei wichtigsten Ausstellungsstätten verteilt und zum Ende der documenta 12 versteigert.

Ein Teil der 1974 bei Xi'an entdeckten Grabwächterarmee in der gigantischen unterirdischen Grabanlage des ersten chinesischen Kaisers Qin Shi Huangdi. China beherrschte schon vor zwei Jahrtausenden herausragendes Kunsthandwerk.

Fortsetzung Seite 208

Kulturelles Leben
Buchmarkt und Bibliotheken

Chinas Buchproduktion, Druck- und Verlagswesen wurden nach der Machtübernahme durch die Kommunistische Partei radikal umstrukturiert. Im Verlauf der 1950er-Jahre wurden sie zu den Zwecken der kommunistischen Propaganda umorganisiert und einem zentralstaatlichen Planungsprozess unterworfen. Private Verlage wurden aufgelöst; unabhängige Positionen konnten nicht mehr publiziert werden. Stattdessen wurde ein zentralstaatliches Monopol errichtet, das Programmgestaltung, Druck und Vertrieb umfasste. Zentrale Größe des Buchwesens war die staatliche Xinhua-Buchhandlung. Seit Mitte der 1980er-Jahre sind Liberalisierungen im chinesischen Buchwesen zu verzeichnen. Das massive Übergewicht ideologischer und propagandistischer Schriften hat sich zugunsten einer breiteren Vielfalt von Inhalten verschoben. Xinhua ist nicht mehr alleiniger Vertreiber, daneben gibt es eine Reihe privater Initiativen. Dessen ungeachtet behält sich der Staat weiterhin ein umfassendes Kontroll- und Zensurrecht vor.

Das Bibliothekswesen ist nach 1949 seitens der kommunistischen Führung des Landes zunächst substanziell gefördert worden, um auf diese Weise die Alphabetisierung der Bevölkerung voranzutreiben und gleichzeitig die ideologischen Leitlinien der Partei zu verbreiten. Innerhalb weniger Jahre wurde die Anzahl der öffentlichen Bibliotheken von 52 auf 400 ausgeweitet. Der Aufbau eines umfassenden Bibliothekswesens wurde in der Kulturrevolution allerdings erheblich zurückgeworfen. Viele Bibliotheken wurden geschlossen und erhebliche Buchbestände verbrannt. Erst seit Beginn der Reformperiode ist wieder eine deutliche Verbesserung zu beobachten. Insbesondere seit den 1990er-Jahren wird das Bibliothekswesen mit seinen diversen öffentlichen und Spezialbibliotheken mit neuer Technologie modernisiert und der oftmals stark veraltete Bücherbestand aktualisiert und vervollständigt. Im Jahr 2006 waren 2778 öffentliche Bibliotheken eingerichtet, die über 210 Millionen Bücher an die Bevölkerung ausliehen.

Buchpublikationen in China nach Genre[1] 2006

Genre	Novitäten Titel	Auflage Mio.	Durchschnittlicher Verkaufspreis Yuan RMB
Kultur, Wissenschaften, Bildung und Sport	37004	910,67	9,01
Ingenieurswissenschaft	17464	96,93	34,00
Wirtschaftswissenschaft	12930	80,94	31,99
Belletristik	11266	107,42	21,35
Politikwissenschaft und juristische Fachliteratur	8145	89,83	21,00
Künste	7722	54,78	31,33
Geschichtswissenschaft und Geografie	6886	43,49	39,12
Sprachen	6311	62,00	21,85
Medizin und Gesundheitswesen	6311	38,70	33,32
Philosophie	3171	20,18	28,66
Landwirtschaft	2384	14,49	16,74
Allgemeine Gesellschaftswissenschaften	1916	12,10	26,41
Mathematik, Physik, Chemie	1867	10,77	26,23
Allgemeine Publikationen	1392	17,62	24,34
Transportwesen	1108	7,49	28,09
Astronomie und Geologie	818	4,04	25,05
Umweltwissenschaften	738	9,86	15,14
Biologie	715	3,10	35,56
Allgemeine Naturwissenschaften	526	7,17	12,56
Militärische Studien	499	2,96	32,76
Marxismus-Leninismus und Lehre des Mao Zedong	181	0,98	38,84
Luft- und Raumfahrt	135	0,87	19,40
Buchpublikationen insgesamt	**129489**	**1596,39**	**16,91**

[1] mit chinesischer ISBN Grafik 1

Lizenzausgaben ausländischer Bücher[1] 2006

Lizenzgeber	Anzahl	Lizenzgeber	Anzahl	Lizenzgeber	Anzahl
USA	2957	Südkorea	315	SVR Hongkong	144
Großbritannien	1296	Deutschland	303	Kanada	40
Taiwan	749	Frankreich	253	Russland	38
Japan	484	Singapur	156	SVR Macau	2
Buchlizenzen insgesamt					**10950**

[1] inkl. Hongkong, Taiwan Grafik 2

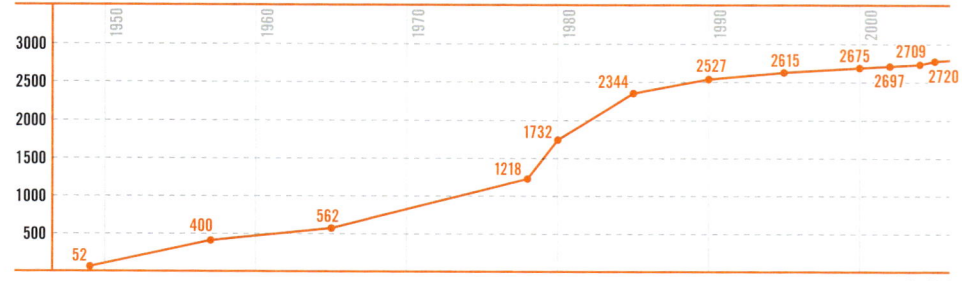

Öffentliche Bibliotheken (2006)
Gesamtzahl: 2778
Buchausleihen: 210,4 Mio.

1938 Gesamt 9468 — 221 Landesweit vertriebene Publikationen 2640

Öffentliche Bibliotheken in der VR China 1949–2006

Jahr	Bibliotheken
1949	52
	400
	562
	1218
	1732
	2344
	2527
	2615
	2675
	2697
	2709
2006	2720

Grafik 3

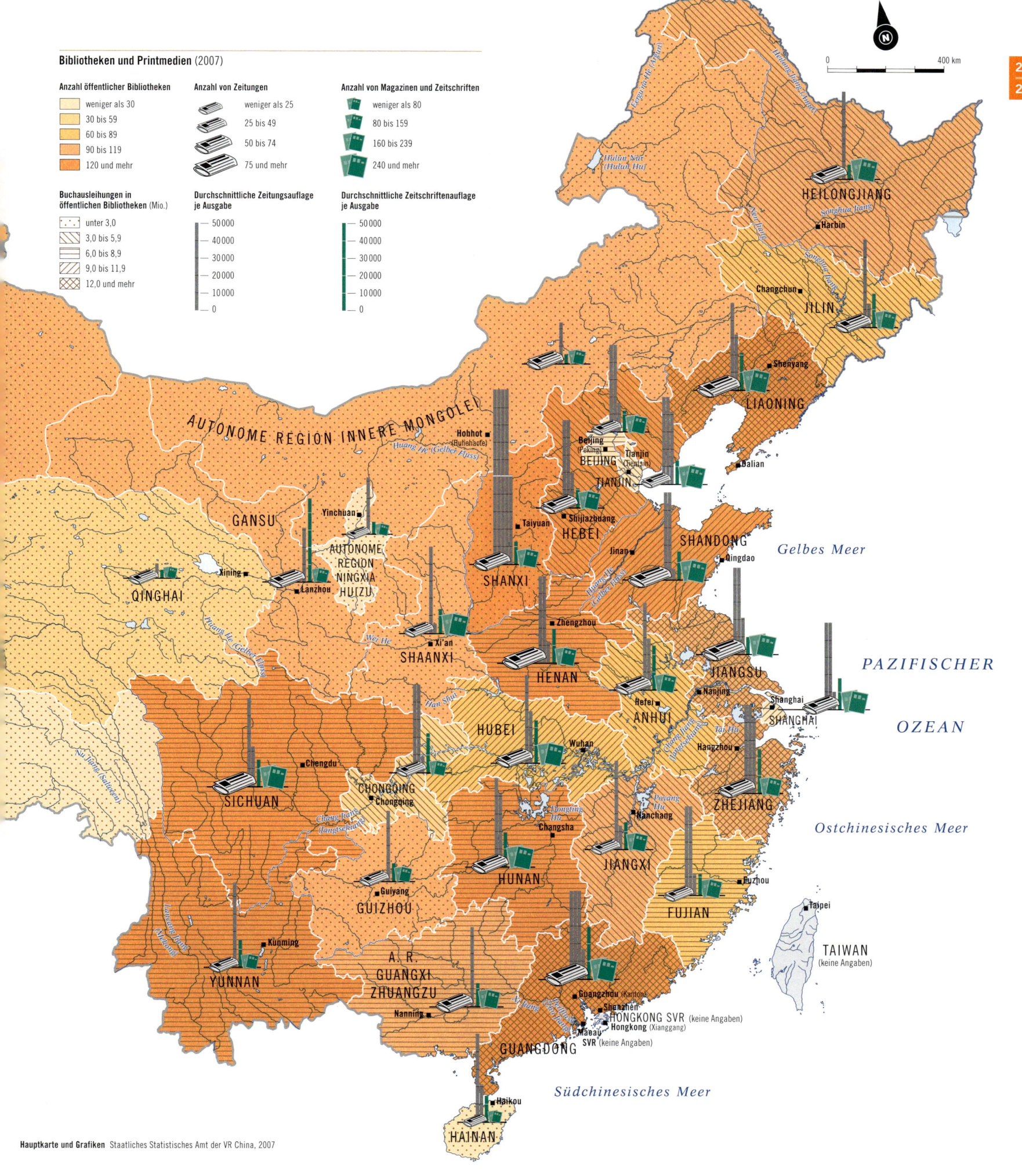

Kulturelles Leben

Szene aus »Hero« (2002) von Zhang Yimou

In Europa bekannt geworden ist der chinesische Film allerdings weniger durch diese intellektuell getriebenen Produktionen als vielmehr durch die mit großem Budget für das breite Publikum hergestellten Kinoproduktionen wie *Crouching Tiger, Hidden Dragon, Hero, House of Flying Daggers, Red Cliff*. Mit diesen Produktionen verschwinden zudem die Grenzen zwischen den Filmszenen Festlandchinas und dener Hongkongs und Taiwans. Festlandchinesische Stars wie der Regisseur Zhang Yimou und die Darstellerinnen Gong Li und Zhang Ziyi arbeiten eng mit Kollegen aus Hongkong (Wong Kar-wai, Ann Hui, Andy Lau, Tony Leung) und Taiwan (Ang Lee) zusammen. Im Ergebnis ist eine Art großchinesische Filmszene entstanden, die mit ihren Produktionen auf ein globales Publikum abzielt. Dabei bleiben die Themen aber streng in der chinesischen Historie verhaftet und erzählen im Sinne Hollywoods mit großem Gestus Geschichten von großen Schlachten und heldenhaften Kämpfen. Dabei wird immer wieder Rückgriff genommen auf klassische chinesische Roman- und Filmtopoi wie Geister, die in die Geschicke der Lebenden eingreifen, Kampfkünstler, die in totaler Körperbeherrschung zu fliegen vermögen, etc. Als Zentrum dieser Filmproduktionen kristallisiert sich das Filmstudio des Hengdian-Konzerns in der Provinz Zhejiang heraus. Tatsächlich scheinen die Hengdian-Studios (seit 1996 über 500 Filme und TV-Serien) auf dem besten Weg zu sein, neben das amerikanische Hollywood und das indische Bollywood ein chinesisches »Kino-Wood« zu setzen.

Red Cliff

Eine der neuesten und erfolgreichsten chinesischen Kinoproduktionen ist der Film **Red Cliff**. Der Film greift das jedem Chinesen bekannte Epos der Drei Streitenden Reiche auf, das auf historischer Grundlage die zum Ende der Han-Dynastie (206 v. Chr. bis 220 n. Chr.) aufkommenden kriegerischen Auseinandersetzungen um die Macht in China thematisiert. Der Film lebt von dem strategischen Katz-und-Maus-Spiel seiner Protagonisten und schwelgt in bester Hollywood-Manier in opulenter Schlachtenoptik.

Mit einem Budget von über 75 Millionen US-$ und einem aus ganz Ostasien rekrutierten Star-Ensemble ist Red Cliff eine der größten und aufwendigsten Filmproduktionen in Asien. Dabei ist Red Cliff gleichzeitig nicht mehr nur ein großchinesischer Film, sondern öffnet das Tor zu einer neuen ostasiatischen Filmkultur. Tatsächlich ist für die asiatischen Zuschauer eine zweiteilige Filmversion erstellt worden, die insgesamt gut vier Stunden Länge hat, während in den amerikanischen und europäischen Kinos nur eine 2½-stündige gekürzte Fassung gezeigt wird.

Die aktuelle Musikszene

Eine der wichtigsten und erfolgreichsten Formen moderner chinesischer Unterhaltungsmusik ist der sogenannte Kanto-Pop. Kanto-Pop wurde ursprünglich in den 1960er-/1970er-Jahren als eine Mischung traditioneller Opernelemente mit westlicher Popmusik gegründet. Heute allerdings sind kaum noch Elemente dieses traditionellen Erbes zu finden. Stattdessen folgt die Industrie den in den USA und Europa aufgelegten Musiktrends und verkauft ihre Musik mittlerweile auch weniger auf der Grundlage des künstlerischen Talents der Künstler, sondern vielmehr über deren modisches Auftreten und erotisches Erscheinungsbild. Im Zusammenhang mit dieser Entwicklung ist auch zu bewerten, dass viele Kanto-Pop-Stars mittlerweile auch Fernseh- und Filmkarrieren verfolgen.

Zentrum der Kanto-Pop-Industrie ist Hongkong. Die Kanto-Pop-Bewegung hat letztlich jedoch globale Dimensionen, insofern sie sich bei chinesischen Jugendlichen und »Junggebliebenen« weltweit größter Beliebtheit erfreut. Dies, obwohl Kanto-Pop-Songs in der Regel in Kantonesisch gesungen werden, das zum Beispiel in Festlandchina die überwiegende Mehrheit der Bevölkerung nicht verstehen kann.

Eines der jüngsten Musikgenres in der VR China ist die Rockmusik und aus dieser heraus geboren die Punk- und Independent-Bewegung. Die ersten Rockbands der VR China wurden bereits in den frühen 1980er-Jahren gegründet, den Durchbruch erreichte das Genre aber erst in der zweiten Hälfte der 1980er-Jahre mit dem Aufstieg *Cui Jians* in den Status eines Superstars. In der Folge betraten Bands wie *Hei Bao* (»Schwarzer Panther«) und

Die Band »Joyside« im Club D-22 im Nordwesten Beijings.

Kulturelles Leben

Links: Das im Volksmund »Vogelnest« genannte Olympiastadion in Beijing kurz vor seiner Vollendung.
Rechts: Der CCTV Tower, das Hauptquartier des chinesischen Fernsehens in Beijing, geplant von den beiden Architekten Rem Koolhaas und Ole Scheeren.

Tang Chao (Tang-Dynastie) die Bühne und erreichten ein immer größeres Publikum. Technisch im Laufe der Jahre immer besser ausgerüstet, entwickelten diese Bands ihre eigenen Stilrichtungen, wobei sie in der Regel ihre Texte in Chinesisch und Englisch verfassten. Angesichts fehlender Musiklabels, die bereit gewesen wären, derartige Musik zu veröffentlichen, wurden die meisten dieser frühen Musikproduktionen über Firmen in Hongkong bzw. Taiwan verwirklicht.

Die Punk- und Independent-Szene entwickelten sich im Verlauf der 1990er-Jahre zunächst aus der Rezeption der Grunge-Revolution um *Nirvana*. Punk-Bands wie *Brain Failure, Joyside*, die *Subs* oder die Frauen-Band *Hang on the Box* sind heute Ausdruck lebendiger Independentszenen insbesondere in den Metropolen Beijing und Shanghai, aber auch Städten wie Wuhan. Chinas neue Musikrevolutionäre finden heute nicht nur in China eine große Fangemeinde, sondern werden auch im Ausland aufmerksam beobachtet. Der Staat beobachtet die Geschehnisse in der Szene, die sich in ihren Texten mit Regimekritik keineswegs zurückhält, sehr genau. Im Frühjahr 2008 wurde den Mitgliedern von *Hang on the Box* die Ausreise zu einer internationalen Tournee verweigert. Diese Form der Repräsentation Chinas im Ausland war nicht erwünscht – auch wenn sie der Volksrepublik vermutlich etliche Sympathiepunkte hätte einbringen können.

Die moderne Prestigearchitektur

Seitdem die chinesische Reformbewegung 1992 volle Fahrt aufgenommen hat, befindet sich das Land in einem gigantischen Bauboom, der die räumliche Infrastruktur für die wirtschaftliche Expansion bereitstellt und die wachsenden Bedürfnisse der Bevölkerung hinsichtlich ihres Wohnraums zu befriedigen hat. Gleichzeitig zu diesen funktionalen Beweggründen werden in China aber auch in besonderem Maße architektonisch ausgefeilte Prestigebauten errichtet, die den neuen Reichtum und die wiedererlangte globale Bedeutung des Landes der eigenen Bevölkerung und der Weltgemeinschaft vor Augen führen sollen.

In diesem Sinne ist die VR China heute neben den arabischen Staaten zu einem der wenigen Standorte avanciert, an denen die weltweit operierenden Stararchitekturbüros Europas und Nordamerikas ihrer Kreativität freien Lauf lassen können. Jüngste Beispiele ausgefallener Prestigearchitektur stellen der CCTV Tower und das Nationalstadion »Vogelnest« in Beijing sowie die beiden Wolkenkratzer Shanghai Tower und das Shanghai World Financial Center in Shanghai dar.

Die Wolkenkratzergruppe des Shanghaier Finanzdistrikts Lujiazui gehört bereits heute zu den eindrucksvollsten Ensembles der Welt. Dort, wo vor knapp zwei Jahrzehnten lediglich karge Felder und heruntergekommene Hafenschuppen standen, ist heute eine moderne Wolkenkratzerlandschaft entstanden, dominiert von dem 492 m hohen Shanghai World Financial Center und dem 420 m in die Höhe ragenden Jinmao Tower. In wenigen Jahren werden diese Bauten allerdings in den Schatten gestellt sein von dem zurzeit im Bau befindlichen Shanghai Tower, der dann mit seinen 128 Stockwerken bis auf 632 m aufragen wird. Der Bau, der 2008 begonnen wurde, soll bis zum Jahr 2014 abgeschlossen sein und wird erwartungsgemäß knapp zwei Milliarden Euro an Baukosten verschlingen.

Einer der optisch verwirrendsten Prachtbauten des neuen China ist sicherlich der CCTV Tower, der auf den ersten Blick allen Gesetzen der Statik Hohn zu sprechen scheint. Aus zwei Türmen ragt plötzlich auf 160 m Höhe ein winkelförmiger Querriegel heraus, der die beiden Türme verbindet und eine letztlich bis auf 237 m Höhe hinaufragende Gesamtkonstruktion schafft, die eher einer gigantischen mehrfach geknickten Vierkantröhre gleicht als einem Gebäude, das auf 475 000 Quadratmetern Büros für 10 000 Menschen bereitstellt. Aber genau das geschieht. Aus diesem Gebäude heraus wird der Großteil der über die ca. 250 Sender der CCTV-Gruppe ausgestrahlten Fernsehsendungen produziert und gesteuert.

Das »Vogelnest« imponiert demgegenüber durch sein 42 000 Tonnen schweres Stahlgeflecht, das – der erratischen Anordnung der Zweige eines Vogelnests ähnlich – das Gerüst der Sportstätte bildet. Der knapp 350 Millionen Euro teure Bau bot während der Olympischen Spiele 91 000 Zuschauern Platz, wurde für die weitere Nutzung dann jedoch auf eine Kapazität von 80 000 Personen zurückgebaut. Direkt neben dem »Vogelnest« befindet sich das Nationale Schwimmzentrum, der »Wasserwürfel« *(water cube)*. Hervorstechendes Merkmal

Fortsetzung Seite 216

Kulturelles Leben
Theater und Film

Das chinesische Theater war bis zur Einführung des Sprechtheaters im frühen 20. Jahrhundert ein Musiktheater mit festen Rollenfächern. Dieses ist aus der Verbindung von religiösem Ritual, höfischem Zeremonialtanz und zirkusartigen Spielen sowie Musikaufführungen verschiedenster Art hervorgegangen. Das Sprechtheater war als Medium der sozialen und politischen Kritik entstanden. Mit Gründung der Volksrepublik China 1949 bekam das Theater Entfaltungsmöglichkeiten durch viel größere wirtschaftliche Mittel. Aber es sah sich auch einer kommunistischen Partei gegenüber, die nicht mehr um die Macht kämpfte, sondern diese ausübte. Dem Sprechtheater wurden die engen Freiräume für die Äußerung von Kritik ganz entzogen. Nach der Kulturrevolution trat eine neue Dramatikergeneration hervor, zu der Gao Xingjian (Kao Hsing-chien) zählt. Sein Theaterstück »Die Wilden« (Uraufführung 1985; deutsch) ist eines der wenigen chinesischen literarischen Werke über die Ausbeutung der Natur durch die Zivilisation. Gao Xingjian lebt heute im Exil.

China hat den höchsten Filmbesuch der Erde, relativ wenig reguläre Kinos, aber zahlreiche Vorführstellen in Theatern, Klubs, Betrieben und öffentlichen Plätzen. Vor allem in etwas abgelegeneren Regionen begegnet man immer wieder »mobilen Freiluftkinos«, in denen mehr oder weniger aktuelle Filme gezeigt werden. Die ersten chinesischen Filme waren verfilmte Dramen, die ersten Unterhaltungsfilme entstanden Mitte der 1910er-Jahre. Während der Kulturrevolution kam die chinesische Filmproduktion nahezu zum Erliegen. Erst in den 1970er-Jahren entstanden wieder Filme, die v.a. die Rolle der Partei glorifizierten. Bekannt im Westen sind vor allem Filme der »fünften Generation« (mit ihrer Verbindung aus Tradition und versteckter Sozialkritik), so u.a. »Gelbes Land« (1984), »Rote Laterne« (1991) und »Hero« (2002) von Zhang Yimou.

Auf die v.a. in den 1990er-Jahren aktive »sechste Generation« junger Regisseure mit ihren von hartem Realismus gekennzeichneten, z.T. ohne Genehmigung auf Videomaterial gedrehten Undergroundfilmen folgt mittlerweile eine »siebente Generation«, die mit offiziell genehmigten Filmen sowohl in China als auch auf internationalen Festivals Erfolge verzeichnet.

Die besten chinesischen Filme[1] 2005

Rang	Titel	Jahr	Regisseur(e)
1	Spring in a Small Town	1948	Fei Mu
2	A Better Tomorrow[2]	1986	John Woo
3	Days of Being Wild	1990	Wong Kar-Wai
4	Yellow Earth	1984	Chen Kaige
5	City of Sadness[3]	1989	Hou Hsiao-hsien
6	Long Arm of the Law[2]	1984	Johnny Mak
7	Dragon Gate Inn[3]	1967	King Hu
8	Boat People[2]	1982	Ann Hui
9	A Touch of Zen[3]	1971	King Hu
10	Crouching Tiger, Hidden Dragon[4]	2000	Ang Lee

[1] ausgewählt von 100 Filmemachern bei den 24. Hong Kong Film Awards, [2] produziert in Hongkong, [3] produziert in Taiwan, [4] produziert in Hongkong und Taiwan

Grafik 1

Die 10 erfolgreichsten Filme[1] 2008

Rang	Titel	Gesamteinspielung (in US-$)	Einspielung am Startwochenende
1	Chi bi (Red Cliff: Part I)	42 461 602 US-$	37,2 %
2	Transformers	37 610 000 US-$	34,0 %
3	The Forbidden Kingdom	26 899 556 US-$	42,4 %
4	Tau ming chong (The Warlords)	27 601 246 US-$	39,3 %
5	Cheung Gong 7 hou (CJ7)	26 166 803 US-$	35,1 %
6	Ji jie hao (Assembly)	34 089 912 US-$	25,9 %
7	Spider-Man 3	18 924 747 US-$	46,6 %
8	Guan lan (Kung Fu Dunk)	15 883 165 US-$	43,7 %
9	Pirates of the Caribbean: At World's End	16 970 000 US-$	34,7 %
10	Casino Royale	11 770 398 US-$	49,5 %

[1] bezogen auf die Einspielung am Startwochenende

Grafik 2

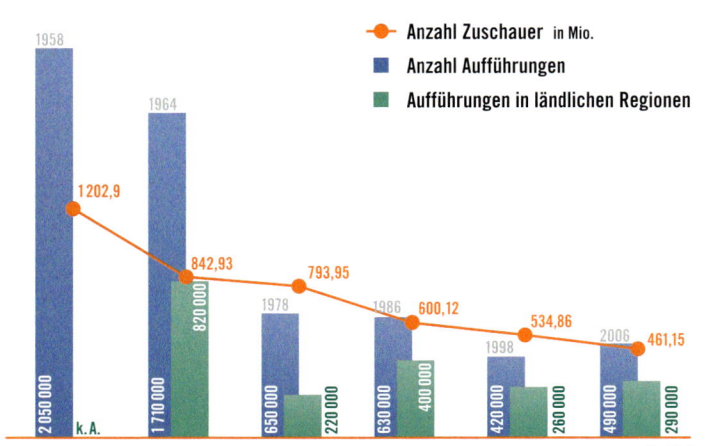

Theatertruppen, Aufführungen und Zuschauer 1958–2006

- Anzahl Zuschauer in Mio.
- Anzahl Aufführungen
- Aufführungen in ländlichen Regionen

1958: 1 202,9; 2 050 000; k.A.
1964: 842,93; 1 710 000; 820 000
1978: 793,95; 650 000; 220 000
1986: 600,12; 630 000; 400 000
1998: 534,86; 420 000; 260 000
2006: 461,15; 490 000; 290 000

Grafik 3

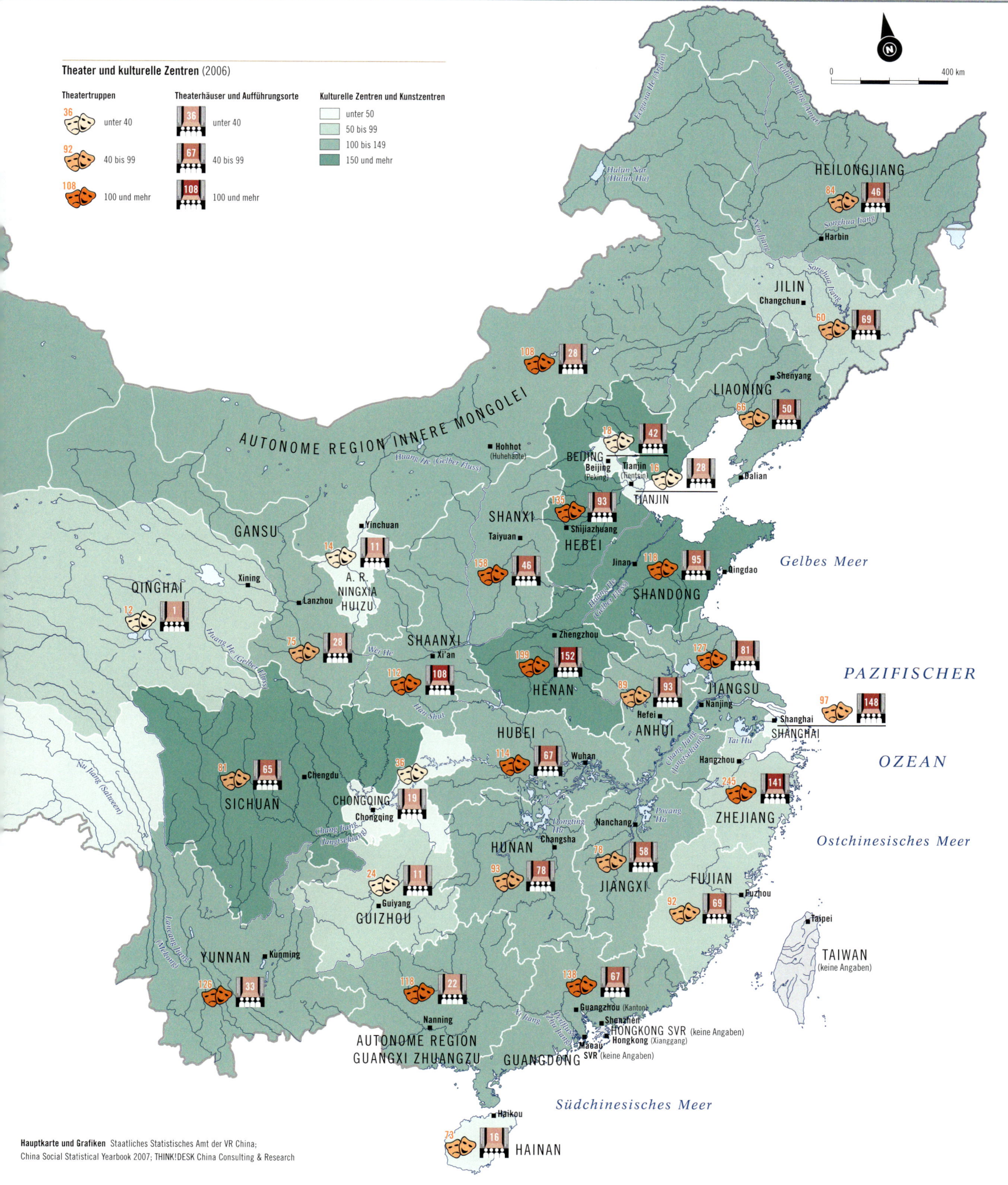

Kulturelles Leben
Medien – Rundfunk und Fernsehen

Rundfunk und Fernsehen stehen in der VR China offiziell im Dienste des Sozialismus und haben eine wichtige Propagandafunktion zu erfüllen. Eine gänzlich unabhängige Berichterstattung ist von daher weder erwünscht noch möglich. Im Zuge der Reform- und Öffnungspolitik sind in jüngster Zeit allerdings insbesondere bei lokalen Sendern durchaus Freiräume für kritische Stimmen eröffnet worden, die allerdings enge Grenzen der Kritik nicht verlassen dürfen.

Es gibt mittlerweile zahlreiche sowohl auf nationaler Ebene als auch lokal sendende Rundfunk- und Fernsehsender. Auf lokaler Ebene finden sich etliche Programme, die direkt nationale Minderheiten ansprechen und/oder in den lokalen Dialekten ausgestrahlt werden. Häufig arbeiten überregional ausgestrahlte Fernsehsendungen mit Untertiteln, wenn in lokalen Dialekten gesprochen wird.

Private TV-Geräte gab es in der VR China bis Ende der 1970er-Jahre nicht. Stattdessen gab es das gemeinschaftliche Fernsehschauen in speziellen Räumlichkeiten der landwirtschaftlichen Kollektive bzw. städtischen Betriebe.

Dies war grundsätzlich ein politischer Akt und diente der ideologischen Erziehung der Bevölkerung. Im heutigen China hat sich das grundlegend geändert. Obwohl propagandistisch ausgerichtete Sendeformate und parteitreue Nachrichtenprogramme omnipräsent sind, haben Unterhaltungsformate mittlerweile eine dominierende Rolle eingenommen. Auch sind heute Fernsehgeräte fast überall anzutreffen.

Ausländische Fernsehsendungen erfreuen sich großer Beliebtheit. »Derrick«, »Baywatch« und andere Sendungen sind vielen Chinesen ein Begriff. Produktionen aus Hollywood unterliegen allerdings strengen Einfuhrkontrollen und sind im frei empfangbaren chinesischen Fernsehen nur selten zu sehen.

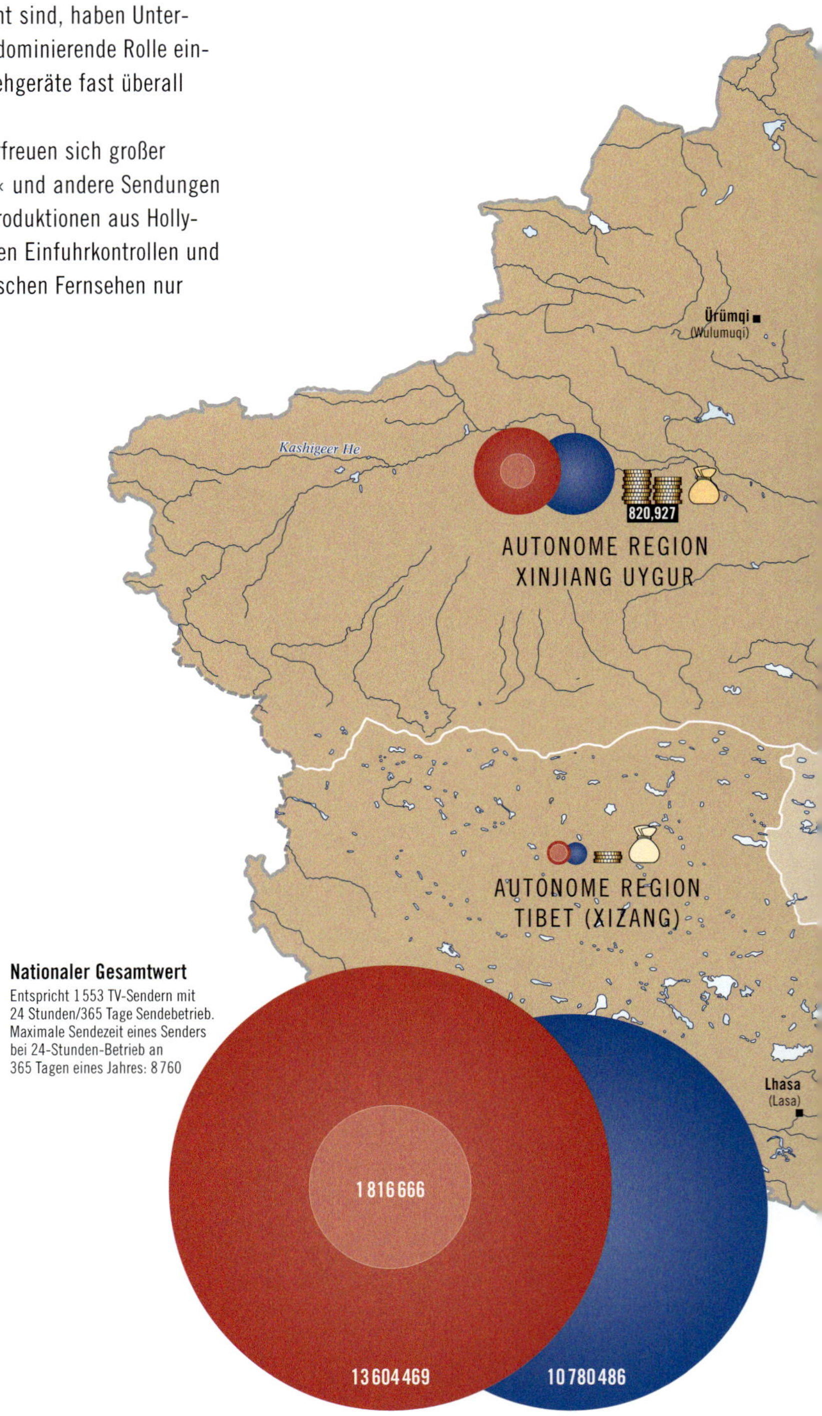

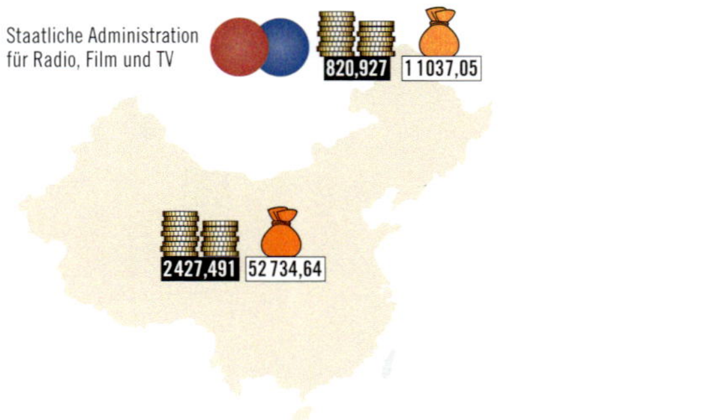

Einfuhr von TV-Sendungen 2006, in Mio. Yuan RMB

	Gesamt	USA	Europa	Süd-Korea
Fernsehsendungen	337,142	78,497	69,208	16,548
davon: Fernsehspiele	185,130	2,190	21,830	13,878
Zeichentrickfilme	8,030	4,582	2,930	–
Stunden	35 914	13 154	7 120	2 251

Grafik 1

Ausfuhr von TV-Sendungen 2006, in Mio. Yuan RMB

	Gesamt	USA	Europa	Süd-Korea
Fernsehsendungen	169,398	16,291	18,651	5,380
davon: Fernsehspiele	110,849	5,680	18,010	3,210
Zeichentrickfilme	51,483	10,170	–	1,570
Stunden	8 051	273	988	733

Grafik 2

Sendezeiten nationaler TV- und Radiosender nach Programmtyp 2006, in Stunden

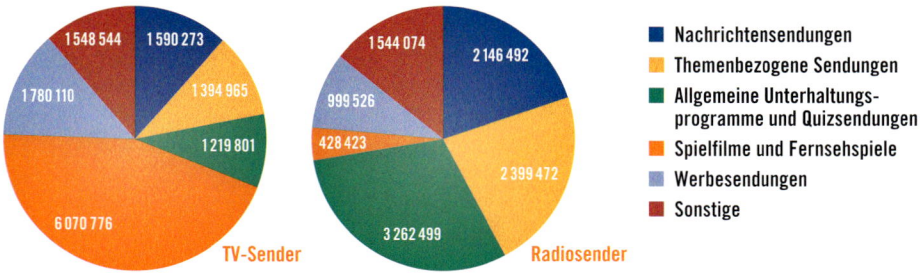

- Nachrichtensendungen
- Themenbezogene Sendungen
- Allgemeine Unterhaltungsprogramme und Quizsendungen
- Spielfilme und Fernsehspiele
- Werbesendungen
- Sonstige

Grafik 3

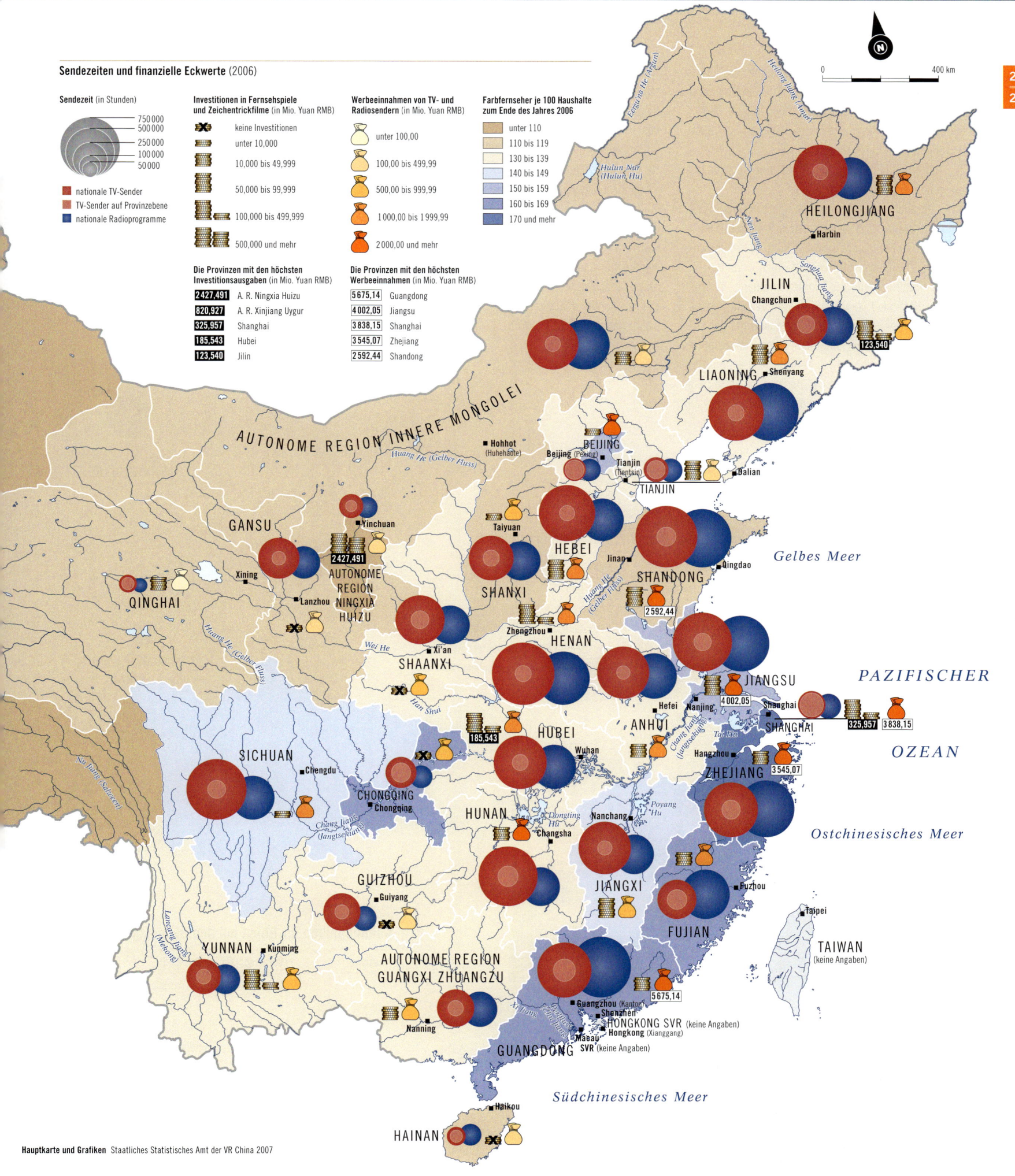

Kulturelles Leben
Sport und Olympische Spiele 2008

Der vermeintliche Höhepunkt in der Geschichte des Sports in China waren die Olympischen Spiele 2008 in Beijing und Qingdao. Die spektakuläre Eröffnungsfeier zog die Weltbevölkerung in ihren Bann und erstmals gelang es China, den Medaillenspiegel anzuführen: 51 Gold-, 21 Silber- und 28 Bronzemedaillen konnten chinesische Sportler für die Volksrepublik gewinnen.

Während außerhalb der Volksrepublik Sport in China vornehmlich mit Drachenbootrennen, »Schattenboxen« und Kung-Fu assoziiert wird, hat sich in China heute eine sehr vielfältige Sportlandschaft entwickelt. Auch wenn die Trainingsbedingungen und die Trainingsmethoden häufig höchst umstritten sind, kann China heute auf internationale Spitzensportler verweisen: Yao Ming ist einer der bekanntesten Spieler in der amerikanischen Basketballliga NBA und der Weltrekordhalter Liu Xiang wurde endgültig zum Star, als er 2004 im 110-m-Hürdenlauf die erste Leichtathletikmedaille für China bei Olympischen Spielen gewann.

Nach offiziellen Angaben der chinesischen Regierung kosteten die Olympischen Spiele in Beijing 2008 rund 2,2 Milliarden US-Dollar (die ursprünglichen Schätzungen gingen von 1,6 Milliarden US-Dollar aus). Zusätzlich gab die Stadt Beijing rund 40 Milliarden US-Dollar für Infrastruktur- und für Projekte zu Verbesserung der Luft aus. Allein der Bau des »Vogelnest« genannten Olympiastadions verschlang 423 Millionen US-Dollar. Vermutlich sind die Gesamtkosten der Spiele jedoch noch höher gewesen, da eine Reihe von Fabriken vor und während der Wettbewerbe geschlossen worden war und damit nicht produzieren konnte. Darüber hinaus erschwerten die verschärften Visvergabebedingungen die Reisetätigkeit von Geschäftsleuten zwischen China und dem Rest der Welt.

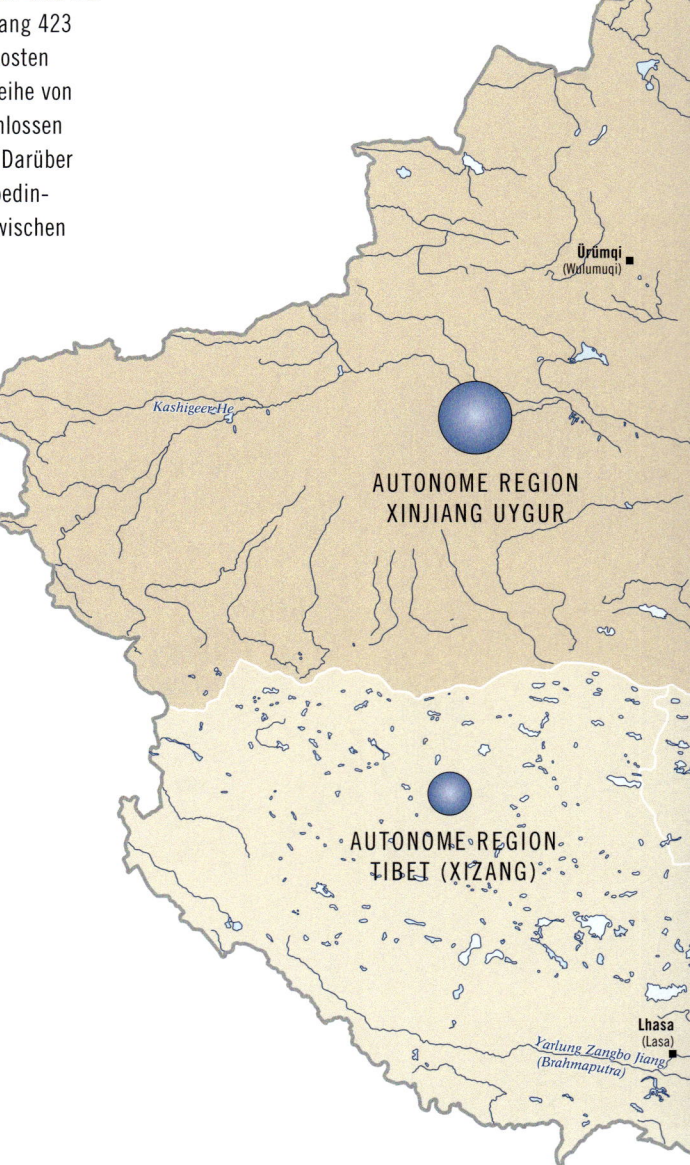

Medaillenspiegel und Anzahl der Goldmedaillen bei Olympischen Sommerspielen

1988	1992	1996	2000	2004	2008
1 UdSSR (55)	1 GUS-Staaten (45)	1 USA (44)	1 USA (36)	1 USA (36)	1 China (51)
2 DDR (37)	2 USA (37)	2 Russland (26)	2 Russland (32)	2 China (32)	2 USA (36)
3 USA (36)	3 Deutschland (33)	3 Deutschland (20)	3 China (28)	3 Russland (27)	3 Russland (23)
4 Süd-Korea (12)	4 China (16)	4 China (16)	4 Australien (16)	4 Australien (17)	4 Großbritannien (19)
5 BRD (11)	5 Kuba (16)	5 Frankreich (15)	5 Deutschland (13)	5 Japan (16)	5 Deutschland (16)

Grafik 1

Grafik 2

Goldmedaillen für China bei den Olympischen Spielen 2008

Disziplin	Goldmedaillen	Disziplin	Goldmedaillen
Turnen	9	Bogenschießen	1
Gewichtheben	8	Rudern	1
Kunstturmspringen	7	Segeln	1
Sportschießen	5	Ringen	1
Tischtennis	4	Schwimmen	1
Badminton	3	Kanu / Kajak	1
Judo	3	Taekwondo	1
Trampolin	2	Fechten	1
Boxen	2		

Grafik 3

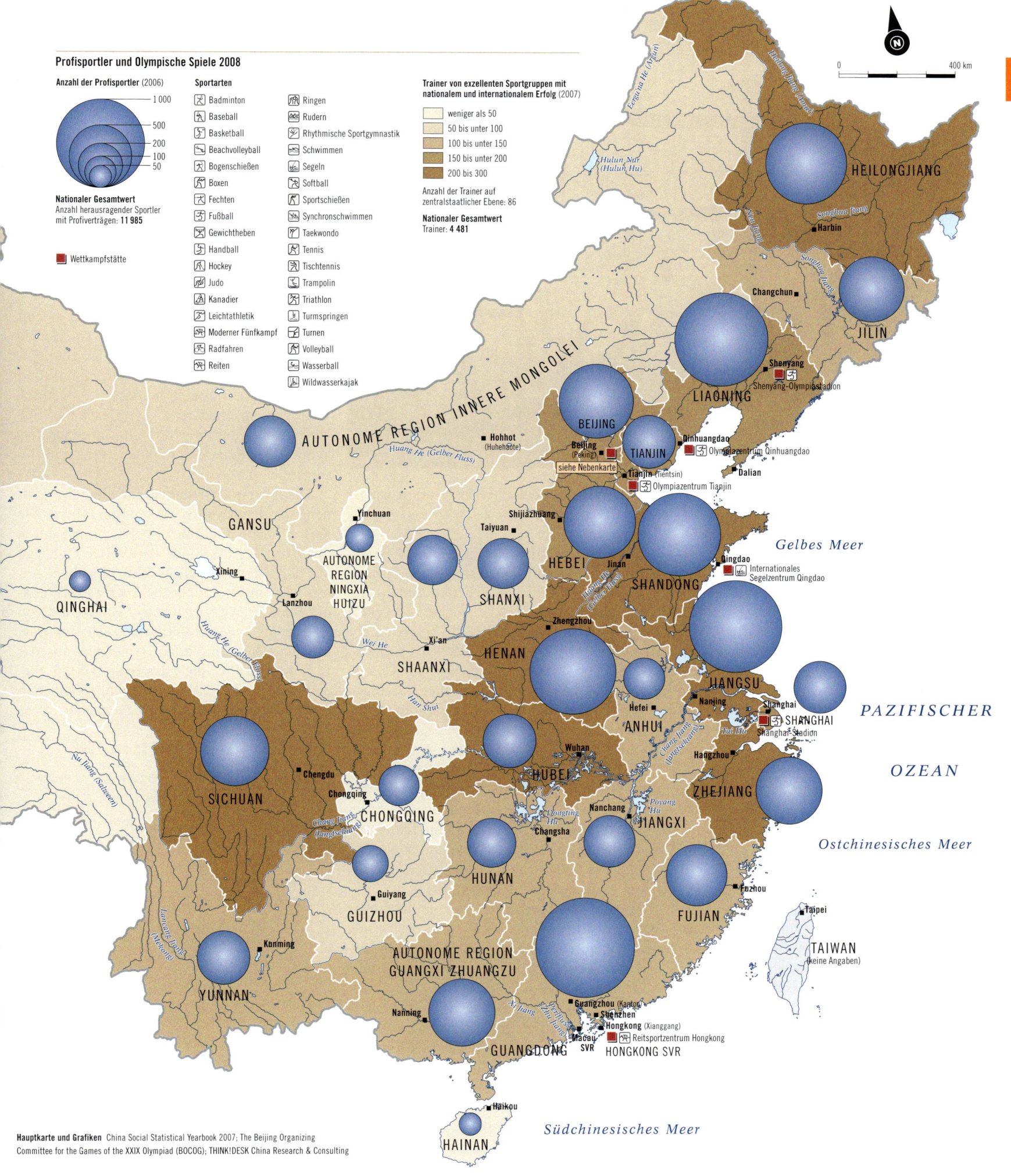

Kulturelles Leben

Junge Männer in historischen Kostümen zeigen, wie der Vorläufer des Fußballs, das Cuju-Spiel, wohl ausgesehen haben könnte.

dieses Prachtbaus ist die aus 4 000 aufblasbaren und lichtdurchlässigen EFTE-Kissen bestehende Außenhaut. EFTE ist eine neuartige Plastiksubstanz, die lediglich ein Prozent des Gewichts von Glas aufweist und sich bei jedem Regenschauer selbst reinigt. Weiterer Vorteil dieser lichtdurchlässigen Außenhautkonstruktion ist der »Treibhaus«-Charakter des Wasserwürfels. 20 % der Solarenergie, die auf das Gebäude trifft, können zur Beheizung von Innenräumen und Wasser genutzt werden.

Zu betonen ist, dass chinesische Architekten bislang wenig an der Erstellung der neuen chinesische Prachtarchitektur beteiligt waren. Diese bleibt bislang vorrangig ein Tummelplatz der etablierten globalen Architekturszene.

Sportarten

China ist traditionell kein von Sport begeistertes Land. Im Altertum wurde Sport grundsätzlich nur von einer kleinen Oberschicht gepflegt, während die Volksmassen jenseits ihrer täglichen Arbeit wenig Bedürfnis nach körperlicher Ertüchtigung verspürten. Aber auch in der Oberschicht war Sport keineswegs eine angesehene Aktivität. Im Gegenteil stand sie im Widerspruch zu dem Ideal des Gelehrten, der in Kalligrafie, Poesie und natürlich den kanonischen Werken der Konfuzianer bewandert war. Eine Verbindung von Gelehrtentum und sportlicher Wettkampfbegeisterung wie im alten Griechenland hat es in China niemals gegeben.

Dessen ungeachtet ist China die Heimat einer Reihe von Sportarten. Chinesische Historiker behaupten, China hätte bereits 3000 v. Chr. eine Form von Fußball entwickelt. Gesichert ist eine Art von »Kickball«, die bereits in der Han-Dynastie (206 v. Chr. bis 220 n. Chr.) weit verbreitet war. Weitere typisch chinesische Sportarten, die aus kriegerischen Übungen heraus entstanden sind, umfassen Polo (wahrscheinlich während der Tang-Dynastie von iranischen Völkern übernommen), Bogenschießen, Rudern und verschiedene Formen von Kampfsportarten mit und ohne Waffen. Frühzeitig in den Status des »Breitensports« stiegen Praktiken wie Taijiquan (Schattenboxen) und Qigong auf, die an der Schnittstelle von Kampfsportarten und buddhistisch/daoistischen Meditationsübungen stehen.

Sport, in Abgrenzung von militärischer Wehrertüchtigung, ist in China erst seit Ende der maoistische Ära zu einer Massenbewegung geworden, wobei Spitzenathleten mittlerweile über ein komplexes System der Sportförderung trainiert und auf internationale Wettbewerbe vorbereitet werden. Die Ergebnisse sind beeindruckend. Während China vor wenigen Jahrzehnten auf internationaler Ebene quasi gar nicht präsent war, haben chinesische Athleten in den letzten Jahren in vielen Disziplinen zur Weltspitze aufgeschlossen und dominieren zahlreiche Sportarten sogar eindeutig. Im Jahr 2006 hielten chinesische Athleten so bereits 141 Weltmeistertitel. Und bei den Olympischen Spielen 2008 ging China erstmals in der Geschichte der Olympiaden als Sieger in der Nationenwertung hervor. Mit 51 Goldmedaillen, sowie 21 Silber- und 28 Bronzemedaillen dominierte die chinesische Olympiamannschaft die Wettkämpfe unangefochten. Besonders überragend war die chinesische Mannschaft in den Disziplinen Turnen, Gewichtheben und Kunstturmspringen.

Die Superliga

Fußball gehört zu den mit großer Leidenschaft ausgeübten Sportarten in China. Die Spiele der seit 2004 ausgetragenen Chinesischen Superliga finden in großen Stadien statt und werden im Fernsehen landesweit gesendet. Wettbüros machen sehr gute Geschäfte. Die Liga ist allerdings auch durch immer wiederkehrende Skandale um Schiebungen und Betrügereien berüchtigt.

Die Saison 2008 endete für Shandong Luneng mit dem zweiten Titel in drei Jahren. Die Saison dürfte allerdings in erster Linie durch den Austritt/Ausschluss von Wuhan Guanggu aus der Liga in die Geschichte eingehen. Anlass war ein Streit über die Sperre des Wuhaner Stars Li Weifeng für acht Spiele, die von Wuhan als ungerechtfertigt betrachtet wurde. Mit dem Austritt Wuhan Guanggus aus der Liga wurden alle Spiele des Teams als 0:3-Niederlagen gewertet. Wuhan Guanggu will nun in einer alternativen Liga neu antreten.

Chinas Superliga – Endstand Saison 2008[1]

	Team[2]	Tordifferenz	Punkte
1	**Shandong Luneng**	29	63
2	Shanghai Shenhua	29	61
3	Beijing Guo'an	17	58
4	Tianjin Teda	25	57
5	Shaanxi Baorong	12	52
6	Changchun Yatai	8	45
7	Guangzhou Yiyao	−1	40
8	Qingdao Zhongneng	3	39
9	Zhejiang Lucheng	6	39
10	Henan Jianye	−1	36
11	Shenyang Ginde	−8	34
12	Shenzhen Shangqingyin	1	33
13	Chengdu Blades	−7	32
14	Dalian Shide Siwu	−10	30
15	Liaoning FC	−13	27
16	Wuhan Guanggu	−90	0

[1] Quelle: FIFA, Chinesischer Fußballverband 2008
[2] Die Vereinsnamen setzen sich in der Regel aus dem Heimatort sowie dem Hauptsponsor zusammen.

Register

Aberglaube 58
Abfälle 32
Abholzung 35
Abstammung 53
Abtreibung 66, 74
abtrünnige Provinz 91, 114
Abwasser 34
Achang 48
Ackerbau 146, 148
Adidas 182
administrative Einheiten 91, 92
African Development Bank – Afrikanische Entwicklungsbank (AfDB) 124
Agrarland 40
Agrarprodukte 146
Agrarrevolution 107
Ahnenverehrung 51, 53, 66, 198
Aids 84, 87, 88
Aigun 97
Aihui-Tengchong-Linie 45, 47
Ai Qing 205
Air China 172
Air Pollution Index → API
Ai Weiwei 205
Akademie für Sozialwissenschaften 77
Akademie der Wissenschaften, Chinesische (Chinese Academy of Science, CAS) 137, 138, 162
Aksai Chin 90
Aktien, Aktionäre 137, 172
Aktiengesellschaft 136, 172, 176
Aktienmarkt 171
aktive Verteidigung 122
Akupressur 88
Akupunktur 88
Alaskaelch 29
Alaunstein → Alunit
Alphabet 194
Alphabetisierung 68, 76, 78, 206
Altay Shan 14
Altersarmut 80
Altersversorgung 80
Altun Shan 14
Aluminium → Bauxit
Alunit (Alaunstein) 25
Amazon (Joyo) 144
Ami 192
Amnesty International 60
Amphibien 28
Amsterdam 52
Amur → Heilong Jiang
Anben Iron & Steel Group 157

Ancient Yellow River, Weinbauregion 203
Andamanensee 18
Änderung des Mandats (geming, Revolution) 42, 122
Andy Lau 208
Ang Lee 208, 210
Angola 126, 160
Anhui 63, 67, 204
Ann Hui 208, 210
Anqing 140
Anshan 157
Antimon (Natriumcarbonat) 25, 30
Antisezessionsgesetz 113
Äpfel 146
API (Air Pollution Index, Luftverschmutzungsindex) 32
Aquakultur 148
AR → Autonome Region
Arabisches Meer 18
Arbeiter und Bauern 116, 119
Arbeit, Arbeitsbedingungen, Arbeitszeit 31, 134, 138, 164, 168
Arbeitsbrigade, Arbeitseinheit, Arbeitsmarkt 108, 164, 170, 176
Arbeitslosenversicherung 81, 82
Arbeitslosigkeit 81, 82, 161, 164, 168
Arbeitsteilung 128, 130, 150 176
Arbeitsunfallversicherung 82
Architektur 209
Armee 123
Armut, Armutsgrenze 68, 72, 130
Arzneitherapie 88
Ärzte 84, 86
Asbest 25
A-Shares 172
Asian Development Bank – Asiatische Entwicklunsbank (ADB) 124
Asia-Pacific Economic Cooperation – Asiatisch-Pazifische wirtschaftliche Zusammenarbeit (APEC) 124
Asiatischer Wildesel 36
Assimilierung 52
Association of South East Asian Nations – Vereinigung südostasiatischer Staaten (ASEAN) 124
Atayal 192
Atemwegserkrankungen 84
Atomkraftwerk 142

Atommacht 109
Atomwaffen (Nuklearwaffen) 122
Auberginen 146
Audi 155
Aufforstung 20, 37
Aufwertung 151
ausländische Investitionen 134, 136, 138, 150, 152, 158, 169, 170, 176
ausländische Unternehmen 154, 170, 176
Auslandschinesen 119, 192
Ausrichtungskampagne 111
Außenhandel 129, 138, 160, 174
Außenpolitik 124, 126
Austrische Völker 50
Auswanderung 44
Autobahnen 140
Autokennzeichen 200
Automobilindustrie 154, 171, 180
Autonome Region (AR) 48, 91, 92, 96
Autoritärer Staatsleninismus 110
Autoverkehr 32, 37

Bai 48
Baicheng 19
baihua 185
Bambuswald 36
Banken, Bankensektor 129, 132
Bank for International Settlements – Bank für Internationalen Zahlungsausgleich (BIS) 124
Bank of China 166, 172
Bank of Communications 166, 172
Banqiao-Staudamm 38, 42
Baosteel Group 151, 157, 160, 172, 180
Barfußärzte 86
Baryt (Schwerspat) 25, 30
BASF SE 178
Bauernkalender 200
Bauma China 150
Baumaschinen 150, 158
Baumwolle 147
Bauwirtschaft, Bauindustrie 158
Bauxit (Aluminium) 24
Bayer AG 178
Ba yi 126
Becken 16
bedrohte Tierarten 28

Behinderte 83
Beijing (Peking, Beiping) 27, 32, 34, 41, 47, 51, 56, 63, 67, 74, 76, 86, 90, 92, 97, 100, 104, 106, 108, 110, 112, 120, 123, 129, 130, 136, 140, 150, 155, 157, 173, 178, 186, 190, 205, 208, 214
Beijing-Universität 76, 78
Bekleidungsindustrie 136
Belgien 98
Benxi 157
Benzin 142
Bergbau 31
Berge 16
Bericht über die menschliche Entwicklung 68
Berlin 185
Beruf 75
Berufsschule 76, 78
best practice 128
Besuchsbeziehungen 53
Betriebsgeheimnis 171
Beust, Ole von 184
Bevölkerungsentwicklung 44, 46, 54, 66, 70, 74
Bevölkerungspyramide 66
Bewaldung 21
Bewässerung 23
Bhutan 126
Bibliotheken 206
Bier 202
Bigamie 75
Bildung 68, 76, 78, 132, 168
Binnenmarkt 138, 171
Binnenwasserstraßen 140
Biodiversität 35
Bioladen 148
biologischer Anbau 148
Biosphärenreservat 188
bipolare Weltordnung 124
Birma (Burma) 97, 102, 126
Birnen 146
Blang (Bulang) 48
blaue Kultur 184
Blaufasan 36
Blei 24
Blücher, Wassilij Konstantinowitsch 101
Blumenkohl 146
Blutbank 88
Blutspende 88
Bluttransfusion 88
BMW 155
Bodennutzung 20, 146
Bodenschätze 24, 30

Bodenstreitkräfte (Landstreitkräfte, Heer) 122, 126
Bogda Shan 14
Bogenschießen 216
Bo Hai (Golf von Chihli) 18, 19, 23
Bohai, Weinbauregion 202
Bollywood 208
Bön 53
Bonan (Baonan) 48, 53
Bönri (Kongpo Ri) 196
Bonyei (Buji) 48
Bor 30
Börse, Börsengang 138, 171, 172
Bottom-up 136
Boxeraufstand 99, 100
Brahmaputra → Yarlung Zangbo
Brasilien 160, 176
Braun, Otto 101
Brettspiel 182
BRIC 176
Briefverkehr 58
British Virgin Islands 180
Broad Peak 16
Bruttoinlandsprodukt (BIP) 68, 87, 128, 130, 132, 136, 150, 176
Bruttosozialprodukt 32
B-Shares 172
Buch der Riten → Liji
Buch der Wandlungen → Yijing
Buchweizen 146
Buchwesen, Buchmarkt 204, 206
Buddhismus 53, 75, 195, 196, 198, 216
Bunun 192
Bürgerkrieg 90, 100, 104, 107, 108, 116, 205
Burma → Birma
Burmastraße 102
Burmesisch 193
Bürobau 158

Caofeidian 157
Caribbean Development Bank – Karibische Entwicklungsbank (CDB) 124
Cayman-Inseln 180
CCTV Tower 209
Chacha 63
Chaidamu Pendi → Qaidam-Becken
Chan-Buddhismus 198
Changbai-Shan-Gebirge 36
Changchun 56, 134, 140
Changchun Institute of Applied Chemistry 162

Register

Chang Jiang (Jangtsekiang, Langer Fluss) 15, 16, 18, 22, 23, 30, 34, 38, 55, 140 186
Chang-Jiang-Delta (Jangtse-Delta) 138, 178
Chang-Jiang-Tiefebene 16
Changsha 56, 140, 157
Chek Lap Kok 139
chemische Produkte 152
Chendes 51
Chengdu 23, 41, 64, 105, 110, 117, 123, 140
Chen Kaige 210
Chen Liangyu 80
Chen Shuibian 118
Chen Yun-lin 118
Chiang Kai-shek → Jiang Jieshi
Chiang Pin-kung 118
Chihli 39
Chilis 146
China AG 160
China-Alligator (Yangzi-Alligator) 28, 36
China Construction Bank 166, 172
China-Faktor 170
China Life Insurance 166, 172
China Merchants Bank 166, 172
China Petrochemical Development Corp. 162
China Petroleum and Chemical Corp. 162, 172
China-Restaurant 65, 202
China Securities Index Company 171
China Shenhua Energy 172
China Telecom 58, 62, 166
Chinatown 45
China Unicom 58
Chinesische Demokratische Liga 119
Chinesische Demokratische Partei der Bauern und Arbeiter 119
Chinesische Gesellschaft für Demokratischen Nationalen Aufbau 119
Chinesische Gesellschaft für die Förderung der Demokratie 119
Chinesische Mauer 53, 99, 184, 186, 190
Chinesischer Flussdelfin 36
Chinesischer Riesensalamander 36
Chinesische Sowjetrepublik 101
Chinesisches Schuppentier 28
Chinesisch-Japanischer Krieg 97, 102, 106, 205
Chomo Lonzo 16
Chongqing 22, 37, 55, 56, 92, 96, 98, 104, 140
Chongwu 50
Cho Oyu (Zhou'aoyou Shan) 16
Christentum 196
Chromerz 24
Citroën 155
Club D-22 208
Cluster 156, 169
Coca Cola 87
Computer, PC, Laptop 62, 137, 138, 151, 152, 195
Containerhafen 128
COSCO Shipping 172

CO_2-Ausstoß (Kohlendioxid-Ausstoß) 32, 142
Cuju-Spiel 216
Cyberpolice 144

Daewoo 155
Da Hinggan Ling (Großer Chingan) 14, 36
Dai 48
Daimler 155
Dalai-Lama 54, 90, 96, 198
Dalian (Port Arthur) 56, 97, 134
Damhirsch 36
Dänemark 142
Dangdang 144
Daoismus 51, 88, 195, 196, 198, 216
Daqin 160
Darfur-Konflikt 126
Dashanzi 205
Daur (Dahuren) 48, 53
Daxue Shan 16
Dax-Unternehmen 178
De'ang 48
Deflation 168
Demografie 44, 46, 54, 56, 66, 68, 74, 80
Demokratie 111, 118
Demokratische Fortschrittspartei (DPP) 118
demokratische Parteien 118
Demokratische Selbstbestimmungsliga Taiwans 119
Demonstranten 121
Deng Xiaoping 74, 101, 105, 106, 108, 110, 112, 116, 118, 120, 124, 126, 128, 134, 190
Depression 14, 16
Der Osten ist rot 91
Derung (Dulong) 48
Desertifikation (Wüstenbildung) 16, 34, 37, 42, 146
Deutsche Börse 171
Deutsche Demokratische Republik (DDR) 112
Deutsche Lufthansa AG 178
Deutsches Zentrum für Industrie und Handel 150
deutsche Unternehmen 151, 154, 171, 178, 180
Deutschland 97, 98, 110, 128, 130, 142, 151, 176, 178, 180
Devisenreserven 174
Dezentralisierung 170
Diabetes 87
Diagnoseverfahren 88
Dialekt 185, 192
Diamanten 25
Diederichs, Otto von 97
Dienstleistungssektor 130, 139, 164
Diesel 142
Diexi 38
Diktatur 161
Diktatur des Volkes 111, 120
Dim-Sum 202, 204
Dinosaurier 188
Diplomatie 124
diplomatische Beziehungen 113, 114, 124
Dissidenten 121

Dividende 137
documenta 12 205
Dong 48
Dongshan 134
Dongting Hu 18
Dongxiang 48, 53
Dongzhmen 150
DPP → Demokratische Fortschrittspartei
Drachenbootfest, Drachenbootrennen 200, 214
drei bittere Jahre 107
Drei Große Schlachten 104
360buy 144
Drei Repräsentationen 116
Drei-Schluchten-Staudamm 30, 186
Drei-Welten-Theorie 124
Dritte-Front-Strategie 108, 128, 169
Dritte Welt 124, 126
Drogen, Drogenhandel, Drogenindustrie 60, 64, 88
Drogensucht 84, 88
Druckkunst 162
Dsungarei → Junggar-Becken
duales Preissystem 129
Duisburg 185
Dujiangyan 23
Dulong Jiang 19
Dunhuang 198
Dürrekatastrophen 38, 41, 42
Du Shanghua 62
Düsseldorf 185
dutch disease 161
DVD 65

Edelsteine 25
Ehe 70, 75
Eigenkapital 136
Eigentum 136
Ein-China-Politik 113, 114
Ein China, zwei Interpretationen 118
139shop 144
Ein-Kind-Politik 44, 46, 48, 66, 70, 72
Einkommen → Löhne
Ein Land, zwei Systeme 94, 96
Einschulungsrate 68
Eisenbahn 140, 160
Eisenerz 24
eiserne Reisschüssel 82
elektrische Energie, Strom 142, 168
Elite 137, 164, 169
Elite Computer System 150
Emei Shan 197
Emission 32
Energieproduktion 142
Energieträger 142
Energieverbrauch 32, 142
Engineering Index (EI) 162
Entfernungstabelle 140
Entsandtkräfte (Expatriates, Expats) 178
Entspannungspolitik 110
Entwaldung 20
Entwicklung → Forschung und Entwicklung (F&E)
Entwicklung, menschliche 68

Entwicklungshilfe 151, 160
Entwicklungsländer 139, 176
Erdbeben 38, 41, 42, 168
Erdgas 24, 91, 142
Erdkrustenschollen 39
Erdöl 24, 90, 160
Erdstämme 201
erneuerbare Energien 142
Erstgeburt 74
erwerbsfähige Bevölkerung 139
Essen 201, 202
Eurasiatische Platte 15, 39
Europäische Union (EU) 125, 126, 151, 156, 171, 176
Euro-Raum 132
Evolution 36
Ewenken (Ewenki) 48
Exekution → Hinrichtung
Exekutive 121
Existenzminimum 55
exorheisch 18
Expatriates, Expats → Entsandtkräfte
EXPO 160
Export 128, 139, 150, 152, 156, 160, 168, 174, 176
Exterritorialität 98

Fahrverbot 32
Fälschung → Produktfälschung
Faltungszonen 39
Falun Gong 112
Familie 53, 70, 75, 80, 108
Fast Food 72, 87
Fauna (Tierwelt) 28, 36
Feiertage 200
Fei Mu 210
Feinstaubbelastung 33
Fengjie 140
Fernsehen, TV 211
Fernsehgeräte 152
Festlandchina 45, 208
Festländer 118
Festnetz 58, 62
Festtage 200
Fettleibigkeit → Übergewicht
Fiat 155
Film, Filmproduktion, Filmszene 205, 208, 210
Finanzamt 62
Finanzdienstleistungssektor 180
Finanzordnung 151
Finanz- und Wirtschaftskrise 168
Fische 28
Fischerei 149
Fleisch 146
Flora (Pflanzenwelt) 28, 31
Flughafen 139
Fluorit 25, 30
Flüsse 18, 140
Folterung 65
Food and Agriculture Organization of the UN – Ernährungs- und Landwirtschaftsorganisation der Vereinten Nationen (FAO) 124
Forbes 55, 62
Ford 155
Förderungswürdigkeit 24
Formosa → Taiwan
Forschungsbericht 162

Forschung und Entwicklung (F&E) 132, 151, 160, 162, 171, 181
Forstwirtschaft 20, 149
Fossilien 188
Foster, Norman Robert 139
Frankfurt am Main 185
Frankreich 90, 97, 98, 130, 142
Freilichtkino 210
Friedenssicherungsmission 125
Frühlingsfest 200
Frühmenschen 188
Fudan-Universität 76, 78
Führungsmonopol 120
Fujian 177, 187, 204
Fuling 140
Fünfjahresplan, Fünfjahresprogramm 129
Fußball 216
Fuzhou 56, 98, 140

Gan 192
Gangdise Shan 14, 16, 20
Gan Jiang 140
Gansu 40, 47, 67, 177
Ganztagsbetreuung 70
Gaoshan 48
Gao Xingjian 204, 210
Gasherbrum I (Jiashu'erbulumu I) 16
Gasherbrum II (Jiashu'erbulumu II) 16
Gastronomie 72
Gaulle, Charles de 90
Gebärdensprache 192
Geburtenkontrolle, Geburtenplanung 44, 46, 66, 74
Geburtenrate 67
Gefängnis 60, 62, 65
Geflügel 148
Geheimbund 65
Gelao (Gelo) 48
gelbe Kultur 184
Gelber Kaiser 201
Gelber Fluss → Huang He
Gelbes Meer 15
gemäßigtes Klima 26
geming → Änderung des Mandats
Gemüse 146, 148, 170
Gender 66
General Motors (GM) 155
Generationenausgleich 80
Gentechnologie 146
geöffnete Wirtschaftsregion 138
Geologischer Park 188
Geschäftssteuer 132
Geschlechterverhältnis 66, 75
Gesellschaft des 3. September 119
Gesellschaft für bedrohte Völker 52
Gesellschaft für Technische Zusammenarbeit → GTZ
Gesetzgebung 120
Gesundheitssystem 81, 84, 86, 88, 132, 168
Getreide 146, 148
Gewerkschaften 134
Gibbons (Kleine Menschenaffen) 29, 36
Gips 25, 30
Glasnost 111

Glaubersalz 30
Gletscher 20
Glimmer 25
Glücksspiel 94
Glutöfen 22
Gobi 14, 16, 21, 122
Goldener Takin 28
Goldenes Dreieck 87
Goldmedaillen 214, 216
Golf des Ob 18
Golfkriege 126
Golf von Bengalen 18
Golf von Chihli → Bo Hai
Gome 152
Gome Electrical Appliances 62
Gongga Shan (Minja Konka) 16
Gong Li 208
Google 63
Gorbatschow, Michail 111
Gosainthan → Xixabangma feng
Grabenbruchzone 39
Grabkehrtag (Qing Ming Jie) 200
Grabwächterarmee 205
Grafit 24, 30
Grasland (Grassteppe) 21, 31, 40
Gras-Schriften 195
grauer Markt 137
Graukatze 28
Greater China 45
Great Western Development Program 138, 170
Green Food Development Center, Chinesisches (CGFDC) 148
Green Silicon Island 114
gregorianischer Kalender 201
Grenze, Grenzstreitigkeiten 91, 107, 109
Großbritannien 45, 90, 94, 97, 98, 125, 130, 142
Große Ebene → Nordchinesisches Tiefland
Große Halle des Volkes 63, 120
Große Proletarische Kulturrevolution → Kulturrevolution
Großer Chingan → Da Hinggan Ling
Großer Hinggan 31
Großer Kanal 23
Großer Panda 28, 36
Großer Sprung nach vorn 38, 42, 74, 107, 128, 146
Group of 77 – Gruppe der 77 (G-77) 124
Grundrechte 121
Grundschule → Primarstufe
Grüne Große Mauer 20, 37, 40
Grüner Korridor 28, 37
Grüner Tee 204
GTZ (Gesellschaft für Technische Zusammenarbeit) 37
Guang'an Xian 110, 117
Guangdong 47, 50, 67, 75, 96, 152, 155, 159, 173, 174, 177, 179, 181, 187, 213
Guangxi Zhuangzu, Autonome Region 50, 52, 92, 170
Guangzhou (Kanton) 22, 26, 32, 56, 97, 98, 116, 123, 134, 140, 169, 184
Guangzhouwan 97
Guanxi-Netzwerk 62, 64
Guanyin 195

Guerillakrieg 101, 108, 169
Guilin 15, 22, 186
Guiyang 37, 56, 134, 140
Guizhou 51, 52, 67, 159, 177, 181
Gulang 38
Gulangyu 98
Gummi (Kautschuk) 147
Guomindang (Kuomintang, Nationale Volkspartei) 39, 90, 102, 104, 106, 110, 113, 116, 118, 126, 190, 205
Guoyu → Mandarin
Gurla Mandhata (Naimunani Feng) 16
GUS-Staaten 156
Gütertransport 140
Gwoyeu Romtzyh 194
Gyachung Kang 16

Hafen 128, 140, 160
Haier 151, 172, 180
Hai He 19
Haikou 26, 139
Hainan 15, 26, 47, 67, 75, 90, 96, 134, 138, 159
Hainan Nanpu 134
Haiyuan 38
Hakka 45, 48, 192
Hamburg 184
Han-Chinesen 44, 48, 50, 52, 54
Handelsabkommen 125
Handelsbarriere 151, 180
Handelsbilanzdefizit, -überschuss 139, 174
Handelsniederlassung 96, 98
Handy → Mobiltelefon
Han-Dynastie 50, 208, 219
Hangzhou 32, 56, 86, 98, 140
Hani 48
Han Jiang 18
Hankou 98, 140
Han Shui 23, 38, 140
Harbin 22, 27, 34, 56, 140
Haushalt, Staatshaushalt 70, 132
HDI → Human Developement Index
Hebei 51, 156
Hebei Iron & Steel Group 157
Hedin, Sven 14
Hefei 56, 140
Heidelberg 185
Heilige Berge 196
Heilongjiang 44, 51, 67, 177
Heilong Jiang (Amur) 18, 90, 97, 140
Heixiazi-Inseln 90
Helan-Berge, Weinbauregion 203
Henan 47, 152
Hengdian 136
Hengdian-Konzern 208
Hengduan Shan 14, 20
Heng Shan 194, 197
Henkel KGAA 178
Heroin 60
Herzkrankheiten 84
Heshang 184
Heuschrecke 201
Hexi-Korridor 19
Hezhen 48

Hightechunternehmen 134
Himalaja 14, 16, 20
Himalajagans 29
Himmelsstämme 201
Himmlisches Mandat (tianming, Mandat des Himmels) 42
Himmlisches Reich des Großen Friedens (Taiping Tianguo) 45
Hinrichtung, Exekution, Todesstrafe 52, 60, 64, 111, 121
Hinterland 130, 169, 174
Hiragana 192, 195
Hire-and-fire-Politik 164
HIV 84, 87, 88
Hmong → Miao
Hochchinesisch → Mandarin
Hochebenen 16
Hochgebirgsplateauklima (Plateauklima) 26
Hochofen 128
Hochschule 76, 78
Hochtechnologie 114, 150, 176
Hochzeit 70, 75
Hohhot 140
Höhlenwohnung (Wohnhöhle) 40
Hollywood 208, 211
Honda 155
Honghu 140
Hongkong 45, 65, 68, 90, 92, 94, 96, 98, 118, 138, 152, 172, 176, 180, 186, 208
Hong Kong Stock Exchange 172
Hong Xiuquan 45
Hongze Hu 18
Hon Hai Precision Ind. Co. Ltd. 162
Honig 146, 148
Hornfasan 36
Hou Hsiao-hsien 210
H-Shares 172
Hua Guofeng 42, 110, 116, 128
Huai'an 107, 117
Huai-Fluss 38
Huai-Hai-Schlacht 104
Huai He 19, 34
Huang Guangyu 62
Huang He (Gelber Fluss) 15, 16, 18, 23, 34, 38, 41, 42, 44, 140, 184, 188
Huangkang 107, 117
Huangpu 101
Huangtu-Hochebene 15, 16
Huaqing 106
Hua Shan 39, 42, 197
Huawei Technologies Co. Ltd. 151, 162, 180
Hubei 52, 155, 213
Hui (Huihui) 48, 50, 192
Hu Jintao 110, 117, 120, 160
Hukou 55
Hulou-Wasserfall 188
Hulunbuir-Grassteppe 31
Hulun Nur 18
Human Developement Index (HDI) 68
Humankapital 169
Hunan 51, 52, 198
Hunan Valin Iron & Steel Group 157
Hund 201
Hundert-Blumen-Bewegung 107
139shop 144

Hungersnöte 38, 42, 107, 129, 146
Hu Yaobang 111, 112
hybride Eigentumsformen 136
Hygiene 148
Hyundai 155

IBM 137
Ili 19
Import 139
Independent 208
Index to Scientific & Technical Proceedings (ISTP) 162
Indien 90, 107, 109, 126, 130, 139, 142, 152, 154, 156, 176
Indisch-Australische Platte 15, 39
Indus 18
Industrial and Commercial Bank of China 172
Industrialisierung 56
Industriepark 115, 134
industrial upgrading 171
Industrie, Industriesektor 34, 129, 130, 136, 152, 154, 156, 158, 164, 168, 176
Industriezone 134
Inflation 102, 111, 168
Infrastruktur 56, 132, 140, 160
Injektionsspritze 88
Innenpolitik 124
Innere Mongolei, Autonome Region 19, 31, 47, 91, 92
Innovation, Innovationsleistung 151, 152, 161, 162, 168, 181
Insidergeschäft 172
Institute of Computing Technology (ICT) 137, 138
International Atomic Energy Agency – Internationale Atomenergie-Organisation (IAEA) 124
International Bank for Reconstruction and Development (World Bank) – Weltbank (IBRD) 68, 124, 151
International Chamber of Commerce – Internationale Handelskammer (ICC) 124
International Civil Aviation Organization (Internationale Organisation der Luftfahrt treibenden Staaten (ICAO) 124
International Criminal Police Organization – Interpol (ICPO) 124
internationale Beziehungen 124
International Federation of Red Cross and Red Crescent Societies – Internationales Komitee vom Roten Kreuz (IFRCS) 124
International Labour Organization – Internationale Arbeitsorganisation (ILO) 124
International Monetary Found – Internationaler Währungsfond (IMF) 124
International Olympic Committee – Internationales Olympisches Komitee (IOC) 124
Internet 62, 144

Internetcafé 63
Internetpolizei 62
Investitionen, Direktinvestitionen (→ auch ausländische Investitionen) 128, 134, 151, 160, 169, 176, 180
Investor 150, 152, 158, 170, 172, 176, 178
Iran 60, 126
Iranische Völker 50
Irtisch (Irtysch, Eerqisi He) 19, 140
Islam 50, 52, 196
Istanbul 52
Isuzu 155
Italien 98, 142

Jade 25
Jangtsekiang, Jangtse → Chang Jiang
Japan 97, 98, 100, 102, 104, 106, 116, 126, 130, 156, 201
Japanisches Meer (Ostmeer) 15
Jialing He 18, 140
Jiang Jieshi (Chiang Kai-shek) 41, 90, 100, 104, 106, 116, 124
Jiang Qing 108
Jiangsu 47, 187, 152, 159, 173, 174, 177, 179, 213
Jiangsu Shagang Group 157
Jiangxi 67, 75, 101
Jiangxi Copper 172
Jiangyan (Stadt Taizhou) 110, 117
Jiang Zemin 64, 80, 110, 116, 118
Jiaozhou (Kiautschou) 97, 98
Jiashu'erbulumu I → Gasherbrum I
Jiashu'erbulumu II → Gasherbrum II
Jiatong-Universität 76
Jilin 51, 155, 213
Jin 41, 192
Jinan 56, 123, 140, 157
Jinggang-Gebirge 126
Jingjing 63
Jingpo 48
Jingzhou 140
Jinmao Tower 209
Jinmen → Kinmen
Jino 48
Jinyu 192
Jiuhua Shan 197
Jiujiang 98, 140
Jiuzhaigou-Nationalpark 188
Jobbörse 81
Johnny Mark 210
John Woo 210
Joint-Exploration 171
Joint Venture 31, 136, 151, 154, 170, 176, 180
Juden 51, 196
Junggar-Becken (Zhungeer Pendi, Dsungarei) 14, 16, 19, 22
Jurchen 51
Jurte 44
Justiz 65

Kaderkutsche 154
Kadersystem 77, 121
Kaffeehaus 204

Kaifeng 41
Kailash (Tise) 196
Kalakuli-See 44
Kalender 200
Kalksinterterrassen 188
Kalkstein 25
Kalligrafie 192, 194, 216
Kalorienzufuhr 72
Kältewüste 21
Kambodscha 110, 126
Kamel 29, 36
Kampfsport 198, 216
Kanäle 140
Kang Youwei 100
Kanji 192
Kanton → Guangzhou
Kantonesen 202
Kantonesisch 185, 192, 208
kantonesische Küche 202
Kanto-Pop 208
Kaolinerze 24
Kapital, Kapitaleigner, Kapitalbeteiligung, Kapitalmarkt 138, 152, 172, 174
Kapitalismus 137
kapitalistische Experimente 134
Kapitalverbrechen 60
Karakorum 14, 16, 20
Karma 198
Karotten 146
Kartoffeln 146
Karst 15, 22
Kasachen 48, 51
Kasachisch 193
Kasachstan 52
Kassel 205
Katagana 192
Katholiken 196
Katzenbär → Kleiner Panda
Kernkraft 142
Kerosin 142
Ketteler, Klemens Freiherr von 100
Kia 155
Kiautschou → Jiaozhou
Kieselerden 25
Kindergarten 178
King Hu 210
Kinmen (Jinmen, Quemoy) 90, 114, 118
Kino-Wood 208
Kirgisen 48, 51
Klassenkampf 107, 110
Klassenpartei 119
Kleine Menschenaffen → Gibbons
Kleiner Panda (Katzenbär) 29
Kleines Rotes Buch → Mao-Bibel
Klientelismus 160
Klimaanlage 142, 152
Klimasünder 32
Klimazonen 22, 26
Knoblauch 146
Know-how 150, 154, 158, 182
Kohle 24, 30, 140, 142, 152
Kohlenbergbau 31
Kohlendioxid-Ausstoß → CO_2-Ausstoß
Koks 142
Kollektivierung 80, 108, 110
Kolonialmächte 45, 184
Kolonie 90, 94, 96, 98
Komintern 100

Kommunikation 58, 62
Kommunistische Partei Chinas (KPCh, Zhongguo Gongchandang) 54, 62, 100, 102, 104, 106, 108, 110, 112, 116, 118, 120, 122, 124, 128, , 128, 190, 194, 196, 200, 206
Konfuzianismus 45, 66, 75, 195, 199, 216
Konfuzius (Kong Qiu, Kong Fuzi) 196, 199
Konfuzius-Institut 184
Kongpo Ri → Bönri
Kong Qiu, Kong Fuzi → Konfuzius
Kongur 16
Königsfasan 36
Konjunkturprogramm 86, 168
Konsum, Konsumausgaben 70, 72, 131, 132, 161, 166, 168, 178
Konzeptkunst 205
Konzessionen 96, 98, 100
Koolhaas, Rem 209
Kopie → Produktfälschung
Korea 97
Koreaner 48, 50
Korruption 34, 62, 64, 111, 121, 160
Korruptionswahrnehmungsindex (CPI) 64
Kraniche 36
Krankenhaus, Klinik 81, 84, 86, 168
Krankenversicherung 83, 86, 161
Krebs 84
Krebsdörfer 32, 84
Kredite 160
Kriegsverbrechen 102
Kriminalisierung 55
Kriminalität 60, 64, 111
Küche 72, 87, 201, 202
Kula Kangri 196
Kultur 132
Kulturrevolution (Große Proletarische Kulturrevolution) 48, 54, 74, 80, 86, 107, 108, 110, 116, 126, 136, 184, 186, 190, 196, 201, 204, 206, 210
Kung-Fu (kong fu) 198, 214
Kunlun Shan 14
Kunming 26, 56, 102, 140, 188
Kunshan 134
Kunst 205
Kunsthandwerk 205
Kuomintang → Guomindang
Kupfer 24, 160
Kursivschriften 195
Küstenregion 130, 140, 142, 152, 169, 170
K-2 (Mount Godwin Austen, Qogir) 14, 16

Lagerstätten 24
Lahu 48
Laiwu 157
Lamaismus 198
Lancang Jiang (Mekong) 14, 18, 140
Landbevölkerung 144, 168
Landesverrat 44
Landesverteidigung 132

Register

Landwirtschaft 20, 40, 96, 108, 110, 129, 130, 132, 136, 139, 146, 148, 164, 169, 170
Landwirtschaftssteuern 132
Langde 52
Langer Fluss → Chang Jiang
Langer Marsch 101, 106, 110, 117
Lanzhou 40, 56, 123, 134, 140
Laos 50, 126
Lao Zi 198
Laptop → Computer
Lärmbelastung 32
Lashio 102
Lastkraftwagen (Lkw) 140, 154
Latinxua Sin Wenz 194
Laubwald 29
Lebensbedingungen, Lebensqualität 32, 44, 68, 77
Lebenserwartung 66, 68, 77, 80
Lebenshaltungskosten 166
Lebensmittel, Nahrungsmittel 72, 148
Lebensmittelskandal 72, 84
Lebensstandard 129, 130
Ledostraße 102
Lee Teng-hui → Li Denghui
Lehman Brothers 168
Lehrer 78
Leibniz, Gottfried Wilhelm 185
Leichtindustrie 152, 169
Leinsamen 148
Leishan 51
Leiyang 197
Lenovo (Lianxiang) 137, 151, 152, 180
Lhasa 26, 96, 140, 184
Lhoba 48
Lhotse (Luozi Feng) 16
Liaodong 15
Liao He 18
Liaoning 51, 152
Liberaler Marktleninismus 110
Liberalisierung 110, 138, 170
Li Denghui (Lee Teng-hui) 113
Li Hongzhi 113
Liji (Buch der Riten) 199
Lijiang 54
Lin Biao 101, 105, 106, 108, 116, 126
Linde AG 178
Li Ning, Li-Ning 152, 182
linke Restauration 112
Lin Yinghao 62
Li Peng 30, 110, 112, 117
Lisu 48
Literatur 204
Liu Bocheng 48, 126
Liu Shaoqi 101, 107, 108
Liu Xiang 214
Liu Yongxin 62
Li Xiannian 111
Lizenz 160, 171
Li Zicheng 41
Li Zongren 105
Logo 182
Löhne, Einkommen 70, 129, 134, 164, 166
Lon Nol 110
Lop Nur 14, 18, 122
Löss 23, 38, 40
Luan He 19

Luftqualität 32, 37
Luftstreitkräfte (Luftwaffe) 122, 126
Luftverschmutzung 32, 37, 84
Luftverschmutzungsindex → API
Lujiazui 209
Lunyu (Worte des Konfuzius) 199
Luoyang 198
Luozi Feng → Lhotse
Luxus 146, 166

Mäander 31
Maashan Iron & Steel Group 157
Maastrichtkriterien 132
Macau 45, 92, 94, 96, 98, 152, 176, 180, 186
m18 144
Magnesiterze 24, 30
Magnetkompass 162
Ma Huateng 62
MainOne 144
Mais 146, 148
Makaken 36
Makalu 16
Malayenbär 36
Malerei 205
MAN AG 178
Management-Buy-out 136
Manchester 65
Mandarin (Putonghua, Guoyu), Hochsprache, Hochchinesisch 185, 192, 195
Mandarinente 36
Mandat des Himmels → Himmlisches Mandat
Mandschu (Man) 48, 50, 198
Mandschurei → Nordostchinesisches Tiefland
Mandschurenkranich 36
Mangan 24
Mantous 202
Manzhouguo 103
Mao-Bibel (Kleines Rotes Buch) 107, 108
Maoismus, maoistische Ära 107, 184, 128, 146, 152, 176
Mao-Kult 91, 108, 110, 197
Maonan 48
Mao-Tempel 197
Mao Zedong 30, 42, 46, 74, 90, 101, 104, 106, 107, 110, 116, 119, 126, 148, 184, 197, 198
Marco-Polo-Brücke 102
Marderhund (Waschbärhund) 28
Marine → Seestreitkräfte
Marken, Markenname, Markenrecht 64, 151, 160, 166, 181, 182
Markenrechtsverletzung, Markenpiraterie 171, 182
Marktorientierung 137
Marktpreis 129
Marktwirtschaft 110, 112, 116, 121, 128, 134, 137
Marktzugang im Tausch für Technologie 171
Marmor 25
Marsch der Freiwilligen 91
Marxismus-Leninismus 107, 111, 120
Maschinenbauindustrie 178
Massage 88

Matsu 90, 114
Ma Yingjiu (Ma Ying-jeou) 114, 118
Mazda 155
McDonald 87
McMahon-Linie 90
Medaillenspiegel 214
Medikamente 87
Medium to Long-term Program on Technological and Scientific Development 161
medizinische Versorgung 81, 84, 86, 178
Meeresnaturpark 189
Mehrwertssteuer 132
Meinungsfreiheit 121
Meistbegünstigungsklausel 97
Mekong → Lancang Jiang
Menglu 144
Mengzi (Worte des Menzius) 199
Menschenrechte 111, 112, 121, 126, 160
Menschenrechtsorganisation 52
Meridian 88
Meteoritenhagel 42
Metro AG 178
Miao (Hmong) 45, 48, 50, 52
Miao-Yao-Völker 50
Microsoft Corp. 162
Migration 44, 54
Milch 146
Milchpulver 84
Militär (Streitkräfte) 122, 126
Militärbündnis 125
Militärkontrollausschuss 108
Militärregion 122
Milliardäre 55
Millionenstadt 56
Min 192
Minbei 192
Minderheiten, nationale 48, 50, 66, 70, 74, 92, 112, 186, 211
Mindong 192
Mineralien 24
Ming-Dynastie 53
Minhang 134
Ministry of Industry and Information Technology (MIIT) 58
Ministry of Public Security 60
Minja Konka → Gongga Shan
Min Jiang 23, 140
Minnan 192
Mission 97
Mitsubishi 155
Mittelschule 76, 78
Mobilfunk 58, 62
Mobiltelefon (Handy) 58, 62, 166, 195
Moçambique 126
Molybdän 24
Monba (Menba) 48
Mondfestival 200
Mondkalender 200
Mongolei, Mongolische Republik 52
Mongoleigazelle 29
Mongolen 48, 50, 53, 198
Mongolisch 193
Mongolische Hochebene 14, 16
Monostruktur 161
Monsun 22, 26
Morigan-Fluss 31

Moschustier 28, 36
Moskau 106
Mosuo 53
Mount Everest (Zhumulangma Feng) 14, 16, 188
Mount Godwin Austen → K-2
Moxibustion 88
Mudan Jiang 140
Mulam (Mulao) 48
Mulitpolarisierung 124
multinationale Konzerne 180
München 185
Muntjak 36
Museum 190
Musik 208
Musiktheater 210
Muslime 196
Mutterschaftsversicherung 82
Muztagata Shan (Muztagh Ata) 16

Naadam Festival 53
Nachang 56
Nachrichten 63
Nachrichtenagentur 144
Nadelwald 29, 31
NAFTA (Kanada, USA, Mexiko) 156
Nagwa, Autonomer Bezik 41
Nahrungsmittel → Lebensmittel
Nahrungsmittelversorgung 96
Naimunani Feng → Gurla Mandhata
Nam Co 18
Namjagbarwa Feng 16
Namuco-See 14
Nam Viet 51
Nanchang 126, 140
Nanjing (Nanking) 22, 45, 56, 74, 81, 100, 102, 105, 106, 123, 140
Nanjing, Friedensvertrag von 96
Nanjing-Massaker 102, 106
Nanjing-Universität 76, 78
Nankai-Universität 76
Nanking → Nanjing
Nanling 15
Nanning 56, 134, 140
Nantong 134, 140
Narbenliteratur 204
Nassreisanbau 21
Nathula-Pass 91
National Economic and Technological Development Zones (NETDZ) 134, 138
National High-Technology Industrial Development Zones (NHTIDZ) 134, 138
national champion 150
Nationales Palastmuseum 114
Nationales Schwimmzentrum (Wasserwürfel) 209, 216
Nationale Volkspartei → Guomindang
Nationalfeiertag 200
Nationalflagge 90
Nationalhymne 91
Nationalmuseum 110
Nationalpark 115
Nationalstadion → Olympiastadion
Natriumcarbonat → Antimon

Naturkatastrophen 38, 41, 42
Naturpark 188
Naxi 48, 53, 54
Nebelparder 36
NE-Metalle → Nichteisenmetalle
Nen Jiang (Nonni) 18, 140
Nepal 97, 126
Nestorianische Christen 51
NETDZ → National Economic and Technological Development Zones
Neujahrsfest 51, 200
99read 144
New York 45
NHTIDZ → National High-Technology Industrial Development Zones
Nichteisenmetalle (NE-Metalle) 24
Nickel 25
Niederlande 65, 125
Niederschlag 22, 26
Nie Er 91
Nike 182
Nikotinsucht 77
Ningbo 56, 134
Ningxia Huizu, Autonome Region 47, 92, 159, 173, 174, 213
Nirwana 75
Nissan 155
Nixon, Richard M. 110
Nobelpreis 204
Nöjin Kangsang 196
Nomaden 44, 54
Nonni → Nen Jiang
Nordchinesisches Tiefland (Große Ebene) 15, 16
Nordmeer-Flotte 123
Nordostchinesisches Tiefland (Mandschurei) 15, 16, 22, 97, 100, 106
Nordost, Weinbauregion 203
Nosu (Schwarze Yi) 53
Nu 48
Nu Jiang (Salween) 18
Nuklearwaffen → Atomwaffen
Nürnberg 45
Nyaiquentanglha-Gebirge 14
Nyenchen Thanglha (Nyainqentanglha Shan) 196

Oberster Gerichtshof 64
Ob-Irtysh 18
Obst 146, 148
Ochotskisches Meer 18
Ödland 21
OECD → Organisation für wirtschaftliche Zusammenarbeit und Entwicklung
Offene Stadt, geöffnete Küstenstadt 134, 138
Offshore 22
Ökolebensmittel 148
Ökologie 148
ökologisches Gleichgewicht 37
Oligopol 151, 180
Ölpflanzen 146, 148
Olympiastadion, Nationalstadion 209, 214
Olympische Spiele 32, 34, 52, 114, 151, 162, 182, 200, 209, 214, 216

Onlineshops 144
Onlinespiele 62, 144
Opium 51
Opiumkrieg 96
Opiumschmuggel 96, 98
Opposition 119
Ordos-Plateau 19
Organisation für wirtschaftliche Zusammenarbeit und Entwicklung (OECD) 139, 150, 160, 168, 176
organisierte Kriminalität 65
Orientalische Zibetkatze 28
Orotschen (Orogen, Olunchun) 48
Ostchinesisches Meer 15, 18, 90
Österreich 98
Ostmeer → Japanisches Meer
Ostmeer-Flotte 123
Ostturkestanische Vereinigung 52

Pachtgebiet 97, 100
Paiwan 192
Paketpost 60
Pakistan 60
Palastmuseum 190
Palastmuseum, Nationales 190
Pamir 14, 16
Panda → Großer Panda, → Kleiner Panda
Pantheon 198
Pantschen-Lama 198
Pan Yue 37
Papier 162
Paris 65
Parteibuch 116
Parteikongress 112
Parteitag 116, 120
Patent, Patentrecht 161, 162
Pazifische Platte 15
Peking → Beijing
Pekinger Küche 202
Pekingmensch 190
Penghu 114
People's Bank of China 129
Perestroika 111
Perlfluss (Zhu Jiang) 18, 34, 138
Perlflussdelta 138, 178
Perlflussdelta-Tiefebene 16
Permanent Court of Arbitration – Internationaler Schiedsgerichtshof (PCA) 124
Personenkraftwagen (Pkw) 140, 154
Personenkult 108, 110
Peru 160
Pescadores 97, 114
PetroChina 172
Pfirsiche 146
Pflanzenheilkunde 87
Pflanzenschutzmittel 148
Pflanzenwelt → Flora
Philosophie 196
Phosphorerze 24
Pik Pobedy → Shengli Feng
Piktogramm 194
Pilze 148
Ping An Insurance 166, 172
Pinghua 192
Pingpong-Diplomatie 109, 110
Pingshuo 30
Pingyao 190

Pinselschriften 195
Pinyin-Umschrift 194
Plagiat → Produktfälschung
Planstalinismus 110
Planwirtschaft 110, 128, 134
Plastik 205
Plateauklima → Hochgebirgsplateauklima
Platin 160
Platz des Himmlischen Friedens → Tian'anmen
Poesie 216
Politbüro 120
politisches System 119, 120
Politisierung 55
Polizei 63, 65
Polo 216
Portugal 94, 98, 142
Post 58
Potala 184
Poyang Hu 18
PPG 144
Prager Frühling 109
Preise 134
Pressefreiheit 121
Primärsektor 130, 164
Primarstufe (Grundschule) 76, 78
Primat der Ökonomie 124
Privateigentum 121, 140
Privatisierung 136
Privatunternehmen, Privatwirtschaft 136, 152, 158, 164, 172
Produktfälschung (Kopie, Plagiat) 64, 87, 161, 171, 182
Produktivität 139, 150, 152, 176
produzierendes Gewerbe 152
Profisport 215
Propaganda 107, 206, 211
Protektion, Protektionismus 121, 160
Protestanten 196
Protestbewegung 54, 112, 120
Provinz 91
Prschewalskipferd 29
Psychosekte 113
Pudong 138, 160
Pumi (Primi) 48
Punk 208
Putonghua → Mandarin
Pu Yi 100
Puyuma 192
Pyriterze 24

Qaidam-Becken (Chaidamu Pendi) 14, 16, 19
Qi 88, 198
Qiang 48
Qiangtang-Plateau 19
Qigong 86, 88, 113, 216
Qilian Shan (Qilian-Gebirge) 14, 20, 23
Qin Bangxian 106
Qin-Dynastie 201
Qingdao (Tsingtau) 32, 34, 56, 97, 98, 134, 170, 214
Qing-Dynastie 44, 50, 96, 98, 100, 190, 197, 201, 205
Qinghai 47, 53, 67, 159, 173, 174, 177, 181
Qinghai Hu 14, 18, 23

Qinghai-Tibet Plateau (Qing Zang Gaoyuan) 14, 16
Qing Zang Gaoyuan → Qinghai-Tibet Plateau
Qin Shi Huangdi 186, 205
Qogir → K-2
Quecksilber 25
Quemoy → Kinmen
Qu Yuan 200

Rad der Existenzen 198
Raketen, Raketenstreitkräfte 122
Rangoon 102
Räteregierung 101
Rationierung 142
Raubkopie 65
Rebiya Kadeer 52
Recht auf Arbeit 121
Rechtssystem, Rechtssicherheit 121, 151, 170
Recycling 168
Redbaby 144
Red Cliff 208, 210
Re-Engineering 161
Reformära, Reform- und Öfnungspolitik 46, 55, 74, 80, 110, 116, 120, 128, 138, 146, 148, 152, 154, 156, 158, 164, 169, 170, 206, 209, 211,
Regenwald 29
regierungsunmittelbare Stadt 91, 92, 96
Rehe 36
Reichtum, Reiche, Superreiche 55, 62, 138, 166, 168
Re-Innovation 161
Reis 40, 72, 146, 148, 170
Reiterfestspiele 54
Religion 195, 196, 198
Religionsfreiheit 121
Renault 155
Renmin-Universität (Volksuniversität) 76
Rentabilität 151
Rentenversicherung, Rente 66, 77, 80, 82
Reparationen 169
Repräsentanz 170
Reptilien 28
Republik China → Taiwan
Reservat 36, 115
Ressourcen 24, 128, 138, 151, 169, 181
Revolution → Änderung des Mandats
Revolutionskomitee 108
Revolutionskomitee der Guomindang Chinas 119
Rhesusaffe 28
Rinder, Rindfleisch 146
Robin Li 62
Rockmusik 208
rogue states 160
Rohöl 142
Rohstoffe 151, 160, 181
Rote Armee → Volksbefreiungsarmee
Rote Garden 108, 184
Roter Soldat (Rotgardist) 106, 108
Rothirsch 36
Rudern 216

Ruijin 101
Rukai 192
Rundfunk, Radio 211
Rußemission 33
Russen 48
Russisch-Japanischer Krieg 100
Russland 90, 97, 98, 100, 126, 130, 176, 180

SAIC (Shanghai Automotive Industry Corporation) 151, 154, 172, 180
Saisiyat 192
Salar 48
Salween → Nu Jiang
Salz 21, 152
Salzsee 23
Sanitäranlagen 34
Sanitätsstation 84
Sanjiang-Ebene 14
SARS 84
Säuberung 107, 108
Säugetiere 28
Saurer Regen 31, 32
Schafe 146
Schamanismus 53
Schattenboxen → Taijiquan
Schattenwirtschaft 128
Scheidung 70, 75
Schienennetz 140
Schießpulver 162
Schiffbarkeit 140
Schifffahrt 140
Schlaganfall 84
Schneegrenze 20
Schneeleopard 36
Schrift, chinesische (Schriftzeichen) 185, 192, 194
Schriftsprache 192, 194
Schüler 78
Schulpflicht 76, 78
Schulen, Schulsystem 55, 76, 78, 178
Schutz geistigen Eigentums 151, 171
Schutzgeld 65
Schwarzer Tee 204
Schweeren, Ole 209
Schwefel 25
Schweine, Schweinefleisch 146, 148
Schwerindustrie 152, 169
Schweröl 142
Schwerspat → Baryt
Science Citation Index (SCI) 162
Scotland Yard 65
Sediment 23
Seelenwanderung 198
Seen 18
Seestreitkräfte (Marine) 122, 126
Seide 136
Seidenraupen 136, 147
Seidenstraße 186, 198, 136
Sekundärsektor 130, 164
Sekundarstufe 76, 78
Selbstmord (Suizid) 75, 77
Selbstzensur 63
Seltenerdmetalle 30
Senegal 160
Sesam 148
Shaanxi 194, 198
Shacheng, Weinbauregion 203

Shandong 15, 47, 67, 97, 152, 159, 181, 199, 213, 216
Shandong Iron & Steel Group 157
Shanghai 27, 33, 37, 47, 56, 67, 76, 80, 87, 92, 97, 98, 102, 112, 116, 128, 130, 138, 140, 151, 152, 155, 156, 160, 168, 170, 172, 174, 177, 178, 180, 184, 190, 209, 213
Shanghaier Organisation für Zusammenarbeit (SOZ) 125
Shanghai-Kommuniqué 110
Shanghai-Küche 202
Shanghai-Massaker 101, 116
Shanghai Stock Exchange 172
Shanghai Tower 209
Shanghai World Financial Center 209
Shangrao 32
Shankou-Mangrovenwälder 188
Shantou 56, 134, 138
Shanxi 177, 194
Shaoshan 107, 117
Shashi 98
She 48, 50
Shekou 138
Shengli Feng (Pik Pobedy) 14, 16, 188
Shenyang 56, 65, 123, 134, 140, 169
Shenzhen 63, 134, 138, 150, 172
Shenzhen Stock Exchange 172
Shi Guangsheng 113
Shihezi 134
Shijiazhuang 56, 140
Shilin 188
Shimonoseki 97
Shougang 157
Shui (Sui) 48
Shu Tong 194
Sichuan 41, 47, 52, 96, 104, 159, 173
Sichuan Airlines 200
Sichuan-Küche 202
Sichuan Pendi (Becken von Sichuan) 15, 16
7cv 144
Siedlungsgebiete 48
Siegelschriften 195
Siemens AG 178
Sikahirsch 36
Silbensprache 194
Siling Co 18
Singapur 45
Sinische Scholle 22
Sinisierung 52
Sklaverei 45, 65
Slawische Völker 50
Slum 56
Smog 37
SMS 58, 195
Snow, Edgar 106
Sonderverwaltungsregion (SVR) 91, 92, 94, 96, 186
Sonderwirtschaftszone (SWZ) 129, 134, 138
Songhua Jiang 18, 34, 140
Song Shan 197
Sonne-Mond-See 114
Sonnenblumenkerne 148

Sowjetunion (UdSSR) 100, 107, 109, 111, 119, 124, 126
SOZ → Shanghaier Organisation für Zusammenarbeit
Sozialhilfe 83
Sozialismus 112
sozialistischer Weg 120
Sozialversicherung 80, 82, 132, 161, 168
Spanien 142
Spargel 146
Sparguthaben 167
Spinat 146
Sport 214, 216
Spratlyinseln 22
Sprache, chinesische 185, 192, 194
SSE-180-Index 172
Staatseigentum, Staatsvermögen 136
Staatshaushalt 132
Staatsrat 120
Staatsunternehmen 152, 158, 164, 172
Staatsverschuldung 132
Stadtanlage 190
Stadtbevölkerung 56, 144, 148
Stahl, Stahlindustrie 128, 151, 152, 156
Standardsprache 185, 192
Ständiger Ausschuss 120
Status quo 114
Staudamm 30, 38, 42
Steinwald 188
Steppen 21, 31, 40
Steppenvegetation 29
Sterilisierung 74
Steuern, Steueraufkommen 62, 132, 160
Stilwell, Joseph Warren 102
Stilwell-Straße 102
Störche 36
Strafgesetzbuch 121
Strafprozess 121
Straßennetz 140
Streitkräfte → Militär
Strom → elektrische Energie
Stromgenerator 142
Stromgewinnung, Stromproduktion 142
Student 78
Studentenbewegung 112, 116
Subaru 155
subtropisches Klima 26
Subventionen 132
Sudan 126, 160, 180
Südchinesischer Tiger → Tiger
Südchinesisches Meer 18, 90
Süd-Fujian-Delta 138
Süd-Korea 180
Südmeer-Flotte 123
Suifen He (Tumen Jiang) 19
Suizid → Selbstmord
Sumpfgebiete 21
Sunniten 52
Sun Yat-sen → Sun Yixian
Sun Ye On 65
Sun Yixian (Sun Yat-sen) 100
Supermarkt 72
Superreiche → Reichtum
supranationale Organisationen 160

Surfer, Internetsurfer 63, 144
Süßwasser 34
Su Xiaokang 184
Suzhou 98
Suzhou Industrial Park 134
Suzuki 155
SVR → Sonderverwaltungsregion
Swoosh 182
Systemwechsel 128

Tabak 146
Tadschiken (Tajik) 48
Tag der Arbeit 200
Tag der Chinesischen Jugend 200
Tagebau 30
Taicang 178
Tai-Chi → Taijiquan
Taifun 38, 41
Tai Hu 18
Taijiquan (Tai-Chi-Chuan, Tai-Chi, Schattenboxen) 88, 214, 216
Taipei 105, 114, 118, 190
Taiping, Taipingaufstand 44, 51
Taiping Tianguo → Himmlisches Reich des Großen Friedens
Tai Shan 197, 199
Tai-Völker 50
Taiwan (Republik China, Formosa) 45, 90, 97, 100, 104, 106, 108, 110, 113, 114, 118, 122, 150, 152, 176, 185, 186, 192, 201, 204, 208
Taiwaner 118
Taiwan Relations Act 113
Taiwanstraße 91, 114
Taiyuan 37, 56, 140, 157, 194
Taiyuan Iron & Steel Group 157
Taizhou 32
Takin → Goldener Takin
Takla-Makan 14, 16, 22
Talimu Pendi → Tarimbecken
Talkum 25
Tang-Dynastie 216
Tangshan 38, 41, 42, 157
Tantal 30
Tarimbecken (Talimu Pendi) 14, 16, 19, 26
Tarim He 18
Taroko 192
Tataren 48
TCL 151, 180
TCM → traditionelle chinesische Medizin
Technologietransfer, Technologieimport 150, 154, 161, 162, 171
Tee 146
Teehaus 204
Teekultur 201, 204
Telefon 58, 62
Telefonnummern 200
Telekommunikation 58, 62
Temperatur 22, 26
Tenzin Gyatso 90, 198
Terrassenanbau 40, 146
Terrorismus 52, 126
Tertiärsektor 130, 164
Thai 193
Thailand 51
Theater 210
Theokratie 54, 102
Three-Links-Politik 118

Register

ThyssenKrupp AG 178
Tian'anmen (Platz des Himmlischen Friedens) 90, 106, 110, 112, 120, 126, 129, 184
Tian Han 91
Tianjin 47, 56, 67, 74, 92, 97, 98, 104, 134, 140, 177
Tianjing 98
Tianming → Himmlisches Mandat
Tian Shan (Tien Shan) 14, 16, 20
Tibet, Autonome Region (Xizang) 47, 48, 50, 53, 67, 76, 90, 92, 97, 102, 112, 159, 173, 174, 177, 181
Tibetantilope 29
Tibeter (Bod, Bodpa, Zang) 48, 53, 54
Tibet-Hochplateau 26
Tibetisch 192
tibetobirmanische Völker 50, 52
Tiefebenen 16
Tien Shan → Tian Shan
Tientsin → Tianjin
Tierkreiszeichen 201
Tierwelt → Fauna
Tiger 28, 36
Tise → Kailash
Titanerz 24, 30
Todesstrafe → Hinrichtung
Ton 25
Tonghai 38
Tongking, Golf von 90
Tongmenghui (Tung-meng-hui) 100
Tonhöhe 192, 194
Tony Leung 208
Top-down 136
Tor des Himmlischen Friedens 90
Tourismus 94, 114, 186
Toyota 155
traditionelle chinesische Medizin (TCM) 86, 88, 201
traditionelle Religion 53
Traktor 146
Transformationsprozess 134, 136
Transparency International 64
Transrapid 161
Triaden 65
Triade-Ökonomie 171
Trinken 202
Trinkwasser 35, 37
Trockenanbau 21
Trona 25
tropisches Klima 26
Truppenstärke 122, 126
Tschökyi Gyaltshan 198
Tsinghua-Universität 76, 78, 162, 137
Tsingtao Brewery 172
Tsingtau → Qingdao
Tso-Chuan → Zuo-zhuan
Tsou 192
Tu 53
Tuhua 193
Tujia 48, 52
Tumen Jiang → Suifen He
Tung-meng-hui → Tongmenghui
Tungsten → Wolfram
Tungusische Völker 50
Turfan-Senke 14
Türkei 60
Turkvölker 50, 52

U-Bahn, Metro 112, 151
Überalterung 66
Übergewicht, Fettleibigkeit 84, 87
Überschwemmungen 38, 41, 42
Überseechinesen 44, 186
Ügurisch 193
UdSSR → Sowjetunion
Uiguren 48, 50, 52, 54
Uigurisch 193
Uiguristan 52
Ulan Bator 53
Ulug Muztag 14
Umsiedlung 30, 56
Umweltbehörde 34
Umweltbelastung 32, 34, 84
Umweltqualität, Umweltschutz 37, 40, 151, 168
Umweltunfälle 32
UN → Vereinte Nationen
Unabhängigkeitsbetrebung 114
Unabhängigkeitserklärung 113
unerwünschte Person 205
UNESCO-Welterbe 23, 184, 186, 190
Ungarn 107
ungesunde Inhalte 144
ungleiche Verträge 97, 124
Universität 76, 78
Unternehmen 150, 152, 156, 170, 172, 176, 178, 180
Unternehmenssteuern 132
Unternehmer 136
Unterschicht 55
Urbanisierung, Verstädterung 54, 56
Ürümqi 26, 140
Urwald 36
USA (Vereinigte Staaten von Amerika) 97, 98, 100, 102, 104, 107, 109, 110, 124, 126, 130, 142, 154, 176, 180
Usbeken 48
USPTO (United States Patent and Trademark Office) 162
Ussuri → Wusuli Jiang
Utopischer Maoismus 110

Va 48
Vanadium 24, 30
Vasallenstaat 54
VBA → Volksbefreiungsarmee
Vegetationszonen 29, 31
Venezuela 126
Verbraucherpreisindex x166
Vereinigte Staaten von Amerika → USA
Vereinte Nationen (UN) 68, 110, 113, 114, 124, 126, 160, 192
Verfassung 120
Verkehr, Verkehrswege 140, 168, 170
Verkehrsunfälle 60
Verlagswesen 206
Versammlungsfreiheit 121
Verstädterung → Urbanisierung
Vertragshäfen 96, 98, 100, 169
Verwaltung 132
Verwaltungseinheiten 91, 92
Vibrationsbelastung 32
Viehzucht 146, 149
Viererbande 42, 108, 116, 184
Vier Große Erfindungen 162

14 K 65
Vietnam 50, 90, 97, 108, 110, 122, 126
Vietnamesen (Gin, Jing) 48, 50
Vögel 28
Vogelnest 209, 214
Völkermord 54
Volksbefreiungsarmee (VBA, Rote Armee) 96, 101, 104, 106, 109, 117, 122, 126, 200
Volksgericht 121
Volkskommune 107, 108, 128, 136, 148
Volkskongress, Nationaler 120
Volkspartei 116, 119
Volksreligion, Volksglauben 195, 196
Volkswagen AG (VW) 151, 154, 171, 178, 180
Volkszählung 44
Vorschule 76

Wachstum 138, 150, 170
Wade, Abdoulaye 160
Waffenembargo 112
Wahlrecht 121
Währung 151
Waigaoqiao 128
Wald 31, 37, 40
Waldersee, Alfred Graf von 100
Wanderarbeiter 46, 54, 56, 72, 158, 164, 168, 200
Wang Hongwen 109
Wanzhou 140
Wappen 90
Warlords 100
Waschbärhund → Marderhund
Wasserbau 30
Wasserkraftwerk 30
Wassermangel, Wasserknappheit 23, 34
Wasserqualität 34
Wasserresourcen 22, 34
Wasserverschmutzung 32, 34
Wasserwürfel → Nationales Schwimmzentrum
Website 63
Wehrsiedlung 52
Weihaiwei 97, 98
Wein 202
Weinanbaugebiete 202
Weiße Yi 53
Weißkohl 146
Weizen 146
Weltausstellung 160
Weltbank → International Bank for Reconstruction and Development (World Bank)
Weltbevölkerung 46, 130, 161, 170
Weltentwicklungsbericht 68
Weltfrauentag 200
Welthandelsorganisation → World Trade Organization
Weltkindertag 200
Weltkonzern 137
Weltkrieg, Zweiter 102
Weltwirtschaft, Weltmarkt, Welthandel 128, 138, 139, 150, 152, 154, 160, 169, 170, 174, 180
Weltwirtschaftskrise 86, 168
Wenwei, Weinbauregion 203

Wenchuan 41
Wen Jiabao 120
Werkbank der Welt 139, 150
Wertschöpfung 151, 169, 176
Westliche Han-Dynastie 44
Westlicher Perlfluss → Xi Jiang
Wettbewerb 129, 154, 156, 169, 170
Whampoa 101
WHO → World Health Organization
Wholly Foreign Owned Enterprise (WFOE) 171
Wiedergeburt 198
Windkraft 142
win-win-Konstellation 139
Wirtschaftskriminalität 64
Wirtschaftsleben 128
Wirtschaftspolitik, Wirtschaftsordnung 108, 110, 142, 151, 169
Wirtschaftssanktionen 112
Wirtschaftswachstum 130, 151, 161, 162, 176
Wirtschaftswunder 54, 128, 138, 152, 171
Wissenschaft 132
Wochenmarkt 72
Wo Group 65
Wohlfahrtslotterie 82
Wohlstand 129, 130, 164
Wohnfläche 70, 158
Wohnhöhle → Höhlenwohnung
Wohnqualität 158
Wohnungsbau 158, 168
Wok 87
Wolfram (Tungsten) 24, 30
Wolong 36
Wong Kar-wai 208, 210
World Financial Center 37
World Health Organization – Weltgesundheitsorganisation (WHO) 113, 124
World Intellectual Property Organization – Weltorganisation für geistiges Eigentum (WIPO) 124
World of Warcraft 62
World Trade Organization – Welthandelsorganisation (WTO) 113, 114, 124, 138, 154, 174
World Wide Web 144
World Wildlife Found → WWF
Worte des Konfuzius → Lunyu
Worte des Menzius → Mengzi
WTO → World Trade Organization
Wu 192
Wuchang 202
Wudang Shan 88
Wuhan 22, 56, 76, 100, 116, 140, 157, 209, 216
Wuhan Iron & Steel Group 157
Wuhu 140
Wu Jiang 140
Wulong Tee 204
Wulumuqi 134
wu lun 199
Wüste 16, 20, 22, 31, 40
Wüstenbildung → Desertifikation
Wüstenvegetation 29
Wusuli Jiang (Ussuri) 90, 97, 140
Wutai Shan 197
Wuwei, Weinbauregion 203

Wuyi Shan 15
Wuyur He 19
Wuzhi Shan 188
WWF (World Wildlife Found) 36

Xiamen 33, 98, 134, 138
Xi'an 56, 87, 106, 140, 186, 194, 205
Xiang 192
Xiang Jiang 140
Xi'an-Zwischenfall 106
Xibe (Xibo Sibo) 48
Xi Jiang (Westlicher Perlfluss) 18, 140
Xinghua 193
Xingkai Hu 18
Xingkaisee 188
Xinhua-Buchhandlung 206
Xining 134, 140
Xinjianger Produktions- und Aufbaukorps 52
Xinjiang Uygur, Autonome Region 47, 48, 50, 52, 67, 92, 112, 177, 213
Xinjiang, Weinbauregion 203
Xinmao Science and Technology Company Limited 150
Xixabangma feng (Gosainthan) 16
Xizang → Tibet
Xu Wenrong 136
Xuzhou 104, 106

Yahoo 63
Yak 29, 36
Yalong Jiang 18
Yalu Jiang 19
Yami 192
Yan'an 101, 104, 106, 116
Yang Bin 62
Yang Hucheng 106
Yang Huiyan 62
Yang Shangkun 112
Yang Xiong 184
Yangzhou 23, 110, 117
Yangzi-Alligator → China-Alligator
Yangzi-Stör 28
Yantai 98
Yao 45, 48
Yao Ming 214
Yao Wenyuan 109
Yarlha Shampo 196
Yarlung-Dynastie 53
Yarlung Zangbo (Brahmaputra) 14, 18
Yeliu 114
Yi 48, 50, 52
Yichang 140
Yijing (Buch der Wandlungen) 199
Yinchuan 140
Yingtan 32
Yingxiu 41
Yin und Yang 198
Yiyang 32
Yuan-Dynastie 53, 198
Yuan Jiang (Roter Fluss) 19, 140
Yuan Shikai 50, 100
Yuan Zhiming 184
Yugur 48, 53
Yum Cha 204

Yungui-Hochebene (Yunnan-Guizhou-Plateau) 14, 16
Yunnan 41, 44, 50, 52, 67, 177, 187, 188, 198, 204
Yunnan-Guizhou-Plateau → Yungui-Hochebene
Yunnan, Weinbauregion 203
Yushu 54

Zahlenmystik 200
Zang → Tibeter
Zan Shengda 137
Zeitschriften 207
Zeitungen 207
Zement 25, 152
Zensur 62, 204, 206
Zentralbank 129
Zentrale Militärkommission 120, 122
Zentralismus, demokratischer 116, 120
Zentralkomitee 110, 120, 129
Zentralregierung 91, 92
Zentralverwaltungswirtschaft 129
Zhang Chunqiao 109
Zhangjiagang 157
Zhang Jindong 62
Zhang Wentian 106
Zhang Xueliang 106
Zhang Yimou 188, 208, 210
Zhang Ziyi 208
Zhanjiang 134
Zhao Ziyang 110, 112, 184
Zhejiang 47, 67, 136, 152, 159, 173, 174, 179, 187, 204, 208, 213
Zhengzhou 39, 41, 56, 140
Zhenjiang 98, 140
Zhi-Gong-Partei Chinas 119
Zhongguo Gongchandang → Kommunistische Partei Chinas
Zhou'aoyou Shan → Cho Oyu
Zhou Chengjian 62
Zhou-Dynastie 42
Zhou Enlai 42, 101, 106, 107, 108, 110, 117, 126
Zhou Furen 62
Zhoukoudian 190
Zhuang 45, 48, 50
Zhuhai 33, 134, 138
Zhu Jiang → Perlfluss
Zhumulangma Feng → Mount Everest
Zhungeer Pendi → Junggar-Becken
Zhuzhou 33
Zink 24
Zinn 24
Zi Shui 140
Zivilisationskrankheiten 84
Zivilprozessordnung 121
Zivilrecht 121
Zölle 132
Zollfreigebiet 138
Zopf 50
Zucker 152
Zunyi 117
Zuo-Zhuan (Tso-chuan) 88
Zweite Einheitsfront 106

Bildquellenverzeichnis

aisa, Archivo iconográfico, Barcelona 100, 195, 205
akg-images, Berlin 104
akg-images, Berlin/AP 101, 117
Bibliographisches Institut, Mannheim 28, 36, 88, 90, 100, 107, 117, 155, 182, 196
© CORBIS/Royalty-Free 10, 12, 89, 90, 91, 183
Das Fotoarchiv, Essen/Xinhua 30, 40, 188, 190
djpr, Frankfurt am Main 139
Dr. H. Eichler, Heidelberg 9, 43, 45
Fremdenverkehrsamt der VR China, Frankfurt am Main 188
GEOSPACE, Austria, Spot Image, 2007 7
Christian Heeb 45
Dr. Susanne von der Heide, Köln 184
Internet Surveillance Division of the Public Security Bureau, Shenzhen, China 63
Karl Johaentges, Hannover 77, 87, 88, 182, 199
Kessler-Medien, Saarbrücken 96
Klaus zu Klampen 22
MEV Verlag, Augsburg 8, 13, 15
The Orient Impressions Photo Stock, Peking 11, 76, 91, 127, 129, 170
picture-alliance/akg-images, Frankfurt am Main 44, 97, 100, 136, 198
picture-alliance/chromorange, Frankfurt am Main 151
picture-alliance/dpa, Frankfurt am Main 14, 15, 23, 28, 30, 31, 37, 40, 41, 42, 44, 50, 51, 52, 53, 54, 55, 62, 63, 64, 65, 74, 75, 76, 80, 81, 86, 87, 91, 96, 101, 104, 106, 107, 108, 109, 110, 111, 112, 113, 117, 118, 119, 120, 121, 126, 128, 129, 136, 137, 138, 139, 150, 151, 160, 161, 168, 169, 170, 171, 182, 184, 188, 190, 194, 198, 200, 201, 204, 205, 208, 209, 216
picture-alliance/epa, Frankfurt am Main 36
picture-alliance/Godong, Frankfurt am Main 87
picture-alliance/HB-Verlag, Frankfurt am Main 106
picture-alliance/Bildagentur Huber, Frankfurt am Main 185
picture-alliance/kpa photo archive, Frankfurt am Main 208
picture-alliance/Helga Lade Fotoagentur, Frankfurt am Main 170, 184
picture-alliance/maxppp, Frankfurt am Main 14, 52
picture-alliance/Bildarchiv Okapia, Frankfurt am Main 28
picture-alliance/Photoshot, Frankfurt am Main 171
K. Rudloff, Berlin 28
Achim Sperber, Hamburg 54
Copyright © Rynio/Stockfood 87
TopicMedia Service 28
Yong Ling Wan 13, 43, 89, 127, 183
The Yorck Project, Berlin 50

Weitere grafische Darstellungen, Karten und Zeichnungen: Bibliographisches Institut, Mannheim

Noch mehr Kartenwerke für Wissbegierige

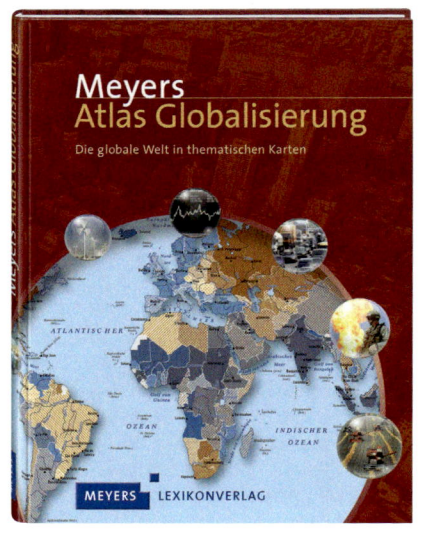

Meyers Atlas Globalisierung

Die Zusammenhänge kultureller und politischer Vielfalt und globaler Existenz werden hier deutlich. Auf 97 doppelseitigen thematischen Weltkarten wird die Datenlage zu den wichtigsten Fragestellungen einer globalisierten Welt visualisiert. Leicht lesbare Texte und Tabellen, Schaubilder und Grafiken erläutern das Gezeigte. Themen sind zum Beispiel die Verbreitung von Wohlstand, die Entwicklung der Weltbevölkerung, der Klimawandel, der Zugang zu sauberem Wasser, Kriege, Krisen und Friedensmissionen, Natur- und Umweltkatastrophen.

Meyers Satellitenbildatlas

Ob Niagarafälle, Ayers Rock, Drei-Schluchten-Staudamm, ob Vulkanausbrüche, Erdbeben und andere Naturkatastrophen, ob Jahreszeiten oder Klimawandel – die Aufnahmen aus dem Weltall zeigen uns auf neue Weise die natürliche Schönheit unseres Planeten, aber auch die Verletzungen, die der Mensch ihm zugefügt hat. Mit dem Blick aus dem Weltraum treten nationale Grenzen zurück und globale Phänomene werden deutlich.

Meyers Großes Länderlexikon

Alle Staaten der Erde von A bis Z – einschließlich der neu gegründeten Staaten Kosovo und Montenegro. Mehr als 2 500 Fotos zeigen typische Landschaften, beeindruckende Städte sowie Menschen in ihrem Lebensumfeld und Alltag. Darüber hinaus berichtet dieses Nachschlagewerk von kulturellen Besonderheiten, geografischen Phänomenen und historischen Ereignissen. Bebilderte Kontinentporträts mit Karten und tabellarischen Übersichten und ein Sonderteil zur Eurowährung sind dem Länderlexikon vorangestellt.

www.meyers.de